一問一答シリーズ

一問一答
家事事件手続法

法務省民事局民事法制管理官
金子　修 ● 編著

商事法務

●はしがき

　「家事事件手続法」(平成23年法律第52号)が、「非訟事件手続法」(同年法律第51号)、「非訟事件手続法及び家事事件手続法の施行に伴う関係法律の整備等に関する法律」(同年法律第53号)とともに、第177回国会において、平成23年5月19日に成立し、同月25日に公布されました。

　いずれの法律も公布の日から起算して2年を超えない範囲内において政令で定める日から施行されます。

　家事事件手続法は、家庭裁判所における家事審判および家事調停の手続を定める法律で、昭和22年に制定された家事審判法を全体として見直し、新たに制定したものです。家事審判法は、制定以来、抜本的な改正がされないまま今日に至っていましたが、近年の他の民事関係の手続を定めた法令と比較しますと、手続法として備える基本的な事項や当事者等の手続保障に関する規定が十分とはいえないものになっていました。また、この間の社会の著しい変化に伴い、家族をめぐる事件も複雑化・多様化していることを背景に、家事事件の手続をより明確で、利用しやすいものとし、また、当事者等がより主体的に主張や資料の提出をすることができるようにし、もって、裁判所の調停や審判の適正さを担保し、当事者等の納得が得られやすくすることが求められるようになっていました。

　さらに、家事審判法は、広く非訟事件手続法の規定を準用していたことから、非訟事件手続法の改正の影響を免れないという事情があったこと、また、家庭をめぐる紛争を扱う手続のうち、訴訟手続については平成15年に人事訴訟法が制定されて現代化が図られたこと、これらの事情が、この時期に非訟事件手続法と併せて、家事審判および家事調停の手続について見直すべきであるという考えにつながっていきました。

　このような諸般の事情を踏まえ、国民にとってより利用しやすく、現代社会の要請にも合致した新たな法律を制定し、家事事件の手続の改善を図ろうとしたものがこの家事事件手続法です。

　家事事件手続法は、家庭をめぐる問題を解決するための家事審判事件と家事調停事件の手続を定めているものですから、家庭裁判所の実務に大きな影

響を与えることになります。また、紛争性の高い事件を処理するための手続、比較的紛争性の低い事件を処理するための手続、話合いによる自主的解決を目指す手続など、多様の手続を包摂しているという意味で、事件の性質に応じたあるべき手続のあり方を考察する上でも格好の材料を提供するものともいえます。

　本書は、この新しい家事事件手続法について、その趣旨および内容を一問一答の形式により、分かりやすく解説したものです。なお、条文ごとの詳細な解説は別途「逐条解説」として公にすることを予定しているため、本書では、主として制度の概要、複数の条文に横断的にまたがる事項、家事審判法や民事訴訟法との比較を中心に、ときには立案過程で検討はされたものの最終的には採用されなかった考え方の紹介を含めて解説することを通じて、新たな家事事件手続法を理解していただけるように意を用いました。したがって、家事事件手続法全体を網羅的に扱っているわけではないことにつき、ご了解いただきたいと思います。

　本書の執筆は、法務省民事局において立案事務に関与した内野宗揮（現大阪高裁判事）、松田敦子、川尻恵理子（現東京地裁判事補）、脇村真治（現東京地裁判事補）、福田敦、波多野紀夫、石渡圭の各民事局付、作沼臣英係長および伊藤隆宏係員が行い、全体の調整を私が行いました。意見または評価にわたる部分は筆者らの個人的見解であることをお断りしておきます。

　この新しい家事事件手続法は、法制審議会非訟事件手続法・家事審判法部会の部会長を務められた伊藤眞早稲田大学大学院教授を始め、同部会の委員・幹事・関係官その他多くの方々のご理解とご協力によって成立しました。この場を借りて改めて厚く御礼申し上げます。また、本書の刊行に当たって大変お世話になった株式会社商事法務の岩佐智樹氏に心より感謝申し上げます。

　本書が、関係各方面に広く利用され、家事事件手続法の理解の一助となれば幸いです。

　　平成24年1月

　　　　　　　　　　　　　法務省民事局民事法制管理官　金　子　修

●凡例

［法令］
- 旧　　　　法　　整備法による廃止前の家事審判法（昭和22年法律第152号）
- 新　　　　法　　家事事件手続法（平成23年法律第52号）
- 旧 非 訟 法　　整備法による改正前の非訟事件手続法（明治31年法律第14号）
- 新 非 訟 法　　非訟事件手続法（平成23年法律第51号）
- 整　　備　　法　　非訟事件手続法及び家事事件手続法の施行に伴う関係法律の整備等に関する法律（平成23年法律第53号）

　なお、次の（例）のように整備法による整備の対象となった個別の法令について、改正前のものか改正後のものかを区別する必要がある場合には、「改正前の」または「改正後の」を付すことにする。

（例）
　改正前の民事調停法：整備法による改正前の民事調停法
　改正後の民事調停法：整備法による改正後の民事調停法

- 旧 家 審 規　　家事審判規則（昭和22年最高裁判所規則第15号）
- 旧特別家審規　　特別家事審判規則（昭和22年最高裁判所規則第16号）

＊なお、文中の条文は、特に断らない限り、新法の条文を指す。

一問一答　家事事件手続法
もくじ

第1編　新法の制定の経緯と新法の概要

Q 1　新法は、何を定めているのですか。　1

Q 2　題名（法律名）を家事審判法から家事事件手続法に変えた理由は何ですか。　2

Q 3　新法の制定の経緯はどのようなものですか。　3

Q 4　旧法について、これまでされた主な改正にはどのようなものがありましたか。　6

Q 5　今回、旧法を見直すに当たり、旧法の改正という形式を採らずに、新法を制定するという形式を採ったのは、なぜですか。また、旧法は、廃止されたのですか。　7

Q 6　民法等の一部を改正する法律（平成23年法律第61号）の内容は、新法に反映されているのですか。　8

Q 7　新法が、新非訟法の規定を準用せずに、自己完結的な構成としている理由は何ですか。　10

Q 8　法律事項と規則事項とはどのような基準で区別されているのですか。　11

Q 9　これまで特別家事審判規則に規定されていた事件の手続についても、新法において規律することとした理由は何ですか。　12

Q 10　新法全体を通じて使われている用語の意味を説明してください。　13

Q 11　新法の旧法からの見直しの要点は何ですか。　25

Q 12　当事者等の手続保障を図るための制度の拡充について、どのような措置が設けられていますか。　26

Q 13　家事事件の結果に利害関係のある者を「関係人」と総称し、手続上の権能を与える考え方がありますが、新法ではそのような考え方は採用しなかったのですか。　28

Q 14　審判を受ける者となるべき者等審判の結果により影響を受ける者の手続保障は、どのような形で図られているのですか。　30

Q 15　子の福祉への配慮は、新法のどのようなところに現れていますか。　32

Q 16　児童の権利に関する条約第12条の子の意見表明権は、新法においてど

のように現れていますか。34

Q17　子の陳述の聴取が必要となる場合において、陳述の聴取の対象とする子を満15歳以上の子に限っているのはなぜですか。35

Q18　国民が手続を利用しやすくするという点では、新法では、どのような制度を採用していますか。37

Q19　新法において障害者が手続を利用しやすくするため、どのような配慮がされていますか。38

Q20　日本語に通じない者が家事事件の手続を利用することを容易にする方策として、新法ではどのような制度を導入していますか。39

Q21　新法においてされた手続の基本的事項に関する規定の整備には、どのようなものがありますか。40

Q22　新法の編別構成はどのようになっていますか。41

Q23　家事調停事件と家事審判事件の手続の流れは、どのようなものですか。44

Q24　家事調停と家事審判の手続の関係はどのようになっていますか。49

Q25　別表第1に掲げる事項についての事件と別表第2に掲げる事項についての事件を区別する意義は何ですか。51

Q26　家事事件の特徴としては、どのような点が挙げられますか。また、そのような特徴は、新法にどのように反映されていますか。54

Q27　家事事件の手続においては、電話会議システムやテレビ会議システムはどのように活用されることになっていますか。56

Q28　家事事件において、裁判所書記官は事実の調査にどのように関与しますか。57

第2編　家事事件の手続の総則

Q29　新法において、目的規定を置かなかった理由は何ですか。また、趣旨規定を置いた理由は何ですか。58

Q30　家事事件の手続における裁判所と当事者の責務について、新法においてはどのように規定されていますか。60

Q31　新法における管轄の規定の特徴は何ですか。62

Q32　新法の管轄についての規律は、旧法の下での管轄についての規律からどのように変わりましたか。63

- Q 33　新法における除斥の制度の特徴はどのようなものですか。　64
- Q 34　新法における忌避の制度の特徴はどのようなものですか。　66
- Q 35　裁判所書記官の除斥・忌避の制度と裁判官の除斥・忌避の制度とではどのように違いますか。　68
- Q 36　家事事件の手続の通則における当事者能力および手続行為能力の規律はどのようなものですか。　69
- Q 37　家事事件の手続に選定当事者の制度が設けられていないのはなぜですか。　73
- Q 38　新法における手続代理の規律はどのようになっていますか。　74
- Q 39　意思能力を有しない者（例えば、乳幼児）についても、その利益を代弁する者を付することができるようにすべきではないのですか。　76
- Q 40　新法における手続費用の負担の規律はどのようなものですか。　78
- Q 41　家事事件の手続における手続上の救助の規律はどのようなものですか。　81
- Q 42　手続費用の立替えと手続上の救助との関係は、どのようになっていますか。　82
- Q 43　家事事件の手続における手続の非公開の原則とはどのようなものですか。　83
- Q 44　家事事件の手続における期日および期間についての規律の特徴は何ですか。　85
- Q 45　第2編の家事審判の手続による家事審判事項には、どのようなものがありますか。　86
- Q 46　新法における参与員の制度は、旧法の下での参与員の制度からどのように変わったのですか。　87
- Q 47　家事事件の手続において専門委員の制度が設けられていない理由は何ですか。　88
- Q 48　新法における当事者参加とはどのようなものですか。　89
- Q 49　新法における利害関係参加とはどのようなものですか。　93
- Q 50　家事事件の手続の通則において、当事者の死亡等によって当事者が手続を続行することができなかった場合の規律はどのようになっていますか。　95
- Q 51　家事事件において手続はどのように記録化されるのですか。　99
- Q 52　家事事件の記録の閲覧等の規律はどのようになっていますか。　101

Q 53　家事審判の申立てについての規律の特徴はどのようなものですか。 106

Q 54　新法において、審判を受ける者となるべき者に対し、申立書を送付するなどして事件係属の通知をし、参加の機会を保障する規律を設けていないのはなぜですか。 110

Q 55　家事事件の手続においては、受命裁判官はどのような役割を果たすものとされていますか。 112

Q 56　家事事件の手続において、裁判長の釈明権等に関する民事訴訟法の規定に相当する規定が設けられていないのはなぜですか。 113

Q 57　家事事件の手続においては、裁判所の判断の基礎となる資料はどのように収集されることとされていますか。また、当事者は、それにどのように関与しますか。 114

Q 58　家事事件の手続における証拠調べの手続の規律は、どのようなものですか。 117

Q 59　別表第2に掲げる事項についての家事審判の手続の特徴はどのようなものですか。 119

Q 60　審判と審判以外の裁判を分けて規律している理由は何ですか。 123

Q 61　新法においては、裁判書についての規律はどのようになっていますか。 126

Q 62　審判には、どのようなものがありますか。また、審判以外の裁判には、どのようなものがありますか。 128

Q 63　審判はだれに告知されるのですか。 132

Q 64　審判または審判以外の裁判は、いつ確定しますか。また、確定時期は、どのような場合に問題になりますか。 133

Q 65　新法における審判または審判以外の裁判の取消しまたは変更の制度は、どのようなものですか。 135

Q 66　中間決定の制度の趣旨は何ですか。 138

Q 67　家事審判事件の終了事由には、どのようなものがありますか。 139

Q 68　家事事件の申立ての取下げの規律はどのようなものですか。 140

Q 69　家事事件の手続における不服申立ての制度の特徴は、どのようなものですか。 144

Q 70　新法には、いわゆる不利益変更禁止の原則に相当する規律が置かれていませんが、その理由は何ですか。 148

Q71 家事審判に対する即時抗告の抗告審においては、原審の当事者の手続保障についてどのような配慮がされていますか。 149

Q72 家事審判に対する即時抗告の抗告審においては、利害関係人の手続保障にどのような配慮がされていますか。 150

Q73 審判または審判以外の裁判についての原裁判所による更正の制度とそれらの取消しまたは変更の制度とはどのように違うのですか。 152

Q74 家事審判に対する即時抗告の抗告審における家事審判の申立ての取下げと即時抗告の取下げについての規律はどのようになっていますか。 153

Q75 抗告審における差戻し原則を採用していないのはなぜですか。 155

Q76 特別抗告の手続に利害関係を有する者は、どのようにその手続に関与することができますか。 156

Q77 特別抗告の手続の流れは、どのようなものですか。 158

Q78 許可抗告の手続に利害関係を有する者は、どのようにその手続に関与することができますか。 161

Q79 抗告許可の申立ておよび許可抗告の手続の流れは、どのようなものですか。 163

Q80 再審の手続の概要は、どのようなものですか。 166

Q81 再審と裁判の取消しまたは変更との違いは何ですか。 169

Q82 新法において、家事調停の申立てがされていれば審判前の保全処分の申立てをすることができることとしたのはなぜですか。 170

Q83 審判前の保全処分の手続の特徴はどのような点ですか。 173

Q84 家事審判の申立て以外の申立てによって開始される事件について、その内容および手続はどのようになっていますか。 176

第3編 家事審判事件（各則）

Q85 成年後見に関する審判事件の規律について、今回の見直しの要点は何ですか。 179

Q86 保佐に関する審判事件の規律について、今回の見直しの要点は何ですか。 182

Q87 補助に関する審判事件の規律について、今回の見直しの要点は何ですか。 184

Q88 不在者の財産の管理に関する処分の審判事件の規律について、今回の見

直しの要点は何ですか。　186

Q 89　失踪の宣告に関する審判事件の規律について、今回の見直しの要点は何ですか。　188

Q 90　婚姻等に関する審判事件の規律について、今回の見直しの要点は何ですか。　190

Q 91　親子に関する審判事件の規律について、今回の見直しの要点は何ですか。　192

Q 92　親権に関する審判事件の規律について、今回の見直しの要点は何ですか。　196

Q 93　未成年後見に関する審判事件の規律について、今回の見直しの要点は何ですか。　198

Q 94　扶養に関する審判事件の規律について、今回の見直しの要点は何ですか。　200

Q 95　推定相続人の廃除に関する審判事件の規律について、今回の見直しの要点は何ですか。　202

Q 96　遺産の分割の審判事件の規律について、今回の見直しの要点は何ですか。　204

Q 97　相続の承認および放棄に関する審判事件の規律について、今回の見直しの要点は何ですか。　206

Q 98　財産分離に関する審判事件の規律について、今回の見直しの要点は何ですか。　209

Q 99　相続人の不存在に関する審判事件の規律について、今回の見直しの要点は何ですか。　210

Q100　遺言に関する審判事件の規律について、今回の見直しの要点は何ですか。　211

Q101　遺留分に関する審判事件の規律について、今回の見直しの要点は何ですか。　213

Q102　任意後見契約に関する法律に規定する審判事件の規律について、今回の見直しの改正の要点は何ですか。　214

Q103　戸籍法に規定する審判事件の規律について、今回の見直しの要点は何ですか。　217

Q104　厚生年金保険法等に規定する審判事件の規律について、今回の見直しの要点は何ですか。　218

Q105 児童福祉法に規定する審判事件の規律について、今回の見直しの要点は何ですか。　219

Q106 生活保護法等に規定する審判事件の規律について、今回の見直しの要点は何ですか。　220

Q107 精神保健及び精神障害者福祉に関する法律に規定する審判事件の規律について、今回の見直しの要点は何ですか。　222

Q108 破産法に規定する審判事件の規律について、今回の見直しの要点は何ですか。　223

第4編　家事調停に関する手続

Q109 調停委員会において調停を行う場合に、調停委員会の権限と家事調停事件の係属する裁判所の権限との関係は、どのようになっていますか。　225

Q110 家事調停委員の知識経験を家事調停の手続において活用するために、どのような制度が採用されていますか。　227

Q111 新法において、当事者の一部が遠隔地に居住している場合に家事調停の手続を円滑かつ迅速に進めるために、どのような工夫がされていますか。　228

Q112 家事調停の申立てについての規律の特徴は、どのようなものですか。　231

Q113 家事調停の手続において、調停委員会が調停を行うために必要な資料の収集を機動的に行うため、どのような制度が採用されていますか。　233

Q114 家事調停事件の終了事由にはどのようなものがありますか。また、それぞれにつき、家事調停事件の終了時はいつですか。　234

Q115 別表第2に掲げる事項についての家事調停事件について、調停不成立により家事調停事件が終了した場合には、当然に家事審判の手続に移行することとしたのはなぜですか。　237

Q116 高等裁判所が家事調停を行う場合の調停機関は、どのようになりますか。　239

Q117 合意に相当する審判に関する手続について、今回の見直しの要点は何ですか。　240

Q118 調停に代わる審判に関する手続について、今回の見直しの要点は何ですか。　244

第5編　履行の確保、罰則等

Q119　履行の確保に関する手続について、今回の見直しの要点は何ですか。　247

Q120　履行命令の制度について、見直しをしたのですか。　249

Q121　過料の制裁についての規律はどのようになっていますか。　250

第6編　施行日、整備法関係

Q122　新法はいつから施行されるのですか。　251

Q123　新法が施行されると旧法は廃止されるようですが、新法の施行日において係属している家事事件はどうなるのですか。　253

Q124　新法の施行に伴ってされた関係法律の整備の内容は、どのようなものですか。　255

資料

審判を受ける者となるべき者一覧表　260

非訟事件手続法及び家事事件手続法の施行に伴う関係法律の整備等に関する法律新旧対照条文（抄）　306 (247)

家事事件手続法新旧対照表　536 (17)

家事事件手続法別表　552 (1)

事項索引　553

条文索引　561

第1編　新法の制定の経緯と新法の概要

第1編では、新法の制定の経緯と同法の内容を広い視点で概観しています。

Q1　新法は、何を定めているのですか。

A　新法は、家事事件の手続を定めるものです（新法第1条）。

ここで、家事事件の手続とは、家事審判に関する事件および家事調停に関する事件の手続をいいます。したがって、家庭裁判所で行われる家事審判の手続（別表第1および別表第2に掲げる事項についての審判事件の手続のほか、審判前の保全処分や履行命令等この法律により審判事件とされたものの手続を含む）、高等裁判所で行われる家事審判の抗告事件の手続、最高裁判所で行われる特別抗告事件および許可抗告事件の手続、高等裁判所が第1審として審判に代わる裁判（新法第105条第2項の規定による保全処分など）をする手続、家事調停の手続（合意に相当する審判の手続および調停に代わる審判の手続を含む）やこれらの付随的または派生的な事項についての決定（移送、忌避、参加の許可、証拠調べの期日に出頭しなかった証人に対する制裁の裁判、即時抗告に伴う執行停止等）についての手続、再審事件ならびに履行勧告事件等の手続に適用されます(注)。

（注）　新法では、民法以外の他の法令に根拠のある家事事件の手続（例えば、任意後見契約に関する法律に規定されている審判の手続）の規律の多くを、この法律の中に取り込んで規律することとしたことから、家事事件の手続を包括的に定める法律という意味合いが増しましたが、なお、新法以外の他の法令により定める余地を残しています（新法第1条参照。家事事件の手続を定めている他の法令の例としては、例えば、児童福祉法第28条第5項、性同一性障害者の性別の取扱いの特例に関する法律第3条第2項があります）。

Q2 題名（法律名）を家事審判法から家事事件手続法に変えた理由は何ですか。

A 新法は、家事審判に関する事件の手続と家事調停に関する事件の手続を定めるものです（**Q1**参照）。そこで、新法においては、これら家事審判に関する事件と家事調停に関する事件を「家事事件」とし、「家事事件」の手続を定めた法律であることを示すために「家事事件手続法」という題名（法律名）としました。

　旧法は、家事審判に関する事件の手続のみならず、家事調停に関する事件の手続も定めているにもかかわらず、「家事審判法」として家庭に関する紛争を解決するための手続をいわば家事審判によって代表させていましたが(注)、新法においては、家事調停に関する事件の手続も家事審判に関する事件の手続と並んで重要であることを示す必要があると考え、「家事事件手続法」としました。

　　（注）　そのため、かつては「家事審判手続」には広義の家事審判手続と狭義の家事審判手続があり、広義の家事審判手続には、狭義の家事審判手続と家事調停手続が含まれるという説明がされていました。

Q3　新法の制定の経緯はどのようなものですか。

A　複雑多様化する社会の要請に合致した司法機能の充実の重要性が高まる中、ここ30年間にわたり、我が国の基本的な民事手続法分野における法律についての見直し作業が続けられてきました(注1)。そのような中にあって、昭和22年の制定後、全体について改正が行われたことのない家事審判法についても、見直しの対象の視野に入ってきました。といいますのも、この間、我が国の家族をめぐる社会状況、国民の法意識は著しく変化し、家族間の事件の中にも関係者の利害の対立が激しく解決の困難な事件が増えてきたため、当事者等が自ら裁判の資料を提出したり、反論をするなど手続に主体的に関わるための機会を保障し、もって裁判の結果について当事者等の納得を得られるようにすることが重要になってきましたが、旧法の下では、それを保障するような明確な規律が十分とはいえない状況にあったからです。実務上は、このような問題点を意識し、当事者等の手続保障に配慮した運営が工夫されてきたようですが、裁判所の広範な裁量に委ねられているため、事案によっては裁判資料を提出する機会が十分に与えられなかったり、裁判所または家事審判官によって手続の運営が相当異なるといった批判もあり、最高裁判所の決定の中には、具体的な事案についてその手続運営に問題があることを指摘するものも見受けられるようになっていました(注2)。そこで、家族をめぐるこうした現代社会の要請により的確に対応するためには、明文の規律により手続を明確にする必要があると考えられたわけです。

このような状況の中、家事審判法を国民にとって利用しやすく現代社会に適合した内容とするために、平成21年2月、法務大臣から、その諮問機関である法制審議会に対して、「非訟事件手続法及び家事審判法の現代化を図る上で留意すべき事項につき、御意見を承りたい。」との諮問（諮問第87号）がされ、これを受けて、法制審議会は、非訟事件手続法・家事審判法部会（部会長・伊藤眞早稲田大学大学院教授。以下本書において「法制審議会の部会」といいます）を設置しました。

法制審議会の部会では、平成21年3月から24回にわたる調査審議を経て、

平成22年7月に「非訟事件手続法及び家事審判法の見直しに関する中間試案」を取りまとめ、これを事務当局である法務省民事局参事官室において公表し、同年8月から約1か月半にわたってパブリックコメントの手続に付しました。その後、平成22年9月に同部会の審議を再開し、パブリックコメントの結果をも踏まえて更に検討を行い、平成23年1月28日開催の第33回会議において、当事者等の手続保障を図るための制度の拡充など現代社会に適合した内容とすることを主たる見直しの観点とした「非訟事件手続法及び家事審判法の見直しに関する要綱案」を決定しました。この要綱案は、平成23年2月15日に開催された法制審議会第164回会議の審議に付され、全会一致で原案どおり採択され、同日、法務大臣に「非訟事件手続法及び家事審判法の見直しに関する要綱」として答申されました。

　法務省においては、この要綱を踏まえて、立案作業を進め、「家事事件手続法案」を「非訟事件手続法案」および「非訟事件手続法及び家事事件手続法の施行に伴う関係法律の整備等に関する法律案」と併せて作成し、これらの三法案は、平成23年4月5日の閣議決定を経て、同日参議院（第177回国会）に提出されました（閣法第54号から第56号まで）。

　国会においては、同月26日付託を受けた参議院法務委員会においてこれら三法案について質疑が行われ、同日、同委員会において全会一致で原案どおり可決すべきものとされ、同月27日参議院本会議においてこれら三法案が原案どおり全会一致で可決され、同日衆議院に送付されました。衆議院においては、平成23年5月17日付託を受けた衆議院法務委員会において質疑が行われ、同月18日、同委員会において全会一致で原案どおり可決すべきものとされ、同月19日衆議院本会議においてこれら三法案が全会一致で可決され、これにより三法律が成立しました。これらの三法律は、同月20日の閣議において公布すべきものとされ、同月25日、家事事件手続法（平成23年法律第52号）が、非訟事件手続法（同年法律第51号）、非訟事件手続法及び家事事件手続法の施行に伴う関係法律の整備等に関する法律（同年法律第53号）とともに公布されました。

　（注1）　この間全面的に見直しをされ、または新たに立法された手続の基本法には、民事執行法（昭和54年法律第4号）、民事保全法（平成元年法律第91号）、民事訴訟法（平

成8年法律第109号)、民事再生法(平成11年法律第225号)、会社更生法(平成14年法律第154号)、人事訴訟法(平成15年法律第109号)、破産法(平成16年法律第75号)があります。

(注2) 最三決平成20年5月8日集民228号1頁参照。

Q4 旧法について、これまでされた主な改正にはどのようなものがありましたか。

A 旧法は、昭和22年の制定以後、幾度かの改正を経つつも、抜本的な改正がないまま今日に至っていました。これまでの主な改正は次のとおりです。

① 昭和23年改正（昭和23年法律第260号）；裁判所法等の一部改正による家庭裁判所の設置に伴う所要の規定の整備
② 昭和31年改正（昭和31年法律第91号）；旧法の一部改正による履行確保制度の導入
③ 昭和49年改正（昭和49年法律第55号）；民事調停法及び旧法の一部改正による非常勤の裁判所職員として任命される家事調停委員の制度の新設
④ 昭和55年改正（昭和55年法律第51号）；民法及び旧法の一部改正による審判前の保全処分の制度の新設等
⑤ 平成11年改正（平成11年法律第152号）；後見登記等に関する法律の制定に伴う所要の規定の整備
⑥ 平成12年改正（平成12年法律第142号）；家事審判に裁定合議制を導入
⑦ 平成15年改正（平成15年法律第109号、第128号）；人事訴訟法の制定に伴う所要の規定の整備および司法制度改革のための裁判所法等の一部改正による家事調停官制度の創設

Q5 今回、旧法を見直すに当たり、旧法の改正という形式を採らずに、新法を制定するという形式を採ったのは、なぜですか。また、旧法は、廃止されたのですか。

A 今回の見直しにおいては、当事者等の手続保障や手続を利用しやすくするための制度の創設・見直し等の観点から新設される規定が多くなるとともに、それまで旧家審規で定められていた管轄、陳述の聴取、不服申立ての可否および不服申立てをすることができる者についての規定など相当な部分を法律で規定することとしたため、条文数が大幅に増加しました。また、その編別構成（**Q22**参照）も旧法とは大きく異なるものとなりました。さらに、このような全面的な見直しにより家事事件の手続が現代の社会の要請にかなった新しいものになったことを明確に示すということも重要であり、そのためには新法を制定する方式を採った方が分かりやすいと考えられます。

以上の諸事情を考慮し、新法を制定する方式を採用しました。新法の施行に伴い、旧法は廃止されます（整備法第3条）。

Q6 民法等の一部を改正する法律（平成23年法律第61号）の内容は、新法に反映されているのですか。

A 民法等の一部を改正する法律（平成23年法律第61号）が新法と同じく第177回国会で成立し、平成23年6月3日に公布されました。この民法等の一部を改正する法律は、児童虐待の防止の観点から親権に係る制度を見直したものですが、家事審判の手続に影響する内容が含まれているため、新法がその点をどのように扱っているのかが問題になります。そこで、ここでは、民法等の一部を改正する法律と新法の関係について説明します。

家事事件の手続は、民法の規定を前提としているものが多く（別表第1および別表第2の「根拠となる法律の規定」欄参照）、民法が改正されれば、それに応じて内容を変更する必要が生じます。新法は、このような両者の関係に鑑み、同じ国会に提出された民法等の一部を改正する法律の内容を既に取り込んでいます。

例えば、民法等の一部を改正する法律において、親権停止の制度（民法第834条の2）や複数未成年後見人の制度（第840条第2項、第3項、第857条の2）が導入されたことを踏まえ、これらを前提とした手続（新法別表第1の67の項および78の項）についての規定を置いていますし、民法等の一部を改正する法律において、親権者が家庭裁判所の許可を得て子を懲戒場に入れる旨の規定（民法第822条第1項の一部および第2項）を削ったことを踏まえ、新法においては、親権者が子を懲戒場に入れるための家庭裁判所の許可の手続（旧法第9条第1項甲類第9号）に相当する規定を設けていません(注)。

したがって、民法等の一部を改正する法律の関係で、新法をさらに改正する必要はありません。

（注）民法等の一部を改正する法律の施行日は、公布の日（平成23年6月3日）から起算して1年を超えない範囲内において政令で定める日とされています（同法附則第1条）。これに対し、新法の施行日は、新非訟法の施行の日（新法附則第1条）、すなわち、新非訟法の公布の日（平成23年5月25日）から起算して2年を超えない範囲内において政令で定める日（新非訟法附則第1項）とされています。したがって、民法等の一部を改

正する法律の方が新法よりも早く施行されることが想定されます。そこで、新法が施行されるまでの間は、旧法の改正により対応する必要が生じますが、そのための旧法の改正は、民法等の一部を改正する法律第2条においてされています。

Q7 新法が、新非訟法の規定を準用せずに、自己完結的な構成としている理由は何ですか。

A 新法では、利用者が、新法のみを見て手続の内容が分かるようにするため、新非訟法の規定を準用せず、自己完結的な構成をとることとしました。

　旧法第7条は、原則として旧非訟法第1編を準用することとする方式をとっており、新法においても、非訟事件の手続の通則を定める新非訟法第2編を原則として準用しつつ家事事件の処理に必要な特則や補足的な規定のみを新法に設けることとすることも考えられました。

　しかしながら、このような構成をとることは、家事事件の手続を知るために、新法と新非訟法の双方を見なければならないことを意味し（新非訟法が民事訴訟法を準用している部分も少なくありませんが、その場合には、更に民事訴訟法も見なければならないことになります）、家事事件手続を利用する者が家庭に関する紛争の解決を求める一般国民であることを考えれば、利用者の便宜を図ることを1つの眼目とする今回の改正の趣旨に反することにもなり、相当ではないと考えたものです。

Q8 法律事項と規則事項とはどのような基準で区別されているのですか。

A 旧法の下における旧家審規と同様、新法の下においても、家事事件の手続に関し必要な事項を最高裁判所規則で定めることとしています（第3条）。その場合、法律事項と規則事項の振り分けが問題になりますが、近時の手続法における両者の振り分けを参考に、当事者等の権利義務に重大な影響を及ぼす事項や家事事件の手続の大綱となる事項は法律事項とし、それ以外の家事事件の手続の細目的事項については規則事項とすることとしています。

このような区別の基準により、これまで旧法の下では、旧家審規に規定されていた次の事項を、新法においては法律事項に変更しています。

- 裁判所の管轄・移送
- 利害関係人の参加（ただし、強制参加部分は旧法の下でも法律事項）
- 手続の非公開
- 必要的陳述聴取
- 職権による事実の調査（家庭裁判所調査官による事実の調査・医師の診断を含む）および証拠調べ
- 社会福祉機関との連絡
- 審判の告知
- 即時抗告の可否、即時抗告権者の範囲
- 審判前の保全処分の内容および効力ならびに保全処分に対する不服申立て

Q9 これまで特別家事審判規則に規定されていた事件の手続についても、新法において規律することとした理由は何ですか。

A 従前は、民法に根拠を有する家事事件についての具体的な手続は旧法のほか旧家審規が定めていたのに対して、民法以外の法令に根拠を有する家事事件（例えば、性同一性障害者の性別の取扱いの特例に関する法律第3条第1項に基づく性別の取扱いの変更）の具体的な手続は、旧法のほか旧特別家審規が定めていました（例えば、前記の性同一性障害者の性別の取扱いの特例に関する法律第3条第1項に基づく性別の取扱いの変更についての手続の規定であれば、旧特別家審規第17条の2から第17条の5まで）。今回の新法の制定により、管轄、必要的陳述聴取、審判の告知、即時抗告等の規律は法律事項とするのが相当であるとの考え方の下、旧家審規において定められている事項のうち、相当部分を新法に規定を設けることとしました。それとの均衡上、旧特別家審規において定められている規定のうち、同様の規律に関する規定は、法律に規定するのが相当です。法律に規定することとした場合、根拠となる実体法規（例えば、性同一性障害者の性別の取扱いの特例に関する法律）に規定する方法も考えられましたが、根拠が民法にあるものと民法以外にあるものについて、取扱いを別にする合理的な理由もなく、家事事件の手続の基本的な事項は、すべて新法に規定するものとするのが利用者にとって分かりやすいものと考え、旧特別家審規に規定されていた事件の手続についても、新法において規律することとしました。

Q10 新法全体を通じて使われている用語の意味を説明してください。

A 新法においては、法律全体を通じてしばしば使われている用語がありますが、それらの用語の定義規定をまとめて設けることはしていません。それは、新法全体を通じて、特段の事情がない限り、同じ用語は同じ意味で使われており、定義規定を設けるまでもなく、各用語の意味は条文から自然に理解されるようにしているからです。もっとも、主な用語についてはまとめて説明があった方が便利かと思われますので、ここで説明しておきたいと思います。本書において新法の説明のために用いている用語も基本的には、以下に説明するとおりの意味で用いています。

1 家事事件、家事審判事件、家事調停事件

家事事件は、「家事審判及び家事調停に関する事件」を指します（第1条）。つまり、家事審判事件、家事調停事件のほか、履行の確保のための事件やこれらに付随的・派生的な事件が含まれます。

家事審判事件とは、家事審判の申立てまたは職権により審判の手続が開始された事件、家事調停から移行して審判の手続が開始された事件をいい、家事調停事件とは家事調停の申立てによって開始された事件、審判手続または訴訟手続から家事調停に付された事件をいいます。

合意に相当する審判を求める申立ては、家事調停の申立てに他ならないので、合意に相当する審判を求める申立てにより始まる事件は、家事調停事件であり、家事審判事件ではありません。

2 当事者と利害関係参加人

当事者とは、形式的意味の当事者、すなわち、申立人および相手方をいいます（Q13参照）。

なお、条文上「当事者」とされている場合、当事者参加人（第41条参照）が含まれます。さらに、当事者が自ら手続追行をする主体として表現されている場合には、利害関係参加人（第42条参照）が含まれます。利害関係参加

人は、基本的には「当事者がすることができる手続行為をすることができる。」（第42条第7項）ことから、あえて「当事者及び利害関係参加人」とはしなくとも、「当事者」とすれば、第42条第7項と併せれば、利害関係参加人が含まれるということが明らかであるという前提に立っています。例えば、記録の閲覧謄写の場面では、利害関係参加人は「当事者」として閲覧謄写をすることができます（第47条第1項）し、別表第2に掲げる事項についての家事審判の手続において、審問の期日を開いて当事者の陳述を聴くことにより事実の調査をするときは、利害関係参加人も当該期日に立ち会うことができます（第69条）。これに対し、陳述の聴取の対象や手続費用の負担者、告知・通知の対象、当事者本人尋問の対象の場合、これらは「当事者がすることができる手続行為」とはいえませんから、「当事者」には、利害関係参加人は含まれません。したがって、このような場面において、利害関係参加人をも対象にする場合には、「利害関係参加人」を「当事者」とは区別して明示していますし（第28条第2項第1号、第55条、第63条、第74条第1項、第88条第1項等）、そのような場面で「利害関係参加人」が明示されていない場合には、利害関係参加人は対象に含まれないことになります（第64条第3項から第6項まで、第68条、第78条第3項、第89条等）。同様の理由により、例えば、利害関係参加人に対する尋問は、当事者本人尋問の方式によるのではなく、証人尋問の方式によることになります。

　なお、抗告審における当事者とは次のとおりです。別表第2に掲げる事項についての審判事件については、第1審の当事者は、抗告審においても当事者になることはいうまでもありません。別表第1に掲げる事項についての審判事件の場合、抗告人が当事者となるほか、第1審の申立人は、第1審の裁判に対して他の者が即時抗告をした場合にも、抗告審においても当事者としての地位を有していることを前提にしています。他方、第1審における利害関係参加人は、自ら即時抗告をした場合には即時抗告人として抗告審における当事者になりますが、そのような場合を除けば、抗告審においても、利害関係参加人になります。

3　手続行為、手続行為能力、手続代理人

　新法において、家事事件の手続における手続上の行為を手続行為といい、

この手続行為を自ら有効にすることができる能力を手続行為能力といいます（第17条第1項）。手続行為能力は、民事訴訟法における訴訟能力に対応するものです。また、本人に代わって手続行為を行うことが手続代理ですが、手続代理人といった場合には、法令により裁判上の行為をすることができる代理人と委任に基づく代理人をいい、法定代理人を含みません。手続代理人は、民事訴訟法の訴訟代理人に対応するものです。

4 「家事審判官」の用語の廃止と裁判官

新法においては、「家事審判官」の用語は使っていません。旧法の下では、「家庭裁判所において、この法律に定める事項を取り扱う裁判官は、これを家事審判官とする。」とされていました（旧法第2条）。

旧法の下で、「裁判官」とせずに「家事審判官」という手続上の呼称を用いてきたことについては、当初の沿革上の理由（旧法が制定されたときには、家事審判や家事調停を扱うのは、家庭裁判所ではなく、地方裁判所の支部として設けられた「家事審判所」でした）のほか、事件関係者に親しみやすさを感じさせるのに「裁判官」よりはふさわしいといった理由があったと思われます(注)。しかしながら、調停手続と審判手続を区別して考えるという新法の立場から見てみますと、「家事審判官」が「家事調停」の手続に携わるというのはやはり不自然であることを否定できず、家事審判に裁定合議制が導入された後は、家事審判官が3人で審理している場合でも、そのうちの1人を審判長とは呼んでいないこととも一貫せず、かといって、今後「審判長」と呼称することも違和感が払拭できません。そこで、現在においては、「家事審判官」とすることを維持する理由は乏しいと考え、「家事審判官」との呼称を止め、「裁判官」と呼び、合議体のときは、そのうちの1人を「裁判長」と呼ぶこととしました。

（注）　斎藤秀夫＝菊池信男編『注解家事審判法〔改訂版〕』62頁（青林書院、1992年）〔岩井俊〕。なお、同じく家庭裁判所が処理する少年審判事件を取り扱う裁判官を少年審判官とするという規定は少年法には存せず、審判を扱う裁判官は審判官と呼称するとの普遍的な規律が存在しているわけでもなさそうです。

5 期日

　家事事件の手続の期日(家事審判の手続の期日、家事調停の手続の期日)とは、裁判所または裁判官と当事者その他の者が会して家事事件の手続に関する行為をするために定められた一定の時間をいいます。家事事件の手続の期日においては、審問、証拠調べ、調停手続において調停委員会が当事者から事情を聴取すること等が想定されています。「証拠調べの期日」(第46条)とは、証拠調べをする場合の当該家事事件の手続の期日を意味しますし、「審問の期日」(第69条)とは、審問をする場合の当該家事事件の手続の期日を意味します。すなわち、期日において証拠調べや審問が行われるのであり、期日に「証拠調べ期日」や「審問期日」といった種類があるわけではありません。

　家事事件が係属する裁判所外で手続を行う期日のほか、受命裁判官や受託裁判官が手続を行う場合も、上記の要件を満たせば期日です。

　もっとも、受命裁判官または受託裁判官が行う期日において、家事事件が係属する裁判所の期日においてすることのできる手続行為をすべてすることができるとは限りません。ある手続行為をすることができるかどうかは、当該手続行為の性質によって判断されることになります。例えば、申立ての変更は、家事事件の手続の期日においてする場合には口頭ですることができますが(第50条第2項)、受託裁判官が行う期日においてすることは想定していません。

　また、電話会議システム・テレビ会議システムを利用した場合において、当事者が1人も実際に裁判所に出頭していなくても、期日の手続を行うことができるものとしています(第54条)。したがって、別表第1に掲げる事項についての審判事件において電話で申立人の審問をすることや、別表第2に掲げる事項についての審判事件において、申立人も相手方も実際に裁判所に出頭することなく通話によって手続追行をすることによっても、期日を開くことができます。したがって、少なくとも当事者の一方が実際に裁判所に出頭していることを前提としている(民事訴訟法第170条第3項ただし書参照)民事訴訟の期日とは、異なる考え方を採用したことになります。

6 審判・審判に代わる裁判と審判以外の裁判

　「審判」とは、家庭裁判所がする本案について終局的な判断をする裁判を

いいます。その意味で、当事者間の合意を基礎とする自主的紛争解決手段としての「調停」と区別されるほか、審判のための派生的または付随的事項についての裁判所の判断や、本案についての判断であっても終局的判断ではない裁判所の判断である「審判以外の裁判」(第81条) と区別されます。両者を区別する意義については、**Q60** 参照。まとめると本問末尾の表「審判と審判以外の裁判の例」のようになります。

(1) 審判

審判は、家庭裁判所が本案について終局的な判断をする裁判であり、別表第1および別表第2に掲げる事項についての審判が代表的なものですが(第39条参照)、それらに限られません。さまざまな種類があり、その手続は個別に異なりますが、大まかには、第39条に定める審判手続における審判、調停手続における審判、履行の確保の手続における審判があります。具体例については、**Q62** 参照。

(2) 審判に代わる裁判

「審判に代わる裁判」には、審判に対して即時抗告がされた場合において当該即時抗告に理由があるときに高等裁判所がする抗告審としての裁判(第91条第2項)と、高等裁判所が第1審として行う裁判(注)、高等裁判所がした審判に代わる裁判の取消しまたは変更(第93条第1項において準用する第78条)等があります。審判は、家庭裁判所がする裁判であるために、性質上は審判であっても高等裁判所がする場合には、「審判」の用語を使わずに「審判に代わる裁判」の用語を用いています。したがって、「審判に代わる裁判」は性質上は「審判」であって、「審判以外の裁判」ではありません。

(3) 審判以外の裁判

審判手続における派生的または付随的な事項に関する手続的な判断や、審判同様本案に関する判断ではあっても本案についての終局的な判断を示すものではないものがあります。審判手続におけるもの、調停手続におけるもの、履行確保の手続におけるものがあります。具体例については、**Q62** 参照。

(注) 高等裁判所が、第1審裁判所として家事審判の手続を行う場合としては、本案事件が高等裁判所に係属している場合における保全処分の事件(第105条第2項。なお、ここでの「本案」の用語は、保全処分と区別する意味で用いています)や推定相続人の廃

除またはその取消しの審判が高等裁判所に係属している場合における審判確定前の遺産の管理に関する処分の審判事件（第189条第1項）等があります。

7　審判を受ける者

審判を受ける者（第47条第6項、第74条第1項、第2項、第78条第3項、第89条第1項）とは、審判の名宛人となる者をいいます。例えば、申立てを却下する審判においては申立人が審判を受ける者です。また、積極的内容の審判にあっては、これにより自己の法律関係が形成される者、例えば、後見開始の審判であれば成年被後見人とされる者、特別養子縁組の成立の審判であれば養親とされる者、養子とされる者およびその実父母です。このように「審判を受ける者」は、審判の内容によって変わりますが、「審判を受ける者」は、審判を告知したり、審判を取り消しまたは変更する場合の陳述の聴取の対象となるなど、審判がされた後に問題になりますので、だれが審判を受ける者か不明で困るという事態は生じません。なお、新法における「審判を受ける者」は、旧法第13条の「これ（審判）を受ける者」と同義です。

8　審判を受ける者となるべき者

審判を受ける者となるべき者（第10条第1項第1号から第3号までおよび第5号、第28条第2項第2号、第41条第2項）は、積極的内容の審判がされた場合に審判を受ける者（自己の法律関係が形成される者）となる者をいいます（第10条第1項第1号の括弧書き参照）。「審判を受ける者」は、上述のとおり、審判の内容によって変わるので、審判の結果を待たなければ決まりませんが、手続進行中に定型的に利害関係を有するのは、積極的内容の裁判がされたとすれば法律関係を形成されることになる者です。このような者には、手続保障の観点から、あらかじめ手続追行の機会を与えることが求められます。そこで、このような者を「審判を受ける者となるべき者」と呼び、手続上一定の手当てをしています。

別表第1および別表第2に掲げる事項についての審判事件における審判を受ける者となるべき者は、巻末資料の「審判を受ける者となるべき者一覧表」のとおりです。

9　審判の結果により直接の影響を受ける者

　家事事件の手続においては、審判を受ける者以外に審判の結果により自己の法的地位や権利関係に直接の影響を受ける者が存在することがあります。例えば、親権者の指定または変更の審判における子、親権喪失の審判における子、成年後見人の解任の審判における成年被後見人等がこれに当たると考えられます。このような者には、手続追行上主体的な地位と権能を与えるのが相当であるため、「審判の結果により直接の影響を受けるもの」(第42条第2項)と呼んで、一定の手当てをしています。

10　審問と陳述の聴取

　いずれも言語的表現による認識、意見、意向等の表明を受ける事実の調査の方法ですが、審問が、家事事件の手続の期日において審問を受ける者が口頭で認識等を述べるのを裁判官が直接聴く手続であるのに対し、陳述の聴取は、その方法に特に制限はなく、裁判官の審問によるほか、家庭裁判所調査官による調査、書面照会(例えば、裁判所が尋ねたい事項について書面に記載して提出することを当事者等に求めたり、質問事項を記載して当事者等に回答を求めるもの)等の方法が考えられます。審問の例としては、第10条第1項第4号、第68条第2項、第69条、第164条第3項、第169条第1項、第188条第3項等があり、陳述の聴取の例としては、第68条、第89条等があります。

11　陳述の聴取と意見の聴取

　陳述の聴取は、主として、陳述の聴取を受ける者に対し、手続保障の見地から、裁判所に認識等を述べる機会を与えるところに主眼があるのに対し、意見の聴取は、裁判所が判断の参考となる情報を得るために行うところに主眼があります。意見の聴取には、①裁判所が実体的な判断をするための参考とする場合と②手続進行上の参考とする場合があります。①の例としては、参与員の意見の聴取(第40条第1項)、家事調停委員の意見の聴取(第264条第1項、第277条第3項、第284条第2項)、医師の意見の聴取(第119条第2項)、成年後見人の選任に際しての成年後見人となるべき者の意見の聴取(第120条第2項第1号)、特別縁故者に対する財産分与に際しての相続財産の管理人

の意見の聴取（第205条）等があり、②の例としては、電話会議システムまたはテレビ会議システムによる期日の実施についての当事者の意見の聴取（第54条第1項）や家事審判事件を家事調停に付する場合の当事者の意見の聴取（第274条第1項）等があります。

12　申出と申立て

「申出」は、裁判所がそれを認める場合には特段応答する義務がない場合に用います。例えば、当事者となる資格を有する者が当事者参加をする場合（第41条第1項、第3項）、審判を受ける者となるべき者が利害関係参加をする場合（第42条第1項、第4項）、家事事件の手続の併合前に尋問した証人について併合後に尋問を求める場合（第35条第3項）、別表第2に掲げるの事項についての審判の手続において審問を求める場合（第68条第2項）は、申出であって、却下する場合には却下の裁判をしますが、これを認める場合には裁判をすることを要しません。

これに対し、「申立て」は、それを認める場合にも裁判所に応答義務が生じる場合に用います。例えば、移送の申立て（第9条第1項）に対しては移送決定または移送の申立てを却下する裁判をすることになります。審判を受ける者となるべき者以外の者による利害関係参加の許可の申立て（第42条第2項）についても同様です。

13　告知と通知

告知は裁判の内容を知らせることを意味します（第74条第1項から第3項まで、第122条第2項等）。これに対して、通知は、裁判の内容以外の事実を知らせることを意味します[注1]。

なお、後見開始の審判および後見命令は、成年被後見人となるべき者に「通知」することとしています（第122条第1項、第126条第5項）[注2]。この場合、成年被後見人となるべき者は、審判を受ける者であり、知らせる内容は裁判ですから、本来は告知すべきであるとも思われますが、告知の場合には、告知の対象となる者に告知を受ける能力が必要であるという観点を加味して、ここでは通知をするものとしているのです。

(注1) 通知の例と告知の例
1 通知の例
- 法定代理権の消滅の通知（第20条）
- 手続代理人の代理権の消滅の通知（第25条）
- 検察官に対する通知（第48条）
- 事実の調査の通知（第63条、第70条）
- 家事審判の申立てがあったことの通知（第67条）
- 申立ての取下げがあったことの通知（第82条第3項）
- 即時抗告があったことの通知（第88条）
- ※ 成年後見開始の審判の成年被後見人になるべき者への通知（第122条第1項）
- ※ 後見命令の通知（第126条第5項）
- 死後離縁をするについての許可の申立があったことの通知（第162条第3項）
- 戸籍の訂正についての許可の申立があったことの通知（第228条）
- 調停の申立てがあったことの通知（第256条）
- 家事調停事件の終了の通知（第272条第2項）
- 合意に相当する審判が異議によって失効した旨の通知（第280条第4項）
- 調停に代わる審判が異議の申立てによって失効した旨の通知（第286条第5項）

2 告知の例
- 審判の告知（第74条第1項から第3項まで、第86条第2項、第108条、第122条、第126条第4項および第6項等）
- 審判以外の裁判の告知（第81条第1項において準用する第74条第1項から第3項まで）
- 換価を命ずる裁判の告知（第194条第4項、第207条）

※については、（注2）参照。

(注2) 告知が有効にされるためには、告知を受ける者にその能力が必要なのですが、成年被後見人となるべき者は、裁判所から事理弁職能力がないと認定された者ですから一般的にはその能力がないと考えられます。しかし、他方で、本人の自己決定の尊重の理念からは、その者に後見開始の審判があった旨を知らせることが相当です。そこで、旧家審規第26条第2項の規律を維持することとし、告知に代えて通知をすることにしたものです。

14 申立てについての審判（裁判）

申立てを認容する審判と却下する審判の双方を含む場合には「……についての審判（裁判）」（例えば、第12条第3項および第4項、第126条第1項、第127条第1項、第157条第1項、第166条第1項等）の表現を用いています。

15 調停を行うことができる事件

調停手続をすることができる事件（第29条第4項、第246条第1項および第2項、第257条第1項、第274条第1項）の意味です。したがって、調停を行うことができる事件には、調停の成立により事件を終了させることのできる事件のみならず、合意に相当する審判の対象事件が含まれます。

16 本文と別表の関係

(1) 旧法における審判事項の取扱いについて

旧法においては、第9条第1項において、いわゆる甲類審判事項として第1号から第39号までを規定し、いわゆる乙類審判事項として第1号から第10号までを規定して審判事項を整理していました。このように審判自体を基準とするのではなく、「事項」で対象を整理する方法は、家事審判と家事調停の双方において対象となる事項を乙類審判事項と呼称することができるという利便性を有します。しかし、各審判事項について手続の詳細を定める旧家審規では、上記の甲類審判事項および乙類審判事項の分類との関連付けがされていないため、旧家審規で定められている各規定が旧法第9条第1項に規定するいずれの審判事項についての手続であるかが直ちに明確でないという問題があったように思います。

(2) 本文と別表との関連付け

新法では、旧法と同様に、「事項」で家事事件の対象を整理する方式を維持し、旧法第9条第1項と同様に、家事調停をすることができない事項と、家事調停をすることができる事項とに分け、前者を別表第1に、後者を別表第2にそれぞれ掲げることとしました。そして、(1)で指摘した問題点の解消策として、各別表においては関連する事項ごとにまとめて見出しを付すこととし、この各見出しと第2編第2章の各節名とを一致させました。例えば、別表第1の1の項から16の項までの事項に「成年後見」との見出しをつけましたが、これが本文の第2章第1節「成年後見に関する審判事件」と対応することを示しています。そして、各節においては、その節で取り扱う具体的な審判事件（例えば「後見開始の審判事件」など）の名称が本文の規定に最初に現われるところ（主として、管轄または手続行為能力の規定）に別表の項番号との対応関係を示す記載（例えば、「後見開始の審判事件（別表第1の1の

項の事項についての審判事件をいう。)」との記載。第117条第1項参照)をすることにより、各審判事件と別表の各項とを関連付けています。また、第3編の家事調停に関する手続の記載においても、別表第2の項番号と対応関係を示す記載(例えば、「遺産の分割の調停事件(別表第2の12の項の事項についての調停事件をいう。)」との記載。第245条第3項参照)をしています。なお、婚姻等に関する事件のように、その中に、調停をすることができる事件と調停をすることができない事件が含まれることがあります。このような事件については、別表第1と別表第2の双方に、「婚姻等」の見出しをつけて、該当する事項をそれぞれに掲げています。

■ 審判と審判以外の裁判の例（Q10、62関係）

	審判	審判以外の裁判
家事審判の手続におけるもの	第39条、第73条の「審判」（一部審判を含む） ・別表第1、第2に掲げる事項についての審判 ・審判前の保全処分 ・審判の取消しまたは変更の審判（第78条第1項） ・遺産分割の禁止の審判の取消しまたは変更（第197条）	第81条の「審判以外の裁判」 ・家事審判の申立書却下命令（第49条第5項） ・移送、除斥、忌避についての裁判（第9条第1項および第2項、第10条第2項、第12条第1項）等 ・審判の更正決定（第77条第1項） ・中間決定（第80条第1項）
家事調停の手続におけるもの	第244条の「審判」、第258条第1項の「家事調停に関する審判」 ・家事調停の申立てを却下する審判（第255条第4項） ・合意に相当する審判（第277条第1項） ・調停に代わる審判（第284条第1項）	・移送、除斥、忌避についての裁判（第9条第1項および第2項、第10条第2項、第12条第1項）等 ・家事調停の申立書却下命令（第255条第4項および第256条第2項において準用する第49条第5項） ・調停調書の更正決定（第269条第1項）
履行の確保の手続におけるもの	・義務履行の命令（第290条第1項）	・義務履行の命令の申立書の却下命令（第290条第4項、第49条第5項）

Q11 新法の旧法からの見直しの要点は何ですか。

A 新法の制定は、家事審判および家事調停の手続を国民にとって利用しやすく、現代社会の要請に合致した内容のものにするため、新たに家事事件の手続の改善を図ろうとするものです。見直しの要点を列挙すれば、次のとおりです。

① 当事者等の手続保障を図るための制度(審判等によって影響を受ける子の利益への配慮のための制度を含む)の拡充(**Q12**参照)

② 国民が家事事件の手続を利用しやすくするための制度の創設・見直し(**Q18**参照)

③ 管轄・代理・不服申立て等の手続の基本的事項に関する規定の整備(**Q21**参照)

> **Q12** 当事者等の手続保障を図るための制度の拡充について、どのような措置が設けられていますか。

A 主な点としては、次の3点が挙げられます。

1 参加制度の拡充

旧法下の参加制度では、参加人の権限等が不明確でしたので、新法においては、参加制度の見直しにより、参加人の権限等を明確にし、利害関係を有する者が手続主体として主張や資料を提出することを可能にしました（第41条、第42条。**Q48、49**参照）。

2 記録の閲覧謄写に関する制度の拡充

旧法の下では、「家庭裁判所は、相当であると認めるときは、記録の閲覧等を許可することができる」旨の定めとなっており（旧家審規第12条）、記録の閲覧等をすることができるか否かが裁判所の広い裁量に委ねられていました。これに対し、新法においては、記録の閲覧謄写が当事者等への手続保障の根幹をなすという理解の下、当事者については家事審判事件の記録の閲覧等を原則として認めるとともに記録を閲覧することができない場合を明確にし、当事者が記録の閲覧等をすることを容易にしました（第47条。**Q52**参照）。

3 不意打ち防止のための諸規定等の整備

旧法の下では、主張や裁判の基礎となる資料についての提出期限や審判がされる日が不明確でしたが、新法においては、調停をすることができる事件等一定の事件については、あらかじめ主張や資料の提出期限（審理の終結の日）および審判日を定めることとし、当事者の手続上の予測可能性を確保することとしています（第71条、第72条。**Q59**参照）。

なお、このほか、手続の記録化の規定を設けたり（第46条。**Q51**参照）、事実の調査の通知の規定（第63条、第70条。**Q53、59**参照）や調停をすることができる事件等一定の事件について、当事者の申出がある場合等一定の場

合には審問の方法によって一定の者の陳述を聴取しなければならず（第68条第2項、第164条第3項、第165条第3項および第169条第1項の各柱書後段、第188条第3項後段）、調停をすることができる事件において当事者の審問を行う期日には他方当事者に立会いの機会を与えなければならないこととするほか（第69条。**Q59**参照）、第78条の規定に基づき審判の取消しまたは変更をする場合には、その審判における当事者およびその他の審判を受ける者の陳述を聴かなければならないこととし（第78条第3項。**Q65**参照）、原審における当事者および利害関係参加人への抗告状の写しの原則的送付の規定（第88条第1項。**Q71**、72参照）、抗告審における当事者等の陳述の聴取の規定（第89条。**Q71**、72参照）など不意打ち防止のための諸規定を設けています。

Q13

家事事件の結果に利害関係のある者を「関係人」と総称し、手続上の権能を与える考え方がありますが、新法ではそのような考え方は採用しなかったのですか。

A Q10でも言及しましたが、新法において「当事者」とは、申立人および相手方を指します。いわば形式的な当事者概念を採用しました。しかし、民事訴訟では基本的に当事者が裁判の影響を直接に受ける者ですが、家事事件の手続においては、申立人または相手方のほかに、審判の名宛人となる者（例えば、未成年後見人の選任の審判事件において選任される未成年後見人）や審判の結果により直接の影響を受ける者（例えば、親権者変更の審判事件における子）など、審判の結果によって影響を受ける者が存在することがあります。したがって、審判の手続においては、申立人や相手方のほかに、審判を受ける者や審判の結果により直接の影響を受ける者の存在も考慮すべきことになります。

　このような観点から、学説の中には、申立人や相手方に加えて、審判の結果によって影響を受ける者のうち一定の者を実質的意味の当事者と捉え、「関係人」と総称した上で、この「関係人」に形式的意味の当事者と同等の手続上の権能（例えば、証拠調べの申立て、審問の申出、記録の閲覧、審判の告知、即時抗告等における権能）を付与し、手続保障を図るべきであるとする見解があります^(注)。

　しかしながら、審判の結果により影響を受ける者のうち一定の者に手続上の権能を付与し、手続保障を図るべきであるとしても、その者が家事事件の手続に参加して手続上の権能を行使することを望まないことも考えられ、このような場合についてまで形式的に手続上の権能を付与するまでの必要はないと思われます。また、一般的には、申立人および相手方を手続上の「当事者」とすることが定着していることを勘案すれば、「当事者」のほかに、「関係人」の概念を導入することについては慎重であるべきでしょう。さらに、このように審判を受ける者や審判の結果により直接の影響を受ける者が自らの主張を述べる機会を与えるために、これらの者について必ず陳述の聴取をしなければならないものとする（必要的陳述聴取の対象とする）個別の規定を

設けることにより対応することで足りるようにも思われます。

　そこで、新法においては、申立人および相手方のみを当事者とした上で、いわゆる「関係人」概念を用いた規律を設けることはせず、総則において、参加の制度により審判の結果によって影響を受ける者が手続に関与することができるものとし、参加した場合には当事者と同様の権能を与えることとしたほか（第41条、第42条）、審判を受ける者に対し審判の告知をする（第74条）こととし、また、各則において、審判により影響を受ける者等から陳述の聴取をすべきことを定め（第120条等）、必要に応じて即時抗告を認めるなどの方法により、対応することとしました。

　（注）　例えば、佐上善和『家事審判法』69頁以下（信山社、2007年）。

Q14

審判を受ける者となるべき者等審判の結果により影響を受ける者の手続保障は、どのような形で図られているのですか。

A 審判の結果により影響を受ける者の手続保障は、一般的な規律と個別の規律によって図られています。

1 利害関係参加

審判を受ける者となるべき者は、家事事件の手続に当然に利害関係参加をすることができ、審判を受ける者となるべき者以外の者であって、審判の結果により直接の影響を受けるものは、裁判所の許可を得て利害関係参加することができます。参加後は、基本的に当事者がすることができる手続行為をすることができます（第42条第7項）。また、裁判所は、必要と認めれば、審判を受ける者となるべき者および審判の結果により直接の影響を受ける者または当事者となる資格のある者を職権で利害関係参加させることができ（第42条第3項）、利害関係参加した者が手続行為につき行為能力の制限を受けた者であり（このような者も第118条等の規定により利害関係参加をすることができる場合があります）、自ら手続追行することが困難であると認めれば、裁判長が弁護士を手続代理人に選任すること等ができます（第23条第2項）。

2 審判の告知と不服申立て

審判がされた場合には、その審判は「審判を受ける者」に告知されます（第74条第1項）。

また、審判を受ける者や審判の結果により直接の影響を受ける者については、個別の規定により即時抗告権者とされることによって、不服申立ての機会が保障される場合が多いということができます。

3 陳述の聴取

第78条の規定に基づく審判の取消しまたは変更をする場合には、審判を受ける者の陳述を聴かなければならないものとされています（第78条第3

項)。

　また、審判に対し即時抗告がされた場合等において、審判を取り消すときには、その審判を受ける者の陳述を聴かなければならず、さらに別表第2に掲げる事項についての審判事件においては、即時抗告が不適法であるときまたは即時抗告に理由がないことが明らかなときを除き、原審における当事者(抗告人を除く)の陳述を聴かなければならないものとされています(第89条、第96条第1項、第98条第1項)。

　以上に加え、新法第2編第2章において、個別の事件類型ごとに、裁判の結果によって影響を受ける者のうち一定の者の陳述を聴かなければ裁判をすることができないものとし(第120条等)、さらに、一定の場合には、審問の期日において陳述の聴取をしなければならないものとされています(第164条第3項、第165条第3項および第169条第1項の各柱書後段、第188条第3項後段)(注)。

　　(注)　このような個別の陳述の聴取の規定は、手続保障上次のような重要な意義を有しています。すなわち、新法においては、審判を受ける者となるべき者や審判の結果により直接の影響を受ける者が利害関係参加することができることとしていますが、このような者が何をきっかけに家事事件の手続が進行していることを知るかということが問題になります。新法においては、申立てによりまたは職権で家事事件の手続が開始された場合に、このような者にそのことを通知する規定を置いていません(**Q54**参照)。それは、審判を受ける者となるべき者や審判の結果により直接の影響を受ける者と事件との関係にもさまざまなものがあり得ることを考慮すれば、簡易迅速な処理の要請が高い家事事件の手続において事件係属の通知をこのような者に対してすることを一律に義務付けることは必ずしも相当ではなく、事件類型ごとの個別の規定において事件の性質や審判を受ける者となるべき者等の属性を考慮して対応するほか(第162条第3項など)、裁判所の適正な裁量に委ねるのが相当であると考えたものです。しかしながら、事件係属の通知はされなくとも、多くの場合、このような者は陳述の聴取の対象とされていますので、遅くとも陳述の聴取の機会に家事事件が係属していることを知り、陳述の聴取を受けるのみではなく、自ら主体的に手続に関与したいと考えれば、利害関係参加の申出または利害関係参加の許可の申立てをすることができます(第42条第1項、第2項)。したがって、陳述の聴取の規定は、そのようなきっかけを与えるという機能を有することになります。

> **Q15** 子の福祉への配慮は、新法のどのようなところに現れていますか。

A 家事事件を処理するに当たり、その結果により影響を受ける子の福祉に配慮すべきことは当然です。特に、親同士が紛争の渦中にある場合等、親に子の利益を代弁することを期待することが困難な場合があるため、家事事件の手続において、子の心情や子が置かれた状況を把握するための手立てが必要になります。

新法においては、このような点を考慮し、次のような制度を設けています。

(1) 子の身分関係に影響が及ぶような一定の家事事件においては、未成年者である子も意思能力があれば、自ら手続行為をすることができることとして、その意思を反映しやすくしています（第151条第2号、第168条第3号および第7号等、第118条）。

(2) 子が家事事件の結果により直接の影響を受ける場合において、意思能力があれば手続行為をすることができるときは自ら利害関係人として参加し有効に手続行為をすることができるほか、家庭裁判所は相当と認めるときは職権で子を利害関係人として参加させることができます（第42条第3項、第258条第1項）。

ただし、子が自ら参加することが、その者の利益を害すると認めるときは、家庭裁判所は、参加の申出等を却下しなければならないこととして、子の福祉に更に配慮しています（第42条第5項、第258条第1項）。

(3) 家事事件において自ら手続行為をすることができる場合にも、未成年者である子の場合には、現実に手続行為をするには困難を伴うことが多いと考えられますので、これを補うため、法定代理人も子を代理して手続を行うことができるようにし（第18条）、さらに、裁判長が申立てによりまたは職権によって、弁護士を手続代理人に選任することができるようにしています（第23条）。

(4) 明文の規定により、家庭裁判所は、未成年者である子がその結果により影響を受ける事件においては、子の陳述の聴取、家庭裁判所調査官による調査その他の方法により、子の意思を把握するように努め、子の年齢および

発達の程度に応じて、その意思を考慮しなければならないとして、子の意思を尊重することとしています（第65条、第258条第1項）^(注)。

(5) 新法において、家事審判をする場合において15歳以上の子の陳述を聴取しなければならない場合を具体的に規定しています。なお、その範囲は、旧法よりも拡張することとし、家事審判に子の意思をより反映させることができるようにしました。今回の見直しにより、新たに子を陳述の聴取の対象としたものとして、親権喪失、管理権喪失または親権停止の審判およびこれらの審判の取消しの審判（第169条第1項第1号および第2号）、親権または管理権を辞するについての許可の審判（同項第3号）、親権または管理権を回復するについての許可の審判（同項第4号）、未成年後見人または未成年後見監督人の選任の審判（第178条第1項第1号。ただし、未成年被後見人である子の陳述の聴取）があります。

（注）第65条の「陳述の聴取」には、裁判官による審問や書面照会等の方法による場合のほか、家庭裁判所調査官が言語的表現による認識等の表明を受ける場合が含まれます（Q10参照）。これに対し、同条の「家庭裁判所調査官による調査」は、子の非言語的な表現等を家庭裁判所調査官がその専門的知見を活用して評価すること等を想定しています。なお、同条の「その他の適切な方法」としては、例えば、親の陳述の聴取等が考えられます。

Q16 児童の権利に関する条約第12条の子の意見表明権は、新法においてどのように現れていますか。

A 児童の権利に関する条約第12条によれば、自己の意見を形成する能力のある児童はその児童に影響を及ぼす事項について自由に自己の意見を表明する権利を有し、自己に影響を及ぼすあらゆる司法上の手続において、国内法の手続規則に合致する方法により直接または代理人等を通じて聴取される機会が与えられるものとされています。

新法においては、意思能力のある子には、基本的に子が影響を受ける家事事件において自ら手続行為をすることを認め、法定代理人によることなく自ら申立てまたは参加をすることができるようにしています（第151条第2号、第168条等、第118条）。さらに、相当な場合には、子を職権で手続に参加させ（第42条第3項、第258条第1項）、弁護士を子の手続代理人に選任することを可能にし（第23条）、また、子が手続に参加していない場合であっても、子から陳述の聴取をしなければならない事件類型を定めています（第152条第2項、第169条等）。加えて、一般的に子の意思の把握に努め、その意思を考慮することを定めています（第65条、第258条第1項）。以上のとおり、新法の規定は、子の意見表明に関して、児童の権利に関する条約第12条の趣旨に沿った内容を定めています。

（参考）　児童の権利に関する条約第12条
1　締約国は、自己の意見を形成する能力のある児童がその児童に影響を及ぼすすべての事項について自由に自己の意見を表明する権利を確保する。この場合において、児童の意見は、その児童の年齢及び成熟度に従って相応に考慮されるものとする。
2　このため、児童は、特に、自己に影響を及ぼすあらゆる司法上及び行政上の手続において、国内法の手続規則に合致する方法により直接に又は代理人若しくは適当な団体を通じて聴取される機会を与えられる。

Q17 子の陳述の聴取が必要となる場合において、陳述の聴取の対象とする子を満15歳以上の子に限っているのはなぜですか。

A 一定の家事審判事件については、家事審判をする場合には、子の陳述を聴取しなければならないものとしています(注1)(注2)。これは、裁判所が、家事審判事件を処理するに当たり、その結果により影響を受ける子に当該家事審判事件について意見を述べる機会を与えるとともに、子の認識を事実認定上の資料としたり、子の意思や意向を最終的な判断に当たって考慮する必要があるからです。

　もっとも、ここでいう子の陳述の聴取とは、子から言語的表現による認識、意見、意向等を聴取するものですから、子の陳述を聴取するためには、子が自らの認識を表現し、または意見や意向を表明することができる能力があることが前提になります。また、子からその認識や意見、意向を聴取することは、子の心情への配慮をしなければなりませんので、どんなに低年齢でも陳述を聴取することが望ましいとはいえません。そこで、一定の発達程度に達した子が陳述の聴取の対象になりますが、子の発達の程度には個人差があります。しかし、陳述の聴取を必ずしなければならない対象者を法律で定めるためには、このような個人差を考慮することはできず、明確な基準によることが必要です。そこで、15歳を基準にしていた旧法にも一定の合理性があると考え、これに倣うこととしました。

　なお、子が15歳未満であっても、裁判所は、子の利益の観点から、相当と認める方法で子の意思の把握に努めなければならないことはいうまでもありません（第65条参照）から、その年齢や発達の程度等を考慮して、事案の性質に鑑みて、陳述の聴取をすることを相当と認めるときは、15歳未満の子であっても、その陳述を聴取することとなります(注3)。

（注1）　陳述の聴取の意義および方法については、**Q10** の 10 を参照。
（注2）　子（いずれも15歳以上）の陳述の聴取について定めている家事審判事件は、次のとおりです。

- 子の監護に関する処分の審判事件およびそれを本案とする保全処分の審判事件（子の監護に要する費用の分担に関する処分の審判を除く）における子（第152条第2項、第157条第2項）
- 養子縁組をするについての許可の審判事件における養子となるべき子（第161条第3項第1号）
- 特別養子縁組の離縁の審判事件における養子（第165条第3項第1号）
- 親権喪失等の審判事件ならびに親権者の指定または変更の審判事件における子およびこれを本案とする保全処分（第169条、第175条第2項）
- 未成年後見人または未成年後見監督人の選任の審判事件における未成年被後見人（第178条第1項第1号）
- 児童福祉法に規定する審判事件における児童（第236条第1項）
- 生活保護法上の施設への入所等についての許可の審判事件における被保護者（第240条第4項）

（注3）　意思能力があれば手続行為能力が認められる事件においては、子は、意思能力があれば、年齢にかかわらず、法定代理人によることなく自ら申立てをしたり（例えば、民法等の一部を改正する法律（平成23年法律第61号）による改正後の民法第834条における親権喪失の審判等の申立て（第168条第3号、第118条））、手続に参加したりすること（第42条第1項、第2項参照）ができます。そうすると、自ら手続行為をする子の場合と陳述の聴取の対象となる子の場合とで、制度上の平仄がとれていないのではないかとの疑問が生じるかもしれません。しかし、子が自ら積極的に手続行為をしようとする場合には、裁判所はその際に子の意思能力を審査し、個人差を踏まえた対応が可能であるのに対し、必要的陳述聴取の場合には必ず聴取しなければならない対象を定めるものですから、一律の基準が必要になるという点で事情を異にしています（なお、本文記載のとおり、15歳未満の子の陳述の聴取については、事案や個人差に応じた対応をすることになります）。

Q18 国民が手続を利用しやすくするという点では、新法では、どのような制度を採用していますか。

A 主な点としては、次の3点が挙げられます。

1 電話会議システム・テレビ会議システムによる手続の創設

遠隔地に居住している者にとって裁判所に出頭することの負担が大きい場合があります。新法においては、そのような場合には、事案に応じて電話会議システム・テレビ会議システムを利用して、家事事件の手続を進めることができるようにしました（第54条、第258条第1項。Q27参照）。

2 調停を成立させる方法の拡充

新法においては、調停を成立させる方法を増やしました。旧法の下ではできなかった、高等裁判所における家事調停をできるようにし（第274条第3項。Q116参照）、これまで遺産の分割に関する事件の調停においてしか認められていなかった調停条項案の書面による受諾の方法によることのできる対象を拡張しています（第270条。Q111参照）。また、一定の事件を除き、電話会議システム・テレビ会議システムにより調停を成立させること（第268条第3項参照。Q111参照）も可能になります。

3 その他

このほか、手続上の救助の制度を導入したり（第32条。Q41参照）、通訳人をつけることができることとしたり（第55条および第258条第1項による民事訴訟法第154条の規定の準用。Q19、20参照）、調停に代わる審判をすることができる事件の範囲を拡張する（第284条。Q118参照）など利用者の便宜を図るための制度を導入しています。

Q19 新法において障害者が手続を利用しやすくするため、どのような配慮がされていますか。

A 身体上の理由により裁判所への出頭が負担になる者は、電話会議システム・テレビ会議システムを活用することができます（第54条、第258条第1項）(注)。また、手続に関与する者が耳が聞こえない者または口がきけない者であるときは、通訳人を立ち会わせることとしています（第55条および第258条第1項による民事訴訟法第154条の規定の準用）。さらに、新法においては、一般的には手続行為能力が制限されている者でも、意思能力があれば手続に関与することができる場合を明確にし、そのような手続に関与する者の手続追行能力を補うために裁判長が申立てによりまたは職権で弁護士を手続代理人に選任することができることとしています（第23条）。

（注）電話会議システム等は、当事者が遠隔地に居住している場合のみならず、裁判所が「その他相当と認めるとき」にも利用することができるものとし、身体上の障害等の場合にも利用し得ることを想定しています。

Q20

日本語に通じない者が家事事件の手続を利用することを容易にする方策として、新法ではどのような制度を導入していますか。

A 家事事件の手続を利用する者が常に日本語に通じているとは限りません。事件関係者の1人以上が外国人という場合も増えているようです。しかし、裁判所の手続は、日本語を用いて進められることになっています（裁判所法第74条）。そうすると、日本語に通じない者が家事事件の手続を利用することが困難になるおそれがあります。そこで、新法では、日本語に通じない者が家事事件の手続の期日に関与する場合には、通訳人を立ち会わせることを明確に規定し、日本語に通じない者が家事事件の手続を利用することを容易にすることとしています（第55条および第258条第1項による民事訴訟法第154条の規定の準用）。

Q21 新法においてされた手続の基本的事項に関する規定の整備には、どのようなものがありますか。

A 主な点としては、次の3点があげられます。

1 管轄

管轄について、これまで旧家審規で規定されていた土地管轄の規定を新法において定めることとしたほか（第117条、第128条等）、個別の管轄の規定では管轄が定まらない場合の補充的な規定（第4条）を設け、さらに、管轄違いを理由とする移送に申立権を付与する規定（第9条）等を整備しました（**Q31**参照）。

2 代理

代理について、法定代理人と手続代理人の代理権の範囲を明確化し（第17条、第24条）、当事者等の手続追行能力を補充するために裁判長が申立てによりまたは職権で弁護士を手続代理人に選任することができる手続（第23条）等を新設しました（**Q36、38**参照）。

3 不服申立て

不服申立てについては、本案である家事審判に対する不服申立ての手続（第85条から第98条まで）と審判以外の裁判に対する不服申立ての手続（第99条から第102条まで）を分けて規律したり、即時抗告の提起の方式のほか、抗告状の写しの送付や陳述の聴取といった抗告審において当事者等に反論の機会を保障するための手続等を設ける（第87条から第89条まで）など、即時抗告審の手続を明確化するとともに、許可抗告、特別抗告、再審の手続についても規定を整備しました（**Q69**参照）。

Q22 新法の編別構成はどのようになっていますか。

A (1) 新法は、第1編から第5編までからなっています。第1編において家事事件全体に共通する総則の規定を、第2編において家事審判に関する手続についての規定を、第3編において家事調停に関する手続についての規定をそれぞれ置いています。また、第4編においては、家事事件において生じた義務に関し、その履行の確保の規律を、第5編においてはこの法律の規定による過料の裁判の執行に関する規定と、家事事件に関する秘密の漏えいに関する刑事罰を規定しています。

(2) 第1編総則、第2編家事審判に関する手続、第3編家事調停に関する手続における各規定の関係は次のとおりです。

ア まず、第1編総則では、家事事件に共通する手続を規定しています。もっとも、参加、受継、記録の閲覧等の規律については、家事審判の手続と家事調停の手続とでは、その規律が同じではないため、第1編総則には規定せずに、第2編（第1章第1節）と第3編（第1章第1節から第3節まで）の両方に規定を置いています。両編に規定を置く場合にも、両編にそれぞれ書き下ろしているものもあれば、家事審判の手続における規定の一部を家事調停の手続について準用しその余は準用しないという方式によっているものがあります（例えば、受継については、家事審判の手続における第44条および第45条のうち、第44条のみを家事調停の手続において準用することによって、家事調停の手続においては、第45条において規定する他の申立権者による受継は認めないことを表しています（第258条第1項））。このような編別構成をとっているため、家事調停の手続の規律を知るためには、第3編のみならず、第1編および第2編にも目を配る必要がある点に留意してください。

イ 第2編の「家事審判に関する手続」では、「第1章 総則」において家事審判の総則的規定を、「第2章 家事審判事件」において家事審判の各則的規定を置いています。なお、第1章においては、審判の申立て、資料収集に関する手続、調書の作成と記録の閲覧謄写、審判（以上第1節）、不服申立て（第2節）、再審（第3節）、審判前の保全処分（第4節）等の規律を定めています。このうち、第1節では、まず、別表第1に掲げる事項についての

審判事件の手続と別表第2に掲げる事項についての審判事件の手続と区別せずに規定した上で、別表第2に掲げる事項についての審判事件の手続については特則（第66条から第72条まで）を設けるという方式を採っています(注1)。

また、家事審判の手続の規定については、まず、家庭裁判所においてする審判の規定を定め、それを高等裁判所においてする裁判に適用するに当たり必要な読替えをしたり、審判以外の裁判の手続について準用する（第81条、第84条、第93条第1項、第102条等）という方式を採っています。

次に、「第2章　家事審判事件」においては、事件類型ごとに、管轄、手続行為能力、陳述の聴取、申立ての取下げの特則、審判の告知についての特則、審判前の保全処分の内容、即時抗告権者等の手続に必要な規律を定めています。この部分においては、「第1章　総則」の規定で足り、特則を要しない場合については、重ねて規定していません。例えば、失踪の宣告の審判についての即時抗告の起算点は第86条第2項の原則どおりなので即時抗告の期間の進行についての個別の規定はありませんが、他方で、子が親権喪失の審判に対して即時抗告をする場合の起算点は第86条第2項の原則とは異なり、親権を喪失する者が審判の告知を受けた日とするのが相当であるため、その旨の規定を置いています（第172条第2項第1号）。もっとも、審判の告知の対象者については、「第1章　総則」との関係が必ずしも明確ではないと思われる部分もあるので「第74条第1項に規定する者のほか」などとして、第1章において規定する審判の告知の対象者と第2章において規定する審判の告知の対象者との関係を明らかにしています（第122条第2項等）。

なお、審判前の保全処分の即時抗告権者等に関する規律は、事件類型ごとに規定するのではなく、上記の原則と異なり、「第1章　総則」の「第4節　審判前の保全処分」の中にまとめて規定しています（第110条、第113条）。

事件類型ごとの規定の配置の順序は、まず、根拠となる法令が民法のものについて、基本的に民法の条文の順に従って配置し、次に民法以外の法律を根拠とするものについて関係の深い民法の条文の順序に従って配置しました(注2)。なお、合意に相当する審判および調停に代わる審判については、最終的な裁判の形式は審判ですが、裁判に至る手続は家事調停の手続であることに照らし、「家事調停に関する手続」において規定することとしています。

ウ 「第3編　家事調停に関する手続」においては、第1章において、家事調停の手続（最終的に調停成立の形で終わらない合意に相当する審判および調停に代わる審判の手続にも適用されます）の通則的規定を置くほか、家事審判の手続の規定を必要な限度で準用する方法を採っています（第258条）。なお、第2章および第3章においては、それぞれ、合意に相当する審判、調停に代わる審判に特有の規定を置いています。第4章においては、家事調停の手続においてされる裁判に対する不服申立てと再審の手続について、家事審判に関する不服申立ておよび再審の手続の規定を準用するものとしています。

　（注1）　なお、別表第2に掲げる事項についての審判事件の手続については、ここにまとめて特則が規定されているほか、個々に特則を設けてあるところがあります（第20条、第40条第3項ただし書、第82条第2項、第89条第2項、第90条ただし書等）。
　（注2）　民法においては、成年後見等の開始関係を同法第1編に、成年後見人の選任・権限等の関係を同法第4編に分けて規定しており、旧法の下ではこの民法の規定の仕方に従ったために、成年後見に関する家事審判の手続についての規定が旧家審規第2節と第7節に分散してしまっていました。後見開始の審判をしたときには、同時に成年後見人の選任の審判をしなければならないなど、両者は相互に密接な関連があり、一連の手続として把握するのが分かりやすいと考え、新法においては1つの節にまとめて規定することとしました。したがって、この部分は民法の規定の順序どおりとはなっていません。

Q23 家事調停事件と家事審判事件の手続の流れは、どのようなものですか。

A 家事調停の手続が想定されない事件、家事調停が不成立の場合には当然に審判に移行する事件など、家事調停事件と家事審判事件の関係、手続の流れにはいくつかのパターンがあります（本問末尾の「家事事件の手続の主な流れ」を参照してください）。

1 家事調停の手続が想定されず家事審判の手続で完結する事件

家事審判の申立てまたは職権により家事審判の手続が開始し、最終的には審判により完結する事件で、別表第1に掲げる事項についての審判事件がこれに当たります。この事件については、調停をすることができません（第244条）。

2 家事調停が不成立になった場合には、家事審判に移行する事件

家事調停の手続と家事審判の手続のいずれからでも始めることができる事件で、別表第2の事件がこれに当たります。どちらの手続から始めるかは、申立人の選択によることになりますが、申立人が家事審判の申立てをして家事審判の手続から手続が始まった場合、裁判所は調停に付することができ（第274条）、調停に付したときは、この家事調停事件が終了するまで、家事審判の手続を中止することができます（第275条第2項）。この場合、家事審判の手続は残っていますので、調停の不成立により家事調停の手続が終了すると、家事審判に移行するのではなく、申立てに係る審判の手続が進められることになります（第272条第4項も家事調停の手続から家事審判の手続への移行の対象となるのは申立てに係る調停事件であり、職権で付された家事調停事件についてはその対象としないことを前提にしています）。申立人が家事調停の申立てをし、家事調停の手続から始まった場合において、調停が不成立になったときは、改めて審判の申立てをするまでもなく家事審判の手続が開始します（第272条第4項）。ただし、裁判所は、調停が不成立になったときに、調停に代わる審判をすることができ（第284条第1項）、調停に代わる審判に対

し異議がないか、異議の申立てを却下する審判が確定したときは、調停に代わる審判は確定して事件が終了し（第287条）、調停に代わる審判に対して適法な異議があれば調停に代わる審判は効力を失い（第286条第5項）、やはり審判に移行します（第286条第7項）。

審判手続については、別表第2の事項についての審判事件の手続の特則が適用になります。

3　人事訴訟法第2条に規定する人事訴訟（ただし、離婚の訴えおよび離縁の訴えを除く）をすることのできる事項についての事件

この類型の事件には、婚姻・離婚・養子縁組・離縁の無効・取消し、認知、認知の無効・取消し、嫡出否認、親子関係不存在確認などがあります。

これらの事件は、いずれも公益性が強く、当事者の意思に基づく解決が許されませんが、身分関係の形成または確認を対象としているため、いきなり公開の訴訟手続によるよりも、非公開の調停手続を利用して、当事者間の合意を前提に簡易な手続で処理することが望ましいと考えられるものです。そのため、この類型の事件については、まず、訴えを提起する前に、家事調停の申立てをしなければならないこととしています（調停前置主義。第257条第1項）。そして、家事調停の手続の中で、当事者間に申立ての趣旨のとおりの審判を受けることについての合意が成立し、身分関係の形成または存否についての原因事実について争いがないことが確認された場合には、家庭裁判所は必要な事実の調査をした上で、合意に相当する審判をし（第277条）、これに対して異議がないか、異議の申立てを却下する審判が確定したときは、合意に相当する審判は確定して事件が終了し（第281条）、適法な異議があれば合意に相当する審判は効力を失います（第280条第4項）。合意に相当する審判が確定した場合以外の場合においては、申立てどおりの裁判所の判断を望む者は、訴えを提起することになります。

4　離婚・離縁および民事訴訟をすることができる家庭に関する事件

この類型の事件には、離婚、離縁のほか、婚姻予約の不当破棄による損害賠償、不貞に基づく慰謝料、親族間の貸金返還請求、遺留分減殺等を求める事件があります。

これらの事件については、本来協議により解決することができ、また、できるだけ話合いによる解決をすることが望ましいと考えられることから、まずは話合いによる解決を試みるため、原則として、訴えを提起する前に家事調停の申立てをしなければならないこととしています（調停前置主義。第257条第1項）。そして、家事調停の手続において、調停が成立すれば事件は終了し、調停が成立しなければ、改めて訴えを提起しなければなりません。ただし、裁判所は、調停が不成立になったときに調停に代わる審判をすることができ、調停に代わる審判に対し異議がないか、異議の申立てを却下する審判が確定したときは、調停に代わる審判は確定して事件が終了します（第287条）。調停に代わる審判に対して適法な異議があれば調停に代わる審判は効力を失い、申立てどおりの裁判所の判断を望む者は、やはり訴えを提起しなければなりません（第286条第6項）。

5　訴訟・審判の対象にならない事項についての事件

夫婦・親族間の調整などを目的とする事件で、例えば、婚姻予約の履行を求めるなど当事者の任意の行為に期待するほかない事項を目的とする事件がこれに当たります。調停の申立てにより手続が開始され、調停が成立した場合にも不成立になった場合にも、事件はそれで終了し、他の方法によって請求することはできません。

■ 家事事件の手続の主な流れ（Q23関係）

1　家事調停の手続が想定されず家事審判の手続で完結する事件＝別表第1の事件

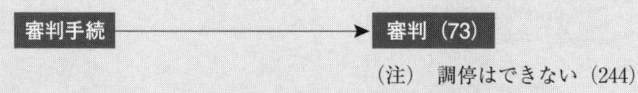

審判手続　→　審判（73）
　　　　　　　（注）調停はできない（244）

2　家事調停が不成立になった場合には、家事審判に移行する事件＝別表第2の事件

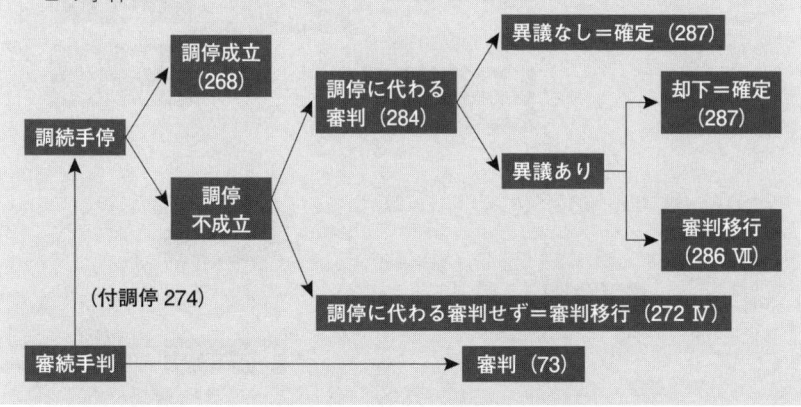

調停手続　→　調停成立（268）
　　　　　　　調停不成立　→　調停に代わる審判（284）　→　異議なし＝確定（287）
　　　　　　　　　　　　　　　　　　　　　　　　　　　　　異議あり　→　却下＝確定（287）
　　　　　　　　　　　　　　　　　　　　　　　　　　　　　　　　　　　審判移行（286 Ⅶ）
（付調停274）
　　　　　　　　調停に代わる審判せず＝審判移行（272 Ⅳ）
審判手続　→　審判（73）

3　人事訴訟法第2条に規定する人事訴訟（ただし、離婚の訴えおよび離縁の訴えを除く）をすることのできる事項についての事件

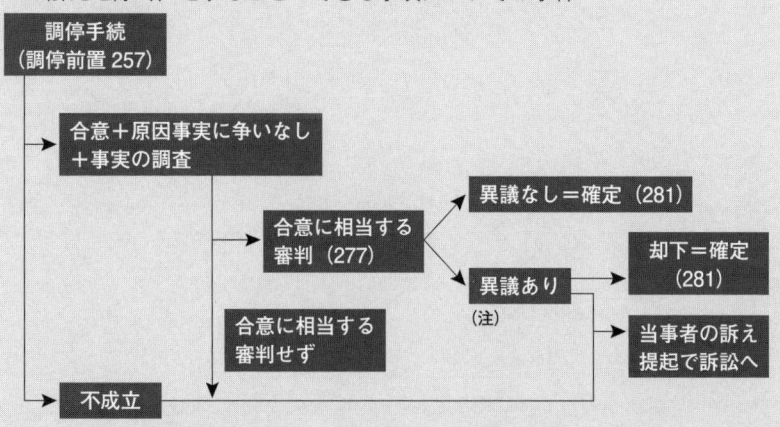

調停手続（調停前置257）
→　合意＋原因事実に争いなし＋事実の調査　→　合意に相当する審判（277）　→　異議なし＝確定（281）
　　　　　　　　　　　　　　　　　　　　　　　　　　　　　　　　　　　　　　異議あり（注）　→　却下＝確定（281）
　　当事者の訴え提起で訴訟へ
　　合意に相当する審判せず
→　不成立

（注）当事者から適法な異議があった場合には、合意に相当する審判は取り消され、合意に相当する審判をする前の状態に戻る（Q117参照）

4　離婚・離縁および民事訴訟を提起することができる家庭に関する事件

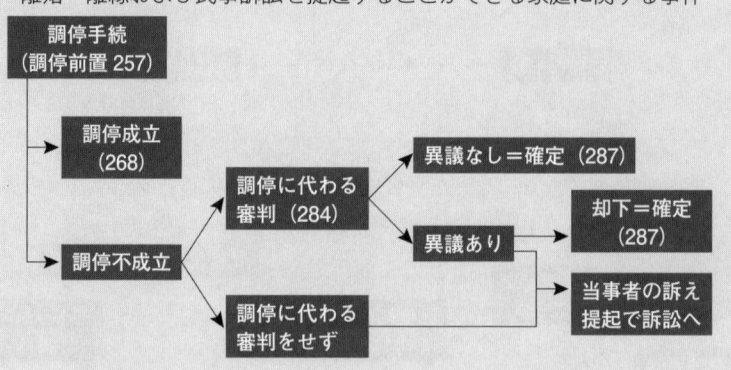

```
調停手続
(調停前置 257)
├→ 調停成立（268）
└→ 調停不成立
    ├→ 調停に代わる審判（284）
    │   ├→ 異議なし＝確定（287）
    │   └→ 異議あり
    │       ├→ 却下＝確定（287）
    │       └→ 当事者の訴え提起で訴訟へ
    └→ 調停に代わる審判をせず → 当事者の訴え提起で訴訟へ
```

5　訴訟・家事審判の対象にならない事項についての事件

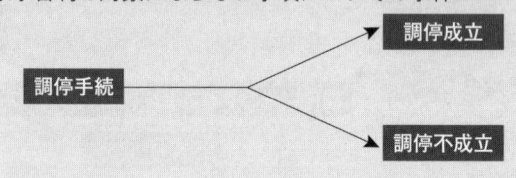

```
調停手続
├→ 調停成立
└→ 調停不成立
```

Q24 家事調停と家事審判の手続の関係はどのようになっていますか。

A (1) 家事調停の手続と家事審判の手続とは、全く別個の手続です。前者が、基本的に当事者間の合意による自主的解決を目指した話合いの手続であるのに対し、後者は、裁判所が事実認定を行いそれに基づいて公権的な判断をする裁断作用であるという大きな違いがあります。

家事調停をすることができる事項についての審判事件については、家事調停が不成立になると、改めて家事審判の申立てをするまでもなく当然に家事審判の手続に移行すること（第272条第4項）、また、家事審判事件の係属中に、当該事件を家事調停に付すことができること（第274条第1項）など、両手続は密接に関連し、家事調停の手続には、家事審判の手続の規定を準用しているものもありますが（第258条）、両手続が別個のものである以上、調停不成立になって家事審判の手続に移行したとしても、家事調停の手続において提出または収集された資料は、直ちには家事審判の資料になるわけでなく、家事審判の資料とするためには、家事調停の手続における資料を家事審判の資料とするための手続（例えば、事実の調査をすること）が必要になります。したがって、家事調停の手続における資料としては有用な資料であっても、家事審判の資料としては必要ないという資料（例えば、当事者の心情を綴った陳述書で審判をするために意味のある情報が含まれていないもの等）については、家事審判の資料としないことができます[注1]。

家事審判の手続から家事調停の手続に付された場合も同様です（もっとも、この場合には、家事審判の手続において提出または収集された資料で家事調停の手続において不要なものはほとんどないのではないかと推察されます）。

(2) 家事調停の手続において当事者から提出された資料は、当該当事者の同意がない限り、家事審判の資料とすることはできないものとすべきではないかという意見もあり、法制審議会の部会においても議論されました。

家事調停の手続は、当事者間の合意による自主的解決を目指した話合いの手続ですから、自己にとって有利な資料であるか不利な資料にあるかを気にすることなく、紛争の解決を促すのに有効な情報が裁判所に提出されること

が望ましいと考えられます。そして、それを実現するためには、家事調停の手続において提出された資料が自己の意思に反して不利な材料として使われないという制度的な担保が必要であるともいえそうです。そうすると、家事調停の手続において提出された資料は、当該当事者の同意がない限り、家事審判の資料とすることができないものとすることにも一定の合理的な理由があるように思われます。しかしながら、職権探知主義を採用し、裁判所が事実の調査により適宜の方法で裁判資料を収集することができることを前提とする家事審判の手続においては、事実の調査の対象や方法を制限することは、理論的に困難です。制限するとすれば、政策的な理由から制限するということになりますが、審判の基礎となる資料の収集を当事者の同意にかからしめることは、裁判所が真実に合致した判断をする大きな制約要因となり、裁判所が公益的または後見的な見地から適切妥当な判断をすることが困難となるおそれもあるため、相当でないと考え、そのような考え方は採用しなかったものです(注2)。

　（注1）　この場合において、家事審判の資料にされない調停手続における資料は、家事調停の手続の記録に止まり、家事調停事件の記録の閲覧謄写の規律（第254条）が適用されることになります。
　（注2）　運用上は、以上のことを前提に、家事調停の手続において提出された資料が家事審判の資料となり得ることを当事者に告げ、いわゆる「だまし討ち」にならないように留意すべきであるということになります。
　なお、遺産の分割等の調停事件の手続において、審判に向けた争点整理を行う旧法下での運用についても、審判移行後に調停手続において提出された資料や家事調停の手続における調書を事実の調査（当事者の同意は不要）により家事審判の手続の資料とすることにより、新法下でも維持することができます。

Q25 別表第1に掲げる事項についての事件と別表第2に掲げる事項についての事件を区別する意義は何ですか。

1 家事事件の2類型化

家事事件には、公益性・後見性、簡易迅速性等の特徴がありますが（Q26参照）、そのような特徴はすべての事件について一様ではなく、比較的公益性が高いものや公益性はさほど高くないもの、簡易迅速処理の要請が高いものと少々時間がかかっても当事者の言い分を十分に手続に反映させることが望ましいものなど、事件類型ごとにさまざまです。しかし、すべての事件類型について、それに応じた手続を自己完結的に準備することは、いたずらに手続を細分化するばかりで必ずしも分かりやすい手続にはなりません。

そこで、家事事件をその性質に応じて大きく2類型に分けました。第1類型は、調停によって解決することができない事項についての事件、すなわち、当事者が自らの意思で処分することのできない権利または利益に関する事項についての事件（比較的公益性が高い事件）、第2類型は、調停によって解決することができる事件、すなわち、当事者が自らの意思で処分することのできる権利または利益に関する事項についての事件（比較的公益性の低い事件）とし、前者を別表第1に掲げ、後者を別表第2に掲げ、異なる手続を用意することにしました。

2 甲類事件・乙類事件との関係

旧法においても、家事事件を調停をすることのできない甲類事件と調停をすることのできる乙類事件に区分していました。別表第1の事件と別表第2の事件の区分もこれを基本的に踏襲するもので、概ね、甲類事件は別表第1の事件に、乙類事件は別表第2の事件に分類されています。

もっとも、旧法の下では乙類事件であったものの一部を、新法の下では別表第1の事件にしたものがあります。その内容とその理由は次のとおりです。

(1) 夫婦財産契約による財産の管理者の変更等（別表第1の58の項）

　民法第758条第1項は、婚姻の届出前に締結した夫婦財産契約による財産関係を婚姻の届出後に変更することができないことを定め、その唯一の例外として同条第2項では、「夫婦の一方が、他の一方の財産を管理する場合において、管理が失当であったことによってその財産を危うくしたとき」は管理者の変更を家庭裁判所に請求することができるものとし、さらに、その管理者の変更の審判の実効性を確保するために、同条第3項では、夫婦財産契約による共有財産については管理者の変更の請求とともにその分割を請求することができるものとしています。このように、民法が、家庭裁判所への夫婦財産契約による管理者の変更の請求および共有財産の分割の請求について事由を限定した上で認めているのは、当事者間の協議によって管理者の変更および共有財産の分割をすることを許容しない趣旨であると解されることから、この民法の趣旨に照らし、新法では、調停をすることができない別表第1の事件に整理することに変更しています。

　なお、破産法第61条第1項による配偶者の財産を管理する者につき、破産手続が開始された場合の夫婦財産契約による財産の管理者の変更の請求および共有財産の分割の請求（別表第1の131の項）についても同様です。

(2) 扶養義務の設定（同84の項）と扶養義務の設定の取消し（同85の項）

　民法第877条第2項は、同条第1項の扶養義務者以外の三親等内の親族間における扶養義務の設定については「特別の事情があるとき」に限り家庭裁判所がこれをすることができる旨を定めており、この場合の「特別の事情があるとき」については、扶養義務を負担させることが相当とされる程度の経済的対価を得ている場合等に限定して厳格に解すべきであるとするのが一般的です。そうすると、民法第877条第2項は、扶養権利者と扶養義務の設定を受ける者との間で扶養義務の設定について仮に協議ができたとしても同協議に基づいて調停を成立させることを許容するものではなく、「特別の事情があるとき」その他の要件の充足について家庭裁判所の判断にかからしめる趣旨であると解するのが相当であり、同条第3項が定める事情変更による扶養義務の設定の審判の取消しについても同様であると解されることから、新法では、いずれも、調停をすることができない別表第1の事件に整理することに変更しています。

(3) 推定相続人の廃除（同86の項）と推定相続人の廃除の審判の取消し（同87の項）

　民法第892条が推定相続人の廃除事由を被相続人に対する虐待、重大な侮辱およびその他の著しい非行に限定していること、推定相続人の廃除の審判は遺留分を有する推定相続人の相続権の剥奪という重大な効果を生ずるものであること、したがって、廃除されようとする者が廃除を受け容れるとして廃除を請求する者との間で合意が成立したとしても、前記の要件がないにもかかわらず調停を成立させるべきではないと解されていることなどを踏まえると、廃除事由については当事者による処分を許すものではなく、当事者間の協議による推定相続人の廃除は許容されないと解するのが相当です。また、民法第894条は、被相続人は、いつでも推定相続人の廃除の取消しを家庭裁判所に請求することができるものとして、推定相続人の廃除の取消しの請求を単に被相続人の意思のみにかからせていますが、同条第1項がこれを家庭裁判所への請求によらしめたのは、取消しの請求が被相続人の真意によるものか否かを家庭裁判所において審理判断する必要があるとする趣旨であると考えられます。これらの民法の規定の趣旨を踏まえれば、推定相続人の廃除およびその取消しは、いずれも、調停をすることができない事項であり、その請求が認められるか否かは、廃除事由の存在等の要件を裁判所において審理して判断すべきものであると解されることから、新法においては、いずれも、調停をすることができない別表第1に掲げる事項についての審判事件に整理することに変更しています（なお、廃除を求められた推定相続人の手続保障について**Q95**参照）。

Q26 家事事件の特徴としては、どのような点が挙げられますか。また、そのような特徴は、新法にどのように反映されていますか。

A 家事事件には、さまざまな事件類型があって、性質もさまざまですが、一般的には、公益性・後見性、簡易迅速処理の要請、密行性などが挙げられます。もちろん、事件類型によっては、これらの特徴の程度に違いがあります。

1 公益性・後見性

　家事事件は、身分関係の形成や変更を求める事件など、その結果が当事者以外の第三者に対しても効力を有したり（対世効）、公共の利益にも影響を与えることがあります。この意味で当事者の権利または利益に還元することができない公益性があり、実体的真実に基づいた判断をすべき要請が強いということができます。そのため、裁判所は、当事者の主張に拘束されず、また、当事者の提出した資料に限定されずに、後見的に関与し、職権をもって事実の調査および証拠調べをし、事実を認定するものとしています。

　この特徴を反映した新法の規定としては、次のようなものがあります。

- 職権探知（第56条第1項）
- 手続費用の国庫立替え（第30条）
- 強制参加（第41条第2項、第42条第3項）
- 他の申立権者または職権による受継（第45条）
- 本人出頭主義（第51条第2項）
- 審判の取消しまたは変更（第78条）
- 申立ての取下げの制限（第121条、第133条、第142条、第180条、第221条）
- 成立した合意が相当でない場合の調停事件の終了（第272条第1項）

2 簡易迅速処理の要請

　家事事件の手続は、国民に身近な手続であるために、また、実体法上の権

利義務の存否を最終的に確定するものではなく（権利義務関係の存否の確定は別途争えるものとして、または判決手続等により確定しているものとして）、一定の権利義務関係の存在を前提に具体的な法律関係を設定・形成するものであるので、家事事件の手続は、一般的には簡易な方式により、迅速に処理すべき要請が高いということがいえます。この特徴を反映した新法の規定としては、次のようなものがあります。

- 簡易な審判手続の記録の作成の余地の許容（第46条）
- 受命裁判官による手続（第53条、第61条第3項、第258条第1項）
- 電話会議システム・テレビ会議システムを広く活用することができること（第54条、第64条第1項、第258条第1項）
- 通常抗告の廃止（第85条第1項）
- 原裁判所による審判の更正（第90条）
- 審判以外の裁判の即時抗告期間の短縮（第101条第1項）

3　秘密性

　家事事件の手続においては、家庭内のできごとや個人のプライバシーに関する情報が扱われるため、一般に自分以外には知られたくないものが多いということできます。家事事件の手続は、実体法上の権利義務の存否を最終的に確定する手続ではないことから憲法上の公開の要請がないとされること、公開主義を前提とすると、秘密が暴かれることを当事者等がおそれて、実体的真実の発見に必要な資料が収集できなくなり公益性に反するおそれがあることなどから、手続を一般に公開しないこととしているほか、手続の記録についても、当事者以外の第三者には公開しない要請が高いということがいえます。この特徴を反映した新法の規定としては、次のようなものがあります。

- 手続の非公開（第33条）
- 記録の閲覧等の制限（第47条第4項および第5項、第254条第3項）

Q27 家事事件の手続においては、電話会議システムやテレビ会議システムはどのように活用されることになっていますか。

A 証拠調べ以外の家事事件の手続の期日においては、当事者が遠隔の地に居住しているときその他相当と認めるときは、当事者の意見を聴いて、電話会議システムまたはテレビ会議システムを利用することができます(第54条、第258条第1項)。この場合には、当事者が1人も裁判所に出頭しなくても、このシステムを利用して期日における手続をすることが認められます(注1)。

また、家事事件の手続の期日のうち、証拠調べについては、家事事件の手続においても厳格な手続を要するものとしており、民事訴訟に準じ、電話会議システムの利用を認めず、テレビ会議システムについても、民事訴訟法において可能な方法によってのみ利用することができることとしています(第64条第1項による民事訴訟法第204条、第210条、第215条の3の規定の準用)(注2)。

(注1) 民事訴訟においては、民事訴訟法第170条第3項ただし書により、当事者の少なくとも一方が裁判所に出頭していることが前提となっています。このように、民事訴訟法において期日とは、当事者の少なくとも一方が現実に裁判所に出頭していることを想定しているのですが、新法においては、このような考え方を採用しませんでした。なお、もし、少なくとも当事者の一方が現実に裁判所に出頭していることが必要であるとする規律を採用すると、一方の当事者しかいない別表第1に掲げる事項についての審判事件においては、テレビ会議システムまたは電話会議システムを利用することができず、家事事件の手続におけるこれらのシステムの利用の幅が狭くなります。

(注2) 証拠調べにおいては、例えば、証人が遠隔の地に居住するとき等の場合には、テレビ会議システムを利用して、裁判所に出頭した当事者がその証人を尋問するという方法によることができます(民事訴訟法第204条参照)。

Q28 家事事件において、裁判所書記官は事実の調査にどのように関与しますか。

A 裁判所書記官は、家事事件において、公証事務、記録の保管事務（裁判所法第60条第2項）や、事件に関し裁判官の命を受け裁判官の行う法令、判例の調査その他必要な事項の調査の補助（裁判所法第60条第3項）を行うほか、新法第261条第4項、第267条により、調停委員会を構成する裁判官または家庭裁判所の命により、家事調停の手続において、事実の調査を行うことができます(注)。

この事実の調査の権限は、家事調停の手続における事実の調査を機動的に行うことができるようにするための規定ですが、他方において、関係者の心情の機微に触れるような調査は心理学を始めとする行動科学の専門家である家庭裁判所調査官が行うべきですから、そのような場合には、裁判所書記官は事実の調査を行うことができないようにしています（第261条第4項ただし書）。

したがって、実際には、裁判所書記官がする事実の調査としては、当事者に対する意向照会や、金融機関、その他の団体に対する調査嘱託のようなものが想定されます。

（注）この規律は、平成8年の民事訴訟法改正（平成8年法律第109号）により書記官権限が大幅に拡充されたことに伴い、旧家審規第137条の2第3項により明文で認められることとなったものですが、新法においては法律事項と整理した上で規律を維持することとしたものです。林道晴「「民事訴訟法及び民事訴訟規則の施行に伴う関係規則の整備等に関する規則」の解説」法曹会編『新民事訴訟法・同規則の運用と関係法律・規則の解説』155頁（法曹会、1999年）、石井久美子「家事審判における裁判所書記官の役割」野田愛子＝梶村太市総編集『新家族法実務大系⑤』303頁以下（新日本法規出版、2008年）、後藤秀俊「家事調停と裁判所書記官」沼邊愛一他編『現代家事調停マニュアル』59頁（一粒社、2000年）参照。

第2編 家事事件の手続の総則

第2編では、主として、新法第1編と第2編第1章について取り上げます。家事審判と家事調停に共通の規律については、できる限り横断的に解説しています。

Q29 新法において、目的規定を置かなかった理由は何ですか。また、趣旨規定を置いた理由は何ですか。

A 旧法第1条には、「この法律は、個人の尊厳と両性の本質的平等を基本として、家庭の平和と健全な親族共同生活の維持を図ることを目的とする。」との規定がありました。これは、同法が制定された昭和22年当時においては、同法が、その直前に制定された日本国憲法および改正された民法の趣旨を指導理念とし、それを実現すべく家庭の事件を適切に処理するために特別の手続を設けたものであるということを宣言するために目的規定に重要な意義があったからであると考えられます。しかし、現在では、家事事件の処理においてこのような趣旨を尊重すべきことは目的規定を置くまでもなく明らかですから、改めて新法に目的規定を置く必要がないと考えました。

他方、法律の題名（法律名）が、従前の家事審判法から家事事件手続法に変更されており、「家事事件」という用語を用いていることから、この法律の冒頭において、その意味を明らかにするとともに、この法律で規定する内容を要約しておくことが相当であると考え、趣旨規定を置くことにしました。

近時の手続法においても、目的規定を置かずにその法律で規定する内容を要約する趣旨規定を置くことが多いので(注)、新法もそれに倣ったものです。

（注）目的規定と趣旨規定の例

目的規定を置かずに趣旨規定を置いている手続法
　行政事件訴訟法（昭和 37 年法律第 139 号）
　民事保全法（平成元年法律第 91 号）
　民事訴訟法（平成 8 年法律第 109 号）
　人事訴訟法（平成 15 年法律第 109 号）
目的規定のある手続法
　民事調停法（昭和 26 年法律第 222 号）
　労働審判法（平成 16 年法律第 45 号）

Q30 家事事件の手続における裁判所と当事者の責務について、新法においてはどのように規定されていますか。

A 公正かつ迅速な手続を通じて家事事件が適正に解決されるためには、手続の主宰者である裁判所が公正かつ迅速に手続が行われるように努め、事件に関与する当事者が誠実に手続を追行することが重要です。そこで、新法においては、以上の点を裁判所および当事者の基本的な責務の形で明確に規定することとしました（第2条）。

なお、家事事件の手続においては、実体的真実に合致した裁判の要請または公益性の要請から職権探知主義を採用していますので、裁判所が裁判または調停の基礎となる資料の収集を当事者の手続追行に委ねていれば足りるというわけではありません。そうすると、当事者が信義に従い、誠実に家事事件の手続を追行しなければならないとされていること（第2条）との関係が問題になりそうです。しかし、この点については、次のように考えています。職権探知主義は、裁判所が、当事者の主張しない事実を斟酌し、職権で事実の調査または証拠調べをすることができることを意味しますが、当事者が、裁判または調停のための資料を自ら提出するなどして主体的に手続追行することを否定するものでも、裁判等に必要な資料の収集を裁判所に任せきりにしてよいという趣旨でもありません。むしろ、上記の要請は、当事者が積極的に手続を追行することなしには実現することが困難であるといえます。また、当事者が手続追行する上で信義に従い誠実であるべきことは、最も基本的なルールであって、職権探知主義かどうかにかかわらず一般的に手続法に妥当するものということができそうです。したがって、職権探知主義が採られていることと当事者がこのような責務を負うこととは矛盾しないものと考えられるのです。

なお、本条は、裁判所および当事者の一般的な責務を定めたものであり、具体的な効果を定めていません。しかし、当事者の責務は、例えば、濫用的な申立てに対する簡易却下（第12条第5項、第13条第1項、第47条第9項）、裁判長が命じた補正に従わない場合の申立書却下の制度（第49条第5項、第255条第4項）、事実の調査および証拠調べへの協力（第56条第2項、第258

条第1項)、当事者が出頭命令や文書提出命令に従わない場合の過料の制裁(第51条第3項、第64条第3項、第4項および第6項、第258条第1項)、家事審判の申立ての取下げの擬制の制度(第83条)などに表れています。

　また、上記以外でも具体的な事案によっては、本条の規定を根拠として、例えば、①家事事件の手続上の禁反言、②家事事件の手続上の権能の失効および③家事事件の手続上の権能の濫用の禁止などが導かれ、それを通じて具体的な法的効果を生むことも考えられます。

Q31 新法における管轄の規定の特徴は何ですか。

A 家事事件の管轄は、家事事件の公益性、後見性等を考慮し、事件の解決のために最適地において審理すべきであるという考え方を基に、原則として専属管轄とされています。したがって、合意管轄や応訴管轄を認めていません。また、同様の理由から、他の申立てによって管轄裁判所を創設することになる併合管轄も認めていません。管轄違いの申立てについては管轄権を有する裁判所に移送することとしています。そして、当事者は、本来の管轄裁判所で審理を受ける利益を有すると考えられますので、当事者に管轄違いを理由とする移送の申立権と移送の申立てを却下する裁判に対する即時抗告権を認めています（第9条第1項および第3項）。

しかしながら、上記の原則に対しては、次のような例外または特則があります。

(1) 個別の事案によっては、管轄裁判所以外の裁判所で手続を進めることが当事者の便宜や事案の適切な解決を図る上で相当である場合もあることから、事件の申立てを受けた家庭裁判所が「事件を処理するために特に必要があると認めるとき」と判断した場合には（この点については、前記の趣旨から当事者の申立権は認めていません）、管轄権を有しない裁判所に移送したり、管轄権がなくとも自ら処理（いわゆる自庁処理）することを認めています（第9条第1項ただし書および第2項第2号。）。

(2) 調停をすることができる事項についての家事審判事件（別表第2に掲げる事項についての審判事件）は、当事者が自らの意思により自らの権利または利益を処分することができるといえるので、当事者の便宜により管轄を定めることを認めることが相当です。そこで、当事者が合意によって管轄裁判所を定めることができること（合意管轄）を認めることとしています（第66条）。

(3) 家事調停事件については、当事者の公平の観点から相手方の住所地に管轄を認めるほか、家事調停の手続が当事者間の自主的な協議に基づく紛争解決を図る手続であることから、両当事者が合意により管轄裁判所を定めることができることとしています（第245条第1項）。

Q32 新法の管轄についての規律は、旧法の下での管轄についての規律からどのように変わりましたか。

A 旧法の下での管轄の規律からの主な変更点は、次のとおりです。

(1) 旧法の下では、管轄に関する規定は旧家審規で規定されていましたが、新法では、その多くを法律事項としました。

(2) 管轄裁判所において裁判を受けることのできる権利を保障するため、当事者に管轄違いを理由とする移送の申立権を認めるとともに、移送の申立てを却下する裁判に対し即時抗告をすることができることとしました（第9条第1項および第3項）。これらは、いずれも旧法の下では認められていなかったものです。

(3) 調停をすることができる事項についての審判事件（別表第2に掲げる事項についての審判事件）では、当事者の意思を尊重する観点から、当事者が合意で定める家庭裁判所も管轄家庭裁判所としました（第66条）。これは、旧法の下では認められていなかったものです。

(4) 成年後見に関する審判事件の管轄家庭裁判所（第117条第2項）など、個別の審判事件の管轄裁判所についても、所要の見直しを行いました（詳細は、第3編の各Qの「管轄」の部分を参照）。

(5) その他、管轄裁判所が法律上または事実上裁判権を行うことができないとき等のために管轄裁判所の指定について規定を設けている（第6条）ほか、管轄権を有する家庭裁判所の移送の要件についても見直しを行っています（第9条第2項）。

Q33 新法における除斥の制度の特徴はどのようなものですか。

A 新法においても、旧法第4条と同様、裁判官その他の裁判所職員の除斥の制度を設けています（第10条、第12条から第16条まで）。

新法の除斥の制度は、基本的には、民事訴訟法上の除斥の制度と同様ですが、家事事件の手続と民事訴訟の手続との構造の違いまたは手続に関与する主体の違いから民事訴訟法上の除斥の制度とは次のような違いがあり、これらが新法における除斥制度の特徴となっています。

(1) 家事事件の手続では、当事者以外にも「審判を受ける者となるべき者」（申立てを却下する審判以外の審判、すなわち積極的内容の審判がされた場合に「審判を受ける者」となる者。Q10参照）が存在しますが、裁判官もしくはその配偶者等がそのような者に該当する場合または裁判官がそのような者と特別の関係にある場合には、審判または調停の公正を確保するため、裁判官等が当事者である場合または裁判官が当事者と特別の関係にある場合等と同様、当該裁判官が事件に関与することを否定すべきであると考えられます。そこで、第10条第1項第1号から第3号までおよび第5号では、このような裁判官が事件に関与することを否定するため、裁判官が審判を受ける者となるべき者であること等を除斥事由としています。

(2) 家事事件の手続では、審問（審問を受ける者が家事事件の手続の期日において裁判官に直接口頭で認識等を述べる手続で事実の調査の一方法。Q10参照）をすることがありますが、民事訴訟法第23条第1項第4号が証人となったこと等を除斥事由としている趣旨（資料の提供者とその評価者は同一人であってはならないことを理由とする見解が有力）からすると、審問を受けることとなったことも除斥事由とすることが相当であると考えられます。そこで、新法第10条第1項第4号では、「審問を受けることとなったとき」を除斥事由としています。

(3) 家事事件に関与する参与員（第14条）、家事調停官（第15条）、家庭裁判所調査官（第16条）、家事調停委員（第16条）についても除斥の規定があります。

なお、家庭裁判所調査官および家事調停委員については、旧法の下では除

斥制度はありませんでした。しかし、これらの者が事件の関係者と特別の関係を有する等の場合には、家庭裁判所調査官の調査活動や家事調停委員の調停活動の公正さに疑念を抱かせ、ひいては適正かつ公平な審判または調停への信頼を揺るがしかねないことから、新法においては、これらの者についても除斥制度を導入することとしたものです。

Q34 新法における忌避の制度の特徴はどのようなものですか。

A 新法における忌避制度の特徴としては、①簡易却下制度の導入と②家庭裁判所調査官および家事調停委員に忌避制度を導入しなかったことが挙げられます。

(1) 家事事件の手続においては、民事訴訟に比して簡易迅速な処理の要請が強いので、忌避制度を置いたために違法または不当な忌避の申立てにより審理が遅滞する事態を避ける必要性があります。そこで、新法においては、違法または不当な忌避の申立てにより審理が遅滞することを防止するため、刑事訴訟法第24条を参考としていわゆる簡易却下制度を設け、このような申立てによって手続が停止することのないよう、簡易な手続で却下することができるようにしました（第12条第5項等）。

具体的には、本来、忌避の申立てがあると、忌避の申立てについての裁判が確定するまで家事事件の手続を停止しなければならず、忌避についての裁判は合議体でしなければならず、忌避された裁判官はその裁判に関与することができないものとされている（第12条第2項から第4項まで）ところ、忌避の申立てが、

① 家事事件の手続を遅滞させる目的のみでされたことが明らかな場合、
② 当事者が裁判官の面前において事件について陳述した後にされたものである場合、または、
③ 最高裁判所規則で定める手続に違反する場合

には、忌避された裁判官が単独体で当該家事事件を審理している場合には、その裁判官が自ら、また、忌避された裁判官が当該家事事件を審理している合議体の一員である場合には、その裁判官を含めた当該合議体が、その申立てを却下することができることとしています。そして、このようにして忌避の申立てを却下した場合には、家事事件の手続は停止しないこととしました（第12条第5項から第7項まで）。

(2) 家庭裁判所調査官の調査結果が裁判所の判断や調停委員会の調停活動等に与える影響の大きさに鑑み、家庭裁判所調査官にも職務の公正を妨げる事情があってはなりません。しかしながら、家庭裁判所調査官はその職務を

行うについては裁判官の命令に従うこととされていること（裁判所法第61条の2第4項）、家庭裁判所調査官の調査は事実の調査の一環として行われる資料収集の1つであること、仮に当事者が家庭裁判所調査官の調査に不満を感じた場合は、その調査結果を記録の閲覧謄写により了知した上で自らの主張等を述べることによって対応すべきである（このような場合、通常は忌避事由に当たりません）こと等を考慮し、家庭裁判所調査官に忌避制度を導入することはしませんでした。

　また、家事調停の手続は、当事者間の円満な協議により合意することを目指す自主的紛争解決方法であり、当事者が家事調停委員を信任しないときは、家事調停の手続において合意をしないこともできること等を考慮し、家事調停委員に忌避制度を導入することはしませんでした。

Q35 裁判所書記官の除斥・忌避の制度と裁判官の除斥・忌避の制度とではどのように違いますか。

A 裁判所書記官の除斥・忌避の制度は、基本的に、裁判官の除斥・忌避の制度に準じたものとなっています。もっとも、裁判所書記官は、基本的に家事事件の申立てについて判断をするのではない点において、判断機関である裁判所を構成する裁判官とは異なることから、裁判所書記官の除斥・忌避の制度は、裁判官のそれとは次の各点に違いがあります。

(1) 裁判官に対する除斥または忌避についての裁判は、原則として、簡易裁判所の裁判官以外の裁判官についてはその裁判官が所属する裁判所が、受託裁判官として職務を行う簡易裁判所の裁判官についてはその裁判所の所在地を管轄する地方裁判所が、それぞれすることとなります（第12条第1項）。他方で、裁判所書記官に対する除斥または忌避についての裁判は、原則として、裁判所書記官が所属する裁判所がすることとなります（第13条第3項）。

(2) 家庭裁判所の裁判官に対する除斥または忌避についての裁判は、原則として、合議体ですることになりますが（第12条第2項）、他方で、家庭裁判所の裁判所書記官に対する除斥または忌避についての裁判は、合議体ですることを要しません（第13条第1項による第12条第2項の準用除外）(注1)。

(3) 裁判官に対する除斥または忌避の申立てがあった場合には、原則として、家事事件の手続は停止しなければなりませんが、裁判所書記官に対する除斥または忌避の申立てがあった場合には、家事事件の手続を停止する必要はなく、他の裁判所書記官を関与させて手続を進行させることができます(注2)。

(注1) 民事訴訟においても、裁判所書記官に対する除斥または忌避についての裁判（民事訴訟法第27条参照）は合議体ですることを要しないと考える見解が有力です。

(注2) 民事訴訟においても、解釈上、裁判所書記官に対する除斥または忌避の申立てがあった場合であっても、他の裁判所書記官を関与させて手続を進行させることができると考える見解が有力です。

Q36　家事事件の手続の通則における当事者能力および手続行為能力の規律はどのようなものですか。

A

1　民事訴訟法の準用

　家事事件の手続における当事者能力および手続行為能力（家事事件の手続における手続上の行為を自ら有効にすることができる能力。Q10参照）、法定代理および手続行為をするのに必要な授権は、その性質上、民事訴訟における場合と別異とする必要はないことから、家事事件の手続の通則においては、これらを民事訴訟における当事者能力、訴訟能力、法定代理および訴訟行為をするのに必要な授権の取扱いに準じたものとするため、これらに関する民事訴訟法第28条、第29条、第31条、第33条ならびに第34条第1項および第2項を準用することとしています（第17条第1項）[注1]。

　具体的には、次のとおりです。

(1)　当事者能力

　民事訴訟において当事者能力を有する権利能力者および法人でない社団または財団で代表者または管理人の定めがあるものは、家事事件において当事者能力を有します（民事訴訟法第28条、第29条参照）。

(2)　手続行為能力

　民事訴訟において訴訟能力を有する行為能力者は、家事事件においても手続行為能力を有します。民事訴訟において訴訟能力を有しない未成年者および成年被後見人は、家事事件においても手続行為能力を有しません（民事訴訟法第28条、第31条参照）[注2]。

　もっとも、一般的には上記のとおりであるとして、家事事件の場合には、自分の身分関係が問題とされている類型の事件など、できるだけ本人の意思を尊重すべき類型の事件があり、そのような事件においては、意思能力があれば手続行為能力を認めるのが相当です。そこで、そのような類型の事件においては、事件類型ごとにその旨の規定を設けています（新法第118条および同条を準用する各規定、第252条第1項）。このような場合における法定代理との関係については、4参照。

　また、外国人は、本国法によれば訴訟能力を有しない場合であっても日本

法によれば訴訟能力を有する場合には、家事事件においても、手続行為能力を有するものとしています（民事訴訟法第33条参照）。

(3) 法定代理

民事訴訟において訴訟行為について代理権を有する親権者および後見人等は、家事事件においても手続行為について代理権を有するものとしています（民事訴訟法第28条参照）。訴訟行為について代理権を付与された保佐人および補助人も同様です（民事訴訟法第28条、民法第876条の4、第876条の9参照）。

(4) 手続行為をするのに必要な授権

例えば、被保佐人や被補助人（訴訟行為をすることにつきその補助人の同意を得ることを要するものに限る）など民事訴訟において訴訟行為をするのに同意その他の授権が必要な者は、家事事件においても手続行為をするのに授権が必要になります（民事訴訟法第28条、民法第13条第1項第4号、第17条第1項、第864条等参照）。

(5) 手続行為能力、法定代理権または手続行為をするのに必要な授権を欠く場合

期間を定めた補正命令、当事者または法定代理人の追認の効力などの規律が、民事訴訟法における規律と同様になります（民事訴訟法第34条第1項、第2項参照）。

（注1）　当事者能力、手続行為能力、法定代理および手続行為をするのに必要な授権については、民事訴訟法を準用するのではなく、民法その他の法令に従うものとすることも考えられます。しかし、性質上、実体法である民法ではなく、手続法である民事訴訟と平仄を合せるのが相当であることから、第17条第1項では、民事訴訟法を準用することとしました。

（注2）　訴訟能力を有しなくとも、一般的に家事事件の手続行為能力については、訴訟能力に準じて考える必要はないものとする余地を認めること（例えば、被保佐人の家事事件における手続行為能力については、訴訟能力に準ずることなく、意思能力がある限り制限されないものとすること）も考えられます。しかし、新法においてはそのような考え方を採用しませんでした。一般的に家事事件の手続を行うことは相当の判断能力を要すると考えられること、家事事件にも複雑な事件も多く訴訟に比して判断能力が低い者でも対処することが可能であるとは必ずしもいえないことから、民事訴訟における訴訟能力に準ずるものとしたのです。

2 他の者がした申立てまたは抗告等について手続行為能力の制限を受けた者が手続行為をする場合

被保佐人、被補助人（手続行為をすることにつき補助人の同意を得ることを要するものに限る）、後見人その他の法定代理人は、他の者がした家事事件の申立てもしくは抗告について手続行為をする場合および職権で家事事件の手続が開始された場合には、保佐人もしくは保佐監督人、補助人もしくは補助監督人または後見監督人の同意その他の授権を得ずに、手続行為をすることができることとしています（第17条第2項）。

これは、第17条第1項の原則に従うと、被保佐人、被補助人、後見人その他の法定代理人は、同意その他の授権を得なければ手続行為をすることができませんが、そうすると、同意がない限り、それらの者に対し家事事件の手続を進めること（審判の告知を受けることを含む）ができず、不都合が生ずることになるので、そのような事態を防止するためです。

3 特別の授権

手続行為の中でも、手続を終了させることになるという意味で重要な行為等である第17条第3項各号に列挙する各行為については、手続行為一般について授権を得た被保佐人、被補助人または後見人その他の法定代理人（第17条第2項により授権を得ずに手続行為をすることができる者も同じ）であっても、特別の授権がなければすることができないこととしています（第17条第3項）。

4 未成年者および成年被後見人の法定代理権の特則

未成年者または成年被後見人は、一定の事件では、一般的には手続行為について行為能力の制限を受けている者でも、意思能力を有する限り、自ら有効に手続行為をすることができます。しかし、そのような場合であっても、自ら現実に手続行為をする場合には、困難を生ずる場合が少なくなく、法定代理人が未成年者または成年被後見人を代理して手続行為を認めることが相当であると考えられます。

そこで、新法においては、例外はありますが、未成年者または成年被後見人が法定代理人によらずに自ら有効に手続行為をすることができる場合で

あっても、親権を行う者または後見人は、未成年者に代理して手続行為をすることができることとしています（第18条）。

5　その他

特別代理人の制度と法定代理権の消滅について規定を設けています（第19条、第20条）。

Q37 家事事件の手続に選定当事者の制度が設けられていないのはなぜですか。

A 民事訴訟では、共同の利益を有する多数者が当事者として訴訟手続に関与することによって、その審理手続が煩雑なものとなり、その運営のための費用もかさむ等の弊害を避け、訴訟手続を簡明なものとするために、選定当事者の制度が設けられています（民事訴訟法第30条）。

同様の目的から、家事事件の手続においても、同様の制度を設けることも考えられ、法制審議会の部会においても、その要否について審議されました。この点については、家事事件の手続においては定型的に共同の利益を有する多数当事者があるとはいえないこと、仮に、共同の利益がある多数の者があれば、共通の手続代理人を選任することができるほか、手続代理人を弁護士に限定していない家事事件の手続においては、裁判所の許可を得て他の当事者を手続代理人に選任することにより（第22条第1項）、選定当事者を選任することと同様の効果が得られること等を考慮し、家事事件の手続においては、選定当事者の制度は設けないこととしました(注)。

（注）遺産の分割の調停事件または審判事件など、当事者が多数であって、その中に利害が共通しているグループを想定することができるような家事事件において選定当事者の制度を利用することが有効ではないかということを一応検討しました。そこでは、相続人の中に共同の利益を有するグループを形成することが可能であることが前提になっているのですが、最終的に個別の財産を分割することまで考えると、ある面では共同の利益を有している相続人同士でも最終的には利害対立は避けられないといった問題がありそうです。このようなことを考慮し、結局、運用により柔軟に対応すればよいこととして、選定当事者の制度を導入するには至りませんでした。

なお、民事訴訟において判例が認めてきたいわゆる任意的手続担当が家事事件の手続において認められるかどうかは、なお、解釈に委ねられているものと考えています。

Q38　新法における手続代理の規律はどのようになっていますか。

A

1　弁護士代理の原則

いわゆる事件屋等の介入を一般的に防止するとともに、法律事務に精通していない当事者の利益を保護するため、民事訴訟法第54条第1項と同様に、法令により裁判上の行為をすることができる代理人のほか、弁護士でなければ手続代理人となることができないものとしつつ、家庭裁判所の手続においては、家庭裁判所の許可を得て、弁護士でない者を手続代理人とすることができるものとしています（第22条）。

2　裁判長による手続代理人の選任等

手続行為につき能力の制限を受けた者（未成年者、成年被後見人、被保佐人および被補助人（手続行為をすることについてその補助人の同意を得ることを要するものに限る。以下同じ））は、新法第118条の規定（新法の他の規定において準用する場合を含む）および第252条第1項の規定により手続行為をする場合には完全な手続行為能力を有します。しかし、これらの者が現実に手続行為をするに際しては、通常の手続行為能力を有する者に比べて困難を生ずる場合が少なくないと考えられます。そこで、これらの者が自ら弁護士に手続委任をすることが考えられますが、これにつき法定代理人等と意向が食い違い、報酬の支払を伴う委任契約締結についての同意が得られないこともあり得るので、手続行為につき能力の制限を受けた者の利益を保護するため、人事訴訟法第13条第2項から第4項までを参考に、裁判長が、申立てによりまたは職権で、弁護士を手続代理人に選任することができる旨の特則等を設けています（第23条）(注)。

（注）　選任された弁護士の報酬についての規律は次のとおりです。
　手続行為能力の制限を受けた者が弁護士に支払うべき額について裁判所が相当と認める額を定め（第23条第3項）、第1次的には手続行為能力の制限を受けた者が支払うことになりますが、そのうち裁判所が相当と認める額が手続費用となり（民事訴訟費用等に関する法律第2条第10号）、手続費用の負担の裁判（第29条）によって負担者が決められる

ことになります。なお、手続行為能力の制限を受けた者に支払能力がないときには、手続上の救助（第32条第1項、同条第2項において準用する民事訴訟法第83条第1項第2号）により支払の猶予を受ける余地があります。

3 特別の委任

家事事件の手続を迅速かつ円滑に進行させるため、民事訴訟法第55条と同様、法令により裁判上の行為をすることができる代理人以外の手続代理人について、手続代理人の代理権の範囲を包括的・画一的に定めるとともに、特別の委任事項について定めることとしています（第24条）。

4 手続代理人の代理権の消滅

家事事件の手続の安定の見地から、手続代理人の代理権の消滅は、原則として本人または代理人から裁判所に通知しなければ、その効力を生じないこととしつつ、別表第2に掲げる事項についての審判事件および家事調停事件については、他方の当事者に通知しなければ、その効力を生じないこととしています（第25条）。

5 手続行為能力を欠く場合の措置等

手続代理人の代理権または手続行為をするのに必要な授権を欠くときは、裁判所は、期間を定めて、その補正を命じなければならないものとしつつ、遅滞のため損害を生ずるおそれがあるときは、一時手続行為をさせることができるものとするとともに、手続代理人の代理権または手続行為をするのに必要な授権を欠く者がした手続行為は、本人または適法な委任を受けた手続代理人の追認により、行為の時にさかのぼってその効力を生ずるものとしています（第26条において準用する民事訴訟法第34条第1項および第2項）。

6 その他

手続代理人が数人あるときの各自代理、当事者による更正、手続代理人の代理権の不消滅事由について、民事訴訟法第56条、第57条、第58条第1項および第2項を準用する規律を設けています（第26条）。

Q39

意思能力を有しない者（例えば、乳幼児）についても、その利益を代弁する者を付することができるようにすべきではないのですか。

A 新法第23条で弁護士を手続代理人として選任することができるのは、手続行為能力を一般的に制限されている者が意思能力があれば手続行為をすることができる場合において、自ら家事事件の手続行為をする場合です。例えば、親権喪失や親権者変更の事件において、意思能力を有する子が自ら利害関係参加をする場合がこれに当たります（第118条および同条を準用する規定ならびに第252条第1項）。意思能力を有しない者（例えば、乳幼児）は、自ら手続行為をすることはできませんが、新法においては、このような者のために弁護士を手続代理人として選任することができるものとはしていません。

もっとも、子が審判の結果によって影響を受ける場合において、親に子の利益を代弁する役割を期待することが困難な状況にある場合には、子の利益のために後見的な役割を果たす者が必要になることはいうまでもなく、それは、意思能力を有する子の場合に限りません。そこで、意思能力を有しない子についても、子の利益の代弁者を裁判所が付することができるような制度を導入することも考えられます。法制審議会の部会においてもそのような意見が出され、検討しました。

しかしながら、このような者の場合には、言語による意思疎通が困難であるという事情があり、本人の真意の把握が必ずしも容易ではありません。そのため、仮に、手続行為を自らすることのできない者のためにその利益を代弁する者が付されたとしても、選任された者が子とどのように関わり、家事事件の手続においてどのような活動をするかといった困難な問題に直面します。例えば、主観的な意思や希望を把握することの困難な子の利益の代弁者の役割を、子の客観的利益のために活動することに求めたとしても、何をもって子の客観的利益と考えるかは容易に答えがでる問題ではありません。むしろ、裁判所が後見的な機能を発揮し、子の心理や行動について専門的知見を有する家庭裁判所調査官の調査を通じて子を取り巻く環境や子の心情に

ついての情報を収集し、これらを裁判所がその者の福祉に配慮した判断をする上での資料とすることによって対応するのが相当であると考えられます。そこで、新法においては、意思能力を有しないために手続行為能力を有しない者のための子の代弁者（代理人）の制度を導入することはしませんでした。

Q40 新法における手続費用の負担の規律はどのようなものですか。

A 手続費用の負担の規律の概要は、次のとおりです。

(1) 旧法の下では、申立人負担の原則を採っていましたが（旧法第7条における旧非訟法第26条の規定の準用）、簡易迅速な処理の要請から手続費用の償還が生じないようにするため、また、申立人は必ずしも自らの利益のために申立てをしているとは限らないことを考慮し、公平の観点から、新法においては、各自負担の原則を採ることに変更しています（第28条第1項）。

(2) 旧法の下では、特別の事情があるときは本来費用を負担すべき者でない「関係人」に費用を負担させることができることとしていましたが（旧法第7条による旧非訟法第28条の規定の準用）、この「関係人」の範囲が明確ではありませんでした。この点については、家事事件の手続に関与しておらず、その裁判に直接関係のない第三者に手続費用を負担させるのは相当でないことから、新法では本来その手続費用を負担すべきものとされていない者であって裁判所の裁量によりその手続費用の全部または一部を負担させることができる者の範囲について、当事者、利害関係参加人、審判を受ける者となるべき者、審判により直接に利益を受ける者（もの）に限定しています（第28条第2項）。なお、ここで審判により直接に利益を受ける者（もの）の利益とは、経済的な利益というよりは、それによって裨益するという意味であって、例えば成年後見人の選任の審判事件における成年被後見人がこれに当たります。

(3) 旧法の下では、手続費用の負担の裁判を必ずしなければならないものではありませんでしたが（旧法第7条による旧非訟法第27条の規定の準用）、新法においては、利用者にとっての明確さを考慮し、原則どおり各自負担とする場合であっても、必ず費用の負担の裁判をすることとしています（第29条）。

(4) 家事事件の中には、家事調停の手続と家事審判の手続の両方を経る場合があり、また、家事調停の手続には訴訟手続から付されて開始する場合も

あります。これらの手続は別個の手続ではありますが、一連の連続する手続であることに着目し、手続費用についての処理を合理的かつ簡明なものとするため、家事調停の手続と家事審判の手続の両方を経ている場合には、両方の手続において生じた費用について一括して処理することとし（第29条第1項から第3項まで）、訴訟事件が家事調停に付され、調停が成立した場合には、訴訟手続において生じた費用を含めて一括して処理することができるようにしています（第29条第4項）(注)。

(5) 旧法の下では、規定上、費用を要する行為についての費用を国庫において立て替えることが原則とされていましたが（旧家審規第11条）、新法においては、民事訴訟費用等に関する法律第12条に従い、同法第11条第1項が定める費用を要する行為について、原則として当事者等にその費用の概算額を予納させることとしました。その上で、当事者の予納がなくとも、裁判所が事件の処理のために必要と認める資料を迅速に得ることができるようにするため、国庫において立て替えることができることとしています（新法第30条）。

(6) 旧法の下では、手続費用の負担について裁判をする必要があると認めるときにその額を確定してするものとしていましたが（旧法第7条による旧非訟法第27条の規定の準用）、新法においては、旧法の規律を変更し、民事訴訟法における費用の負担に関する規律に倣い、手続費用の負担の裁判と手続費用額の確定処分とを分け、前者については裁判所が事件を完結する裁判においては常に職権ですべきものとし、後者については別途の申立てに基づいて裁判所書記官がすることとしました（新法第31条第1項において準用する民事訴訟法第71条から第74条まで）。

(7) 新法においては、家事事件の申立て、参加（第41条、第42条）や証拠調べの申立て（第56条第1項）を始めとして、当事者等が主体的な手続追行をすることが想定されていますが、このような権能を行使するには費用がかかります。にもかかわらず、経済的な理由で権能を行使することができない場合について何らの手当てもしないとすると、結局、そのような権能を当事者等に付与した意義が失われることになりますので、新法第32条では、新たに手続上の救助の制度を導入し、民事訴訟法第82条第1項の規定に倣い、家事事件の手続の準備および追行に必要な費用を支払う資力がない者ま

たはその支払により生活に著しい支障を生ずる者に対して申立てにより手続上の救助の裁判をすることができるものとして、当事者等の権能を保障することとしています（詳細は **Q41** 参照）。

　（注）　新法第29条第4項では、同法第257条第2項または第274条第1項の規定により訴訟が係属する裁判所が事件を調停に付した場合において、調停が成立し、訴訟費用の負担について特別の定めをしなかったときは、その訴訟費用は各自が負担するものとすることを明らかにしています。このような場合、これまでは、調停が成立したことにより訴えが取り下げられたものとみなされ（旧法第19条第2項）、その訴訟費用については、申立てにより、第1審裁判所が決定で訴訟費用の負担を命ずるものとすることが一般的な理解であったと思われます（民事訴訟法第73条参照）。しかしながら、訴訟費用と調停費用を分けて処理するこのような方法は煩瑣であるので、合理性および簡明性の見地から、上記のように変更しました。

Q41 家事事件の手続における手続上の救助の規律はどのようなものですか。

A 家事事件の手続においては、職権探知主義を基本としながらも、当事者等が家事事件の申立てを始め、参加（第41条、第42条）や証拠調べの申立て（第56条）等自ら主体的な手続行為をすることが想定されています。しかしながら、このような権能を行使するには費用がかかるので、経済的な理由で権能を行使することができない場合について、何らの手当てもしないとすると、結局、そのような権能を当事者等に付与した意義が失われることになってしまいます。そこで、新たに手続上の救助の制度を導入し、民事訴訟法第82条第1項の規定に倣い、家事事件の手続の準備および追行に必要な費用を支払う資力がない者またはその支払により生活に著しい支障を生ずる者に対して申立てにより手続上の救助の裁判をすることができるとして、当事者等の権能を保障することとしたものです（第32条）。

もっとも、申立てが認められる可能性が全くないにもかかわらず申立てをしている場合や、嫌がらせ目的の手続行為であることが明らかなときなど、救助を求める者による家事事件の申立てその他の手続行為が、手続上の権能の正当な行使とはいえないことが明らかなときには、救助を与える必要はないので、第32条第1項ただし書において、「救助を求める者が不当な目的で家事審判又は家事調停の申立てその他の手続行為をしていることが明らかなとき」は、救助を与えないこととしました。

なお、第32条第1項ただし書は、民事訴訟法第82条第1項ただし書の規定に倣い、濫用的な申立てや手続行為の防止のために要件を付加したものですが、家事事件の手続では、通常、勝敗を観念することができないことから、「勝訴の見込みがないとはいえないときに限る。」との規定ぶりに代えて、「救助を求める者が不当な目的で家事審判又は家事調停の申立てその他の手続行為をしていることが明らかなときは、この限りでない。」との表現を用いていますが、両者に実質的な違いはありません。

Q42 手続費用の立替えと手続上の救助との関係は、どのようになっていますか。

A 第30条の規定による手続費用の国庫立替えは、裁判所が必要と判断する事実の調査等を行うことを可能にするために設けられているものであるのに対し、第32条第1項の手続上の救助は、当事者等の権能を保障するために設けられているものであり、両者はその趣旨を異にしています。

具体的には、例えば、当事者が裁判所に証拠調べを申し立てた場合には、民事訴訟費用等に関する法律第11条第1項第1号および第2項ならびに第12条第1項の規定により、その証拠調べに必要な費用の概算額を予納すべきことになりますが、当事者が上記の予納をしない場合であっても、裁判所が申立てに係る証拠調べを迅速にする必要があると判断したときは、新法第30条の規定により必要な費用を国庫において立て替えてその証拠調べを実施することができます。他方、裁判所が費用を立て替えてまで証拠調べをする必要はないと判断したときは、当事者はあくまで予納をしなければなりませんが、費用を予納する資力がない場合には、新法第32条第1項の規定による手続上の救助の決定を受けてその証拠調べの申立てを維持することができることになります。

Q43 家事事件の手続における手続の非公開の原則とはどのようなものですか。

A ここで問題とされるのは、当事者の期日の立会いや当事者による裁判資料の閲覧謄写の問題ではなく、裁判の一般公開の問題です。この意味での公開が民事訴訟の手続において重要であるのは、裁判の過程および裁判内容を衆人環視の中に置くことによって裁判官の偏頗な行動を抑制して公正な裁判を確保するためであるとされています(注1)。しかし、実体的な権利義務の確定を目的としない家事事件の手続については、一般公開は憲法上要請されていないとするのが判例の立場です。また、公益性の観点から、実体的真実に合致した裁判をすることが要請され、また、夫婦や家庭の問題を扱うという家事事件の性質上、個人や家庭のプライバシーにわたる秘匿性の高い資料であっても収集することが求められることがある家事事件の手続については、手続を公開することにより、秘密が公になり回復困難な不利益を与えることが生じ得ます。さらに、秘密が公になることに対するおそれから、裁判所の資料収集に関係者の協力が得られなくなる結果、裁判資料の収集が困難となり、裁判所による真実の発見が阻害されて実体的真実に合致した適正な裁判の実現ができなくなるおそれもあります。加えて、一般に簡易迅速性が求められる家事事件の手続において、手続を公開しなければならないとすると、時間的場所的な制約から費用と労力がかかり、この要請に反するおそれがあります。

以上の事情を考慮し、新法においては、旧家審規第6条の規律を維持し、家事事件の手続の通則としては、「家事事件の手続は、公開しない。」とすることとしました（第33条本文）。したがって、家事事件の手続において行われる証拠調べの手続は、基本的に民事訴訟の手続に準じて行われますが（第64条）、手続は非公開で行われます。

なお、以上のとおり、非公開の手続とすることに積極的な理由もあるので、「家事事件の手続は、公開しない。」の趣旨は、公開してはならない意味です。したがって、裁判所の裁量で一般的に公開することは許されないものと解されます(注2)。ただし、裁判所は、相当と認める者の傍聴を許すこととして

います（第33条ただし書）。

　（注1）　新堂幸司「訴訟と非訟」青山善充＝伊藤眞編『民事訴訟法の争点〔第3版〕』14頁（有斐閣、1998年）。

　（注2）　大審院決定においては、非訟事件における公開しないという意味は、公開してはいけないという趣旨であると解されており、したがって、特段の規定がない限り、裁判所が裁量で手続を公開することは許されず、審問が公開の下に行われた場合には、その審問に基づいてされた決定は違法であるとされています（大決大正15年8月3日法律新聞2611号11頁、大決昭和2年10月12日法律新聞2773号13頁、大決昭和3年5月19日法律新聞2887号10頁）。

Q44 家事事件の手続における期日および期間についての規律の特徴は何ですか。

A 家事事件の手続の期日および期間の規律は、民事訴訟の規律に準じていますが、次の点に違いがあります。

1　民事訴訟法第93条第1項においては、期日は、申立てによりまたは職権で、裁判長が指定することとされていますが、必要的口頭弁論主義が採用されている民事訴訟とは異なり、家事事件の手続においては、期日を開くか否かも事案ごとの裁判所の判断に委ねられていることから、期日は、職権で、裁判長が指定するものとし、当事者等に期日指定の申立権を認めないものとしています（第34条第1項）。

2　民事訴訟法第93条第3項本文および第4項は、口頭弁論および弁論準備手続の期日の変更について規律を置いていますが、家事事件の手続には、そのような期日がないことから、同様の規律は置いていません。もっとも、家事事件の手続においても期日を指定した場合には、安易にこれを変更することは相当でないことから、民事訴訟法第93条第3項本文を参考に、家事事件手続の期日一般について、その変更は顕著な事由がある場合に限りすることができるものとしています（第34条第3項）。

Q45 第2編の家事審判の手続による家事審判事項には、どのようなものがありますか。

A 審判の中には、家事審判の手続によるもののほか、家事調停の手続によるものや履行の確保の手続によるものがありますが（Q10、62参照）、このうち、家事審判の手続によるものは、次のとおりです(注)。

- 別表第1および別表第2に掲げる事項についての審判（第39条）
- 遺産の分割の禁止の審判の取消しまたは変更（第197条）
- 各種審判前の保全処分（保全処分により選任した職務代行者の改任および事情変更による審判前の保全処分の取消し（第112条）を含む。第126条、第127条、第134条、第135条、第143条、第144条、第157条、第158条、第166条、第174条、第175条、第181条、第187条、第200条、第215条、第225条、第239条、第242条第3項（第158条および第174条の規定を準用する部分に限る））
- 各種管理者の改任（第125条第1項（第134条第6項、第143条第6項、第158条第3項、第173条、第180条、第189条第2項、第194条第8項、第200条第3項、第201条第10項、第202条第3項および第208条において準用する場合を含む）、第146条第1項）
- 財産の管理者の選任その他の財産の管理に関する処分の取消し（第125条第7項（第173条、第180条、第194条第8項、第201条第10項、第202条第3項および第208条において準用する場合を含む）、第147条、第189条第3項）
- 審判に対する即時抗告が不適法でその不備を補正することができないことが明らかであるときに原裁判所がする却下の審判（第87条第3項）

（注）審判事項は、日本法に実体法上の根拠があるという前提で限定列挙しています。日本に国際裁判管轄があり、準拠すべき実体法が外国法である渉外事件も想定されるのですが、そのような渉外事件をすべて規定することは困難です。このような渉外事件については、審判事項として明示的に規定されていないからといって日本の家庭裁判所で取り扱わないという趣旨ではありません。このような渉外事件の場合には、外国の実体法の趣旨に即してふさわしいと考えられる手続を新法に規定する手続に見出し、それを活用することにより対応することを想定しています。

Q46 新法における参与員の制度は、旧法の下での参与員の制度からどのように変わったのですか。

A 旧法には、参与員が直接申立人から説明を聴取することを定めた規定がありませんでした（旧法第3条参照）。

しかしながら、裁判官に的確な意見を述べるためには、単に裁判資料の閲読等をするばかりでなく、裁判資料に記載された内容に趣旨が不明な部分があれば、その趣旨確認等のために資料の提出者から直接説明を受けることが必要なことがあり、そうすることができれば、民間人である参与員の常識を反映させた機動的な処理を実現する上でも有用であると考えられます。実際にも、実務上は、成年後見に関する審判事件、氏の変更の許可の審判事件、名の変更の許可の審判事件などの事件では、参与員固有の役割である事件について意見を述べる行為に付随するものとして、そのような活動が行われています。

そこで、新法においては、家庭裁判所の許可を得て、参与員は、意見を述べる前提として、申立人が提出した資料の内容について申立人から説明を受けることができることとし、上記のような実務上の工夫について明文化することとしました（第40条第3項本文）。

ただし、別表第2に掲げる事項についての審判事件においては、紛争性が高く、双方の言い分を比較検討する必要があることから、資料提出者の説明を聴取することも、事実の調査としてすべきであり、裁判官が関与しない形で参与員が説明を聴取して意見を形成することは相当ではないと考えられます。そこで、別表第2に掲げる事項についての審判事件においては、参与員が直接申立人から説明を聴取することは認めないこととしています（第40条第3項ただし書）。

Q47 家事事件の手続において専門委員の制度が設けられていない理由は何ですか。

A 新非訟法においては、新たに専門委員の制度を設けました（新非訟法第33条）。しかしながら、家事事件の手続において必要とされる専門的な知見としては、主として心理学を始めとする行動科学の知識が想定されるところ、この点については既に家庭裁判所調査官制度があり、専門的な知識・経験を有する家庭裁判所調査官が、裁判所の常勤職員として各家庭裁判所および各高等裁判所に配置されており、この知見を機動的に活用することができるようになっています。そのため、家事事件については、新法に専門委員の制度を設けるまでの必要性はないと考えたものです。

Q48 新法における当事者参加とはどのようなものですか。

1 当事者参加の制度と利害関係参加の制度

旧法の下でも、家事事件の手続には参加制度がありましたが、参加人の権限等が不明確であるなど不十分な点があったので、新法では、当事者となる資格を有する者が当事者として参加することができる当事者参加の制度（第41条、第258条第1項）と裁判の結果により影響を受ける者等が参加することができる利害関係参加の制度（第42条、第258条第1項）を、区別して設けることとし、参加することができる者の範囲や参加した者の権限等を明確にしました。

2 当事者参加の制度

(1) 当事者参加の制度の趣旨

当事者参加の制度は、「当事者となる資格を有する者」が、既に係属している家事事件の手続について、他の者の手続追行に委ねるばかりでなく、自らも手続追行することを可能にするために、当事者として家事事件の手続に参加することができるものとするものです。

実際には、この制度を次のように利用することが想定されます。

① 申立権者が複数ある場合において、そのうちの1人が家事事件の申立てをしたときまたは職権で手続が開始したときに、他の申立権者がその家事事件の手続に参加する場合(注1)。

② 申立人または相手方の地位を基礎付ける法的地位が他の第三者に移転した場合に、その第三者がその家事事件の手続に参加する場合(注2)。

③ 申立人が相手方とすべき者のうちの一部の者のみを相手方として家事事件の申立てをした場合に、そのほかの相手方となる資格を有する者がその家事事件の手続に参加する場合(注3)。

(2) 当事者参加と別申立て

新たな家事事件の申立てとは別に、当事者参加の制度を置く意義は、当事者となる資格を有する者が、既に係属している家事事件の手続を利用し、その手続に参加することができる点にあります。当事者となる資格を有する者

は、既に係属している家事事件について、別途、新たな申立てをすることもできるのですが（二重申立ては禁じられません）、その場合には、既に係属している家事事件の手続と新たに申立てがあった家事事件の手続が併合されるかどうかは裁判所の裁量に委ねられることになります（第35条第１項）。したがって、当事者となる資格を有する者が、既に係属している家事審判事件の手続を必ず利用しようと望む場合には、当事者参加の申出をする必要があります。

（注１）　申立権者が複数ある場合の例は、後見開始の審判事件（民法第７条）を始め、家事事件には多数認められます。
（注２）　申立人または相手方の地位を基礎付ける法的地位が他の第三者に移転した場合の例としては、遺産の分割の事件において、申立人または相手方が相続人の地位を第三者に譲渡した場合があります。
（注３）　申立人が相手方にすべき者のうちの一部のみを相手方として家事事件の申立てをした場合の例としては、例えば、遺産の分割の審判の申立てをする場合に相続人の一部を相手方から脱漏している場合があります。

3　引込み（強制参加）

　家事事件の手続においては、当事者となる資格を有する者であるにもかかわらず当事者とされていない者がある場合において、その者が自ら当該家事事件の手続に参加しないときは、紛争の解決のために適切な審判または調停をすることができない場合があります。そこで、他の当事者の申立てによりまたは職権で、当事者となる資格を有する者（審判を受ける者となるべき者に限る）を当該家事事件の手続に参加させる（引き込む）ことができるものとしています（第41条第２項、第258条第１項）(注１)(注２)。

（注１）　この制度は、当事者となる資格を有する者が参加する意思を有していない場合であっても、参加を強制するものですから、当事者の意思よりも後見性を優先するにふさわしい事件に親しむものといえます。非訟事件の手続の通則には規律を設けていないにもかかわらず、新法に導入しているのは、この点を考慮したものです。
（注２）　引込み（強制参加）の例として次のような場合が想定されます。
・当事者として参加させない限り調停の成立や審判をすることができない場合
　　　例えば、遺産の分割の事件において、当事者とされていない相続人を参加させる場

合
- 当事者として参加させなくとも調停を成立させることや審判をすることができるが、より根本的な解決のために当事者として参加させる必要がある場合
　例えば、扶養の程度または方法についての決定の審判事件（別表第2の10の項）において、当事者とされていない他の扶養義務者を参加させる場合

4　当事者参加人の権能

　当事者参加人は、既存の当事者と同様の権能を有することになります（Q10参照）。もっとも、当事者として参加した者が他の者のした当初の申立てを取り下げることができないことはいうまでもありません。また、申立権者が当事者参加した後に、当初の申立人が申立てを取り下げたとしても、当該家事事件の手続は終了せず、当事者参加した者を申立人として家事事件の手続が続行されることを想定しています。

5　手続からの排除

　新法においては、新たに手続からの排除の制度を設けました（第43条、第258条第1項）。家事事件の手続においては、事件の性質上、また、公益性および実体的真実に合致した判断の要請上、個人の私生活上の秘密に関する情報を扱うことになるので、本来、手続保障を及ぼす必要のない者が当事者としての地位にいることの弊害にも配慮する必要があります。
　そこで、本条では、当事者となる資格を有しない者、または当事者である資格を喪失した者を家事事件の手続に関与させないようにするため、手続からの排除について定めるものです。ここでいう「手続からの排除」とは、「当事者」から当事者としての地位を喪失させることを意味し、例えば、それまで当事者として記録の閲覧等を行うことができた者も、「排除」により当事者として記録の閲覧等を行うことができなくなります(注1)(注2)。

（注1）　例えば、遺産の分割の事件において、相手方がそもそも相続人でなかったり、相手方である相続人が相続分を譲渡して相続人としての地位を喪失した場合に、手続から排除することが考えられます。このような場合に、相続人でない者または相続人としての地位を失った者への申立てがあるものと考えて、それを却下するということも考えられますが、この者を手続に関与させないようにするための手続を制度化し、「排除」という手

続を新設しました。旧法の下では、相続人が相続分を譲渡して相続人としての地位を喪失した場合に、脱退届等を提出させ、以後はその者を事実上当事者として取り扱わないということも行われていましたが、新法の下では、相続分譲渡によって当事者である資格を喪失した場合には、排除の手続によることになります（なお、譲渡人が登記移転義務等を負担する場合には、当事者である資格を喪失したとはいえないので、これを排除することはできません）。

　（注2）　手続からの排除は、当事者が当事者となる資格を有しない者または当事者である資格を喪失した場合において、なお当該家事事件の手続を続行するときに行うことを予定しています。例えば、後見開始の申立てをした者がその申立権を有しない場合には、その申立ては不適法であり、申立てを却下すべきです。したがって、この場合には、手続からの排除は問題にならないものと考えています。

Q49 新法における利害関係参加とはどのようなものですか。

A

1 利害関係参加の制度

利害関係参加制度は、「審判を受ける者となるべき者」または「審判の結果により直接の影響を受けるもの（者）」等（第42条。なお、調停手続においては、同様の立場になる者について妥当することになります。第258条第1項）が、既に係属している家事事件の手続について、当事者の手続追行に委ねるのではなく、自らが手続追行をすることができることとするために、当事者以外の者として家事事件の手続に参加することができるものとするものです（「審判を受ける者となるべき者」および「審判の結果により直接の影響を受けるもの（者）」については、Q10参照）。

2 利害関係参加をすることができる者

審判の結果に強い利害関係がある「審判を受ける者となるべき者」は、裁判所の許可を得ることなく当然に、「審判の結果により直接の影響を受けるもの（者）」等は裁判所の許可を得て、当該家事事件の手続に参加することができることとしています。

次に、当事者となる資格を有する者は、一般的に家事事件の手続に利害関係がありますから、手続に関与することを認めるのが相当です。そして、自ら申立人と同様の判断を求める場合には、当事者として当然に参加することを認めるべきですが、当事者となる資格を有する者が当事者の地位に就くことが相当でない場合があります。例えば、ある申立権者が成年後見人の解任の申立てをした場合において、解任に反対している他の申立権者が、当該成年後見人解任の審判事件の手続に参加することを望むときには、そのような申立権者は、当該審判事件における家庭裁判所の判断に強い利害関係を有するものとして、参加を認めるのが相当ですが、他方で、解任に反対しているのに、解任を求める申立人の地位に置くことは相当でありません。そして、このような場合には、必ずしも、当然に参加を認める必要まではないと考えられます。

そこで、新法では、当事者となる資格を有する者は、このような場合には、裁判所の許可を得て利害関係参加をすることを認めるものとしました。

3 引込み（強制参加）

　家事事件の手続においては、利害関係参加をすることができる者が自ら参加しない場合でも、家庭裁判所が、紛争の解決のために適切な審判または調停をするために必要であると考える場合や、その者を当事者に準ずる立場に置くことが手続保障の見地から必要であると考える場合には、職権で、当該家事事件の手続に参加させる（引き込む）ことができるものとしています（第42条第3項、第258条第1項）(注)。

　　(注) この方法によれば、例えば、子が審判の結果により直接の影響を受ける事件（例えば、親権者変更の調停・審判事件、親権喪失の審判事件等が考えられます）に、意思能力のある子を利害関係参加させて自ら有効に手続行為をすることを可能にでき、さらに、その子に弁護士の手続代理人をつけることを通じ（第23条）、その子の意向を手続に反映させやすくすることができることになります。
　　なお、未成年者の利益を保護する観点から、参加しようとする者が未成年者である場合において、未成年者の年齢及び発達の程度その他一切の事情を考慮して未成年者の利益を害すると認める場合には、裁判所は利害関係参加の申出等を却下しなければならないものとしています（第42条第5項）。

4 利害関係参加人の権能

　利害関係参加人は、当事者がすることができる手続行為をすることができることとしています。利害関係参加した者の権能については、次の2点について留意する必要があります（第42条第7項）。

① 利害関係参加人は、性質上当事者しかすることができない手続行為はすることができません。具体的には、家事事件の申立ての取下げおよび変更ならびに審判に対する不服申立ての取下げおよび裁判所書記官の処分に対する異議の取下げはすることができません。

② 裁判所の裁判に対する不服申立ておよび裁判所書記官の処分に対する異議の申立てについては、その裁判等の性質を踏まえて、新法の他の規定または他の法令により不服申立てをすることができる者の範囲を定めているので、利害関係参加人が不服申立てまたは異議の申立てをすることができるのかどうかは、その定めに従うものとしています（利害関係参加人としての資格では、不服申立て等をすることができません）。

Q50

家事事件の手続の通則において、当事者の死亡等によって当事者が手続を続行することができなかった場合の規律はどのようになっていますか。

A

1 手続は中断しないこと

当事者の死亡等によって当事者が手続を続行することができない場合でも、家事事件の手続が中断するものとはしていません(注)。家事事件の手続には、当事者が裁判所に出頭して行う場面もありますが、当事者が裁判所に出頭しなくても裁判所が職権で事実の調査として関係者から事情を聴取するなどして裁判資料を集めることができ、それがこの手続の重要な一部になっています。当事者が死亡等により手続を続行することができない場合に手続が中断するものとすると、このように当事者が関与しない手続さえ進めることができなくなってしまい、家事事件の簡易迅速処理の要請に反することになるからです。

ただし、家事事件の手続の中には、当事者に対する審判の告知（第74条）、当事者が立会権を有する証人尋問（第64条）、別表第2の事件における当事者からの陳述の聴取（第68条）、審理の終結の決定の告知（第71条参照）など当事者が関与しなければ進めることができないものがあります。これらの手続は、家事事件の手続が中断しないからといって、法令により手続を続行する資格のある者等が当該家事事件の手続を受継しない限り進めることはできないので、手続が中断しないこととしても、当事者が手続に関与する機会を不当に奪うということにはならないと考えられます。

(注) 民事訴訟法においては、当事者の死亡等により訴訟手続が中断します（民事訴訟法第124条）。

2 法令により手続を続行すべき者による受継

当事者が死亡、資格の喪失その他の事由によって手続を続行することができない場合、手続を終了させ、なお必要があれば再申立てにより手続をやり直すものとすることが考えられますが、家事事件の迅速処理、紛争の早期解

決の観点からは、その手続を受け継ぐのにふさわしい者があれば、それまでの手続を利用することができるように当該家事事件の手続を引き継ぐものとするのが相当であると考えられます。

そこで、新法では、当事者が死亡、資格の喪失その他の事由によって家事事件の手続を続行することができない場合には、法令により手続を続行する資格のある者がその手続を受け継ぐものとしています（第44条、第258条第1項）(注1)(注2)。

(注1) 当事者が死亡等によって家事事件の手続を続行することができない場合において、法令により手続を続行する資格のある者がある場合には、その者が実質的には当該家事事件の手続における当事者の地位に就きますが、当該家事事件の手続を受継するまでの間は、形式的には当該家事事件の手続は、当事者が存在しない状態になります。この場合、「受継」は、このような状況を解消し、受継すべき者を確認し、形式的に当事者の地位に就くことを認める手続という意味をもちます。これに対し、他の申立権者による受継の場合（次の3を参照）には、受継をする者が家事事件の申立てをすることができる者であることを確認し、その者を実質的にも形式的にも当事者の地位に就ける手続という意味をもちます。

(注2) 法令により手続を続行する資格のある者としては、例えば、当事者が死亡により家事事件の手続を続行することができない場合におけるその当事者の相続人または相続財産管理人や破産管財人たる資格に基づき当事者となっている者が破産管財人たる資格を失った場合における新たに選任された破産管財人があります。

なお、第44条において規定する法令により手続を続行すべき者による受継が想定される事件（例えば、遺産の分割の事件）は、当事者が死亡等により当然承継が生じますので、手続を続行することができない場合に手続を承継する者がないことは通常考えられません。したがって、当事者たる地位が基本的に一身専属的で当然承継が想定されない第45条の規定により他の申立権者が受継することができる事件と重複することはありません。

3 他の申立権者による受継

家事審判事件のうち一定の類型の事件（例えば、後見開始の審判事件）については、申立人が死亡等により手続を続行することができない場合には、法令により手続を続行する資格のある者が想定されないので、当該家事審判事件は当然に終了します。しかしながら、このような類型の事件において、他に当該家事審判事件の申立てをすることができる者がある場合には、その者が手続を受け継ぐことができるようにしています（第45条第1項、第2

項)(注1)。これは、旧法の下においても認められていたもので（旧家審規第15条）、それまでの資料を利用して審理を進めることを可能にするためのものです。

　なお、この場合の受継の申立ては申立人の死亡等から1か月以内にしなければならないものとしています(注2)。

　（注1）　家事調停の申立人が死亡等により手続を続行することができない場合については、家事調停の手続は、当事者の個性に重きを置く手続であることから、法令により手続を続行する資格がある者が想定されないような事件において他の申立権者による受継を認めることは想定できないので、この種類の受継は認めていません（第258条第1項による第45条の準用除外）。
　（注2）　他の申立権者による受継の申立ては、申立人の死亡等の事由が生じた日から1か月以内にしなければならないことにしています（第45条第3項）。その理由は、次のとおりです。
　　他の申立権者による受継は、受継がされれば家事事件の手続は引き継がれますが、受継がされなければ当該手続は確定的に終了します。しかし、そのような不安定な状態がいつまでも継続することは相当ではないと考えられます。また、他の申立権者は、受継しなくとも申立権を失うわけではなく、別途申し立てるということも可能なので、引き継ぐかどうかの判断を短期間のうちにしなければならないものとしても弊害はないと考えられます。裁判所が職権で受継をさせるかどうかについても同様のことがいえます。そこで、受継の申立てに1か月の期間制限を設けたのです。

4　職権で他の申立権者に手続を受け継がせることを認めていること

　家事審判事件においては、家事審判事件の申立てをすることができる者が受継の申立てをしてそれまでの手続を活用することを望んでいないにもかかわらず、裁判所が、職権で、その者に当該手続を受け継がせ、手続を続行することを認めています（第45条第2項）。このことは、ある意味において、申立てをする資格のある者が自ら事件を申し立てるかどうか決定することができることと矛盾するおそれがあります(注1)。

　しかし、申立人が死亡等により家事審判の手続を続行することができない場合において、法令により手続を続行する資格のある者がなく、かつ、他の申立てをすることができる者が受継の申立てをしないときであっても、裁判所が事件の公益的性格を考慮し、後見的立場からあるべき法律関係を形成す

る必要性がある場合があります(注2)。そのため、新法においては、裁判所は、職権で、当該家事審判の申立てをすることができる他の者に手続を受け継がせ、当該家事審判の手続を続行することを認めています（第45条第2項）(注3)。この点も旧法の下で認められていたものです（旧家審規第15条第2項）。

　（注1）　このような考慮から、非訟事件の手続一般に当てはまる規律としては相当ではないものと考え、新非訟法においては、非訟事件の手続の通則に職権で他の申立権者に手続を受け継がせることを認める規律を設けていません（新非訟法第37条参照）。
　（注2）　例えば、後見開始の審判をする直前に申立人が死亡し、他の申立権者が手続の受継の申立てをしない場合において、そのまま事件を終了させることが成年被後見人となるべき者の保護の観点から相当ではないというような場合が挙げられます。
　（注3）　職権で、他の申立権者に受継させる場合も、当事者の死亡等の事由が発生してから1か月以内にしなければならないことにしています。その趣旨については、3の（注2）参照。

Q51 家事事件において手続はどのように記録化されるのですか。

A 家事事件における手続の記録化については、家事審判の手続と家事調停の手続とで異なる規律が設けられています。

　まず、家事審判の手続を期日で行った場合には、その重要性に鑑み、できる限り記録化しておくのが相当であることから、原則として調書を作成しなければならないこととしています（第46条本文）。ただし、証拠調べの期日（証拠調べを行った期日）以外の期日については、その具体的な内容や重要性に大きな幅があり、期日につき常に調書を作成しなければならないものとすることは、簡易迅速性や効率性の見地から相当ではないと考えられますので、裁判長の判断で調書の作成までの必要がないと認めるときは、調書を作成しなくてもよいこととしています(注1)(注2)。もっとも、期日の手続について、その記録を一切残さなくてもよいとすると、いつ期日を開いたのか、だれが出席したのかさえ記録上明らかとならず、手続の明確性の点で問題がありますので、期日の外形的な経過を「経過の要領」として記録上明らかにすべきこととしました（第46条ただし書）。具体的には、期日を行った日時、出頭した当事者等を、例えば、表などを用いて簡易な形式で記録上明らかにすることが想定されます。また、期日以外の手続については調書の作成を要しませんが、事実の調査については何らの方法で記録化することが望ましく、その点については、最高裁判所規則で定められるものと思われます。以上に対し、家事審判の手続の期日のうち、審判前の保全処分の手続の期日については、迅速処理が特に要請されることから、原則として調書を作成しなければならないこととしつつ、裁判長の裁量において省略することができることとしており（第114条第1項）、また、経過の要領を記録上明らかにすることも要しないこととしています（同条第2項における第46条の適用除外）。

　次に、家事調停の手続についても、期日を行った場合には、調書を作成しなければならないことにしています。もっとも、家事調停の手続は、話合いを主体とした手続ですので、期日の手続であっても、裁判長の裁量において調書の作成を省略することができることとしており、その場合には経過の要領を作成することも必要的とはされていません（第253条）。

（注１）　家事審判の手続の期日については、**Q10**参照。ここでは、証拠調べをした家事審判の手続の期日の意味で「証拠調べの期日」との用語を用いています。

　（注２）　旧家審規第10条は、「家庭裁判所の手続」について、原則として調書を作成するものとしていましたが、新法においては、調書は基本的に期日における手続について作成するものと位置付けました。

　もっとも、期日以外の手続について調書を作成することが許されないという趣旨ではありません。裁判所の判断により調書を作成する方法により記録を明確化しておくことも許されていると考えられます。

Q52 家事事件の記録の閲覧等の規律はどのようになっていますか。

A 家事事件には、家事審判事件、家事調停事件等がありますが、家事事件についての記録の閲覧謄写の規律も手続の違いを反映して、それぞれ異なっています。そこで、ここでは、家事事件の記録の閲覧等の規律を通覧しておきます。

1 全体的な構成

旧法の下では、家事事件の記録について、家事審判事件と家事調停事件を区別することなく、また、当事者からの閲覧等の請求と利害関係人からの閲覧等の請求とを区別することなく、裁判所が相当であると認めるときに記録の閲覧等の許可をすることができることとしていました（旧家審規第12条第1項）。しかし、新法においては、家事審判事件、家事調停事件や履行の確保の事件における規律等を区別し、家事審判事件については、当事者からの請求と利害関係を疎明した第三者からの請求とで規律を区別しています。もっとも、いずれの場合にも、記録の閲覧等は、裁判所の許可に係らしめています（第47条、第108条、第254条、第289条第6項、第290条第4項）(注)。

(注) ただし、当事者等が審判書の正本等について交付を請求する場合には許可は不要としています（第47条第6項、第254条第4項）。

2 家事審判事件の記録の閲覧等

家事審判事件の当事者については、主体的な手続追行の機会を保障するため、原則として記録の閲覧等を許可するものとしつつ、家事審判事件の記録には私生活上の秘密に関する情報が含まれることも多いこと等を考慮して、次の(1)から(4)までのとおり、関係人のプライバシー等にも配慮した例外規定を置くこととしています（第47条第3項および第4項）。他方で、当事者以外の第三者については、利害関係を疎明した者であっても、当事者と異なり手続上の権能を行使する機会の保障という要請はないこと等から、家庭裁判所

は、「相当と認めるとき」は、記録の閲覧等を許可することができるものとしています（第47条第5項）。

(1) 事件の関係人である未成年者の利益を害するおそれがある場合

例えば、親権者の指定に関し、家庭裁判所調査官の調査報告書中に子による父母の選好が記載されている場合には、これを当事者である父母が閲覧すると、父子関係または母子関係に影響を与え、ひいては子の福祉に悪影響を及ぼすおそれがあることもあり得、このような場合がこれに当たると考えられます。

(2) 当事者もしくは第三者の私生活もしくは業務の平穏を害するおそれがある場合

例えば、家庭内暴力を理由に別居し、身を隠している事案において、記録の閲覧により住居所が知れると暴力的な行動に訴えることが予想される場合や、幼稚園等から聴取した結果を閲覧した当事者が逆上して幼稚園等に押し掛け、その業務の平穏を害するようなおそれがある場合がこれに当たると考えられます。

(3) 当事者もしくは第三者の私生活についての重大な秘密が明らかにされることにより、その者が社会生活を営むのに著しい支障を生じ、もしくはその者の名誉を著しく害するおそれがある場合

例えば、当事者が他の当事者または第三者の精神分析の結果や犯罪歴等、私生活についての重大な秘密を話した結果が社会的に露呈されると、その者の社会生活に著しい支障が生じかねないような場合や、その者の名誉を著しく害するおそれがある場合がこれに当たると考えられます。

(4) 事件の性質、審理の状況、記録の内容等に照らして当事者に記録の閲覧等を許可することを不適当とする特別の事情があると認められる場合

家事審判の手続においては、さまざまな事件類型があり、裁判資料が多岐にわたる上、当事者として記録の閲覧等を請求することができる者（利害関係参加人も含まれます）も広範に及ぶため、請求者が当該資料を閲覧等する必要性自体が事案によって大きく異なり得ます。また、一般的に実体的真実に即した判断をするために幅広く裁判資料を収集する必要性、合理性が認められますが、収集された資料の開示による私生活等への影響の程度、裁判資料が判断に与える影響の有無・程度等はさまざまであり、これらを事案ごと

に総合的に考慮した上で、許可するか否かを決する必要があると考えられます。そこで、(1)から(3)までに加え、事件の性質、審理の状況、記録の内容等に照らして当該当事者に記録の閲覧等を許可することを不適当とする特別の事情があると認められるときも、家庭裁判所は許可をしないことができるものとしています。例えば、プライバシー保護の要請が高い事項に関する個人情報や、後見開始の審判事件における被後見人の詳細な財産状況、特別養子縁組の成立の審判事件における実父母および養親の個人情報等は、(1)から(3)までの各おそれがある場合には該当しなくとも、審理の状況等に照らして、これらの記録の閲覧等を許可することを不適当とする特別の事情があると認められる場合があり得るものと考えられます。

3 審判前の保全処分の事件の記録の閲覧等

　審判前の保全処分の事件も家事審判事件ですから、その事件の記録の閲覧等の規律は、特則がなければ第47条第3項の規定によることになります。しかしながら、審判前の保全処分には、その性質上、密行性が要求されるものもあるため、その手続における記録の閲覧等について、家事審判の手続における記録の閲覧等の規律をそのまま適用することは妥当でないと考えられます。そこで、民事保全法第5条の規定を参考に、密行性を確保する必要がないと裁判所が判断するまで、すなわち、保全処分の審判を受ける者となるべき者に対して、呼出状や書面照会書を送付するなどして審判前の保全処分の事件が係属したことを通知するまで、または審判前の保全処分を告知するまでは、第47条第3項の規定を適用しないこととし、当事者からの記録の閲覧等またはその複製の許可の申立てであっても、裁判所は、相当と認めるときに限り、許可をすることができるものとする特則を設けています（第108条）。なお、この特則は、審判前の保全処分の記録と本案の審判（または当該本案の審判に対応する調停）の記録とは区別される（一方のために提出された資料は当然には他方の資料とはならない）ことを前提にしていることはいうまでもありません。

4 家事調停事件の記録の閲覧等

　家事調停事件の記録は、一方で、家事調停の手続が基本的には当事者の円

満かつ自主的な話合いのための手続であることから、裁判所が行う判断作用の基礎となる家事審判事件の記録と比較すれば、当事者であっても閲覧謄写の必要性が同程度に高いとはいえません。他方で、家事調停事件の記録には、家庭内の細部にわたる事柄や高度なプライバシーにわたる事項を記録化したものや、他方当事者を感情的に非難する書面等が含まれることが多く、このような記録を当事者であるからといって原則的に閲覧等をすることができるものとすると、プライバシーの侵害等のおそれがあるだけでなく、当事者の感情をいたずらに刺激することになり、円満かつ自主的な話合いという家事調停の手続の根幹となる機能を損なうおそれが高いといえます。そうすると、家事調停事件の記録の閲覧等の許可は、家事審判事件の場合と比べてより制限されることに合理的な理由があると考えられます。以上の事情のほか、家事調停事件の事案が非常に多岐多様であることを考慮し、家事調停の手続を円滑に運用し、話合いによる妥当な解決を導くためには、裁判所にある程度広い裁量を認め、事案に応じて他方当事者の手続保障や家事調停の手続の公正の確保を図ることができるようにしておくことが相当であると考えられます。

　そこで、第254条第3項では、家事調停事件の記録の閲覧等の許可について、家事審判事件の記録の閲覧等の規律とは異なり、原則として、利害関係を疎明した第三者のみならず、当事者についても、記録の閲覧等に対しては「相当と認めるとき」に許可することができるものとしています。この規律は、結果として、旧家審規第12条と同じになっています。

　なお、家事調停事件であっても、合意に相当する審判の手続における記録の閲覧等について、当事者から閲覧等の請求があった場合には、他の家事調停事件における場合とは異なり、家事審判事件の記録の閲覧等の規律を準用することとしています（第254条第6項）。これは、合意に相当する審判の手続は、簡易な人事訴訟の手続という性質を有し、その記録に基づいて裁判所が審判を通じて判断作用を行い、その審判が異議の対象となるものであるという点を考慮すると、家事調停の手続よりも家事審判の手続や人事訴訟の手続における記録の閲覧等に近い規律とするのが相当と考えられるためです。

5 履行の確保の事件における記録の閲覧等

　履行状況の調査および履行の勧告の手続についても、その記録の閲覧等を一定の範囲で認めるのが相当であると考えられますが、履行状況の調査および履行の勧告が、何らかの判断作用を伴うものではなく、また、その効果が権利者および義務者以外に及ぶものでないことに鑑みますと、当事者に限り、裁判所が相当と認める場合に記録の閲覧等を許可することができるものとするのが相当であると考えられますので、その旨の規定を設けています（第289条第6項）^(注)。

　（注）　義務履行の命令の事件は審判事件ですから（**Q62**参照）、記録の閲覧等の規律は第47条の規律によることになります（第290条第4項）。

6 不服申立て

　裁判所が記録の閲覧等を原則として許可すべきものとする規定になっている場合において、裁判所が例外事由に該当すると認めて記録の閲覧等の許可の申立てを却下したときには即時抗告を認めることとしています（第47条第8項、第254条第6項による第47条第8項の規定の準用）。これに対し、裁判所は記録の閲覧等を相当と認める場合に許可することができるものとする規定になっている場合においては、許否の判断が裁判所の広い裁量に委ねられていると考えられますので、記録の閲覧等の許可の申立てを却下した決定に対して即時抗告をすることができるものとはしていません。

　なお、迅速処理の要請の観点から、即時抗告がされた場合であっても、それが家事事件の手続を不当に遅滞させることを目的としてされたものであると認められるときは、原裁判所が、その即時抗告を却下しなければならないものとしています（第47条第9項、第254条第6項における第47条第9項の準用）。そして、そのようにしてされた却下の裁判に対しては、さらに即時抗告ができることとしています（第47条第10項、第254条第6項による第47条第10項の準用）。

Q53 家事審判の申立てについての規律の特徴はどのようなものですか。

A 「家事審判の申立て」とは、裁判所に対し一定の内容の審判を求める行為をいいます（審判の意義および種類については、Q10参照。家事調停の申立てについての規律の特徴については、Q112参照）。

その特徴の主たる点は、次のようなものです。

1 書面による申立てと記載事項の明確化

旧法の下では、口頭による申立てが認められていましたが（旧家審規第3条）、新法においては、家事審判の申立ては、書面によらなければならないものとしました（第49条第1項）。

これは、申立ての段階から、申立人が求める審判の内容を明確にし、円滑な手続運営を可能にするためです。このようにすることが、簡易迅速な事件処理に資すると考えたわけです。なお、身体上の障害等により書面を作成することが困難な申立人もあると思いますが、裁判所の事件係等が代筆し、申立人の署名押印を求める方法をとることが可能ですので、書面でしなければならないものとすることによって、家事審判の申立てが妨げられるものではありません。

また、申立書の記載事項を「当事者及び法定代理人」と「申立ての趣旨及び理由」として明文化しました。旧法の下では、「申立人の氏名、住所」を記載するものとされていましたが（旧法第7条による旧非訟法第9条第1項第1号の規定の準用）、相手方のある審判事件については、相手方も記載するものとする趣旨で、「当事者」を記載事項としています。また、申立ての段階から申立人が求める審判の内容すなわち審理判断の対象を明らかにし、ひいては不意打ち的な審理判断を防止するため「申立ての趣旨及び理由」を記載事項としました（第49条第2項）(注)。

（注） 申立ての趣旨と申立ての理由は、必ずしも截然と区別されないことがあるかもしれませんが、申立ての理由は申立ての趣旨と相まって申立てを特定するものです。した

がって、申立ての趣旨のみでは、審判を求める事項が特定されていなくても、申立ての理由と合わせれば審判を求める事項が特定されている場合には、申立書に不備はありません。

2　申立ての併合の制度の明文化

　審判を求める事項が数個ある場合において、これらの審判を1つの申立てにより求めることができれば、申立人にとって便宜ですし、その数個の事項に一定の関連性があるとき、これらの事項を同一の手続で審理することができれば、審理の重複等を避けることができ、手続経済にも資することになります。そこで、一定の要件を満たす場合には、申立ての併合を認めることとし、それを明文で規定することにしました（第49第3項）。

　1つの申立てにより2以上の事項について審判を求めることができるのは、①審判を求める事項についての家事審判の手続が同種であり、かつ、②審判を求める事項が「同一の事実上及び法律上の原因に基づくとき」です。審判を求める事項についての家事審判の手続が同種であるかどうかは、当該家事審判についての手続が同じであり、同一の手続で審理しても問題がない場合をいいます。例えば、別表第1に掲げる事項についての審判事件の手続と別表第2に掲げる事項についての審判事件は、両事件の手続における事実の調査の通知や審問の立会権に関する規律等が大きく異なることから（第70条、第68条第2項）、1つの申立てにより審判を求めることはできないと考えられます。また、審判を求める事項が同一の事実上および法律上の原因に基づくものであるかどうかは、民事訴訟法第38条前段と概ね同趣旨の要件であり、審判を求める事項を理由付ける原因事実がその主要部分において同一である場合をいいます。例えば、後見開始の申立てと成年後見監督人の選任の申立て、子の親権者の変更の申立てと子の引渡しの審判の申立ては、当該申立てを基礎付ける原因事実がその主要部分において同一であるといえますから、いずれも1つの申立てによることは許されるものと考えられます。他方、数人の成年被後見人となるべき者の後見開始の審判の申立ては、同一の事実上および法律上の原因に基づくものとはいえませんので、1つの申立てによることはできないと考えられます(注)。

　なお、申立てを併合することによって、管轄のない裁判所に管轄が生ずる

こと（いわゆる併合管轄）は認められていませんので（**Q31**参照）、併合して申立てをする場合には、各申立てのいずれについても、申し立てようとする裁判所に管轄があることが必要です。また、申立ての併合による手数料の逓減も認められていませんので、審判を求める事項に応じた手数料を納める必要があります。

（注）　申立ての併合についての要件は充足していないにもかかわらず、定型的に申立てを併合することが便宜であることを考慮し、申立て併合を特則により認めたものとして、第183条があります（**Q94**(2)イ参照）。

3　申立書の却下の制度の導入

旧法の下では、申立書却下の制度はありませんでした。しかしながら、申立書の記載事項を明確に法定したことに対応し、申立書の不備については、裁判長が補正を命じ（補正命令を発し）、補正がされなければ、通常の不適法または理由のない却下と区別し、より簡易迅速に処理するために裁判長による申立書却下の制度を導入することとしたものです。申立ての手数料の納付がない場合も同様です（第49条第4項および第5項）。

4　その他

このほか、申立ての変更について、明文の規定を置くことにしました（第50条）。申立ての変更は、「申立ての基礎に変更がない」場合に可能ですが、ここにいう「申立ての基礎に変更がない」とは、審判を求める事項に係る権利関係の基礎となる事実が共通し、変更後もそれまでの資料を審理判断に利用することができる場合をいいます。

他方、同一の家事審判の申立ての範囲内で、申立ての趣旨や申立ての理由を変更する場合には、申立ての変更の必要はありません。そして、家事審判の申立てには、厳密な意味での拘束力がなく、裁判所の審理の対象とする範囲も必ずしも申立ての内容に拘束されるわけではないと考えられますので、申立ての幅は比較的広く、例えば、監護費用を求める場合に具体的な請求金額が申立ての趣旨として記載されていたとしても、申立てとしては「監護費用を請求するもの」と理解できるので、その金額を超えた認

定をするために申立ての変更が必要になるわけではありません（不意打ち防止の観点から事実の調査の通知が必要になる場合が生じますが（第63条）、それは別の問題です）。

> **Q54** 新法において、審判を受ける者となるべき者に対し、申立書を送付するなどして事件係属の通知をし、参加の機会を保障する規律を設けていないのはなぜですか。

A 構造的に審判を受ける者となるべき者と手続の当事者が一致している事件（主として、別表第2に掲げる事項についての審判事件）では、このような問題は生じませんので(注)、ここで問題となるのは、別表第1に掲げる事項についての審判事件ということになります。

別表第1に掲げる事項についての審判事件における審判を受ける者となるべき者が家事審判事件の手続に参加する機会を可及的に保障するため、家事審判事件の申立てがあった場合には、審判を受ける者となるべき者に対し、常にすべての事件において、申立書を送付するなどの方法により事件係属の通知をすることも考えられます。

しかしながら、常にすべての事件において事件係属の通知をするものとすれば、費用や時間等をより要することとなり、簡易迅速な事案の処理が要請される家事審判の手続の理念に反するおそれがありますので、これをすべての家事審判事件に義務付けることは相当ではありません。

また、新法第2編第2章においては、個別の事件類型ごとに、審判をする場合に陳述を述べる機会を保障すべき者について規定していますが、審判を受ける者となるべき者については、多くの場合、陳述の聴取を義務付けていますから、事件係属の通知をするものとしなくても、陳述の聴取の際に事件係属の事実を認識し、家事審判の手続に参加するきっかけが与えられることになります。また、審判を受ける者となるべき者やそれ以外の審判の結果により直接の影響を受ける者について、審理に主体的に関与することがその者の手続保障または裁判資料の収集の上で相当と裁判所が判断すれば、その者を利害関係人として引き込む（強制参加させる）ことができます（第42条第3項）、さらに、審判を受ける者は審判の告知を受け（第74条第1項）、多くの場合には即時抗告権者とされていますので、審判に不服があれば、不服申立てをすることが可能です。加えて、特に審判を受ける者の手続保障に配慮すべき事件については、審判を受ける者から審問の方式により陳述の聴取を

することを義務付けています（第164条第3項、第165条第3項および第169条第1項の各柱書後段、第188条第3項後段）。

　以上のように、家事審判事件に一般に適用される手続としては、審判を受ける者となるべき者に対し、事件係属の通知を義務付ける規律を置かず、事件の性質や必要性等を踏まえ、個別の規定においてふさわしい規律を設けることとしたものです（第188条第4項における第67条の準用参照）。

　（注）　別表第2に掲げる事項についての審判事件においては、相手方に申立書の写しが送付されるか、それに代わる申立てがあったことの通知がされます（第67条第1項、第2項）ので、相手方は、これにより事件係属を知ることになります。

> **Q55** 家事事件の手続においては、受命裁判官はどのような役割を果たすものとされていますか。

A 　民事訴訟においては、受命裁判官は、その手続の基本となる口頭弁論の手続を行うことはできず、一定の要件の下に弁論準備手続等を行うことができるにすぎません。これは、主として直接主義の要請によるものです。

　これに対し、家事事件の手続においては、簡易迅速な処理を実現するために、直接主義の要請を緩和し、受命裁判官が機動的に活動することを可能にし、原則として、家事事件の手続の期日における手続を行うことができることとしています（第53条、第258条第1項）(注1)。また、相当と認めるときは、事実の調査をすることもできるものとしています（第61条第3項、第258条第1項）。ただし、証拠調べについては、裁判資料としての重要性に鑑み、家事事件の手続においても厳格な手続を要するものとし、民事訴訟に準じ、一定の限度でしか認められないものとしています（第53条第1項ただし書、第258条第1項）(注2)。

　(注1)　合議体により家事審判の手続を進めていた場合（抗告審の場合を含む）に事件を調停に付した場合には、合議体により家事調停の手続を進めることができます。このような場合においては、受命裁判官により家事調停の手続を進めることができます（第274条第3項および第5項、第247条第1項ただし書、第258条第1項ならびに第53条）。なお、**Q116**も参照。

　(注2)　家事事件の手続において、受命裁判官が裁判所外で証拠調べを行うことも、期日における手続であって、期日についての規律（例えば、第46条）が妥当することを想定しています（**Q10**参照）。

Q56 家事事件の手続において、裁判長の釈明権等に関する民事訴訟法の規定に相当する規定が設けられていないのはなぜですか。

A この点に関しては、法制審議会の部会において、裁判長の釈明権等に関する民事訴訟法の規定（民事訴訟法第149条）に相当する規律を設けるべきであるという意見も出され、議論されました。しかしながら、家事事件の手続においては、職権探知主義が採られているので、事実上および法律上の事項に関し、当事者または利害関係参加人に問を発し、必要な資料の提出を促すことはあえて規定を設けなくても当然にすることができるものですし、釈明を求めることができる場合について要件化すれば、それ以外の場合には釈明を求めることができないとの反対解釈が生じかねないことを考慮し、裁判長の釈明権等に関する民事訴訟法の規定に相当する規定は設けませんでした。

なお、上記部会においては、現在、民事訴訟法第149条の規定は、裁判所が一定の場合に釈明義務を負うことの根拠となる（そのことは、ひいては不意打ち防止等、当事者の手続保障に資する）ものとされているから、同様の趣旨で家事事件の手続にも、釈明権の規定を導入すべきであるとの意見もありました。しかしながら、一定の場合に裁判所に釈明義務が生じ得ることは、釈明権の規定がなくとも導けるものと考え、釈明権の規定の導入をすることはしませんでした[注]。

（注）民事訴訟法第149条の規定は、弁論主義の補完という趣旨を超え、法的観点指摘義務の根拠になり得るなどの指摘があります。家事事件の手続においても事案によってそのような義務が生じ得るといった議論の発展があり得ることを否定するものではありません。条文上、釈明権を明示する規定がなくとも、そのような議論の発展の妨げにはならないものと考えています。

Q57

家事事件の手続においては、裁判所の判断の基礎となる資料はどのように収集されることとされていますか。また、当事者は、それにどのように関与しますか。

A

1 職権探知主義

家事事件の手続においては、裁判所の判断の基礎となる資料の収集を裁判所が自ら職権でしなければならないものとする職権探知主義を採用しています（第56条第1項、第258条第1項）。

通常の民事訴訟においては、訴訟の対象となる権利義務関係は当事者の権利または利益に関するものであり、その処分は原則として当事者自身の手に委ねても差支えないのに対して、家事事件の手続においては、裁判所は、私的な権利または利益を超えた公益性（または広く第三者にも判断の効果が及ぶこと）があることを考慮し、実体的真実に合致した判断をすることができるようにするため、後見的な立場から裁量権を行使して、必要と考える事実の調査や証拠調べをすることが求められているからです。

2 当事者の関与

新法においては、裁判所の判断の基礎となる資料の収集を裁判所が職権をもって行うものとする職権探知主義を維持しつつ、当事者に裁判資料の収集の場面における主体的役割を与えるため、証拠調べについては、新たに当事者に申立権を認めることとしています（第56条第1項、第258条第1項）。そして、当事者も事実の調査および証拠調べに協力するものとしています（第56条第2項）[注1]。また、裁判所が職権でする場合にも、当事者の申立てによる場合にも、証拠調べの方法によるときは、民事訴訟法に準じて行うことになりますから（第64条第1項、第258条第1項）、当事者に立会権が認められます[注2]。

また、当事者は、裁判所に書面を提出したり、審問を求めるなど、裁判所の事実の調査の職権発動を促すことができます[注3]。

さらに、裁判所が事実の調査をした場合、その結果が当事者による家事審判の手続の追行に重要な変更を生じ得るものと認めるときは、事実の調査を

した旨を当事者および利害関係参加人に通知しなければならず（第63条）、さらに別表第2に掲げる事項についての審判事件の手続において事実の調査をしたときは、特に必要がないと認める場合を除き、その旨を当事者および利害関係人に通知しなければならないこととしており（第70条）、これにより当事者等は、記録の閲覧等を行い裁判所が収集した判断の基礎となる資料を確認するとともに、必要かつ適切な主張・反論をする機会が保障されることとなります(注4)。

（注1） 職権探知主義が妥当する家事事件の手続においても、職権による裁判資料の収集にも限界があり、実際には当事者の協力を待たなければ真実の解明が困難となる場合や、当事者による資料の収集および提出を期待する方が合理的な場合が多く存します。そこで、必要な裁判資料に基づく適切かつ迅速な審理判断を実現するため、新法において裁判所の職権探知主義に基づく責任と対をなすものとして、当事者にも事実の調査および証拠調べに協力するものとするという規定を置くこととしました（第56第2項、第258条第1項）。この規定は、当事者に積極的な資料提出義務を課したり、資料を提出しない自由を否定したりするものではありません。しかしながら、証拠調べの申立て、事実の調査の通知、記録の閲覧謄写の規定が整備され、特に別表第2に掲げる事項についての審判事件については、陳述の聴取が必要的であり、審問の申出や立会いが認められ、審理を終結する日が定められるなど（第68条から第71条まで）、当事者が、裁判の基礎となる資料の提出・収集に自ら関与する機会が相当程度保障されることになった新法下において、当事者がこのような権能の行使を通じて自ら容易に提出することができる自己に有利な裁判資料があるにもかかわらず、それを提出せず、事件の性質上、裁判資料の収集ができないことによる不利益を当該当事者に負わせても不当とはいえないような場合においては、いわば自己責任を問うものとして、職権により資料収集をする責務から裁判所が解放される根拠とはなり得ると解されます。

（注2） かつては、家事事件を含む非訟事件の手続においては、証拠調べの方法によるときも、職権探知の方法として民事訴訟法の方式を利用する意味にすぎないことを理由に、当事者に立会権はないという考え方が有力でした（鈴木忠一「非訟事件に於ける正当な手続の保障」『非訟・家事事件の研究』315頁以下（有斐閣、1971年））。しかし、新法においては、そのような考え方は採用していません。もっとも、家事事件の手続における証拠調べは、職権探知の一方法であることはそのとおりであって、そのために民事訴訟法における証拠調べは一定の変容を受けることになります（Q58参照）。

（注3） 一定の家事審判事件においては、当事者から審問により事情を聴取することが義務付けられているものがあります。その例として、別表第2に掲げる事項についての審判事件において当事者の申出がある場合（第68条第2項）の当事者、養子となるべき者

の父母の同意がないにもかかわらず特別養子縁組の成立の審判をする場合の当該父母（第164条第3項柱書後段）、親権喪失、親権停止または管理権喪失の審判をする場合の子の親権者（第169条第1項）、推定相続人の廃除の審判をする場合の推定相続人（第188条第3項後段）があります。

（注4）　裁判所が職権で調査した結果については、当事者の意見を聴かなければならないこととすべきものとすることも考えられます。人事訴訟法第20条、行政事件訴訟法第24条に例がありますが、これらは事実の主張および証拠収集を当事者が主体となって行うことを前提としながら、公益性を考慮して、例外的・補充的に当事者が主張しない事実を認定したり、職権で証拠調べをした結果を用いる場合には、当事者の意見を聴取するものとして、当事者に反論の機会を与えつつ不意打ちを防止する趣旨であると考えられます（小野瀬厚他編『一問一答　新しい人事訴訟制度』88頁（商事法務、2004年））。

　これに対して、家事事件の手続においては、裁判所は、職権で事実の調査および必要と認める証拠調べをしなければならないこととされており（第56条第1項、第258条第1項）、職権探知により裁判資料が収集される手続であり、また簡易迅速な処理の要請も高いことを考えれば、基本的には記録の閲覧謄写等のきっかけを与えた上で（第63条参照）、当事者の自主的な手続追行を待てば足り、裁判所が常に積極的に当事者から意見を聴取することを義務付けるまでの必要はなく、意見の聴取をするかどうかは、裁判所の適正な裁量に委ねるのが相当であると考えたものです。

Q58 家事事件の手続における証拠調べの手続の規律は、どのようなものですか。

A 職権探知主義を基本的な性質として有する家事事件の手続においては、証拠調べの方法は民事訴訟法のそれとは異なるものと構成することも考えられました。しかし、裁判所の判断の基礎となる資料の収集を証拠調べという方法で行う場合には、証拠調べの申立権を認めることを始め、基本的には民事訴訟法に定める方法によるものとし、民事訴訟手続における叡智と経験を家事事件の手続における証拠調べに生かす手法を採用しました。

それでも、家事事件の手続における証拠調べの手続については、公益性・後見性を実現するための職権探知主義、密行性等の家事事件の手続の特質（**Q26**参照）から、民事訴訟とは異なる次のような特徴を有しています。第64条第1項において準用しないこととした民事訴訟法の規定および準用しないこととした理由についても併せて説明します。

① 証拠調べの手続は、非公開で行われます（第33条）。
② 裁判所は、職権で証拠調べをすることができます（第56条第1項、第258条第1項）。
③ 家事事件の手続においては、基本的には当事者の証明責任や自白といった概念はないため、証明することを要しない事実についての民事訴訟法第179条の規定は準用されません。
④ 家事事件の手続においては、争点および証拠の整理手続に関する規律はなく、裁判所は必要に応じて適宜証拠調べをすることができるものとした方が適切であると考えられるので、集中証拠調べについての民事訴訟法第182条の規定は準用されません。
⑤ 裁判所が職権により事実の調査をすることができる家事事件の手続においては、特に明文の規律を置く必要がないことから、参考人等の審尋に関する民事訴訟法第187条の規定は準用されません。
⑥ 家事事件の手続においては、当事者本人の尋問が最良の証拠方法である場合も多く、当事者本人尋問の補充性は認められません。したがって、

証人尋問を当事者本人尋問に先行させることを原則とするのは相当ではありません。そのため、証人尋問を先行させるものとする民事訴訟法第207条第2項の規定は準用されません。

⑦　民事訴訟においては、当事者本人を尋問する場合に当事者が正当な理由なく出頭しないときは、相手方の主張を真実と認めることができる等、いわゆる真実擬制に関する規定が置かれていますが、家事事件の手続においては、公益性を考慮し、裁判所が後見的立場から実体的真実に基づいた裁判をすべき要請が強いので、このような真実擬制による制裁は相当ではありません。そのため、真実擬制について定める民事訴訟法第208条、第224条（第229条第2項および第232条第1項において準用する場合を含む）および第229条第4項の規定は、準用されないこととしています。しかし、それに代わる措置がなければ、当事者は出頭命令や文書提出命令を受けながら正当な理由なくそれに従わず、宣誓陳述を命じられながら正当な理由なくそれを拒んでも、何らの制裁を受けないこととなり、第三者が従わない場合には過料の制裁を受けることと比較してバランスを失するばかりか、信義に従い誠実に手続を追行しなければならないことを定めた新法第2条の趣旨や第56条第2項の事実の調査および証拠調べへの協力の規定に反する結果にもなります。また、裁判所が必要な裁判資料を収集することが困難になり、実体的真実に基づく適切な審理判断をすることができなくなることも危惧されます。そこで、その代替措置として、当事者が正当な理由なく出頭しないとき等について、過料の制裁を科すことができることとしています（第64条第3項、第4項および第6項、第258条第1項）。

Q59 別表第2に掲げる事項についての家事審判の手続の特徴はどのようなものですか。

A 　別表第2に掲げる事項についての審判事件、すなわち家事調停をすることができる事項についての審判事件は、基本的に当事者が自らの意思で処分することのできる権利または利益に関する事件であり、公益性がさほど高くない事件であることから、調停をすることができない公益性の高い事件に比して、職権探知主義の下でも、裁判の基礎となる資料の収集等について当事者のより主体的な手続追行に委ねるのが合理的であるということができます。また、このような事件では、一般に申立人と相手方の間に利害対立があるのが通常であり、そのため、当事者それぞれが自らの主張を述べ、その主張を裏付ける裁判資料を提出する機会を保障することが重要です。

　そこで、このような観点から、別表第2に掲げる事項についての家事審判の手続においては、次のような規律を設けています。

1　合意管轄

　家事調停をすることができる事項についての審判事件は、審判の対象となる事項が一定の範囲で当事者の処分に委ねられているものであること、当事者が合意した地で審判をすることは事案の解決の上でも有益であることが多いこと等を考慮し、当事者が合意により管轄を定めることができるものとしています（第66条）。

2　申立書の写しの送付

　家事調停をすることができる事項についての家事審判の手続においては、相手方に申立ての内容を了知させた上で手続を進めることが、相手方の適切な手続追行の実現と早期の紛争の解決という観点から必要であると考えられますので、家庭裁判所は、申立てが不適法であるときまたは申立てに理由がないことが明らかなときを除き、原則として、相手方に申立書の写しを送付するものとしています。もっとも、申立書の記載内容いかんによっては、申

立書の写しの送付がかえって当事者間に無用の混乱を招いたり、紛争を激化させるなど、手続の円滑な進行を阻害することも考えられます。そこで、そのような場合には、申立書の写しの送付に代えて、適宜の方法により家事審判の申立てがあったことを通知することができるものとしています（第67条）。

3 陳述の聴取と審問

　家事調停をすることができる事項についての家事審判は、当事者間に利害対立があることが多いので、家事審判の手続において、当事者双方に攻撃防御の機会を十分に保障する必要があります。そこで、家庭裁判所は、申立てが不適法であるときまたは申立てに理由がないことが明らかなときを除き、当事者の陳述を聴かなければならないものとしています（第68条第1項）。

　なお、当事者からの陳述の聴取の方法としては、審問の方法によるよりも書面照会や家庭裁判所調査官による陳述の聴取が適切な事案もあることから、審問の期日を必ず開くことを法律上義務付けるものとはしていません（審問と陳述の聴取の意味については、Q10の10参照）。もっとも、裁判官に直接陳述をすることを望む当事者のために、当事者に審問の申出権を認め、家庭裁判所は、当事者の申出があるときは、審問の期日を開くものとしています（第68条第2項）。

　当事者の陳述を審問の期日において聴取する場合には、他の当事者は、原則として期日に立ち会うことができるものとしています（第69条）。これは、審問の結果を記録化したものを閲覧謄写するだけでは手続保障として不十分であり、陳述する当事者の様子を把握することができる状況において審問することが重要であることを考慮したものです。この趣旨からすれば、裁判所が審問以外の方法により、当事者から直接口頭で事情を聴取し、それを心証の形成に用いることは、立会権を認めた趣旨を没却することになるので許容されません。

4 事実の調査の通知

　家事調停をすることができる事項についての家事審判の手続においては、当事者が事実の調査の結果について記録の閲覧謄写等をする機会を保障し、

もって当該結果に適切な対応をとることができるように、家庭裁判所は、事実の調査をしたときは、特に必要がないと認める場合を除き、その旨を当事者に通知しなければならないものとしています（第70条）。なお、通知をする時期については、事実の調査をする度に直ちにすることまでは要せず、ある程度まとめて通知することも、当事者の適時の反論の機会を奪わない限度で許容されると考えられます。

5　審理の終結

　家事調停をすることができる事項についての家事審判の手続においては、当事者に裁判資料の提出期限および審判の基礎となる裁判資料の範囲を明らかにし、十分に攻撃防御を尽くさせることができるように、裁判長は、申立てが不適法であるときまたは申立てに理由がないことが明らかなときを除き、原則として、相当の猶予期間を置いて審理を終結する日を定めなければならないものとしています。もっとも、当事者が立ち会うことのできる期日において終結する場合には、当事者はその場で意見を述べることができますので、相当の猶予期間を置く必要はないものとしています（第71条）。なお、上記の趣旨からすれば、審判は、審理の終結の日までの間に提出または収集された資料のみに基づいてしなければならないことになります。したがって、その後に提出された資料を審判の基礎とするためには、手続を再開する必要があります。また、その結果として、審理の終結の日が、審判の基準時ということになります。

　なお、家庭裁判所は、家事審判の手続の指揮に関する裁判として、終結した審理の再開を命じ、改めて審理の終結の日を定めることができることを前提としています。

6　審判日

　家事調停をすることができる事項についての審判事件では、当事者対立的な構造をとることから、家庭裁判所が審判をする日は、当事者にとって重大な関心事です。そこで、審判を待つ当事者のために、家庭裁判所は、審理を終結したときは、審判をする日を定めなければならないものとしています（第72条）。なお、ここでいう「審判をする日」とは、当事者等に家庭裁

所が相当と認める方法で審判の告知をすることができるようになる日を指します。

また、いったん審判をする日を定めても、事情の変更等によりこれを維持することが相当でなくなる場合（例えば、審理の再開をする必要があることが判明した場合）も考えられますが、そのような場合には、審判をする日を定めた裁判が家事審判の手続の指揮に関する裁判になりますので、当該裁判を取り消し、改めて審判をする日を定めることができます（第81条第2項）。

7　その他

以上のほか、家事調停をすることができる事項についての家事審判の手続において、紛争の相手方が当事者となっていることを反映し、法定代理権および手続代理人の代理権の消滅の通知（第20条、第25条）、参与員の関与（第40条第3項ただし書）、抗告審における原審の当事者の陳述の聴取（第89条第2項）、原裁判所による審判の更正（第90条ただし書）、第1審が管轄違いの場合の処理（第92条第1項）について特則があります。

Q60 審判と審判以外の裁判を分けて規律している理由は何ですか。

A

1 規律を異にする趣旨

審判は、家庭裁判所が本案についてする終局的判断の裁判であり、民事訴訟でいう判決に相当するものです（**Q10**参照）。これに対し、審判以外の裁判は、終局決定に至るまでの間の派生的または付随的な事項についての裁判であって、民事訴訟では決定に相当するものです。その重要性の違いに鑑み、前者は後者に比して、より慎重で手続保障面においてもより手厚い手続とするのが相当であると考えられます。そこで、裁判を審判と審判以外の裁判に分けて規律することとしました。

したがって、何が審判に当たり、何が審判以外の裁判に当たるのかが重要になります（**Q62**参照）。

2 規律の違いの内容

個別に特則がない限り、審判と審判以外の裁判とでは、規律に次のような違いがあります。

① 裁判書

審判については、原則として裁判書（審判書）を作成しなければなりません（第76条第1項）が、審判以外の裁判は必ずしも裁判書の作成を要しません（第81条第1項による第76条第1項の準用除外）。もっとも、更正決定と中間決定については、審判以外の裁判ですが、本案についての裁判であることを考慮し、裁判書を作成しなければならないこととしています（第77条第2項、第80条第2項）（**Q61**参照）。

② 判事補の権限

審判は判事補が単独ですることはできませんが、審判以外の裁判は判事補が単独ですることができます（第81条第3項）[注1]。

③ 取消しまたは変更をする場合の必要的陳述聴取

審判については、第78条の取消しまたは変更をする場合には、その審判における当事者およびその他の審判を受ける者の陳述を聴かなければなりま

せんが（第78条第3項）、審判以外の裁判については、このような規律はありません（第81条第1項による第78条第3項の準用除外）。

④　効力発生時期

審判については、原則として、審判を受ける者に告知することによってその効力を生ずるものとしつつ、当該審判に対し即時抗告をすることができる場合には当該審判は確定しなければ効力を生じないこととしていますが（第74条第2項）、審判以外の裁判については、即時抗告をすることができる場合であっても、審判を受ける者に告知することによってその効力が生じます（第81条による第74条第2項ただし書の準用除外(注2)）。

⑤　即時抗告期間

審判については2週間（第86条第1項）ですが、審判以外の裁判については1週間（第101条第1項）です。

⑥　即時抗告審等の審理

抗告審（特別抗告審、許可抗告審についても同様です）の手続に関しては、基本的には審判についての抗告審の手続を審判以外の裁判についての抗告審の手続に準用しています（第102条）。もっとも、審判の場合には、当事者等の手続保障の観点から、原則として抗告人を除く原審における当事者および利害関係参加人に対して抗告状の写しを送付することとし（第88条第1項）、また、一定の場合には、抗告人を除く原審における当事者およびその他の裁判を受ける者の陳述を聴かなければならないこととしています（第89条）が、審判以外の裁判は、一般的には審判の手続における派生的または付随的な事項について判断を示すものであり、審判と比べてより一層簡易迅速な処理が要請されていることからすると、常に抗告状の写しの送付や陳述の聴取を経なければならないとするのは、上記の要請に反するおそれがあるため、これらの各規定は、審判以外の裁判に対する抗告審の手続に関しては準用しないこととしています（第102条）(注3)。

（注1）　このような例としては、家事審判事件が審判または調停によらずに終了した場合における手続費用の負担の裁判（第31条第1項において準用する民事訴訟法第73条第1項）および手続費用額の確定処分に対する異議についての裁判（第31条第1項において準用する民事訴訟法第71条第6項）があります。なお、判事補は、単独で家事事件が

係属する裁判所を構成することができないため、移送についての裁判や参加の許否の裁判など、家事事件が係属する裁判所がする裁判については審判以外の裁判であっても単独ですることはできません。

　(注2)　なお、審判以外の裁判の告知の対象については、基本的に第81条第1項において準用する第74条第1項によることになりますが、具体的にだれに告知する必要があるかについては、特則がある場合があるほか（例えば、第194条第4項）、裁判ごとに考える必要があります。例えば、期日の指定の裁判（第34条）は、その性質上、だれに対しても告知する必要はなく（当該期日に出頭を要する者に対しては、別途呼出しの裁判（第51条第1項、第258条第1項）をすることになります）、裁判と当時に効力が生ずることになります。

　(注3)　もっとも、訴訟における例ですが、派生的な裁判（文書提出命令）についての即時抗告審であっても、相手方に攻撃防御の機会を与えることなく原決定を変更することが違法になることがあることを示した例として最二決平成23年4月13日民集65巻3号1290頁があります。この趣旨は、家事事件の審判以外の裁判に対する即時抗告審の手続においても参考にされるべきでしょう。

Q61 新法においては、裁判書についての規律はどのようになっていますか。

A 家事事件においては、裁判の種類ごとに裁判書の規律が異なっています。

審判については、審判書を作成し、そこには、①主文、②理由の要旨、③当事者および法定代理人、④裁判所を記載することとしていますが、当該審判が即時抗告をすることができない審判の場合には、家事審判の申立書または調書に主文を記載することによって、審判書の作成に代えること（いわゆる代用審判）が認められます（第76条）（注）。

もっとも、合意に相当する審判と調停に代わる審判については、即時抗告は認められなくとも、判断の内容を示す必要があるため、このような簡略形は認められず、審判書を作成することとしています（第258条第1項による第76条第1項ただし書の準用除外）。

以上の裁判書の作成およびその記載事項については、高等裁判所がする審判に代わる裁判の場合も同様です。なお、高等裁判所がする審判に代わる裁判は、その性質上、すべて即時抗告をすることができない裁判に当ります（裁判所法第7条参照）が、高等裁判所が第1審としてする審判に代わる裁判のうち、家庭裁判所の審判であるとした場合に即時抗告をすることができないものについては上記のような簡略形を認めることとしていますが、そのほかの審判に代わる裁判は、裁判書を作成することとしています（第84条第1項において読み替えて準用する第76条第1項、第93条第1項における第76条第1項ただし書の準用除外）。

審判以外の裁判については、審判の手続の派生的または付随的事項については、審判書の作成は義務付けられていませんが（第81条第1項による第76条第1項の準用除外、第258条第1項）、更正決定と中間決定については、裁判書を作成しなければならないものとしています（第77条第2項および第258条第1項、第80条第2項）。

（注）調書を主文に記載する方法による代用審判は、審判書の作成に代えて調書を作成

するという意味では、民事訴訟法第254条第2項に規定する調書判決に似ているようにも見えますが、調書判決は、期日において言渡しをすることを前提とし、言い渡した内容を調書化するものであるのに対し、上記の代用審判は言渡しを前提とせず、審判書の形式性の例外として認められているものであって、両者は根本的に異なるものです。

Q62

審判には、どのようなものがありますか。また、審判以外の裁判には、どのようなものがありますか。

A 審判と審判以外の裁判の例は次のとおりです（**Q10**末尾の表「審判と審判以外の裁判の例」参照）。

1 審判

ア 審判手続における審判（第39条）
- 別表第1および別表第2に掲げる事項についての審判
- 遺産分割の禁止の審判の取消しまたは変更の審判（第197条）
- 各種審判前の保全処分の審判（保全処分により選任した職務代行者の改任および事情変更による審判前の保全処分の取消し（第112条）を含む。第126条、第127条、第134条、第135条、第143条、第144条、第157条、第158条、第166条、第174条、第175条、第181条、第187条、第200条、第215条、第225条、第239条、第242条第3項（第158条および第174条の規定を準用する部分に限る））
- 各種管理者の改任の審判（第125条第1項（第134条第6項、第143条第6項、第158条第3項、第173条、第180条、第189条第2項、第194条第8項、第200条第3項、第201条第10項、第202条第3項および第208条において準用する場合を含む）、第146条第1項）
- 財産の管理者の選任その他の財産の管理に関する処分の取消しの審判（第125条第7項（第173条、第180条、第194条第8項、第201条第10項、第202条第3項および第208条において準用する場合を含む）、第147条、第189条第3項）
- 審判に対する即時抗告が不適法でその不備を補正することができないことが明らかであるときに原裁判所がする申立て却下の審判（第87条第3項）
- 審判に対する再審開始決定後の本案についての裁判
- 審判の取消しまたは変更の審判（第78条第1項）

イ 調停手続における審判（第244条に規定する審判。第258条第1項に規

定する「家事調停に関する審判」と同じ）
- 家事調停の申立てを不適法として却下する審判（第255条第3項）
- 合意に相当する審判（第277条）およびこれに対する異議の申立てを却下する審判（第280条第1項）
- 調停に代わる審判（第284条）およびこれに対する異議の申立てを却下する審判（第286条第3項）

ウ 履行の確保の手続における審判

義務の履行を命ずる審判（第290条）

2 審判以外の裁判

ア 家事事件の手続における派生的または付随的な事項に関するもの
- 家事事件手続（家事審判手続および家事調停手続）における管轄裁判所の指定の裁判（第6条）
- 家事事件手続における移送についての裁判（第9条、第92条第2項）
- 家事事件手続における除斥についての裁判および忌避についての裁判（第10条から第16条まで）
- 家事事件手続における特別代理人の選任についての裁判（第19条）
- 家事事件手続における弁護士でない者を手続代理人にする許可およびその取消しの裁判（第22条）
- 家事事件手続における手続行為につき行為能力の制限を受けた者のための裁判長による手続代理人の選任および手続代理人を選任することを命ずる裁判（第23条）
- 家事事件の申立てが取下げで終了した場合等の手続費用の負担を命ずる裁判（第31条において準用する民事訴訟法第73条第1項）
- 家事事件における手続費用額確定の処分に対する異議の申立てについての決定（第31条において準用する民事訴訟法第71条第6項および第73条第2項等）
- 家事事件手続における手続上の救助についての裁判（第32条第1項）
- 家事事件手続における裁判長による期日の指定の裁判（第34条）
- 家事事件手続の併合もしくは分離の決定またはこれらを取り消す裁判（第35条第1項および第2項）

- 裁判所書記官の処分に対する異議の申立てについての裁判（第37条）
- 家事事件手続における当事者の故障による手続の中止の決定およびその取消しの裁判（第36条において準用する民事訴訟法第131条）
- 家事事件手続における当事者参加をさせる決定および当事者参加の申出を却下する裁判（第41条第2項および第4項、第258条第1項）
- 家事事件手続における利害関係参加の許可についての裁判、利害関係参加をさせる裁判、利害関係参加の申出を却下する裁判（第42条、第258条第1項）
- 家事事件手続における手続からの排除の裁判（第43条、第258条第1項）
- 家事事件手続における受継決定および受継の申立てを却下する裁判（第44条、第258条第1項、第45条）
- 記録の閲覧等の許可の申立てについての裁判（第47条、第254条）
- 家事審判の申立書または家事調停の申立書等の不備の補正を命ずる裁判および申立書を却下する裁判（第49条第4項および第5項、第93条第1項、第96条第1項、第98条第1項、第255条第4項）
- 家事事件の申立ての変更を許さない旨の裁判（第50条第3項および第4項、第255条第4項）
- 家事事件事件の関係人の呼出しの裁判（第51条第1項、第258条第1項）
- 当事者等に対し家事事件の期日における陳述を禁止する裁判および弁護士の付添いを命ずる裁判（第55条において準用する民事訴訟法第155条第2項）
- 家事事件手続における証拠調べの申立てについての裁判（第56条第1項、第258条第1項）
- 家事事件手続における家庭裁判所調査官に調査を命ずる裁判（第58条第1項および第2項、第258条第1項、第289条第3項）
- 家事事件の手続の期日に家庭裁判所調査官を立ち会わせる裁判（第59条第1項、第258条第1項）
- 家事事件手続における事実の調査の嘱託の裁判（第61条第1項およ

び第2項、第258条第1項、第289条第2項）
- 証拠調べに関する過料の裁判（第64条第3項、第4項ならびに第6項において準用する民事訴訟法第192条および第209条第1項、第258条第1項）
- 審理の終結の裁判（第71条）
- 執行停止の裁判（第95条第1項ただし書、第101条第2項、第104条）
- 遺産の換価を命ずる審判（第194条第1項）
- 調停前の処分（第266条）
- 調停に付する裁判（第274条第1項）
- 再審の申立てに対する開始決定または却下の裁判（第103条第3項において準用する民事訴訟法第345条第1項および第346条第1項）
- 義務履行の命に従わないことを理由とする過料の裁判（第290条第5項）

イ　本案に関する判断ではあるものの、本案についての終局的判断を示すものではないもの
- 計算違い等による審判の更正決定および調停調書の更正決定（第77条、第269条）
- 中間決定（第80条）

Q63 審判はだれに告知されるのですか。

A 審判は、特別の定めがある場合を除き、当事者、利害関係参加人およびこれらの者以外の審判を受ける者に告知されます（第74条第1項、第258条第1項）。旧法の下では、審判を受ける者に対する告知についてのみ定めていましたが（旧法第13条）、手続の主体として関与した者に対しては、審判の告知をするのが相当であると考えられますので、審判を受ける者に加えて、当事者（第41条第1項または第2項の規定により当事者として参加をした者を含む）および第42条第1項から第3項までの規定により利害関係人として参加した者にも告知することとしています（いずれも第258条第1項において準用する場合を含む）。

特別の定めの例としては、第2編第2章において「審判の告知等」などとして、規定している部分があります。例えば、後見開始の審判については、成年後見人に選任された者は申立人、審判を受ける者、利害関係参加人に該当しないものの、成年後見人に選任された者に告知することとし（第122条第2項参照）、同様に遺言執行者の解任の審判は相続人に告知することとしています（第213条第1号）。

Q64 審判または審判以外の裁判は、いつ確定しますか。また、確定時期は、どのような場合に問題になりますか。

A

1 裁判の確定の意義

審判または審判以外の裁判の確定とは、これらの審判または裁判について通常の不服申立ての手段が尽きた状態をいいます。したがって、審判または審判以外の裁判の確定は、即時抗告期間内に提起された即時抗告により遮断されます（第74条第5項、第81条第1項、第258条第1項）が、職権による審判または審判以外の裁判の取消しまたは変更（第78条第1項、第81条第1項、第258条第1項）の余地があっても確定は遮断されないことを前提にしています。また、特別抗告の提起（第94条第1項、第102条、第288条）または抗告許可の申立て（第97条第2項、第102条、第288条）があっても確定は妨げられません(注)。

(注) 許可抗告は、平成8年成立の民事訴訟法（平成8年法律第109号）において新たに設けられたものですが、抗告許可の申立てが確定遮断効を持たない特別上訴に当たるか否かについては、その解釈上必ずしも明らかではありません。しかし、裁判実務においては、一般に抗告許可の申立てには確定遮断効がないものとして取り扱われていますので（裁判所書記官研修所監修『民事上訴審の手続と書記官事務の研究』305頁（司法協会、2000年）の（注5）、『最高裁判所判例解説民事篇平成11年度（上）』248頁（法曹会、2002年）の（注16）〔髙部眞規子〕等）、このような実務での取扱いを前提に、新法においても許可抗告を非常の不服申立て制度であると位置付けています。

2 確定時期が問題になる場合

新法において、確定時期が問題になる場合としては、次のような例があります。

① 裁判官または家事調停官につき除斥または忌避の申立てがあったときは、原則として、当該申立てについての裁判が確定するまで当該申立てがあった家事事件の手続を停止しなければなりません（第12条第4項、第15条第1項）。

② 裁判所書記官または参与員につき除斥または忌避の申立てがあったと

きは、原則として当該裁判所書記官または当該参与員は、当該申立てについての裁判が確定するまで当該申立てがあった家事事件に関与することができません（第13条第2項、第14条第2項）。

③　審判または審判以外の裁判の取消しまたは変更は、原則として、当該審判または審判以外の裁判が確定した日から5年を経過したときは、することができなくなります（第78条第2項、第81条第1項、第258条第1項）。

④　別表第2に掲げる事項についての家事審判の申立ては、審判が確定するまで、その全部または一部を取り下げることができます（ただし、審判がされた後は相手方の同意が必要。第82条第2項）。なお、審判以外の裁判の申立てについても、明文の規定はありませんが、裁判確定までは取り下げることができるものと解されます（**Q84**参照）。

⑤　審判その他の事件を完結する裁判に対する再審の申立ては、当該審判または裁判の確定後にすることができます（第103条第1項、第288条）。

Q65　新法における審判または審判以外の裁判の取消しまたは変更の制度は、どのようなものですか。

A

1　制度の趣旨

　審判は、民事訴訟の判決と異なり、対立する両当事者間の権利義務関係の存否の確定を目的とするものでなく、その多くは裁判所が公益的性質を有する事項につき合目的的または後見的な立場から事案に応じて裁量権を行使し、あるべき法律関係を形成するものです。したがって、審判が当初から不当であった場合または事後的な事情の変更により不当になった場合には、これをそのまま存続させるのは相当でなく、裁判所が職権によりこれを取り消し、または変更することができることとするのが相当です。このような事情に鑑み、新法においては、旧法第7条において準用する旧非訟法第19条の規律を原則として維持し、審判の取消しまたは変更の制度を設けています（第78条）。また、この規律は、審判以外の裁判についても準用されています（第81条第1項）(注)。

　（注）　手続指揮に関する裁判（例えば、期日の指定の裁判（第34条）や審理の終結の裁判（第71条））は、審判以外の裁判ですが、いつでも取り消すことができることとしています（第81条第2項）。これは、以下に説明する審判以外の裁判の取消しまたは変更の規律の特則に当たります。

2　取消しまたは変更が認められない審判または審判以外の裁判

　審判または審判以外の裁判の中には、その取消しまたは変更が認められないものがあります。それは、①申立てによってのみ裁判をすべき場合において、申立てを却下する審判と②即時抗告をすることができる審判です。その理由は、次のとおりです。

　①については、職権により変更することができることとすると、申立てなくして裁判をすることができることになり、申立てによってのみ裁判をすべきであるとして職権による裁判を否定した趣旨が失われるためです。

　②については、このような審判は、即時抗告によって是正を図ることがで

きることとしているのですが、にもかかわらず、職権で取消しまたは変更をすることができることとした場合には、不服申立ての方法を即時抗告に限定して法律関係の早期安定を図った趣旨が失われるためです。

なお、上記①、②とは別の観点から、または、上記①、②に該当してもなお、取消しまたは変更を認める余地もあることを示唆するものとして、最一決平成16年12月16日集民215号965頁があります。同決定は、旧非訟法第19条第1項による取消しまたは変更の対象とならない裁判について、裁判当時存在し、これが裁判所に認識されていたならば当該裁判がされなかったであろうと認められる事情の存在が裁判の確定後に判明し、かつ、当該裁判が不当であってこれを維持することが著しく正義に反することが明らかな場合には、職権により当該裁判を取り消し、または変更することができる旨判断していますが、このような特殊な事案については、解釈によって個別に救済するのが相当と解されますので、上記の最高裁決定の内容を踏まえた一般的な規律を置くなどの特段の手当をしていません。

また、家事審判の中には、即時抗告をすることができる審判であっても、その性質上事情が変われば審判により形成される内容も変わるべきことが想定される事件もありますが、家事審判事件の多様性を踏まえ、即時抗告をすることができる審判につき事後的な事情変更を理由とする取消しまたは変更を認める規律を総則に置くことはせず、必要に応じて実体法上の根拠に基づく新たな申立てであると整理し個別に明文の規定により対応することとしています(注)。

（注）　事情変更による取消しまたは変更を認める規定を置いている事項の例としては、後見開始の審判の取消し（別表第1の2の項）、失踪の宣告の取消し（別表第1の57の項）、親権喪失、親権停止または管理権喪失の審判の取消し（別表第1の68の項）、扶養の順位の決定の変更または取消し（別表第2の9の項）、扶養の程度または方法についての決定の変更または取消し（別表第2の10の項）などがあります。これらは、原審判の取消しまたは変更を目的とするものですが、第78条に基づく取消しまたは変更ではなく、実体法上の根拠に基づくもので、新たな申立てによる別の事件であると整理しています。

3　期間制限

家事事件の手続が公益性または後見性を有するとしても、期間の制限なく

いつまでも家事審判または審判以外の裁判の取消しまたは変更をすることができることとするのは、法的安定の要請に照らして相当でない場合もあると考えられることに加え、再審の手続においても期間制限が設けられていること（第103条第3項による民事訴訟法第342条の準用）とのバランスを考慮すれば、審判または審判以外の裁判の取消しまたは変更の制度においても期間制限を設けるのが相当であると考えられます。そこで、再審の期間制限に倣い、審判が確定した日から5年を経過したときは、審判または審判以外の裁判の取消しまたは変更をすることができないこととしています（第78条第2項本文、第81条第1項）。

　もっとも、審判または審判以外の裁判の取消しまたは変更は、事後的な事情の変更により裁判が不当になった場合にも認められますが、このような場合には期間制限になじまないものと考えられますので、裁判後の事情の変更により審判または審判以外の裁判が不当であると認めるに至ったときについては、期間制限を設けないこととしています（第78条第2項ただし書）。

4　陳述の聴取

　審判の取消しまたは変更は、その審判における当事者や審判を受ける者の利益や法的地位に少なからぬ影響を与えるものと解されることから、審判の取消しまたは変更をするに当たってはこれらの者の手続保障を図る必要があると考えられます。そこで、審判の取消しまたは変更をする場合には、これらの者の陳述を聴かなければならないこととしています（第78条第3項）。なお、審判以外の裁判については、このような手続保障の規定は設けられていません（第81条第1項による第78条第3項の準用除外）。

Q66　中間決定の制度の趣旨は何ですか。

A　中間決定は、審判をする前提として当事者間で争点となった事項につきあらかじめ裁判所が判断を示すことが紛争の解決を図るために相当である場合にすることを想定しています。①審判の前提となる法律関係の争い、②その他中間の争いについて、裁判をするのに熟したときにすることができますが（第80条）、①の例としては、遺産の分割の審判事件において遺産の範囲について争いがある場合、②の例としては、国際的な裁判管轄などの申立ての適法要件について争いがある場合があります。

　なお、中間決定は、本案についての裁判ですが、終局的判断をする裁判ではないので、その性質は、「審判以外の裁判」（第81条）です（**Q62**参照）。そうすると、これに対する即時抗告は特別の定めがある場合に限りすることができることになりますが（第99条）、一般に、中間決定そのものについて独自に即時抗告を認める必要はないと考えられますので、新法においては特別の定めを置いていません。また、審判以外の裁判については裁判書の作成が必ずしも義務付けられていません（第81条第1項における第76条第1項の準用除外）が、中間決定は、主として当事者間で争点となった事項について判断するものであり、また、その判断に従って審判がされるのが通常であることからすると、その判断に至った理由が明確に示されていることが必要であると解されることから、審判以外の裁判の特則として、中間決定は裁判書を作成してしなければならないこととしています（第80条第2項）。

Q67 家事審判事件の終了事由には、どのようなものがありますか。

A 家事審判事件の終了原因としては、①審判（審判に代わる裁判）の確定（**Q64**参照）、②当然終了（例えば、子の氏の変更の審判事件において子が死亡した場合、後見開始の審判事件において成年被後見人となるべき者が死亡した場合、失踪宣告の審判事件において申立人が死亡し、他の申立権者による受継がされない場合、婚姻費用分担の審判事件において当事者が死亡した場合等）、③家事審判事件を調停に付した後の調停の成立、④家事審判の申立ての取下げがあります。

④については、**Q68**において説明します。なお、家事調停事件の終了事由については、**Q114**参照。

Q68 家事事件の申立ての取下げの規律はどのようなものですか。

A 家事事件は、一般的には、公益性があり、裁判所が後見的見地から合目的的な裁量を行使して、あるべき法律関係を形成するという面がありますが、事件の開始という場面においては、職権開始事件は少なく、基本的には申立てによって開始します。申立ての取下げは、申立てがなかった状態にするものですから（第82条第5項において準用する民事訴訟法第262条第1項）、申立てが当事者の意思に委ねられているのであれば、申立ての取下げについても同様に当事者の意思に委ねられるべきであると考えられます。したがって、申立ての取下げは、申立人の意思により自由にすることができることを原則とするのが相当であると考えられ、新法もそのような考え方に基づいています。もっとも、他に考慮すべき事情があって、取下げを制限すべき場合もあるので、次のような例外を設けています。

1 家事審判の申立ての取下げの例外

(1) 家事審判の申立ては、審判があった後は、取り下げることができないこととしています（第82条第1項）。

それは、家事審判の手続においては、その結果が申立人や相手方のみならず、審判を受ける者さらにはそれ以外の者にも効力を有しますので、審判があった後に、その結果を見てから取り下げることにより、それまでの手続を無駄にすることは公益的見地から相当ではないことを考慮したものです。

(2) (1)に対しては、さらに例外があります。

ア 別表第2に掲げる事項についての家事審判の申立て[注1]については、審判が確定するまでは取り下げることができることとしています（審判後は、相手方の同意が必要になります。なお、相手方の同意が必要になる時点の例外につき、後記ウ参照）（第82条第2項）。これは、別表第2に掲げる事項についての家事審判事件が、主として当事者の処分することのできる権利または利益についての審判であり、公益性が高くないため、基本的に当事者の意思に委ねるのが相当であると考えられることによります。

イ 後見開始等の申立て（第121条、第133条、第142条、第180条、第221条）については、審判がされる前であっても、家庭裁判所の許可を得なければ、取り下げることができないこととしています。成年被後見人となるべき者等の利益を考えると後見開始をすべきであるにもかかわらず、申立人の一存で後見開始の審判の申立ての取下げにより、後見開始の審判事件が終了してしまうことが相当ではない場合があること等を想定したものです。

ウ 財産の分与に関する処分の申立ておよび遺産の分割の申立て（第153条、第199条）については、相手方が本案について書面を出し、または家事審判の手続の期日において陳述をした後にあっては、相手方の同意を得なければ、申立ての取下げについてその効力を生じないものとしています。

　これらの事件においては、いったん実質的に手続が開始された後は、相手方にも審判を得る利益があると考えられることを考慮したものです。なお、これらの事件は、別表第2に掲げる事項についての審判事件ですから、(1)の例外であると同時に(2)アの例外でもあります（注2）。

エ 遺言の確認の申立ておよび遺言書の検認の申立て（第212条）については、審判がされる前であっても、家庭裁判所の許可を得なければ、取り下げることができないこととしています。これは、危急時遺言は、家庭裁判所の確認によらなければ効力を生じないにもかかわらず、申立人の一存で遺言書が効力を発しないことになるのは相当ではないこと、遺言書の検認は、法律上申立てが義務付けられていることを考慮したものです。

オ 審判前の保全処分の申立て（第106条第4項。**Q83**参照）については、あくまで本案の審判がされるまでの暫定的な処分である以上、その後の事情変更により保全の必要性が失われるに至った場合には速やかに原状に戻すのが相当であると考えられますので、審判前の保全処分の申立ては、審判がされた後であってもこれを取り下げることができることとして、第82条第1項の特則を設けています。

（注1）　家事調停の申立てによって開始した事件が、調停不成立によって家事審判の手

続に移行した後に、申立てを取り下げて事件を終了するための規律は、家事審判の申立ての取下げであり、ここに含まれます。したがって、円満な解決を志向して家事調停の申立てをしたものの、審判までは求めないという場合においては、家事審判の手続に移行した後は、家事審判の申立ての取下げにより対応することになります（Q115参照）。なお、家事審判の申立てによって開始された事件が家事調停の手続に付された後については、家事審判事件は残っていますから、この場合に取下げで事件を終了させるためには、家事審判の申立てを取り下げることになります。

（注2）　家事調停の手続から移行した場合にこれらの申立ての取下げに制限がかかる時期については、解釈に委ねられます。①移行後、事実の調査により調停段階で収集された資料を審判の資料とした時とする考え方と、②審判移行後に相手方が本案について書面を提出し、または家事審判の手続の期日において陳述した時とする考え方があり得るように思われます。

2　家事調停の申立ての取下げの例外

　家事調停の申立ては、原則として家事調停事件が終了するまで^(注)、その全部または一部を取り下げることができます（第273条第1項）。

　当事者間の自主的な話合いによる紛争の円満な解決という家事調停の本質に鑑みれば、手続を続行するか否かについても、当初に申立てをした申立人の意思を尊重すべきであり、調停による解決を求める意思を喪失した申立人について、申立ての取下げを制限することにより手続の続行を強要する意味はないからです。この原則の例外として、合意に相当する審判がされた後の家事調停の申立ての取下げと調停に代わる審判がされた後の家事調停の申立ての取下げがあります。

　合意に相当する審判については、合意に相当する審判がされた後は、家事調停の申立てを取り下げるには、相手方の同意を得なければならないこととしています（第278条）。裁判所が審判の形式で判断を示したものを一方の意思だけで無に帰せしめるのは、手続経済に反するばかりか、審判を受けることについての相手方の合理的期待に反することになるからです（Q117の4参照）。

　また、調停に代わる審判については、調停に代わる審判がされた後は、家事調停の申立ての取下げを一切認めないこととしています（第285条第1項）。これは、審判の形式で裁判所の判断が示された場合には、申立人がそれを受け入れたくなければ異議の申立てにより失効させる方法によるべきであり

(第286条第1項および第5項)、それまでの手続を無に帰せしめることになる家事調停の申立ての取下げを認めることは調停が不成立となった後に調停に代わる審判がされなければ調停不成立時に家事調停事件が終了し、もはや家事調停の申立てを取り下げることができなくなっていたこととの均衡を失し、相当でないと考えられるからです。

(注) 家事調停事件の終了時については、Q114参照。

3 取下げの擬制

以上のほか、家事審判の申立てをしておきながら、手続の追行に不熱心な申立人への対策として、申立ての取下げの擬制の制度を導入しています(第83条)。なお、申立ての取下げの擬制の要件に該当する場合であっても、取下げの擬制をすることが公益性の観点から相当ではないと考えられる場合も生じ得ることを考慮し、「申立ての取下げがあったものとみなすことができる。」ものとしています(注)。

(注) 家事調停の申立てについては、取下げの擬制の規律を設けていません。調停においても、申立人が不熱心で話合いが進まないということがあり得ますが、そのような場合には、調停をしないこととするか(第271条)、調停を不成立とすること(第272条)によって対応することになります。

Q69 家事事件の手続における不服申立ての制度の特徴は、どのようなものですか。

A 旧法や民事訴訟法における決定に対する不服申立ての規律と比べて、家事事件の手続における不服申立ての規律には、次のような点に特徴があります。

1 不服申立ての方法

旧法の下でも、不服申立ての方法は、申立期間に制限がある即時抗告の方法に限られるとする考え方が一般的で、その点は、民事訴訟法において通常抗告があることと異なっていました。

新法においても家事事件においては法律関係の早期安定および簡易迅速な紛争解決の要請が強いことを考慮すると、期間制限のない通常抗告を認めることは相当でないと考えられますので、通常の不服申立ての方法として即時抗告のみを認め、かつ、特別の定めがある場合に限りすることができるものとしています。なお、即時抗告をすることができる審判および審判以外の裁判(注)ならびに即時抗告をすることができる者についての規定は、旧法の下では、旧家審規に規定されていましたが、新法においては法律事項として位置付けています。

(注) 審判および審判以外の裁判の例については、Q10末尾の表「審判と審判以外の裁判の例」を参照。

2 即時抗告に伴う執行停止の効力の有無

民事訴訟法においては、即時抗告には執行停止の効力が認められます（民事訴訟法第334条第1項）。新法においては、まず、審判に対する即時抗告の場合には、即時抗告をすることができる審判は確定するまで効力を生じないので、執行停止は問題になりません（第74条第2項ただし書）。これに対し、審判以外の裁判に対する即時抗告の場合については、執行停止を認める余地がありますが、簡易迅速な処理の要請から、一般的には即時抗告に執行停止

の効力を認めていません。この点は、旧法の下における規律と同様です（旧法第7条が準用する旧非訟法第21条）。もっとも、即時抗告に執行停止の効力を認めるべきものについては、個別の規定により手当てをすることとするほか(注)、そのような規定がなくとも個別の事案によって執行停止を認めるのが相当であるべき場合があることを考慮し、原裁判所または抗告裁判所が執行停止その他必要な処分を命じることができるようにしています（第101条第2項）。

　　（注）　新法において、即時抗告に執行停止の効力を認めているものとして移送の裁判に対する即時抗告（第9条第4項）、手続費用額の確定処分に対する異議申立てについての裁判に対する即時抗告（第31条第2項）、文書提出命令に対する即時抗告（第64条第2項）等があります。

3　即時抗告期間

民事訴訟法における即時抗告期間は1週間であるのに対し（民事訴訟法第332条）、旧法の下では、家事審判に対する即時抗告期間は2週間とされていました（旧法第14条）。これは、家事審判の裁判形式は決定と同視されていますが、その対象は家族法に関する実体関係上の重要な事項が多く、実質的には判決事項にも比肩するものがあることなどに配慮し、民事訴訟における決定に対する不服申立てよりは、不服申立てをするか否かを慎重に検討することができるように配慮したものと考えられます(注)。しかし、旧法の下では、審判以外の裁判、例えば、移送の裁判等の手続的な決定に対する即時抗告期間についても2週間になっていましたが、それは民事訴訟手続においてされる同種の決定よりも即時抗告期間が長期間となってしまっており、バランスを欠いていたようにも思われます。

そこで、新法においては、審判については、本案についての裁判所の終局的判断であり、民事訴訟の判決に相当するものと解されることを考慮して、判決に対する控訴期間に倣い、審判に対する即時抗告期間を2週間とする旧法の規律を維持するものとしました（第86条第1項）。これに対し、審判以外の裁判に対する即時抗告期間は、民事訴訟における決定または命令に対する即時抗告期間に倣って1週間としています（第101条第1項）。

（注）　斎藤秀夫＝菊池信男編『注解家事審判法〔改訂版〕』618頁（青林書院、1992年）〔岡垣学〕ほか。

4　即時抗告およびその抗告審における手続の明文化

旧法の下では、抗告審の手続について、旧家審規第18条において、即時抗告については、その性質に反しない限り、審判に関する規定を準用する旨規定し、同規則第19条において、即時抗告に理由があるときは、原審に差し戻すことを原則とする旨を規定していましたが、具体的に抗告審の手続の規律が必ずしも条文上明らかとはいえない状態でした。そこで、新法においては、手続の明確化を図るため、明文で、即時抗告の提起の方式と原裁判所による即時抗告の却下（第87条）、抗告状の写しの送付等（第88条）、原裁判所による更正（第90条）など即時抗告およびその抗告審に関する手続について具体的な規定を置くこととしました。なお、新法においては、抗告審における差戻し原則は採用していません（第91条第2項。**Q75**参照）。

5　抗告状の写しの送付および陳述の聴取の規律の新設

家事審判に対して即時抗告がされた場合には、その事件については、原審における当事者等と抗告人との間に紛争性があるものと考えられますので、抗告人以外の当事者等に反論等の機会を適切に保障する必要があると考えられます。そこで、新法では、原審における当事者および利害関係参加人（抗告人を除く）に対して原則として抗告状の写しを送付しなければならないものとし（第88条。ただし、例外があります。その趣旨については、**Q59の2**参照）、原審における当事者および審判を受ける者（抗告人を除く）の陳述を聴かなければ原裁判所の審判を取り消すことができないこととし、別表第2に掲げる事項についての審判事件については、原審判を取り消すか否かを問わず、原則として原審における当事者（抗告人を除く）の陳述を聴かなければならないものとしています（第89条）。なお、審判以外の裁判についての即時抗告審には、これらの規律は妥当しません（第102条による第88条および第89条の準用除外）。

6 特別抗告、許可抗告および再審の手続の明文化

　旧法においては、特別抗告、許可抗告、再審に関する明文の規定がありませんでした。そのため、特に、再審については、家事事件における裁判については許容されないとする見解もありました[注]。新法においては、特別抗告および許可抗告のほか再審についても、明文でその手続を規定し、家事事件の手続における不服申立ての手続の明確化を図っています。

　（注）　鈴木忠一『非訟事件の裁判の既判力』98頁以下（弘文堂、1961年）参照。

Q70

新法には、いわゆる不利益変更禁止の原則に相当する規律が置かれていませんが、その理由は何ですか。

A 　新法においては、民事訴訟法第304条に規定するいわゆる不利益変更禁止の原則に相当する規定を設けていません。不利益変更の禁止の原則は、処分権主義（民事訴訟法第246条）に根拠を求める考え方が一般的ですが、家事事件においては、審理および判断の対象が申立ての内容に厳格に拘束されるわけではなく、公益的・後見的な見地から適切な裁量権を行使し、あるべき法律関係を形成することが求められており、処分権主義が貫かれていないこと、また、家事事件の場合には、何をもって不利益というかが事案によっては必ずしも明らかでないことなどからしますと、不利益変更禁止の原則の上記根拠は、家事事件の手続にそのまま妥当するとは考えられません。もっとも、不利益変更禁止の原則の根拠を不利益変更をおそれて即時抗告をためらうことを政策的に防止することにも求めた場合には、家事事件の手続にも妥当する面があります。しかし、上記のとおり、いずれにしても、民事訴訟における不利益変更禁止の原則の根拠がそのまま家事事件の手続に当てはまるということはできないことから、新法において、不利益変更禁止の原則の明文の規定を設けることはしなかったのです。

　なお、抗告審の手続において不意打ち的な判断の回避や当事者間の衡平に配慮すべきは当然であり、新法においてもそのような観点から見直しがされています（**Q71** 参照）。

Q71 家事審判に対する即時抗告の抗告審においては、原審の当事者の手続保障についてどのような配慮がされていますか。

A （前注） 審判以外の裁判に対する抗告審については、Q60⑥およびQ84の2を参照。

　原裁判が申立て却下の審判であり、それに対して、申立人が抗告した場合には、当事者である申立人は、原審におけると同様に自ら当事者として手続を追行することになります。この場合、別表第2に掲げる事項についての審判事件においては、相手方も抗告審において引き続き当事者の地位に就くことを想定しています。

　次に、原裁判が積極的な内容の審判である場合において、原審の当事者（別表第2の事件であれば相手方を含む）が即時抗告をした場合には、原審の当事者が抗告審においても当事者になります。原審の当事者以外の者（例えば、原審において審判を受ける者）が即時抗告をした場合にも、原審の当事者が引き続き当事者の地位に就くことを想定しています（ほとんどの場合は申立人）。それは、原審における積極的内容の審判に対し、例えば、審判を受ける者が即時抗告をした場合には、当該審判事件は別表第2に掲げる事項についての審判事件ではなくても、紛争性のある事件であるといえますので、原審の申立人にも、抗告人の主張への反論や新たな資料の提出をすることができる地位を引き続き付与するのが相当であるからです。そのような前提の下で、新法では、抗告審における当事者の手続保障として、審判に対して即時抗告があったときは、原審における当事者（抗告人を除く）に対し、抗告状の写しを送付しなければならないものとし（第88条第1項）、原審判を取り消す場合には、原審における当事者（抗告人を除く）の陳述を聴取しなければならないものとして（第89条第1項。なお、別表第2に掲げる事項についての審判事件においては、抗告裁判所は、即時抗告が不適法であるとき、または即時抗告に理由がないことが明らかなときを除き、原裁判を取り消すかどうかにかかわりなく原審における当事者（抗告人を除く）の陳述を聴かなければなりません）、反論や新たな資料の提出の機会を保障しています。

Q72

家事審判に対する即時抗告の抗告審においては、利害関係人の手続保障にどのような配慮がされていますか。

A

（前注）　審判以外の裁判に対する抗告審については、**Q60**⑥参照。

　まず、利害関係人は、原審の判断に対して、個別の規定により即時抗告をすることができるものとされている場合が多く認められます（例えば、後見開始の審判について、成年被後見人となるべき者）。

　また、原審の手続に利害関係参加をしていない利害関係人は、審判を受ける者となるべき者である場合には当然に（第42条第1項）、審判を受ける者となるべき者でない場合には裁判所の許可を得て（同条第2項）、抗告審の手続に利害関係参加をすることができます。

　原審の手続に利害関係参加をした利害関係人（利害関係参加人）は、抗告審においても利害関係参加人の地位に就き、その手続保障の観点から、抗告状の写しの送付を受けることになります（第88条第1項）。

　また、利害関係参加人であって審判を受ける者である場合には、第89条第1項の規定により、抗告裁判所が原審の審判を取り消すときは、その陳述を聴取しなければならないものとされています[注]。なお、利害関係参加人であって審判を受ける者でないものについては、原審における当事者および審判を受ける者に比して抗告審において原審判が取り消されることによる影響は相対的に小さいものと考えられます。にもかかわらず、原審判を取り消す場合に、原審における当事者および裁判を受ける者に加えて必ず利害関係参加人の陳述を聴取しなければならないとすると、迅速処理の要請に反する結果になりかねないことから、事案ごとの具体的な必要性に応じて陳述の聴取を行うものとし、第89条第1項による必要的陳述聴取の対象としていません。

　（注）　このほか、個別の規定により、審判をするためには特定の者から陳述の聴取をしなければならないこととしている場合には、特段の定めがない限り、当該規定は、第1、2審を通じて妥当しますので、その意味において、抗告審において利害関係人の手続保障が図られることがあります。例えば、積極的な内容の裁判をするためには特定の者の陳述

の聴取をしなければならないという規定がある事件において、陳述の聴取をしないままされた申立てを却下する第1審の裁判に対して即時抗告がされた場合に、即時抗告審が原審判を取り消して積極的内容の審判に代わる決定をするには、陳述の聴取が必要になることはいうまでもありません。

Q73 審判または審判以外の裁判についての原裁判所による更正の制度とそれらの取消しまたは変更の制度とはどのように違うのですか。

A 第90条に規定する原裁判所による審判の更正（いわゆる再度の考案）の制度と第78条に規定する審判の取消しまたは変更の制度とは、いずれも当該裁判をした裁判所が自ら更正（取消しまたは変更）をする点では同様ですが、原裁判所による審判の更正は、審判に対する即時抗告を契機にされるものである一方、審判の取消しまたは変更は、即時抗告をすることができない審判について、裁判所が職権によってのみすることができるものである点で、違いがあります。

また、審判を取り消し、または変更する審判に対する不服申立ての手続としては、取消し後または変更後の審判が原審判であるとした場合に即時抗告をすることができる者に限り即時抗告をすることができるものとする規定が設けられています（第78条第4項、第81条）が、原裁判所による更正決定は、原審判と一体となって効力を生ずるものであり、これに対する不服申立ては、その更正決定により変更された審判に対する即時抗告においてすることができますから、その更正決定自体に対する不服申立ての規律は置かれていません。

なお、以上のことは、審判以外の裁判についての原裁判所による更正と審判以外の裁判の取消しまたは変更についても当てはまります（第102条による第90条の準用、第81条による第78条の準用）。

Q74 家事審判に対する即時抗告の抗告審における家事審判の申立ての取下げと即時抗告の取下げについての規律はどのようになっていますか。

A　**1 家事審判に対する即時抗告の抗告審における審判の申立ての取下げについて**

　抗告審における審判の申立ての取下げは、第93条第1項において準用する第82条の規定によることになります。したがって、抗告審における家事審判の申立ての取下げは、家事審判がされた後の申立ての取下げに該当しますから、原則として、許されません（ただし、別表第2に掲げる事項についての審判の申立てについては、相手方の同意があれば取り下げることができます。第82条第2項）。また、家事審判の申立てに対する原裁判所の判断が既にされている以上、抗告審では申立人の不出頭等があった場合であっても、そのことをもって申立ての取下げを擬制することは相当でないと解されますので、抗告審における家事審判の申立ての取下げの擬制の規律としては第83条を準用しないこととするのが相当です。そこで、第93条第1項では第83条の準用を除外することとし、家事審判の申立ての取下げを擬制する規律は置かないこととしています。

2 家事審判に対する即時抗告の抗告審における即時抗告の取下げについて

　家事審判に対する即時抗告の抗告審における即時抗告の取下げについては、第93条第3項において準用する民事訴訟法第292条の規定によることになります。したがって、即時抗告の取下げは、抗告審の審判があるまでこれをすることができます（裁判所の許可や相手方の同意は不要です）。また、民事訴訟法第292条第2項において準用する同法第261条第3項および第262条第1項の規定を、新法第93条第3項において新法第82条第5項と読み替えて準用する結果、即時抗告の取下げの方式については同項において読み替えて準用する民事訴訟法第261条第3項および第262条第1項の規定によるべきことになりますから、即時抗告の取下げは、家事審判の手続の期日にお

いてする場合以外は書面でしなければならず、その効果としては、即時抗告の取下げがあった部分については初めから抗告がなかったものとみなされることになります。また、民事訴訟法第292条第2項において準用する同法第263条を、新法第93条第3項において新法第83条と読み替えて準用する結果、即時抗告の取下げについては同条が準用されることになりますから、抗告人が連続2回呼出しを受けた期日に不出頭の場合には、即時抗告の取下げを擬制することができることとなります。

Q75 抗告審における差戻し原則を採用していないのはなぜですか。

A 旧法の下では、高等裁判所（抗告裁判所）が即時抗告を理由があるものと認めるときについて、家庭裁判所への事件の差戻しを原則とし（旧家審規第19条第1項）、高等裁判所が自ら判断することを例外的なものとする規律（同条第2項）がありました。これは、家事事件における家庭裁判所の高い専門性を考慮したものであると考えられます。しかし、現在では、高等裁判所にも家庭裁判所調査官が配置されており（裁判所法第61条の2参照）、実務の運用としては、即時抗告を理由があるものと認めるときは高等裁判所が自ら判断していることが多く、また、そもそも家庭裁判所で十分な審理をしているのであれば、判断に必要な資料は十分に集められており、高等裁判所は原審判の当否を検討することが中心となりますので、差戻しを原則とする必要はなく、迅速処理の要請からも高等裁判所が自ら判断をすることが相当であると考えられます。今般の新法の制定により、家庭裁判所での充実した審理が制度上保障されますので、これまで以上に高等裁判所が自ら判断するのが相当な場合が増加することが想定されます。

そこで、新法第91条第2項では、抗告裁判所（高等裁判所）は、一定の場合につき事件を家庭裁判所に差し戻すときを除き、事件につき自ら審判に代わる裁判をしなければならないこととし、家庭裁判所への事件の差戻しを原則としないこととしました。

Q76 特別抗告の手続に利害関係を有する者は、どのようにその手続に関与することができますか。

A 家庭裁判所の裁判で不服を申し立てることができないものや高等裁判所の裁判に憲法の違反があるときには、これらの裁判に利害関係を有する者は、自ら特別抗告をし、または他の者がした特別抗告に参加することができる余地があります（第94条第1項、第102条、第288条）。具体的には次のとおりです。

第94条第1項（第102条および第288条において準用する場合を含む）は、家庭裁判所の審判または審判以外の裁判で不服を申し立てることができないものおよび高等裁判所の決定に対しては、それらに憲法の違反があるときに最高裁判所に特に抗告をすることができる旨規定していますから、従前の手続に利害関係参加をしている利害関係人だけでなく、利害関係参加をしていない利害関係人であっても、上記要件を満たす限り、特別抗告をすることができると考えられます。なお、家事事件においては事件の種類等によりさまざまな事情を考慮して不服申立権者が定められており一律ではないこと、不服申立ての手段を有しない者が憲法の違反のある審判または審判以外の裁判により不利益を受けているような場合には可能な限り最高裁判所の憲法判断を受ける機会を保障してその救済を図るのが相当と解されることからしますと、「不服を申立てることができないもの」に当たるか否かは、およそ一般に不服申立てをすることができない裁判か否かで判断されるのではなく、特別抗告をしようとする者を基準にして不服申立てをすることができないか否かで判断されるべきであると考えられます。したがって、例えば、個別の規定により特定の家事審判に対し即時抗告権者とされていない利害関係人であっても、当該家事審判について特別抗告をすることができる余地があると考えられます。

また、従前の手続に利害関係参加をしていない利害関係人が、自ら特別抗告をすることはできない場合であっても、少なくとも審判を受ける者となるべき者である場合は当然に（第96条第1項、第93条第1項、第42条第1項）、審判を受ける者となるべき者以外の者である場合は裁判所の許可を得て（第

96条第1項、第93条第1項、第42条第2項)、特別抗告の手続に参加することができるものと考えられます。

さらに、家事審判に対する特別抗告の手続においては(注)、従前の手続に利害関係参加をしている利害関係人（利害関係参加人）は、審判に対して特別抗告があったときは、特別抗告審においても利害関係人参加の地位に就き、第96条第1項において準用する第88条第1項の規定により、その特別抗告が不適法であるときまたは理由がないことが明らかであるときを除き、特別抗告の抗告状の写しが送付されることになります。また、第96条第1項において準用する第89条第1項の規定により、利害関係を有する者が審判を受ける者である場合には、特別抗告審において原決定を取り消すときは、その者の陳述を聴取しなければならないとされていますので、その者が従前の手続に利害関係参加をしていなくても少なくともその限度で特別抗告の手続に関与することができることになります。

(注) 審判以外の裁判に対する特別抗告の場合は、第102条により第96条第1項において準用する第88条、第89条の準用が除外されているため、特別抗告の抗告状の写しの送付や陳述の聴取の規律は当てはまりません。

Q77 特別抗告の手続の流れは、どのようなものですか。

A 新法における特別抗告の手続の規定は、新法の即時抗告の規定および民事訴訟法の規定を多く準用しているため、その流れがつかみにくいかもしれません。そこで、特別抗告の手続の流れを説明しておきます。

1 特別抗告の提起

第96条第1項（第102条および第288条において準用する場合を含む。特に断らない限り、以下同じ）において準用する第87条第1項により特別抗告をするには、抗告状を原裁判所に提出します。なお、特別抗告の期間は、第96条第2項において準用する民事訴訟法第336条第2項と第96条第1項において準用する第86条第2項の規定により、特別抗告をする者が裁判の告知を受ける者である場合にあっては裁判の告知を受けた日から、特別抗告をする者が裁判の告知を受ける者でない場合にあっては原審の申立人が裁判の告知を受けた日から、5日の不変期間内ということになります。

なお、特別抗告は、非常の不服申立てですから、即時抗告と異なり（第74条第5項参照）、特別抗告の提起によって原裁判の確定は遮断されません(注)。

（注） Q64（注）参照。

2 抗告状の審査

原裁判所は、抗告状の方式の審査をします。第96条第2項において読み替えて準用する民事訴訟法第314条第2項の規定により、第96条第1項において準用する第87条第6項に基づく裁判長の権限は、原裁判所の裁判長が行うこととされています。抗告状の方式違反や申立手数料の不納付の場合には、補正を命じ、補正命令に従わない場合には原裁判所の裁判長は、抗告状を却下しなければなりません（第96条第1項において準用する第87条第6項による第49条第4項および第5項の規定の準用）。

また、抗告が不適法でその不備を補正することができないことが明らかな場合（例えば、抗告期間の徒過）には、原裁判所が、抗告を却下します（第96

条第1項において準用する第87条第3項)。

　なお、特別抗告は、原裁判に憲法の違反があることを理由とする最高裁判所への非常の不服申立てですから、原裁判所による再度の考案が認められないことはいうまでもありません(第96条第1項による第90条の準用除外)。

3　抗告状の写しの送付と審理

　抗告状に抗告の理由の記載がないとき(理由は必要的記載事項ではありません。第96条第1項において準用する第87条第2項参照)は、抗告人は、抗告理由書を原裁判所に提出しなければなりません(第96条第2項において準用する民事訴訟法第315条)。提出期間等は、最高裁判所規則で定められることになると思われます。抗告理由書を提出すべきであるにもかかわらず、提出期間内に提出がない場合には、原裁判所は特別抗告を却下します(第96条第2項において準用する民事訴訟法第316条第1項第2号参照)。このような過程を経て、記録の送付を受けた最高裁判所は、特別抗告が不適法であるとき、または理由がないことが明らかであるときを除き、抗告状の写しを原審における当事者および利害関係参加人に送付します(第96条第1項において準用する第88条第1項。ただし、第102条の規定により、原裁判が審判以外の裁判であるときは、必要的ではありません)。

　特別抗告審の審理は、実体的な審理としては、抗告状または抗告理由書に記載された特別抗告の理由についてのみ調査します(第94条第2項)が、申立ての適法性などの手続要件についてはそのような制約はありません(第96条第2項において準用する民事訴訟法第322条)。

　別表第2に掲げる事項についての審判事件の特別抗告審においては、特別抗告が不適法であるとき、または特別抗告に理由がないことが明らかなときを除き、原審における当事者(抗告人を除く)の陳述を聴かなければならないものとされています(第96条第1項による第89条第2項の準用)。それ以外の審判の特別抗告審においては、原審判に、第94条第1項の事由があるとき、または同項の事由がなくとも決定に影響を及ぼすことが明らかな法令違反がある場合には、原審判を取り消すことになりますが(第96条第2項による民事訴訟法第325条第1項前段および第2項の規定の準用)、そのためには、原審における当事者およびその他の裁判を受ける者(抗告人を除く)の陳述を聴

かなければなりません（第96条第1項による第89条第1項の規定の準用）。ただし、審判以外の裁判についての特別抗告審においては、陳述の聴取は必要的ではありません（第102条）。

　特別抗告審の決定は、裁判書を作成して行います（第96条第1項において準用する第93条第1項による第76条第1項本文の規定の準用）。もっとも、いわゆる調書決定の方式（民事訴訟規則第50条の2参照）によることを排除するものではないものと考えられます。

Q78 許可抗告の手続に利害関係を有する者は、どのようにその手続に関与することができますか。

A 第97条第1項（第102条および第288条において準用する場合を含む）は、高等裁判所の決定（抗告許可の申立てについての決定を除く）に対しては、その決定が家庭裁判所の審判または決定であるとした場合に即時抗告をすることができるものであり、かつ最高裁判所の判例（これがない場合にあっては、大審院または上告裁判所もしくは抗告裁判所である高等裁判所の判例）と相反する判断がある場合その他法令の解釈に関する重要な事項を含むと認めてその高等裁判所が許可したときに限り、最高裁判所に特に抗告をすることができる旨規定しています。したがって、従前の手続に利害関係参加をしている利害関係人だけでなく、利害関係参加をしていない利害関係人であっても、高等裁判所の決定が家庭裁判所の審判または決定であるとした場合に即時抗告をすることができるものであれば、判例違反その他法令の解釈に関する重要な事項を含むことを主張して抗告許可の申立てをすることができると考えられます。

また、従前の手続に利害関係参加をしていない利害関係人が、自ら抗告許可の申立てをすることができない場合であっても、少なくとも審判を受ける者となるべき者である場合は当然に（第98条第1項、第93条第1項、第42条第1項）、審判を受ける者となるべき者以外の者である場合は裁判所の許可を得て（第98条第1項、第93条第1項、第42条第2項）、許可抗告の手続に参加することができます。

さらに、家事審判に対する許可抗告の手続においては(注)、従前の手続に利害関係参加をしている利害関係人（利害関係参加人）については、審判に対して抗告許可の申立てがあったときは、許可抗告審においても利害関係参加人としての地位に就き、許可抗告が不適法であるときまたは理由がないことが明らかであるときを除き、抗告許可の申立書の写しが送付されることになります（第98条第1項において準用する第88条第1項）。また、利害関係を有する者が審判を受ける者である場合には従前の手続に利害関係参加をしていなくても、原決定を取り消すためには原審における裁判を受ける者の陳述

を聴取しなければならないものとされていますので（第98条第1項において準用する第89条第1項）、少なくともその限度で許可抗告の手続に関与することができることになります。

（注）　原裁判が審判以外の裁判である場合には、第102条により第98条第1項において準用する第88条、第89条の準用が除外されているため、抗告許可の申立書の写しの送付や陳述の聴取の規律は当てはまりません。

Q79 抗告許可の申立ておよび許可抗告の手続の流れは、どのようなものですか。

A 新法における抗告許可の申立ておよび許可抗告の手続の規定は、新法の即時抗告の規定および民事訴訟法の規定を多く準用しているため、その流れがつかみにくいかもしれません。そこで、これらの手続の流れを説明しておきます(注)。

(注) ここでは、抗告の許可を求める申立てを抗告許可の申立てと呼び、申立てが認められた場合の抗告を許可抗告と呼んで、両者を区別しています。

1 抗告許可の申立て

第98条第1項（第102条において準用する場合を含む。特に断らない限り、以下同じ）において準用する第87条第1項により抗告許可の申立てをするには、抗告許可の申立書を原裁判所に提出します。なお、抗告許可の申立ての期間は、第98条第2項において準用する民事訴訟法第336条第2項の規定と第98条第1項において準用する第86条第2項の規定により、申立てをする者が裁判の告知を受ける者である場合にあっては、裁判の告知を受けた日から、申立てをする者が裁判の告知を受ける者でない場合にあっては、原審の申立人が裁判の告知を受けた日から、5日の不変期間内ということになります。

なお、新法においては、許可抗告は即時抗告とは異なる非常の不服申立てであると位置付けています（このことは、許可抗告については、特別抗告と同様、即時抗告とは別の款に規定していることに表れています）。したがって、即時抗告と異なり（第74条第5項参照）、許可抗告の提起によって原決定の確定は遮断されないものと考えています(注)。

(注) **Q64**(注) 参照。

2 抗告許可の申立てについての審理

　抗告許可の申立てを受けて抗告を許可するか否かの判断権は、原裁判所である高等裁判所にあります（第97条第2項）ので、不適法な申立てに対しては高等裁判所において裁判長による申立書却下命令や裁判所による抗告不許可決定等をすることになります。具体的には、抗告許可の申立ての方式違反や申立手数料の不納付の場合には、補正を命じ、補正命令に従わない場合には抗告許可の申立書を却下しなければなりません（第98条第1項において準用する第87条第6項による第49条第4項および第5項の規定の準用）。このような抗告許可の申立書の審査は、裁判長が行います。また、申立てが、不適法でその不備を補正することができないことが明らかであるときは、原裁判所である高等裁判所がこれを却下します（第98条第1項において準用する第87条第3項）。

　なお、許可抗告は、原裁判に最高裁判所の判例（これがない場合にあっては、大審院または上告裁判所もしくは抗告裁判所である高等裁判所の判例）と相反する判断がある場合等を理由とする非常の不服申立てですから、原裁判所による更正（再度の考案）が認められないことはいうまでもありません（第98条第1項による第90条の不準用）。

　抗告許可の申立書に抗告の理由の記載がないとき（理由は必要的記載事項ではありません。第98条第1項において準用する第87条第2項の規定を参照）は、抗告許可の申立人は、抗告許可の申立てに係る理由書を原裁判所に提出しなければなりません（第98条第2項による民事訴訟法第315条の規定の準用）。提出期間等は、最高裁判所規則で定められることになると思われます。抗告許可の申立てに係る理由書を提出すべきであるにもかかわらず提出期間内に提出がない場合や申立てに理由がない場合には、原裁判所は抗告不許可決定をすることになります。原裁判所は、抗告を許可するかどうかを審査します。

3 許可抗告審の審理

　このような過程を経て、記録の送付を受けた最高裁判所は、許可抗告が不適法であるとき、または理由がないことが明らかなときを除き、抗告許可の申立書の写しを原審における当事者および利害関係参加人に送付します（第98条第1項において準用する第88条第1項。ただし、第102条の規定により、原

審が審判またはこれに代わる裁判以外の裁判であるときは、必要的ではありません）。

　許可抗告審の審理は、実体的な審理としては、抗告許可の申立書または理由書に記載された許可抗告の理由についてのみ調査します（第97条第5項）が、申立ての適法性などの手続要件についてはそのような制約はありません（第98条第2項において読み替えて準用する民事訴訟法第322条）。

　別表第2に掲げる事項についての審判事件の許可抗告審においては、許可抗告が不適法であるとき、または許可抗告に理由がないことが明らかなときを除き、原審における当事者（抗告人を除く）の陳述を聴かなければなりません（第98条第1項において準用する第89条第2項）。また、それ以外の審判の許可抗告審においては、第97条第2項の事由があるとき、または同項の事由がなくとも決定に影響を及ぼすことが明らかな法令違反があると判断した場合には、原審判を破棄して自判するか、原裁判所に差し戻し、またはこれと同等の他の管轄裁判所に移送することになりますが（第98条第2項において準用する民事訴訟法第325条第1項前段および第2項）そのためには原審における当事者およびその他の裁判を受ける者（抗告人を除く）の陳述を聴かなければならないものとされています（第98条第1項において準用する第89条第1項）。なお、原裁判が審判以外の裁判であるときは、許可抗告審における陳述の聴取は、必要的ではありません（第102条）。

　許可抗告審の決定は、裁判書を作成して行います（第98条第1項において準用する第93条第1項による第76条第1項本文の規定の準用）。もっとも、いわゆる調書決定の方式（民事訴訟規則第50条の2参照）によることを排除するものではないと考えられます。

Q80　再審の手続の概要は、どのようなものですか。

A 再審の制度の概要は、次のようなものです。

1　制度の趣旨

旧法の下では、再審について明文の規定がありませんでした。確定した家事事件の裁判に対しては、再審の申立てをすることができると解するのが通説のようですが、かつては家事事件の手続において再審は許容されないとする見解もありました(注)。しかし、重大な瑕疵のある裁判の効力をそのまま存続させることが相当でないことは、家事事件の手続においても同様と解されること、民事訴訟法第349条に規定するいわゆる準再審の規定が家事事件の手続にも準用されることを前提とする判例も存在すること（最二判平成7年7月14日民集49巻7号2674頁、最三判平成10年7月14日集民189号141頁）から、新法においては、家事事件の確定した審判その他の事件を完結する裁判に対して再審の申立てをすることができることを明確にすべきであると考え、明文化することとしました（第103条、第104条）。

（注）　消極説をとるものとして、鈴木忠一『非訟事件の裁判の既判力』98頁以下（弘文堂、1961年）。

2　手続の概要

再審の対象となるのは、確定した審判その他の裁判であって事件を完結するもの（家事調停の手続においてされた裁判を含む。以下同じ）です（第103条第1項、第288条）。この場合の「確定した」裁判とは、当事者による通常の不服申立ての手続（即時抗告または異議）が尽きたことをいい、職権による裁判の取消しまたは変更（第78条、第81条）の余地があっても確定を妨げないことを前提としています。

また、「事件を完結するものに限る。」こととしているのは、第103条第3項において準用する民事訴訟法第339条の規定により、移送の決定（第9条第1項および第2項）、除斥または忌避についての裁判（第12条第1項等）な

どの手続上の裁判その他審判の前提となる裁判に再審事由がある場合には、その裁判に対して独立した再審の申立てをすることはできないことを明確にする趣旨です。その結果、独立して再審の対象となる裁判は、審判のほかには数は少なく、例えば、家事事件が裁判および調停の成立によらないで完結した場合における手続費用の負担の裁判（第31条において準用する民事訴訟法第73条第1項）などのように、審判の前提とはならない自己完結的な裁判に限られることになります。なお、確定裁判の基礎に重大な誤りがあったり、手続に重大な瑕疵がある場合には、当事者以外の第三者であっても裁判を受ける者またはこれに準ずる者については、そのような瑕疵のない状態での適正な裁判を求める利益を有するものと考えられますので、再審の申立適格を有する者の範囲については、必ずしも再審を求める裁判の当事者に限定して解釈する必要はないと考えられます。

　再審の手続には、その性質に反しない限り各審級における家事事件の手続に関する規定が準用される（第103条第2項）ほか、再審の申立ておよびこれに関する手続については、民事訴訟法第4編の規定が基本的に準用されます（第103条第3項）。具体的には、再審の申立ては、民事訴訟法第338条第1項各号に定める再審事由がある場合に、原則として再審の事由を知った日から30日の不変期間内に、その裁判をした裁判所にしなければなりません（民事訴訟法第342条第1項、第340条第1項）。裁判所は、再審の事由がある場合には再審開始の決定をし（同法第346条第1項）、この決定に対しては、即時抗告をすることができます（同法第347条）。なお、再審開始の決定のような審判以外の裁判に対する即時抗告には、原則として執行停止の効力が認められていません（新法第101条第2項）が、再審開始の決定についての判断が覆される可能性があるにもかかわらず、再審の手続を進行させるのは相当でないことから、民事訴訟法第334条第1項の規律に倣い、新法第103条第4項において、再審開始の決定に対する即時抗告について執行停止の効力を認めています。再審開始の決定が確定した場合には、本案の審理および裁判をすることとなります（第103条第3項において読み替えて準用する民事訴訟法第348条第1項）が、再審開始の決定後の再審による事件の審理および裁判は、再審の対象となる裁判がされた審級の性質に従って行われることになり、再審における裁判に対しても、その裁判をした審級に対応する不服申

立てが許容されることになります。そうすると、新法第103条第3項において準用する民事訴訟法第348条第2項の規定によれば、再審における審理の結果、原裁判を正当とするときは再審の申立てを棄却すべきことになりますが、この棄却決定は、実質的には原裁判を維持するものですから、原裁判に対して即時抗告をすることができない者がこの棄却決定に対して即時抗告をすることができるものとするのは相当でないので、再審の申立ての棄却決定に対しては、原裁判に対して即時抗告をすることができる者に限り即時抗告をすることができることとしています（第103条第5項）。

　また、再審の申立てがあった場合には、その対象となる裁判が取り消される可能性があるため、裁判所は、不服の理由として主張した事情が法律上理由があるとみえ、事実上の点につき疎明があり、かつ、執行により償うことができない損害が生ずるおそれがあることにつき疎明があったときは、申立てにより、強制執行の一時の停止または既にした執行処分の取消しを命ずることができることとしています（第104条）。

Q81　再審と裁判の取消しまたは変更との違いは何ですか。

A　再審は、当事者等の申立てによって開始するものであるのに対し、裁判の取消しまたは変更（第78条および第81条）は、裁判所の職権によってのみするものであること、即時抗告をすることができる裁判は、裁判の取消しまたは変更の対象とならないのに対し、即時抗告をすることができる裁判であっても審判その他の裁判であって事件を完結するものである限り再審の対象になること、再審事由は、裁判時における瑕疵に限定されているのに対し、裁判の取消しまたは変更は、裁判後の事情変更によりその裁判が不当となった場合もその対象としていることなど、再審と裁判の取消しまたは変更の制度とでは、当事者等の申立権の有無、対象となる事件の範囲および取消しまたは変更をすべき理由の範囲において違いがあります（**Q73**参照）。

　なお、裁判の取消しまたは変更が、原裁判の瑕疵の是正の一方法として用いられる場合には、原裁判が確定した日から5年を経過した後は、することができませんが、この点は再審（第103条第3項において準用する民事訴訟法第342条第2項、第78条第2項）と共通しています。

Q82

新法において、家事調停の申立てがされていれば審判前の保全処分の申立てをすることができることとしたのはなぜですか。

A 審判前の保全処分は、審判が効力を生ずるまでの間に、事件の関係人の財産に変動が生じて後日の審判に基づく強制執行による権利の実現が困難になったり、あるいは、その間における関係人の生活が困難や危険に直面するという事態が生ずることが少なくないことから、これに対処するため暫定的に権利義務関係を形成して、権利者の保護を図ろうとするものです(注1)。

このように審判前の保全処分は、暫定的な処分でありながら、強制力が付与されていることから、発令の前提として、本案の審判が認められる蓋然性が必要になります。例えば、婚姻費用の分担に関する処分の審判では、婚姻費用に関する権利義務関係の形成の当否および形成の内容が判断の対象となり、一定の請求権の客観的存否が判断の対象となるものではないため、その保全処分を命ずる場合には、被保全権利の存在の蓋然性に代えて、本案の家事審判において一定の具体的な権利義務が形成される蓋然性が必要となると考えられます(注2)。そのような蓋然性を認めるためには、少なくとも本案の家事審判事件が係属していることが必要であると考えられるので、家事審判の申立てがされていることを保全処分の申立ての要件としています。

もっとも、家事審判事件に係る事項についての家事調停事件が係属していれば、調停が成立しない場合には、当然に家事審判の手続に移行し、家事調停の申立ての時に家事審判の申立てがあったものとみなされ（第272条第4項）、別途家事審判の申立ては不要とされているため、このような両手続の密接な関連性および連続性を考えれば、家事調停の申立てがされていることをもって家事審判の申立てがされている場合に準じて考えることができます。そこで、旧法の下では認められていませんでしたが、一定の家事審判事件については、当該事件に係る事項についての家事調停の申立てがされている場合にも審判前の保全処分の申立てをすることができるものとしました（第105条第1項）。

これに対しては、審判前の保全処分が発令されてしまうと、当事者間での話合いによる紛争解決が困難になるとして、審判前の保全処分と家事調停の手続は相容れないものであるから、家事調停の申立てがされたことにより審判前の保全処分を申し立てることができることとするのは相当ではないという考え方もあろうと思います。しかし、現在の実務においても、例えば、子の監護者の指定や子の引渡しを求める家事審判事件の係属中にこれらを本案とする審判前の保全処分が申し立てられた場合に、審判前の保全処分の発令後に本案の家事審判事件が家事調停に付されて最終的に話合いで解決されることもまれではないといわれています。このように、必ずしも審判前の保全処分と家事調停の手続は相容れないとはいえず、場合によっては、緊急の事態に対して早急に暫定的な救済を得るために審判前の保全処分を求めるが、最終的な解決は可能な限り話合い（調停）によりたいとすることもあり得ると考えられますので、このようなニーズに柔軟に応える余地を認める必要性があるものと考え、家事調停の申立てがあれば、審判前の保全処分の申立てをすることができるものとしました。このような規律としておけば、家事調停事件の係属中に、急遽、審判前の保全処分を要する事態となった場合(注3)には、家事審判事件を別途申し立て、または調停を不成立にして家事審判の手続に移行させるまでもなく、直ちに審判前の保全処分の申立てをすることができることとなり、迅速性の要請にもより一層沿うものと考えられます。

そこで、新法においては、旧法の規律を一部変更し、家事調停の申立てがあったときにも、審判前の保全処分の申立てをすることができることとしています(注4)(注5)。

（注1）　最高裁判所事務総局編『改正民法及び家事審判法規に関する執務資料』73頁（法曹会、1981年）。
（注2）　審判前の保全処分においても仮差押え、仮処分の類型があり、その場合には家事審判において財産上の給付がされることを想定していますが、そのような場合でもその前提には法律関係の形成があり、それを実現するための給付という側面を有しているものといえます。
（注3）　例えば、離婚後の財産の分与に関する処分の家事調停事件の係属中に、申立人に分与することが見込まれる相手方名義の土地建物が処分される可能性が急に高まった場合などが考えられます。

（注4）　新法において家事調停の申立てがあったときにも審判前の保全処分の申立てをすることができることとしている事項は、次の8つです。
- 夫婦間の協力扶助に関する処分（第157条第1項第1号）
- 婚姻費用の分担に関する処分（同項第2号）
- 子の監護に関する処分（同項第3号）
- 財産の分与に関する処分（同項第4号）
- 親権者の指定または変更（第175条第1項）
- 扶養の順位の決定およびその決定の変更または取消し（第187条第1号）
- 扶養の程度または方法についての決定およびその決定の変更または取消し（同条第2号）
- 遺産の分割（第200条第1項）

　（注5）　家事調停の申立てがあったときにされた審判前の保全処分の申立ても、その本案事件は、当該家事調停の手続が家事審判の手続に移行した後の家事審判事件であり、家事調停事件ではありません。

Q83 審判前の保全処分の手続の特徴はどのような点ですか。

A 審判前の保全処分を命ずる裁判は、申立てにより、または職権で開始した審判前の保全処分の事件について裁判所がする終局的な判断である裁判ですから、審判です（第105条第1項参照。**Q10**、**Q62**参照）。また、審判前の保全処分は、新法第2編に規定する事項（第105条第1項、第126条、第127条等）について審判をするものですから、同編に定める家事審判の手続の規定が適用されることになります（第39条参照）。

もっとも、審判前の保全処分が暫定的なものであること、緊急性が高いこと、本案に比して一層簡易迅速処理の要請が高いこと等の性格を反映して、本案の手続と比較して、次のような特徴を挙げることができます。

① 疎明と疎明義務

審判前の保全処分の申立てにおいては、その趣旨および保全処分を求める事由を明らかにするものとしています（第106条第1項）。また、保全処分の暫定的な性格から、審判前の保全処分は、疎明に基づいてするものとしています（第109条第1項）。また、家事審判事件の手続においては、いわゆる職権探知主義が採られ、裁判所は、職権で事実の調査をし、必要と認める証拠調べをしなければならないものとされているので（第56条第1項）いわゆる主張立証責任というものを前提とした規律を置いていませんが、審判前の保全処分の手続においては、その緊急性に応じた迅速かつ的確な処理を可能とするため、審判前の保全処分の申立人に保全処分を求める事由についての疎明義務を負わせています（第106条第2項）。もっとも、申立人の疎明資料のみによって判断したのでは、場合によっては、申立人や、審判前の保全処分によって影響を受けるべき未成年者等の保護に著しく欠ける結果となったり、または審判前の保全処分を受ける者の地位を不当に害する結果となることも考えられますので、裁判所が、その後見的機能として、事案に応じた妥当な結果を導くために、必要な事実の調査や証拠調べを職権で補充的にすることができるものとしています（同条第3項）。

② 申立ての取下げの特則

家事審判の申立ての取下げについては、原則として審判があるまでするこ

とができるとされています（第82条第1項）が、審判前の保全処分は、あくまで本案の審判がされるまでの暫定的な処分である以上、その後の事情変更により保全の必要性が失われるに至った場合には速やかに原状に戻すのが相当であると考えられますので、審判前の保全処分の申立ては、審判前の保全処分がされた後であってもこれを取り下げることとする特則を設けています（第106条第4項）^(注1)。

③ 仮の地位を定める仮処分のための必要的陳述聴取

仮の地位を定める仮処分は、原則として審判を受ける者となるべき者の陳述を聴かなければ命ずることができない旨を定めています。旧法の下では、仮の地位を定める仮処分命令については原則として債務者が立ち会うことができる審尋の期日（新法の用語では「審問の期日」に相当する）を経ることを要件としていますが（旧法第15条の3第7項において準用する民事保全法第23条第4項）、審判前の保全処分の手続における緊急性に鑑みれば、保全処分の審判を受ける者となるべき者の陳述の聴取を審問の期日において行うか否か、書面等によることで足りるものとするかは事案に応じて裁判所の適正な裁量に委ねるのが相当であると考えられます。そこで、新法では、審判を受ける者となるべき者の手続保障の観点から必ずその陳述を聴取しなければならないものとしつつ、民事保全法第23条第4項を準用する旧法第15条の3第7項の規律を変更し、陳述の聴取の方法については限定しないこととし、事案に応じて書面等によることもできることとしています（第107条）。

④ 手続の記録化

審判前の保全処分の手続の記録化については、裁判所書記官が期日について調書を作成しなければならないものとしつつ、事案の性質や期日の具体的内容等に応じた記録化の必要性と審判前の保全処分の手続における緊急性に基づく簡易迅速処理の要請との調整を適宜図ることができるように、裁判長においてその必要がないと認めるときは、調書の作成を省略することができることとしており（第114条第1項）、調書の作成を省略する場合には、家事審判の手続において求められている経過の要領を記録上明らかにすること（第46条）も要しないこととしています^(注2)。

⑤ 記録の閲覧等の特例

審判前の保全処分には、その性質上、密行性が要求されるものもあるため、

その手続における記録の閲覧等について、家事審判の手続における記録の閲覧等の規律（第47条）をそのまま適用することは妥当でないと考えられます。そこで、民事保全法第5条の規定を参考に、密行性を確保する必要がないと裁判所が判断するまで、すなわち、保全処分の審判を受ける者となるべき者に対して、呼出状や書面照会書を送付するなどして審判前の保全処分の事件が係属したことを通知する(注3)まで、または審判前の保全処分を告知するまでは、当事者から記録の閲覧等またはその複製の許可の申立てがされた場合であっても、裁判所は、相当と認めるときに限り、許可をすることができるものとしています（第108条）。

なお、本条は、審判前の保全処分の記録と本案の家事審判事件（または当該家事審判事件に対応する家事調停事件）の記録とは区別される（一方のために提出された資料は当然には他方の資料とはならない）ことを前提にしています。

（注1） 審判前の保全処分の確定後に事情変更により保全の必要性が失われた場合には、第112条第1項または第2項の規定により審判前の保全処分を取り消すことができます。

（注2） 民事保全の手続の記録化についても、口頭弁論の調書の記載の省略（民事保全規則第7条第1項）や審尋調書の作成または記載の省略（同規則第8条第1項および第2項）が認められています。

（注3） 審判前の保全処分の事件が係属したことの通知は、そのことを目的に独立して行うものに限らず、呼出状や書面照会書を送付することにより事実上事件が係属したことを知らせることになるものを含むことを前提としています。

Q84 家事審判の申立て以外の申立てによって開始される事件について、その内容および手続はどのようになっていますか。

A　1　家事審判の申立て以外の申立て

　新法においては、家事審判の申立て以外の申立て、すなわち手続上の申立てが認められているものが多数あります。その主な例としては、次のようなものがあります。

- 管轄裁判所の指定の申立て（第6条第1項、第2項）
- 管轄違いを理由とする移送の申立て（第9条第1項）
- 除斥または忌避の申立て（第10条第2項、第11条第1項等）
- 特別代理人の選任の申立て（第19条第1項）
- 裁判長による手続代理人の選任の申立て（第23条第1項）
- 家事事件が裁判または調停の成立によらないで完結した場合における手続費用の負担の裁判の申立て（第31条第1項において準用する民事訴訟法第73条第1項）
- 手続上の救助の申立て（第32条第1項）
- 公示送達の申立て（第36条において準用する民事訴訟法第110条第1項）
- 他の当事者となる資格を有する者を当事者参加させることを求める申立て（第41条第2項）
- 利害関係参加の許可の申立て（第42条第2項）
- 法令により手続を続行すべき者による受継の申立ておよび他の当事者による申立て（第44条第1項、第3項）
- 他の申立権者による受継の申立て（第45条第1項）
- 記録の閲覧等の許可の申立て（第47条第1項、第2項）
- 証拠調べの申立て（第56条第1項）
- 更正決定の申立て（第77条第1項）
- 特別抗告または許可抗告に伴う原裁判の執行停止の申立て（第95条第1項（第98条第1項において準用する場合を含む））
- 担保の取消しの申立て（第95条第3項において準用する民事訴訟法第79条第1項および第2項（新法の他の規定において準用する場合を含む））

- 審判以外の裁判に対する即時抗告に伴う原裁判の執行停止の申立て（第101条第2項）
- 審判前の保全処分等に対する即時抗告に伴う原裁判の執行停止の申立て（第111条第1項（第113条第3項において準用する場合を含む））

2 審理の手続

　これらの申立ては、家事審判自体の申立てでなく、主として家事審判の手続において派生的または付随的に発生する手続的な事項に関する申立てですが、申立てについて判断するに当たり、必要があると認められる場合には第56条の規定による事実の調査および証拠調べをしなければならず、第58条第1項の規定により家庭裁判所調査官に事実の調査をさせたり、第60条第1項の規定により裁判所技官に診断をさせたり、第61条第1項または第2項の規定により他の家庭裁判所または簡易裁判所に事実の調査を嘱託したり、また、第62条の規定により必要な調査を官庁、公署その他適当と認める者に嘱託等をすることもできると解されます。

　また、第50条に規定する申立ての変更は、家事審判の申立てについて規定したものですが、家事審判における簡易迅速処理の要請等からすると、手続的な事項に関する申立てについても同条の類推適用により申立ての変更をすることができるものと考えられ、同様に、第82条第1項に規定する申立ての取下げは、家事審判の申立ての取下げについて規定したものですが、手続的な事項に関する申立てについても同項を類推適用することが考えられます。

　これらの手続的な事項に関する申立てについての裁判は、審判以外の裁判に当たりますので、その裁判については第81条の規律によることになり、その裁判に対する不服申立てについては第99条から第102条までの規律によることになります。なお、審判以外の裁判に対し即時抗告がされた場合の手続については、抗告状の写しの送付や陳述の聴取についての審判に対する即時抗告の手続の規定が準用されません（第102条による第88条および第89条の準用除外）。このことは、常に抗告状の写しの送付や原裁判を取り消す場合の陳述の聴取をしなければならないわけではなく、裁判所の適正な裁量に委ねられるということを意味しているものであり、事案によっては、このよ

うな措置が法律上要請される場合があることはいうまでもありません(注)。

　また、再審については、事件を完結するものに限り認められますので（第103条第1項）、審判以外の裁判について独立して再審の対象となるのは、家事事件が裁判または調停の成立によらないで完結した場合における手続費用の負担の裁判のように、審判の前提とならないものに限られることになります。

　（注）　なお、Q60（注2）参照。訴訟における例ではありますが、派生的な裁判（文書提出命令）についての即時抗告審であっても、相手方に攻撃防御の機会を与えることなく原決定を変更することが違法になることがあることを示した例として最二決平成23年4月13日民集65巻3号1290頁があります。この趣旨は、家事事件の審判以外の裁判に対して即時抗告がされた場合における即時抗告審の審理においても参考にされるべきでしょう。

第3編 家事審判事件（各則）

第3編では、家事審判事件について事件類型ごとの規律を定める新法第2編第2章「家事審判事件」について、説明します。条文数が多いため、詳細な解説は別の機会に譲り、旧法の下での規律から変更した点を中心に解説します。なお、新法第2編第2章においては、基本的に第2編第1章「総則」に定める規律に対する特則を定めており、「総則」の規律どおりである場合には、規定を設けていないことに留意する必要があります（**Q22**(2)イ参照）。また、旧法の下での規律からどのように変わったのかについては、巻末資料の「家事事件手続法新旧対照表」を参照してください。

Q85 成年後見に関する審判事件の規律について、今回の見直しの要点は何ですか。

A 成年後見に関する審判事件の規律について、見直しの要点は、次のとおりです。

ア 管轄

管轄については、後見開始の審判事件は成年被後見人となるべき者の住所地を管轄する家庭裁判所を管轄裁判所とする旧法における規律を維持しつつ、その余の成年後見に関する審判事件は、旧法の下では成年後見人または成年被後見人の住所地を管轄する家庭裁判所を管轄裁判所としていたのを（旧家審規第22条、第82条、第86条、第73条、第92条）、後見開始後のすべての成年後見に関する審判事件の管轄裁判所を後見開始の審判をした家庭裁判所とすることにより、成年後見に関する審判事件の管轄を集中させ、一元的に同一の家庭裁判所が処理することができることとしました（第117条）。

イ 手続行為能力

成年被後見人となるべき者および成年被後見人は、成年後見に関する審判事件のうち一定のものについて、一般的に手続行為能力の制限を受けていて

も、自ら有効に手続行為をすることができることを明確にしました（第118条）。

　ウ　医師の意見の聴取

　成年被後見人の精神の状況につき医師の意見を聴かなければ、原則として、後見開始の審判の取消しの審判をすることができないこととしました（第119条第2項）。

　エ　陳述の聴取

　後見開始の審判の取消しの審判をするには成年被後見人等の陳述を聴かなければならないものとするなど、審判をする場合において陳述を聴かなければならない者の範囲を拡充しました。また、成年被後見人となるべき者および成年被後見人の陳述を聴取する意味がない場合も想定されるところ、陳述の聴取を不要とする場合の要件を「心身の障害によりその者の陳述を聴くことができないとき」として明確にした上で、陳述の聴取を不要とする余地を認めました（第120条第1項）。

　オ　申立ての取下げの制限

　後見開始の申立てなど一定の申立てについては、裁判所の許可を得なければ取り下げることができないこととし、成年被後見人の利益に配慮しました（第121条）。

　カ　即時抗告

　即時抗告については、成年後見人の解任の審判における即時抗告権者を成年後見人に限るなど即時抗告権者について見直しを行うとともに、審判の告知を受ける者による後見開始の審判に対する即時抗告の期間は、旧法の下では成年後見人に選任される者に対する告知があった日から進行することとしていたのを（旧家審規第87条第1項後段）、原則どおり、審判の告知を受ける者が審判の告知を受けた日から進行することとしました（第123条、第86条第2項）。

　キ　管理者の改任等

　第三者が成年被後見人に与えた財産の管理に関する処分の審判事件については、家庭裁判所が選任した管理者が任意に辞任することができないこととするとともに、財産の管理を継続することが相当でなくなったとき等を取消事由にするなどの見直しを行いました（第125条）。

ク　審判前の保全処分

　後見開始の審判事件を本案とする審判前の保全処分については、後見命令の審判をする場合における成年被後見人となるべき者の陳述の聴取について規定（第126条第3項）を設けるとともに、審判の告知を受ける者による後見命令の審判に対する即時抗告の期間は、原則どおり審判の告知を受けた日から進行することとしました（第126条第6項、第86条第2項参照）。

　成年後見人の解任の審判事件を本案とする保全処分については、旧法の下では申立てによることとされていたのを（旧家審規第86条、第74条）、職権によっても、職務執行の停止または職務代行者の選任の保全処分をすることができることとするとともに、同保全処分は、職務の執行を停止される成年後見人、他の成年後見人または職務代行者に告知することによって、その効力を生ずることとし、職務の執行を停止される成年後見人が審判の告知を受けることを拒んでいる場合や当該成年後見人が行方不明で速やかに審判を告知することができない場合であっても効力の発生に支障がないようにするための見直しをしました（第127条第1項および第2項）。成年後見監督人の解任の審判事件を本案とする保全処分についても、同様です（第127条第5項）。

Q86 保佐に関する審判事件の規律について、今回の見直しの要点は何ですか。

A 保佐に関する審判事件の規律について、見直しの要点は、次のとおりです。

ア 管轄

管轄については、保佐開始の審判事件は被保佐人となるべき者の住所地を管轄する家庭裁判所を管轄裁判所とする旧法における規律を維持しつつ、その余の保佐に関する審判事件は、旧法の下では保佐人または被保佐人の住所地を管轄する家庭裁判所を管轄裁判所としていたのを（旧家審規第29条、第93条）、保佐開始後のすべての保佐に関する審判事件の管轄裁判所を保佐開始の審判をした家庭裁判所とすることにより、保佐に関する審判事件の管轄を集中させ、一元的に同一の家庭裁判所が処理することができることとしました（第128条）。

イ 手続行為能力

被保佐人となるべき者および被保佐人は、保佐に関する審判事件のうち一定のものについては、一般的に手続行為能力の制限を受けていても、自ら有効に手続行為をすることができることを明確にしました（第129条において準用する第118条）。

ウ 陳述の聴取

保佐開始の審判の取消しの審判をするには被保佐人等の陳述を聴かなければならないものとするなど審判をする場合において陳述を聴かなければならない者の範囲を拡充することとしました（第130条）。

エ 審判の告知

保佐人の同意を得なければならない行為の定めの審判は保佐監督人に告知しなければならないものとするなど審判の告知をする者の範囲を拡充することとしました（第131条）。

オ 即時抗告

即時抗告については、保佐人の同意に代わる許可の審判の申立てを却下する審判に対して申立人が即時抗告をすることができるようにし、保佐人の解

任の審判における即時抗告権者を保佐人に限るなどの見直しを行うとともに、審判の告知を受ける者による保佐開始の審判に対する即時抗告の期間は、原則どおり、審判の告知を受けた日から進行することとしました（第132条、第86条第2項参照）。

　カ　医師の意見の聴取

保佐開始の審判の取消しの審判をするには、原則として、被保佐人の精神の状況につき医師の意見を聴かなければならないこととしました（第133条、第119条第2項）。

　キ　申立ての取下げの制限

保佐開始の申立てなど一定の申立てについては、裁判所の許可を得なければ取り下げることができないこととし、被保佐人の利益に配慮しました（第133条、第121条）。

　ク　審判前の保全処分

保佐開始の審判事件を本案とする審判前の保全処分については、審判の告知を受ける者による保佐命令の審判に対する即時抗告の期間は、原則どおり、審判の告知を受けた日から進行することとしました（第134条第4項、第86条第2項）。

保佐人の解任の審判事件を本案とする保全処分については、旧法の下では申立てによることとされていたのを（旧家審規第93条第3項、第74条）、職権によっても、職務執行の停止または職務代行者の選任の保全処分をすることができることとするとともに、同保全処分は、職務の執行を停止される保佐人、他の保佐人または職務代行者に告知することによって、その効力を生ずることとし、職務の執行を停止される保佐人が審判の告知を受けることを拒んでいる場合や当該保佐人が行方不明で速やかに審判の告知をすることができない場合であっても効力の発生に支障がないようにするための見直しをしました。保佐監督人の解任の審判事件を本案とする保全処分についても、同様です（第135条、第127条第1項および第2項）。

Q87 補助に関する審判事件の規律について、今回の見直しの要点は何ですか。

A 補助に関する審判事件の規律について、見直しの要点は、次のとおりです。

ア　管轄

管轄については、補助開始の審判事件は被補助人となるべき者の住所地を管轄する家庭裁判所を管轄裁判所とする旧法における規律を維持しつつ、その余の補助に関する審判事件は、旧法の下では補助人または被補助人の住所地を管轄する家庭裁判所を管轄裁判所としていたのを（旧家審規第30条の7、第93条）、補助開始後のすべての補助に関する審判事件の管轄裁判所を補助開始の審判をした家庭裁判所とすることにより、補助に関する審判事件の管轄を集中させ、一元的に同一の家庭裁判所が処理することができることとしました（第136条）。

イ　手続行為能力

被補助人となるべき者および被補助人は、補助に関する審判事件のうち一定のものについては、一般的に手続行為能力の制限を受けていても、自ら有効に手続行為をすることができることを明確にしました（第137条において準用する第118条）。

ウ　陳述の聴取

補助開始の審判の取消しの審判をするには被補助人等の陳述を聴かなければならないものとするなど審判をする場合において陳述を聴かなければならない者の範囲を拡充することとしました（第139条）。

エ　審判の告知

補助人の同意を得なければならない行為の定めの審判は補助監督人に告知しなければならないものとするなど審判の告知をする者の範囲を拡充することとしました（第140条）。

オ　即時抗告

即時抗告については、補助人の同意に代わる許可の審判の申立てを却下する審判に対して申立人が即時抗告をすることができるようにし、補助人の解

任の審判における即時抗告権者を補助人に限るなどの見直しを行うとともに、審判の告知を受ける者による補助開始の審判に対する即時抗告の期間は、原則どおり審判の告知を受けた日から進行することとしました（第141条、第86条第2項）。

　カ　申立ての取下げの制限

補助開始の申立てなど一定の申立てについては、裁判所の許可を得なければ取り下げることができないこととし、被補助人の利益に配慮しました（第142条、第121条）。

　キ　審判前の保全処分

補助開始の審判事件を本案とする審判前の保全処分については、審判の告知を受ける者による補助命令の審判に対する即時抗告の期間は、原則どおり審判の告知を受けた日から進行することとしました（第143条第4項、第86条第2項）。

補助人の解任の審判事件を本案とする保全処分については、旧法の下では申立てによることとされていたのを（旧家審規第93条第3項、第74条）、職権によっても、職務執行の停止または職務代行者の選任の保全処分をすることができることとするとともに、同保全処分は、職務の執行を停止される補助人、他の補助人または職務代行者に告知することによって、その効力を生ずることとし、職務の執行を停止される補助人が審判の告知を受けることを拒んでいる場合や当該補助人が行方不明で速やかに審判の告知をすることができない場合であっても効力の発生に支障がないようにするための見直しをしました。補助監督人の解任の審判事件を本案とする保全処分についても、同様です（第144条、第127条第1項および第2項）。

Q88 不在者の財産の管理に関する処分の審判事件の規律について、今回の見直しの要点は何ですか。

A 不在者の財産の管理に関する処分の審判事件の規律について、見直しの要点は、次のとおりです。

ア 管轄

不在者の財産の管理に関する処分は従来の住所地または居所地を去った不在者について行われるものであり、不在者の住所は通常判明しないことを考慮し、不在者の財産の管理に関する処分の審判事件の管轄裁判所を不在者の住所地（旧家審規第31条）を管轄する家庭裁判所から、不在者の従来の住所地または居所地を管轄する家庭裁判所に変更しました（第145条）。

イ 管理人の改任等

裁判所が選任した者が任意で辞任することができるものとすることは、財産の適切な管理という観点から相当ではないと考えられます。そこで、家庭裁判所が選任した管理人が届出のみで任意に辞任することを認めないこととしました。なお、辞任を希望する管理人は、家庭裁判所に対し、職権による改任の審判を求めることになります（第146条第1項）。

ウ 処分の取消し

不在者の財産の管理に関する処分の取消事由について、不在者の財産の管理に関する処分を取り消すべきであることが明らかな場合（不在者が財産を管理することができるようになったときおよび管理すべき財産がなくなったとき）を取消事由として例示した上で、財産の管理を継続することが相当でなくなったときを一般的・包括的な取消事由としています。「財産の管理を継続することが相当でなくなったとき」とは、例えば、不在者の死亡が明らかになったり、不在者について失踪宣告がされた場合など、国家がもはや不在者の財産の管理に干渉すべきではなく、相続等の規律により処理すべきこととなった場合（旧家審規第37条参照）や不在者の財産の管理の必要性に比して管理の費用が不相当に高額になるような場合などがこれに当たります。

なお、不在者の状況を把握し得る管理人を不在者の財産の管理に関する処分の取消しの申立権者に加えた上で、家庭裁判所において取消事由を把握し

た場合は、申立てがなくても処分を取り消すべきであることから、家庭裁判所は、そのような場合には、職権で、不在者の財産の管理に関する処分の取消しの審判をしなければならないものとしました（以上、第147条）。

> **Q89** 失踪の宣告に関する審判事件の規律について、今回の見直しの要点は何ですか。

A 失踪の宣告に関する審判事件の規律について、見直しの要点は、次のとおりです。

(1) **失踪の宣告の審判事件について**

ア 管轄

失踪の宣告がされるのは、不在者の生死が不明である場合ですから、その住所地が判明することはほとんどなく、また、失踪の宣告は従来の住所地または居所地を去った不在者について行われるものであることも考慮し、失踪の宣告の審判事件の管轄裁判所を不在者の住所地の家庭裁判所の管轄（旧家審規第38条）から、従来の住所地または居所地を管轄する家庭裁判所の管轄に変更しました（第148条第1項）。

イ 手続行為能力

失踪の宣告は、不在者の法律関係に重大な影響を与えることから、不在者は、失踪の宣告の審判事件においては、一般的に手続行為能力の制限を受けていても、自ら有効に手続行為をすることができるものとするのが相当であるので、その旨を明確にしました（第148条第2項において準用する第118条）。

ウ 公告期間

不在者が一定の期間までに生存の届出をしなければ失踪の宣告がされること等を公告しなければ、失踪の宣告をすることはできませんが、その期間は、旧法の下では民法第30条第1項（普通失踪）の場合にあっては6か月を、同条第2項（危難失踪）の場合にあっては2か月を下ってはならないものとしていたのを（旧家審規第40条第2項）、事案によっては、これらの期間を下っても十分である場合があると考えられますので、民法第30条第1項（普通失踪）の場合にあっては3か月を、同条第2項（危難失踪）の場合にあっては1か月を下ってはならないものとし、その最低期間を短縮することとしました（第148条第3項）。

エ 審判の告知

失踪の宣告の審判は不在者の生死が不明であるときにされるものですか

ら、同審判を不在者に対して告知することはおよそ不可能であるため、失踪の宣告の審判は、不在者に対して告知することを要しないものとしています（第148条第4項）。

(2) **失踪の宣告の取消しの審判事件について**

ア　手続行為能力

失踪の宣告の審判事件と同様、失踪者は、失踪の宣告の取消しの審判事件においては、一般的に手続行為能力の制限を受けていても、自ら有効に手続行為をすることができることを明確にしています（第149条第2項において準用する第118条）。

イ　審判の告知

民法第30条に規定する期間が満了した時と異なる時に死亡したことの証明があったことを理由として失踪の宣告を取り消す審判がなされたときには、失踪者自身に対して審判を告知することはできないこと等に鑑み、失踪の宣告の審判の取消しの審判は、事件記録上失踪者の住所または居所が判明している場合に限り、審判を受ける者である失踪者に対し、告知すれば足りるものとしています（第149条第3項）。

> **Q90** 婚姻等に関する審判事件の規律について、今回の見直しの要点は何ですか。

A 婚姻等に関する審判事件の規律について、見直しの要点は、次のとおりです。

(1) まず、新法第2編第2章第6節に規定する婚姻等に関する審判事件のうち、夫婦間の協力扶助に関する処分の審判事件、婚姻費用の分担に関する処分の審判事件、子の監護に関する処分の審判事件、財産の分与に関する処分の審判事件および離婚等の場合における祭具等の所有権の承継者の指定の審判事件は、別表第2に掲げる事項についての審判事件ですから、第66条から第72条までの特則(合意管轄、申立書の写しの送付、必要的陳述聴取、審問の期日への立会い、事実の調査の通知、審理の終結、審判日)が新たに適用されることになり、当事者の手続保障がより図られることとなりました。

なお、夫婦財産契約による財産の管理者の変更等の審判事件については、民法第758条の規定の趣旨に照らし、調停をすることができない事項についての審判事件、すなわち、別表第1に掲げる事項についての審判事件と位置付けることに変更しているため(**Q25**参照)、上記の特則は適用になりませんが、申立人でない婚姻の他方当事者の手続保障を図る必要があることから、第152条第1項において、当該他方当事者に対する必要的陳述聴取の規定を置いています。

(2) そのほか、見直しの要点としては、次のものが挙げられます。

ア 管轄

夫婦間の協力扶助に関する処分の審判事件、夫婦財産契約による財産の管理者の変更等の審判事件、婚姻費用の分担に関する処分の審判事件および財産の分与に関する処分の審判事件については、当事者間の公平、事案に即した適正かつ迅速な紛争解決等の観点から、相手方(他方配偶者)の住所地だけでなく新たに申立人の住所地を管轄する家庭裁判所にも管轄を認めることとしました(第150条第1号から第3号まで、第5号)。

イ 手続行為能力

夫婦間の協力扶助に関する処分の審判事件であって財産上の給付を求める

もの以外の事件においては夫および妻が、子の監護に関する処分の審判事件であって財産上の給付を求めるもの以外の事件においては子が、それぞれ一般的に手続行為能力の制限を受けていても、自ら有効に手続行為をすることができるものとするのが相当であることから、その旨の明文の規定を置くこととしました（第151条において準用する第118条）。

　ウ　申立ての取下げの制限

　財産の分与に関する処分の審判事件は、その申立期間に制限がある（民法第768条第2項ただし書）ほか、相手方にも審判を得ることに特に強い利益があると定型的に認められるので、その利益を保護する趣旨で、相手方が書面を提出し、または期日において陳述した後は、申立てを取り下げるためには相手方の同意を要するものとして、通常の別表第2に掲げる事項についての審判事件における申立ての取下げ（第82条第2項）に対する特則を設けました（第153条）。

　エ　給付命令等

　民法等の一部を改正する法律（平成23年法律第61号）による改正により、民法第766条第1項に、父母が協議上の離婚をする場合の子の監護について必要な事項の定めの例示として、父または母と子との面会およびその他の交流と子の監護に要する費用の分担が明記されました。そこで、新法においては、これまでの実務上の運用および前記の民法の規定の改正を踏まえ、子の監護に関する処分の審判において定めることのできる事項として、面会交流および監護費用の分担を新たに例示として掲げることとしました（第154条第3項）。

　オ　即時抗告

　夫婦間の協力扶助に関する処分の審判およびその申立てを却下する審判について、夫および妻以外の利害関係人に即時抗告権を認めるべき具体的な必要性があるとは認め難いことから、夫および妻のみが即時抗告をすることができるものとすることに変更しました（第156条第1号）。

　カ　審判前の保全処分

　婚姻等に関する審判事件のうち、別表第2に掲げる事項についての審判事件においては、家事調停の申立てがあった場合にも審判前の保全処分をすることができることとしました（第157条第1項）。

Q91 親子に関する審判事件の規律について、今回の見直しの要点は何ですか。

A 親子に関する審判事件の規律について、見直しの要点は、次のとおりです。

(1) 嫡出否認の訴えの特別代理人の選任の審判事件について

ア　手続行為能力

夫は、嫡出否認の訴えについて意思能力があれば、行為能力の制限を受けていても、自ら有効に訴訟行為をすることができるものとされています。そこで、その訴えを提起するために必要となる特別代理人の選任の審判事件においても、夫は、一般的に手続行為能力の制限を受けていても、自ら有効に手続行為をすることができることを明確にしました（第159条第2項において準用する第118条）。

イ　即時抗告

誤った判断により特別代理人の選任の申立てを却下され、その結果、嫡出否認の訴えの提起をすることができないという状態を放置することは相当ではありません。そこで、嫡出否認の訴えの特別代理人の選任の申立てを却下する審判に対して即時抗告をすることができることとしました（第159条第3項）。

(2) 子の氏の変更についての許可の審判事件について

ア　管轄

管轄については、原則として、子の住所地を管轄する家庭裁判所とした上で、旧法の下では、無関係な数人の子についての申立てに係るものであっても、その1人の子の住所地を管轄する家庭裁判所に管轄を認めていましたが（旧家審規第62条、第52条第2項）、父または母を同じくする数人の子についての申立てに係るものに限りその1人の子の住所地を管轄する家庭裁判所を管轄裁判所とすることに変更しました（第160条第1項）。

イ　手続行為能力

15歳以上の子は、一般的に手続行為能力の制限を受けていても、自ら有効に手続行為をすることができることを明確にしました（第160条第2項に

おいて準用する第118条)。なお、子が15歳未満の場合は、法定代理人が代わって手続行為をすることになり(民法第791条第3項)、子が自ら手続行為をすることは想定されていません(新法第160条第2項括弧書き)。

(3) **養子縁組をするについての許可の審判事件について**

ア 手続行為能力

養親となるべき者および15歳以上の養子となるべき者は、一般的に手続行為能力の制限を受けていても、自ら有効に手続行為をすることができることを明確にしました(第161条第2項における第118条の準用)。なお、子が15歳未満の場合については、(2)イと同様です。

イ 陳述の聴取

養子縁組をするについての許可が養子となるべき者の身分関係に重大な影響を与えることに鑑み、養子となるべき者が15歳以上である場合には、その陳述を聴かなければならないものとするとともに、養子となるべき者が未成年者である場合には、養子となるべき者の利益を代弁することができる親権を行う者または未成年後見人の陳述を聴かなければならないものとしました(第161条第3項)。

(4) **死後離縁をするについての許可の審判事件について**

ア 手続行為能力

養親および15歳以上の養子は、一般的に手続行為能力の制限を受けていても、自ら有効に手続行為をすることができることとを明確にしました(第162条第2項において準用する第118条)。なお、子が15歳未満の場合については、(2)イと同様です。

イ 代襲相続人への通知

相続権の保護の観点から、事件の記録上、氏名および住所または居所が判明している養子の代襲者に対し、申立てがなされた旨を通知するものとしました(第162条第3項)。

(5) **離縁等の場合における祭具等の所有権の承継者の指定の審判事件について**

家庭裁判所が、系譜、祭具および墳墓の引渡しを命じることができる者が当事者に限られることを明確にしました(第163条第2項)。

(6) **特別養子縁組の成立に関する審判事件について**

ア 手続行為能力

養親となるべき者および養子となるべき者の父母は、一般的に手続行為能力の制限を受けていても、自ら有効に手続行為をすることができることを明確にしました（第164条第2項において準用する第118条）。

イ　陳述の聴取

養子となるべき者の父母の陳述の聴取をしなければならない場合を特別養子縁組の成立の審判をする場合とする（特別養子縁組の成立の審判の申立てを却下する審判をする場合は不要とする）など陳述の聴取の規律を見直しました（第164条第3項）。

ウ　審判の告知

特別養子縁組の成立の審判は、養子となるべき者に対し親権を行う者および養子となるべき者の未成年後見人ならびに養子となるべき者の父母に対し親権を行う者および養子となるべき者の父母の後見人にも告知しなければならないものとするとともに、養子となるべき者自身には告知することを要しないことを明確にするなど、告知をすべき者の範囲を見直しました（第164条第5項から第7項まで）。

エ　審判前の保全処分

特別養子縁組の成立の審判事件を本案とする審判前の保全処分については、職務の執行を停止される親権者もしくは未成年後見人、養子となるべき者に対し親権を行う者もしくは他の未成年後見人または職務代行者に告知することによって、その効力を生ずることとし、職務執行を停止される者が審判の告知を受けることを拒んでいる場合や職務執行を停止される者が行方不明で速やかに審判を告知をすることができない場合であっても効力発生に支障がないようにするための見直しをしました（第166条第2項）。

(7)　**特別養子縁組の離縁の審判事件について**

ア　手続行為能力

養親、養子およびその実父母は、一般的に手続行為能力の制限を受けていても、自ら有効に手続行為をすることができることを明確にしました（第165条第2項において準用する第118条）。

イ　陳述の聴取

養子の陳述の聴取をしなければならない場合を特別養子縁組の離縁の審判をする場合とする（特別養子縁組の離縁の申立てを却下する審判をする場合は不

要とする）など陳述の聴取の規律を見直しました（第165条第3項）。

　ウ　審判の告知

　特別養子縁組の離縁の審判は、養子に対し親権を行う者および養子の後見人、養親の後見人ならびに養子の実父母に対し親権を行う者および養子の実父母の後見人にも告知しなければならないものとするとともに、一定の場合には、養子自身に対し告知することを要しないものとしました（第165条第5項、第6項）。

　エ　審判前の保全処分

　特別養子縁組の離縁の審判事件を本案とする審判前の保全処分についても、(6)エと同様です（第166条）。

Q92 親権に関する審判事件の規律について、今回の見直しの要点は何ですか。

A 親権に関する審判事件の規律について、見直しの要点は、次のとおりです。

(1) **養子の離縁後に親権者となるべき者の指定および親権者の指定または変更の審判事件について**

これらの事件は、別表第2に掲げる事項についての審判事件ですから（別表第2の7の項および8の項）、第66条から第72条までの特則（合意管轄、申立書の写しの送付、必要的陳述聴取、審問の期日への立会い、事実の調査の通知、審理の終結、審判日）が新たに適用されることになり、当事者の手続保障がより図られることとなりました。

親権者の指定または変更の審判を本案とする保全処分については、次の(2)クを参照。

(2) **その他**

ア 親権停止の審判についての手続の創設

民法等の一部を改正する法律（平成23年法律第61号）の制定により、親権停止の制度が導入されたことに伴い、そのための審判の手続を設けました（Q6参照）。

イ 管轄

管轄については、いずれも子の住所地を管轄する家庭裁判所を管轄裁判所としました（第167条）(注)。

ウ 手続行為能力

子は、一般的に手続行為能力の制限を受けていても、自ら有効に手続行為をすることができることを明確にするとともに、その他の一定の者も、一定の事件においては（例えば、親権者変更の審判事件における父母）、一般的に手続行為能力の制限を受けていても、自ら有効に手続行為をすることができることを明確にしました（第168条において準用する第118条）。

エ 陳述の聴取

旧法の下では規定はありませんでしたが、親権喪失等の審判をするには

15歳以上の子の陳述を聴かなければならないものとしました。また、親権喪失等の審判をする場合の親権者の陳述の聴取の方法を見直し、審問の期日においてすべきものとしました（第169条第1項柱書後段）。

　オ　審判の告知

　親権喪失等の審判を原則として子に告知することとするなど審判の告知の規律について見直しをしました（第170条）。

　カ　即時抗告

　即時抗告については、子が親権喪失等の申立てを却下する審判に対し即時抗告をすることができるものとするなど即時抗告権者について見直しをするとともに、即時抗告の期間についても、審判の告知を受ける者については、旧家審規第77条第1項のような特則を設けず、原則どおり、審判の告知を受けた日から進行することとしました（第172条、第86条第2項）。

　キ　管理者の改任等

　第三者が子に与えた財産の管理に関する処分の審判事件については、家庭裁判所が選任した管理者が任意に辞任することができないこととするとともに、財産の管理を継続することが相当でなくなったとき等を取消事由にするなど処分の取消しについて見直しをしました（第173条において準用する第125条）。

　ク　審判前の保全処分

　親権に関する審判事件のうち、親権者の指定または変更を本案とする審判前の保全処分は、家事調停の申立てがあった場合にもすることができることとしました。また、親権者の職務執行停止の保全処分は、職務の執行を停止される親権者、子の親権を行う者または職務代行者に告知することによって、その効力を生ずることとし、職務執行を停止される者が審判の告知を受けることを拒んでいる場合や行方不明で速やかに審判を告知することができない場合であっても効力の発生に支障がないようにするための見直しを行っています（第174条、第175条第3項から第6項まで）。

　（注）　旧法の下では、親権喪失または管理権喪失の審判事件について、親権者の住所地を管轄する家庭裁判所を管轄裁判所としていましたが（旧家審規第73条）、これらの事件についても、子の利益の観点からすべきであることを考慮すれば、子の住所地を管轄する家庭裁判所を管轄裁判所とするのが相当であると考えました。

Q93 未成年後見に関する審判事件の規律について、今回の見直しの要点は何ですか。

A 未成年後見に関する審判事件の規律について、見直しの要点は、次のとおりです。

ア 複数後見人の存在を前提とした審判の創設

民法等の一部を改正する法律（平成23年法律第61号）の制定により、複数の未成年後見人を選任することができることになったことに伴い（改正後の民法第857条の2）、未成年後見人の権限の行使についての審判を創設しました（別表第1の78の項）。

イ 管轄

管轄については、いずれも未成年被後見人の住所地を管轄する家庭裁判所を管轄裁判所としています（第176条）。

ウ 手続行為能力

未成年被後見人は、未成年後見に関する審判事件のうち一定のものについては、一般的に手続行為能力の制限を受けていても、自ら有効に手続行為をすることを明確にしました（第177条において準用する第118条）。

エ 陳述の聴取

旧法の下では規定がありませんでしたが、未成年後見人の選任の審判をするには15歳以上の未成年被後見人の陳述を聴かなければならないものとしました（第178条）。

オ 即時抗告

即時抗告については、未成年後見人の解任の審判における即時抗告権者を未成年後見人に限るなど即時抗告権者について見直しをしました（第179条）。

カ 申立ての取下げの制限

未成年後見人の選任の申立てのうち一定のものについては、裁判所の許可を得なければ取り下げることができないこととしました（第180条、第121条）。

キ 管理者の改任等

第三者が未成年被後見人に与えた財産の管理に関する処分の審判事件については、家庭裁判所が選任した管理者が任意に辞任することができないこととするとともに、財産の管理を継続することが相当でなくなったとき等を取消事由にするなど処分の取消しについて見直しをしました（第180条において準用する第125条）。

ク　審判前の保全処分

未成年後見人の解任の審判事件を本案とする審判前の保全処分については、旧法の下では申立てによることとされていたのを（旧家審規第86条、第74条）、職権によっても、職務執行の停止または職務代行者の選任の保全処分をすることができることとするとともに、同保全処分は、職務の執行を停止される未成年後見人、他の未成年後見人または職務代行者に告知することによって、その効力を生ずることとし、職務執行を停止される者が審判の告知を受けることを拒んでいる場合や職務執行を停止される者が行方不明で速やかに審判を告知することができない場合であっても効力の発生に支障がないようにするための見直しをしました。未成年後見監督人の解任の審判事件を本案とする審判前の保全処分についても、同様です（第181条において準用する第127条第1項から第4項まで）。

Q94 扶養に関する審判事件の規律について、今回の見直しの要点は何ですか。

A 扶養に関する審判事件の規律について、見直しの要点は、次のとおりです。

(1) 扶養に関する審判事件のうち扶養の順位の決定およびその決定の変更または取消しの審判事件ならびに扶養の程度または方法についての決定およびその決定の変更または取消しの審判事件は、別表第2に掲げる事項についての審判事件ですから、第66条から第72条までの特則(合意管轄、申立書の写しの送付、必要的陳述聴取、審問の期日への立会い、事実の調査の通知、審理の終結、審判日)が新たに適用されることになり、当事者の手続保障がより図られることとなりました。

なお、扶養義務の設定の審判事件および扶養義務の設定の取消しの審判事件については、民法第877条第2項および第3項の趣旨に照らし、調停をすることができない事項についての審判事件、すなわち、別表第1に掲げる事項についての審判事件と位置付けることに変更しているため(**Q25**参照)、上記の特則は適用になりませんが、扶養義務の設定の審判により扶養義務者となるべき者および扶養義務の設定の取消しの審判により扶養請求権を失う扶養権利者の手続保障を図る必要があることから、第184条において、これらの者に対する必要的陳述聴取の規定を置いています。

(2) そのほか、見直しの要点としては、次のものが挙げられます。

ア 管轄

扶養義務の設定の取消しの審判事件の管轄について、手続経済および当事者間の公平の観点から、旧法の下での規律(旧家審規第94条第1項により相手方の住所地を管轄する家庭裁判所を管轄裁判所とする規律)を変更し、取消しの対象となる扶養義務の設定の審判をした家庭裁判所(高等裁判所が審判に代わる裁判をしたときは第1審裁判所である家庭裁判所)を管轄裁判所とすることとしました(第182条第2項)。

イ 申立て

扶養義務の設定の申立てが、精神保健及び精神障害者福祉に関する法律第

20条第2項第4号の規定による保護者の選任の申立てとともにされることが多い実情を踏まえ、これらの申立てを1つの申立てによりするときは、精神障害者の住所地を管轄する家庭裁判所にも扶養義務の設定の申立てをすることができることとしました（第183条）。

　ウ　即時抗告

　旧法の下での規律では、扶養に関する審判の内容いかんにかかわらず、当事者または利害関係人に一律に即時抗告権を認めていました（旧家審規第97条）。しかし、新法においては、扶養義務の設定についての審判および扶養義務の設定の取消しについての審判の各申立てを却下する審判に対する即時抗告権は申立人のみに認め、扶養義務の設定または設定の取消しの審判に対する即時抗告権は、それぞれこれにより不利益を被り得る扶養義務者となるべき者または扶養権利者（申立人を除く）に認めることとすれば足りると考え、その旨の変更をしました。また、扶養の順位の決定およびその決定の変更または取消しの審判ならびにこれらの申立てを却下する審判、扶養の程度または方法についての決定およびその決定の変更または取消しの審判ならびにこれらの申立てを却下する審判については、当事者に定型的に不服申立ての利益があると認められる一方、利害関係人に即時抗告権まで認める必要性は見出し難いので、申立人および相手方の双方にのみ即時抗告権を認めることとしました（第186条）。

　エ　審判前の保全処分

　扶養義務の設定の審判事件および扶養義務の設定の取消しの審判事件を本案とする審判前の保全処分については、これを認めるべき必要性は具体的に想定し難いことから規律を設けていません。扶養の順位の決定およびその決定の変更または取消しの審判事件ならびに扶養の程度または方法についての決定およびその決定の変更または取消しの審判事件においては、家事調停の申立てがあった場合にも審判前の保全処分をすることができることとしました（第187条）。

Q95 推定相続人の廃除に関する審判事件の規律について、今回の見直しの要点は何ですか。

A 推定相続人の廃除に関する審判事件の規律について、見直しの要点は、次のとおりです。

ア　審判の性質および手続保障

　推定相続人の廃除の審判事件および推定相続人の廃除の審判の取消しの審判事件の規律については、旧法の下での規律を変更し、民法第892条および第894条の趣旨を踏まえて、調停をすることができない事項についての審判事件、すなわち別表第1に掲げる事項についての審判事件と位置付けることに変更しました（第188条第1項、別表第1の86の項、87の項。Q25(3)参照）。

　もっとも、推定相続人の廃除の審判事件が実質的には廃除を求める申立人と廃除を求められた推定相続人とが対立する紛争性の高い事件であり、廃除を求められた推定相続人は、廃除の審判の確定により相続権が剥奪されるという重大な不利益を被ることからしますと、特に廃除を求められた推定相続人については、別表第2に掲げる事項についての審判事件と同等かそれ以上の手続保障を図る必要があるといえます。そこで、別表第2に掲げる事項についての審判事件の特則である第67条（申立書の写しの送付）、第69条（審問の期日への立会い）、第70条（事実の調査の通知）、第71条（審理の終結）および第72条（審判日）の規定を準用するとともに、廃除を求められた推定相続人の陳述の聴取を審問の期日においてしなければならないこととしました（第188条第3項、第4項）。

イ　手続行為能力

　推定相続人の廃除または廃除の取消しの意思表示は、被相続人の行使上および帰属上の一身専属権であり、その真意に基づく限り有効な権利の行使として扱われるべきであると解されることから、被相続人は、一般的に手続行為能力が制限されていたとしても意思能力を有する限り有効に手続行為をすることができるものとする特則を新たに置くこととしました（第188条第2項において準用する第118条）。

ウ　遺産の管理についての処分の審判事件の管轄

推定相続人の廃除の審判またはその取消しの審判の確定前の遺産の管理に関する処分の審判事件の管轄について、新たに、推定相続人の廃除に関する審判事件が既に係属している場合には、当該事件が係属する裁判所を管轄裁判所とすることとしました（第189条第1項）。

Q96 遺産の分割の審判事件の規律について、今回の見直しの要点は何ですか。

A 遺産の分割の審判事件の規律について、見直しの要点は、次のとおりです。

ア 手続保障

遺産の分割の審判事件は、別表第2に掲げる事項についての審判事件ですから、第66条から第72条までの特則（合意管轄、申立書の写しの送付、必要的陳述聴取、審問の期日への立会い、事実の調査の通知、審理の終結、審判日）が新たに適用されることになり、当事者の手続保障がより図られることとなりました。

イ 遺産の換価処分の性質

遺産の分割の審判事件においてされる遺産の換価処分は、遺産の分割の審判事件の手続内において中間処分としてされるものであることから、審判以外の裁判と位置付けることにしました（第194条第1項）。

ウ 即時抗告

遺産の分割の審判およびその申立てを却下する審判に対する即時抗告権者を相続人のみとし、利害関係人は含めないことに変更しました（第198条第1項）(注)。

エ 申立ての取下げの制限

遺産の分割の審判事件は、申立人だけでなく相手方にも審判を得ることに特に強い利益があると定型的に認められるので、その利益を保護する趣旨で、相手方が書面を提出し、または期日において陳述をした後は申立てを取り下げるには相手方の同意を要するものとして、通常の別表第2に掲げる事項についての審判事件における申立ての取下げ（第82条第2項）に対する特則を設けました（第199条において準用する第153条）。

オ 審判前の保全処分

家事調停の申立てがあった場合にも審判前の保全処分をすることができることとしています（第200条第1項および第2項）。

（注）　相続人の1人が相続開始後に破産手続開始決定を受け、破産管財人が選任された場合において、相続財産について遺産の分割の調停または審判につき当事者適格を有する者は、当該破産管財人であることを前提としています（平成22年8月24日法務省民二第2077号法務省民事局第2課長回答参照）。したがって、即時抗告権者に利害関係人を含めないこととしても、破産管財人は「相続人」としての資格で即時抗告ができます。

Q97 相続の承認および放棄に関する審判事件の規律について、今回の見直しの要点は何ですか。

A 相続の承認および放棄に関する審判事件の規律について、見直しの要点は、次のとおりです。

ア　管轄

限定承認の場合における鑑定人の選任の審判事件は、限定承認の申述が受理された後、相続財産の清算を行う手続の一環としてなされるものであるため、当初の限定承認の申述を受理した家庭裁判所（抗告裁判所が限定承認の申述を受理した場合にあっては、その第1審裁判所である家庭裁判所）で審理等を行うものとするのが合理的です。そこで、旧法の下では、相続開始地の家庭裁判所を管轄裁判所としていた規律（旧家審規第99条）を変更し、当初の限定承認の申述を受理した家庭裁判所（抗告裁判所が限定承認の申述を受理した場合にあっては、その第1審裁判所である家庭裁判所）を管轄裁判所とすることとしました（第201条第2項）。

イ　手続行為能力

限定承認または相続の放棄の取消しの申述の受理の審判事件における手続行為能力については、旧法の下では、これを定めた規定はありませんでしたが、実体法上、未成年者等も自ら有効に確定的に取消権を行使し得ると解されていることから（民法第120条）、限定承認または相続の放棄の取消しの申述の受理の審判事件においても、一般的に手続行為能力の制限を受けていても自ら有効に取消しの申述をすることができるものとするのが相当です。そこで、その旨の規定を置くことにしました（第201条第4項において準用する第118条）。

ウ　申述の方式等

限定承認およびその取消しならびに相続の放棄およびその取消しの申述の方式については、旧家審規第114条第2項および第3項が定めていましたが、新法第2編第1章総則において申立書の記載事項についての規定を整備したことから（第49条）、申述の方式についても、これと平仄を合わせた規定を置くこととしました（第201条第5項）。なお、旧家審規第114条第2項およ

び第3項が定めるその他の詳細な記載事項については、最高裁判所規則において定めることが考えられます。

また、新法第2編第1章総則において規定する申立ての併合（第49条第3項）、必要的記載事項がない場合の申立書の却下（同条第4項から第6項まで）および申立ての変更（第50条）については、申述においても異なる取扱いをする必要はないと考えられますので、第201条第6項において、これらの規律を準用することとしました。

エ　申述の受理の審判

申述の受理の審判は、申述書にその旨を記載したときに効力が生ずるものと解されていることから、第201条第7項において、これを明文化することとしました。

また、申述の受理の審判は申述書にその旨を記載するものとされており、別途審判書を作成するものではないことから、第201条第8項において、総則の規定である第76条（審判の方式および審判書）の規定は適用しない旨規定することとしました。

なお、申述の受理の審判は、その性質上告知は不要です（最高裁判所規則により当事者および利害関係参加人に通知するものとすることが考えられます）。

オ　即時抗告

相続の承認または放棄をすべき期間の伸長の申立てを却下する審判について、旧法の下では、即時抗告権者を相続人または利害関係人としていました（旧家審規第113条において準用する同規則第111条）。しかし、相続の承認または放棄をすべき期間は各相続人ごとに進行し、伸長の要否および必要な期間も各相続人によって異なることからしますと、申立てを却下する審判に対しては、当該申立人のみが即時抗告し得るとするのが整合的であり、また期間の伸長が必要な申立権者は自ら申立てをすれば足りることから、申立人以外の者が却下の審判を争うことができるとする必要はないと考えられます。そこで、これらの審判については申立人のみが即時抗告をすることができることとしました（第201条第9項第1号）。

限定承認または相続の放棄の取消しの申述を却下する審判についても、旧法の下では、即時抗告権者を相続人または利害関係人としていましたが（旧家審規第115条第2項において準用する同規則第111条）、その実質的意味はこ

れらを取り消すことができる者であるとする解釈があり、また実際上も、取消権を有する者が申述の却下を争う固有の利益を有していると考えられます。そこで、これらの取消しをすることができる者が即時抗告をすることができることを明確にしました（第201条第9項第2号）。

　限定承認または相続の放棄の申述を却下する審判についても、旧法の下では、即時抗告権者を相続人または利害関係人としていました（旧家審規第115条第2項において準用する同規則第111条）。しかし、限定承認または相続の放棄の申述を却下する審判の当否を争う利益は当該申述人に固有のものであり、申述人が争わない却下の審判を他の相続人が争うことを認める必要はなく、また、申述人の他に審判を争う固有の利益を有する利害関係人を想定することはできません。そこで、申述人のみが即時抗告をすることができることとしました（第201条第9項第3号）。

Q98 財産分離に関する審判事件の規律について、今回の見直しの要点は何ですか。

A 財産分離に関する審判事件の規律について、見直しの要点は、次のとおりです。

ア 管轄

財産分離の請求後の相続財産の管理に関する処分の審判事件は、資料を収集しやすい裁判所が審理判断をするのが相当であり、当該財産分離の審判事件が係属している場合には、当該裁判所において扱うのが合理的であると考えられます。そこで、旧法の下で相続開始地の家庭裁判所を管轄裁判所としていた規律（旧家審規第99条第1項）を変更し、当該財産分離の審判事件が係属している家庭裁判所（抗告裁判所に係属している場合にあってはその裁判所、財産分離の裁判確定後にあっては財産分離の審判事件が係属していた家庭裁判所）を管轄裁判所とすることとしました（第202条第1項第2号）。

また、財産分離の場合における鑑定人の選任の審判事件は、財産分離後の清算手続の一環としてなされるものであるため、当初の財産分離の審判をした家庭裁判所（抗告裁判所が相続財産の分離の審判に代わる裁判をした場合にあっては、その第1審裁判所である家庭裁判所）で行うものとするのが合理的であることから、同様に、旧家審規第99条第1項の規律を変更し、当初の財産分離の審判をした家庭裁判所（抗告裁判所が相続財産の分離の審判に代わる裁判をした場合にあっては、その第1審裁判所である家庭裁判所）を管轄裁判所とすることとしました（第202条第1項第3号）。

イ 即時抗告の規定の明確化

即時抗告については、基本的には、旧法の下での規律（旧家審規第117条）を維持していますが、財産分離の申立てを却下する審判の即時抗告権者について、旧家審規第117条第2項においては、民法第941条第1項の規定による財産分離の場合と、同法第950条第1項の規定による財産分離の場合とを区別せずに規定していたのを、それぞれの申立ての申立権者に即時抗告を認めることを明確にしました（第202条第2項第2号、第3号）。

Q99

相続人の不存在に関する審判事件の規律について、今回の見直しの要点は何ですか。

A 相続人の不存在に関する審判事件の規律については、鑑定人の選任の審判事件の管轄について、見直しをしました。

相続人の不存在の場合における鑑定人の選任の審判事件は、相続人の不存在の場合における相続財産の清算手続の一環としてなされるものであるため、当初の相続人の不存在の場合における相続財産の管理に関する処分の審判事件において相続財産の管理人の選任の審判をした家庭裁判所で行うものとするのが、合理的です。そこで、旧法の下では、相続開始地の家庭裁判所を管轄裁判所としていた規律（旧家審規第99条第1項）を変更し、上述の相続財産の管理人の選任の審判をした家庭裁判所を管轄裁判所とすることとしました（第203条第2号）。

Q100 遺言に関する審判事件の規律について、今回の見直しの要点は何ですか。

A 遺言に関する審判事件の規律について、見直しの要点は、次のとおりです。

ア　陳述の聴取

民法第1027条の規定による負担付遺贈に係る遺言の取消しの審判は、受遺者および負担の利益を受けるべき者（受益者）に重大な影響を及ぼすものであることから、新法において、当該審判をするには、これらの者の陳述を聴かなければならないこととしました（第210条第1項第2号）。

イ　申立ての取下げの制限

危急時遺言は、遺言後に家庭裁判所の確認を得なければその効力を生じないとされているので（民法第976条第4項および第979条第3項）、申立人の一存で遺言書の効力が失われるものとするのは相当ではありません。また、遺言書の検認も、その申立てが法律上義務付けられているので（民法第1004条第1項）、申立人が自由に申立てを取り下げられるものとすることは相当ではありません。そこで、新法においては、危急時遺言の確認および遺言書の検認の申立てを取り下げるには、裁判所の許可を得なければならないこととしました（第212条）。なお、遺言書の検認の申立ての取下げが許可される場合としては、例えば、申立て後に遺言書が滅失した場合や、申立て後に遺言書でないことが明らかになった場合、誤って生存者の遺言書につき検認の申立てをした場合など、申立てを維持しても却下されることが想定される場合等が挙げられます。

ウ　審判の告知

民法第1019条第1項の規定により遺言執行者が解任された場合には、当該遺言執行者が審判を受ける者ですから、新法第2編第1章総則の規定（第74条第1項）によれば、当該審判は遺言執行者には告知されても、必ずしも相続人には告知されません。しかしながら、裁判所は、職権によって次の遺言執行者を選任するものとはされておらず、利害関係人が遺言執行者の選任を請求することになりますから（民法第1010条）、相続人に遺言執行者の解

任を知らせて新たな遺言執行者の選任を請求する契機とするため、遺言執行者を解任する審判は、相続人に告知しなければならないこととしました（第213条第1号）。

また、負担付遺贈に係る遺言を取り消す審判がされた場合、当該審判は負担の利益を受けるべき者に重大な影響を及ぼすものであることから、負担の利益を受けるべき者に即時抗告をする機会を実質的に保障するため、当該審判を負担の利益を受けるべき者に告知しなければならないこととしました（第213条第2号）。

エ　審判前の保全処分

遺言執行者の職務の執行を停止する審判については、職務の執行を停止される遺言執行者、他の遺言執行者または職務代行者に告知することによって、その効力を生ずることとし、職務の執行を停止される遺言執行者が審判の告知を受けることを拒んでいる場合や当該遺言執行者が行方不明で速やかに審判を告知することができない場合であっても効力の発生に支障がないようにするための見直しをしました（第215条第2項）。

Q101 遺留分に関する審判事件の規律について、今回の見直しの要点は何ですか。

A 遺留分に関する審判事件の規律については、即時抗告の見直しをしました。

　旧法の下では、遺留分の放棄についての許可の申立てを却下する審判に対し、申立人に即時抗告権を認める明文の規定がありません。しかし、当該審判により申立人は遺留分の放棄をすることができず、当該審判は申立人に重大な影響を及ぼすものであることから、その申立てを却下する審判に対しては、申立人は、即時抗告をすることができるとするのが相当です。そこで、新法においては、その旨の規定を設けることとしました（第216条第2項）。なお、遺留分の放棄を許可する審判については、申立てどおりの審判がされたものであり、また、その判断を独自に争わせるだけの固有の利益を有するものと認められる第三者は想定されないことから、即時抗告をすることはできないこととしました。

Q102

任意後見契約に関する法律に規定する審判事件の規律について、今回の見直しの改正の要点は何ですか。

A

任意後見契約に関する法律（以下「任意後見契約法」という）に規定する審判事件の規律について、見直しの要点は、次のとおりです。

ア　管轄

　任意後見契約の効力を発生させるための任意後見監督人の選任の審判事件以外の任意後見契約法に規定する審判事件については、当該選任の審判がされた後は、当該選任の審判をした家庭裁判所に管轄を集中させ当該裁判所が一元的に取り扱うものとすることが、合理的であると考えられます。そこで、任意後見契約の効力を発生させるための任意後見監督人の選任の審判事件の管轄については、本人の住所地の家庭裁判所を管轄裁判所とする旧法の規律を維持しつつ、その他の審判事件については、本人の住所地の家庭裁判所を管轄裁判所としていた旧法の規律（旧特別家審規第3条）に代えて、当該選任の審判をした家庭裁判所（抗告裁判所が選任の裁判をした場合には、その第1審裁判所である家庭裁判所。任意後見監督人の選任の審判事件が係属している場合には、同事件が係属している裁判所）を管轄裁判所とすることとしました（第217条）。

イ　手続行為能力

　任意後見制度においては、既に法定後見（成年後見、保佐または補助）が開始されている本人が、任意後見契約法第4条第1項の規定による任意後見監督人の選任の申立てをすることも想定されますので（同項第2号参照）、そのような場合には、自己決定の尊重の見地から、本人は、一般的に手続行為能力の制限を受けていても、自ら有効に手続行為をすることができることを明確にしました（第218条において準用する第118条）(注)。

ウ　陳述の聴取

　本人からの陳述の聴取については、その心身の障害により陳述を聴くことができない場合もあることから、そのような場合には陳述を聴くことを要しない旨を明らかにすることとしました（第220条第1項ただし書）。

エ　申立ての取下げの制限

任意後見契約の効力を発生させるための任意後見監督人の選任および任意後見監督人が欠けた場合における任意後見監督人の選任の審判事件においては、申立人が自ら希望する者が任意後見監督人に選任されそうにないことを知ると、申立てを取り下げてしまうような事態が生じ得るものと考えられます。このような場合において、家庭裁判所が当該審判をすることができなくなることは、公益性の見地からも本人保護の見地からも相当ではないことから、申立ての取下げをするには、家庭裁判所の許可を要することとしました（第221条）。なお、任意後見監督人を更に選任する場合における任意後見監督人の選任の審判事件については、既に任意後見監督人があり、本人保護の観点からも問題はないと考えられることから、このような場合にまで申立ての取下げを制限する必要はないと考えられますので、これを制限する旨の特段の規定は設けていません。

オ　即時抗告

任意後見監督人を解任する審判に対する即時抗告について、旧法の下では、当該任意後見監督人のほか、本人およびその親族が即時抗告をすることができる旨規定していましたが（旧特別家審規第3条の9第3項において準用する旧家審規第87条第1項）、解任される当該任意後見監督人自身がこれに不服はないとして即時抗告をしない場合に、他の者がその判断を争うことを認めることは相当ではなく、また、そのような場合には当該任意後見監督人に監督を継続させても実効的な監督を期待することはできないと考えられます。そこで、旧法下の規律を変更し、当該審判に対しては、解任される任意後見監督人のみが即時抗告をすることができることとしました（第223条第2号）。

また、任意後見人を解任する審判に対する即時抗告について、旧法の下では、解任される当該任意後見人のほか、任意後見監督人、本人およびその親族も即時抗告をすることができる旨規定していましたが（旧特別家審規第3条の10において準用する旧家審規第87条第1項）、当該解任により任意後見契約が終了することとなるため、解任される任意後見人および任意後見契約の当事者である本人には即時抗告権を認める必要があるものの、それ以外の者がその判断を争うことを認めることは、相当ではないと考えられます。そこで、当該審判に対しては、解任される任意後見人および本人のみが即時抗告をすることができることとしました（第223条第4号）。

カ　審判前の保全処分

　旧法の下では、家庭裁判所が任意後見監督人の解任の審判事件を職権により開始した場合（任意後見契約法第7条第4項において準用する民法第846条参照）であっても、家庭裁判所が職権により任意後見監督人の職務の執行を停止し、またはその職務代行者を選任することはできないものとされていましたが（旧特別家審規第3条の9第3項において準用する旧家審規第74条第1項）、本案事件について職権で開始することができる以上は、審判前の保全処分についても、同様に職権で開始することを認めるのが相当であると考えられます。そこで、職権により任意後見監督人の職務の執行を停止し、またはその職務代行者を選任することができることとしました（第225条において準用する第127条第1項）。

　また、任意後見監督人の職務の執行を停止する審判については、職務の執行を停止される任意後見監督人、他の任意後見監督人または職務代行者に告知することによって、その効力を生ずることとし、職務の執行を停止される任意後見監督人が審判の告知を受けることを拒んでいる場合や当該任意後見監督人が行方不明で速やかに審判の告知をすることができない場合であっても効力の発生に支障がないようにするための見直しをしました（第225条第1項において準用する第127条第2項）。

　なお、同様の問題は、任意後見人の職務の執行を停止する場合についても生じ得ることから、任意後見人の職務の執行を停止する審判は、任意後見監督人に告知することによっても、その効力が生ずることとしています（第225条第2項において読み替えて準用する第127条第2項）。

　（注）　本人について、任意後見契約の効力を発生させるための任意後見監督人の選任の審判事件以外に手続行為能力についての特則が置かれていないのは次の理由によります。手続行為能力について問題になり得るのは、本人が成年被後見人、被保佐人、被補助人、未成年者の場合ですが、前三者については任意後見監督人を選任して任意後見契約の効力を生じさせた場合には法定後見等の審判は取り消されます（任意後見契約法第4条第2項）。また、本人が未成年者である場合には任意後見監督人が選任されることはありません（同条第1項第1号）。以上より、任意後見監督人の選任により任意後見が開始された後は、本人が一般的に手続行為能力の制限を受けていることは想定されないからです。

Q103 戸籍法に規定する審判事件の規律について、今回の見直しの要点は何ですか。

A 戸籍法に規定する審判事件の規律について、見直しの要点は、次のとおりです。

ア 手続行為能力

氏または名の変更についての許可の申立て、就籍許可の申立て、戸籍の訂正についての許可の申立ておよび市町村長の処分に対する不服の申立て（当該処分を受けた届出等を自らすることができる場合に限る）は、一般的に手続行為能力の制限を受けていても、自ら有効に手続行為をすることができることを明確にしました（第227条において準用する第118条）。

イ 事件係属の通知

戸籍法第113条の規定による戸籍訂正の許可の審判事件において、家庭裁判所は、届出人または届出事件の本人以外の者の申立てにより上記審判事件が係属した場合には、事件記録上氏名および住所または居所が判明している場合に限り、当該届出人または届出事件の本人にその旨を通知することとしました（第228条）。

Q104 厚生年金保険法等に規定する審判事件の規律について、今回の見直しの要点は何ですか。

A 厚生年金保険法等に規定する審判事件の規律については、請求すべき按分割合に関する処分の審判事件の管轄について、次のような見直しをしています。すなわち、旧特別家審規第17条の6は、請求すべき按分割合に関する処分の審判事件について、相手方の住所地の家庭裁判所を管轄裁判所としていましたが、当事者双方の公平の観点や、必要な裁判資料は申立人および相手方の住所地の双方にあると考えられることから、申立人の住所地の家庭裁判所も管轄裁判所とするのが相当です。そこで、同様の事情が認められる財産の分与に関する処分の審判事件について夫または妻であった者の住所地を管轄する家庭裁判所の管轄に属するものとしたこと（第150条第5号）と平仄を合わせ、相手方の住所地のほか、申立人の住所地を管轄する家庭裁判所も管轄裁判所とすることとしました（第233条第1項）。

なお、請求すべき按分割合に関する処分の審判事件は、別表第2に掲げる事項についての審判事件であり、第66条（合意管轄）、第67条（申立書の写しの送付）、第68条第1項（必要的陳述聴取）および第69条から第72条までの規定（審問の期日への立会い、事実の調査の通知、審理の終結、審判日）が適用されますが（別表第2の15の項参照）、当事者からの審問の申出について定める第68条第2項の規定は適用されません（第233条第3項）。これは、同事件の審理判断は、基本的に、対象期間、標準報酬総額、按分割合の範囲、これらの算定の基礎となる期間等に関する客観的な資料に基づいてされるものであり、当事者の陳述の内容によって左右される要素はそれほど多くないため、当事者からの陳述の聴取の方法として、審問の機会を保障することまでは必要がないと考えられることによるものです。

Q105 児童福祉法に規定する審判事件の規律について、今回の見直しの要点は何ですか。

A 児童福祉法に規定する審判事件の規律について、見直しの要点は、次のとおりです。

ア　手続行為能力

児童福祉法に規定する審判事件においては、児童を現に監護する者、児童に対し親権を行う者、児童の未成年後見人および児童は、審判の結果によって影響を受ける者であることから、その意思を可能な限り尊重する必要があると考えられます。そこで、これらの者は、一般的に手続行為能力の制限を受けていても、自ら有効に手続行為をすることができることを明確にしました（第235条において準用する第118条）。

イ　審判の告知

児童を現に監護する者、児童に対し親権を行う者および児童の未成年後見人は、都道府県の措置についての承認の審判および都道府県の措置の期間の更新についての承認の審判に対して強い利害関係を有し、また当該審判に対して即時抗告をすることができます。そこで、これらの者は新法第2編第1章総則において定める審判の告知を受ける者（第74条第1項）には該当しませんが、新法では、これらの者に対して、当該審判を告知することとしました（第237条）。

Q106 生活保護法等に規定する審判事件の規律について、今回の見直しの要点は何ですか。

A 生活保護法等に規定する審判事件の規律について、見直しの要点は、以下のとおりです。

ア 手続保障

生活保護法等に規定する審判事件には、別表第1に掲げる事項についての審判事件としての施設への入所等についての許可の審判事件（別表第1の129の項）と、別表第2に掲げる事項についての審判事件としての扶養義務者の負担すべき費用額の確定の審判事件（別表第2の16の項）があります。後者については、第66条から第72条までの特則（合意管轄、申立書の写しの送付、必要的陳述聴取、審問の期日への立会い、事実の調査の通知、審理の終結、審判日）が新たに適用されることになり、当事者の手続保障がより図られることになりました。

イ 管轄

扶養義務者の負担すべき費用額の確定の審判事件について、旧特別家審規第20条の5の規律を維持し、扶養義務者の住所地の家庭裁判所を管轄裁判所とするものとしつつ、複数の扶養義務者を相手方とする場合には、そのうちの1人の住所地の家庭裁判所で併せて審理判断することができるものとすることが当事者の便宜にかなうと考えられますので、扶養義務の設定の審判事件（別表第1の84の項）の管轄（第182条第1項）と同様に、そのうちの1人の住所地の家庭裁判所に申し立てることができることとしました（第240条第2項）。

ウ 手続行為能力

施設への入所等の許可の審判事件においては、被保護者および被保護者に対し親権を行う者または被保護者の後見人の意思を可能な限り尊重する必要があると考えられますので、これらの者は、一般的に手続行為能力の制限を受けていても、自ら有効に手続行為をすることができることを明確にしました（第240条第3項において準用する第118条）。

エ 審判の告知

審判の告知について、旧特別家審規に規定はありませんが、被保護者に対し親権を行う者および被保護者の後見人は、被保護者の保護施設への入所等の許可の審判に対して強い利害関係を有し、また、当該審判に対して即時抗告をすることができる者である（第240条第6項第1号）ことから、これらの者に対しては、当該審判を告知することとしました（第240条第5項）。
　オ　即時抗告
　扶養義務者の負担すべき費用負担額の確定についての審判について、旧特別家審規第20条の6は利害関係人にも即時抗告権を認めていましたが、申立人および相手方に不服がないにもかかわらず、即時抗告権を認めるべき第三者は特に想定することができないことから、利害関係人には即時抗告権を認めないこととしました（第240条第6項第3号）。

Q107 精神保健及び精神障害者福祉に関する法律に規定する審判事件について、今回の見直しの要点は何ですか。

A 精神保健及び精神障害者福祉に関する法律に規定する審判事件の規律について、見直しの要点は、次のとおりです。

ア 意見の聴取

旧法の下では、保護者の選任の審判をする場合には、保護者となるべき者の意見を聴かなければならないものとされていましたが（旧特別家審規第22条）、保護者の順位の変更の審判をする場合の意見の聴取に関する規定はありませんでした。しかしながら、保護者の順位を先順位に変更される者は、種々の役割を担って保護の任に当たることになる蓋然性が高まるため（精神保健及び精神障害者福祉に関する法律第22条、第41条等参照）、保護者の選任の審判をする場合と同様に、その者の意見を聴取することが相当であると考えられます。そこで、新法においては、保護者の順位の変更の審判をするには、当該審判により先順位に変更される者（申立人である場合を除く）の意見を聴かなければならないこととしました（第241条第2項第1号）。

イ 即時抗告

旧法の下では、精神保健及び精神障害者福祉に関する法律に規定する審判事件については、即時抗告に関する規定はありませんでしたが、保護者の順位の変更の審判に対しては当該審判により先順位に変更される保護者（申立人である場合を除く）が、保護者の選任の審判に対してはそれにより保護者となるべき者（申立人である場合を除く）が、それぞれの審判について重大な利害関係を有することから、それぞれ即時抗告をすることができることとしました（第241条第3項第1号、第2号）。

また、申立てを却下する審判に対しては、申立人が即時抗告をすることができることとしました（同項第3号）。

Q108 破産法に規定する審判事件の規律について、今回の見直しの要点は何ですか。

A 破産法に規定する審判事件の規律について、見直しの要点は、次のとおりです。

ア　管轄

　破産手続が開始された場合における夫婦財産契約による財産の管理者の変更等の審判事件について、旧法の下では、相手方の住所地の家庭裁判所を管轄裁判所としていましたが（旧特別家審規第24条）、当事者双方の公平の観点や、必要な裁判資料は申立人および相手方の住所地の双方にあると考えられることを考慮し、申立人の住所地を管轄する家庭裁判所も、管轄裁判所とするのが相当であると考えられます。そこで、夫婦財産契約による財産の管理者の変更等の審判事件について夫または妻の住所地を管轄する家庭裁判所の管轄に属するものとしたこと（第150条第2号）と平仄を合わせて、相手方の住所地のほか、申立人の住所地を管轄する家庭裁判所も管轄裁判所とすることとしました（第242条第1項第1号）。

　また、親権を行う者につき破産手続が開始された場合における管理権喪失の審判事件について、旧法の下では、事件本人の住所地の家庭裁判所の管轄としていましたが（旧特別家審規第26条）、当該事件は特に子の利益を考慮する必要があり、そのためには子に関する情報が最も得やすい子の住所地の家庭裁判所において審理するのが相当であると考えられますので、子の住所地を管轄する家庭裁判所を管轄裁判所とすることとしました（第242条第1項第2号）。

イ　即時抗告

　旧法の下では、破産管財人（「相続人」からの読替え）または利害関係人は、破産手続における相続の放棄の承認についての申述を却下する審判に対し、即時抗告をすることができるものとしていました（旧特別家審規第30条、旧家審規第115条第2項、第111条）。しかしながら、申述が却下された場合に、裁判所の許可を得て手続を追行する破産管財人以外の者に申述の却下の審判に対する不服申立てを認める固有の利益を想定することはできません。そこ

で、利害関係人には即時抗告権を認めないこととし、破産管財人のみが、申述を却下する審判に対して即時抗告をすることができることとしました（第242条第2項）。

第4編　家事調停に関する手続

　第4編では、新法第3編「家事調停に関する手続」について、その概要や基本的な考え方について説明します。もっとも、既に本書第2編の家事事件全般についての解説や本書第3編の家事審判についての解説に、家事調停に共通する部分の説明が相当含まれていますので、そのような部分は重複を避けるために解説を省略しています。

Q109　調停委員会において調停を行う場合に、調停委員会の権限と家事調停事件の係属する裁判所の権限との関係は、どのようになっていますか。

A　調停委員会において家事調停を行う場合でも、家事調停が係属する手続法上の調停裁判所が観念できます。したがって、このような場合の手続法上の調停裁判所と調停委員会（裁判官のみで家事調停の手続を行う場合にあっては、裁判官）の権限がどのように分掌されているのかが問題になります。

　この点については、しかるべき調停合意点の探知、調停案の作成および当事者間の調停合意の形成に向けた調整といったいわゆる本質的調停行為のために必要な行為については調停機関である調停委員会が行い、それ以外の準備的または事後的な行為は家事調停事件が係属する手続法上の調停裁判所が行うものという考え方に立っています。

　そのため、調停委員会は、本質的調停行為を行い手続を進めていくために必要となる種々の権限、具体的には、①第260条第1項において列挙する手続代理人の許可等、補佐人の許可等、傍聴の許可、手続の併合等、申立ての変更、参加、手続からの排除、受継、事件の関係人の呼出し、音声の送受信による通話の方法（電話会議システム・テレビ会議システム）による手続ならびに事実の調査および証拠調べに関する権限のほか、②調停をしない場合の

事件の終了（第271条）、③調停前の処分（第266条）等を行う権限を有します。また、調停委員会は、決議により、調停委員会を組織する裁判官に事実の調査および証拠調べをさせ、あるいはその裁判官をして家庭裁判所調査官による家庭環境等の調整的措置や裁判所書記官による事実の調査等を命じさせることができます（第261条）。

　これに対し、調停委員会を構成する家事調停委員の指定（第248条第2項）や家事調停事件の自庁処理の裁判や移送の裁判（第9条）、調停記録の閲覧謄写の許可（第254条）、調停事件において文書提出命令を発した場合の不提出に対する制裁としての過料の裁判（第258条第1項、第64条第3項）などは、手続法上の調停裁判所が行います。

Q110 家事調停委員の知識経験を家事調停の手続において活用するために、どのような制度が採用されていますか。

A 家事調停委員の知識経験は、当該家事調停委員が調停委員会の構成員として調停手続に関与する中で生かされることは言うまでもありません。

このほか、家事調停委員の知識経験を調停手続において活用するための制度としては、専門的知識経験に基づく意見の聴取の制度があります（第264条、第267条第2項）。

具体的には、調停委員会は、当該調停委員会を組織していない家事調停委員の専門的な知識経験に基づく意見を聴取することができるとされており（第264条、第267条第2項）、これにより、個々の事件において、豊富な社会経験と専門的知識経験を有する家事調停委員の能力の有効適切な活用を図ることが可能になります。この制度は、旧法の下でも認められていたもの（旧家審規第136条の2）を維持したものです。

Q111

新法において、当事者の一部が遠隔地に居住している場合に家事調停の手続を円滑かつ迅速に進めるために、どのような工夫がされていますか。

A 家事調停の手続の期日には、原則として当事者全員が出席することが必要ですが、当事者が調停裁判所から遠隔の地に居住しているような場合には、裁判所に出頭することが過大な負担になり、それが家事調停の手続の円滑かつ迅速な進行の妨げともなり得ます。そこで、新法においては、当事者の一部が遠隔地に居住しているような場合には、次のような方法を採ることにより、当事者の便宜を図りつつ、調停手続の円滑かつ迅速な進行に資することとしました。

1 電話会議システムまたはテレビ会議システムの導入（第258条第1項において準用する第54条）

家事調停の手続の期日を電話会議システムまたはテレビ会議システムを利用してすることができるようにしました。これにより、調停手続の期日に現に出頭しなくとも、調停手続の期日に出頭したものとみなされることになります（第258条第1項において準用する第54条第2項）。

複数の当事者がいずれも調停裁判所から遠隔地に居住しているような場合にはそのような当事者がいずれも現に裁判所に出頭せずに電話会議システムまたはテレビ会議システムを利用することも可能です。また、一部の例外を除き、調停を成立させる場合にもこれらのシステムを利用することができるものとしています(注)。

なお、証拠調べについては、第258条第1項において準用する第64条第1項が準用する民事訴訟法第204条、第210条および第215条の3の規定による場合にのみテレビ会議システムに限って利用することができます（電話会議システムを利用することはできません）。第54条第1項において「証拠調べを除く」としているのはその趣旨です（第258条第1項において準用する第54条第1項）。

（注）　離婚および離縁の調停事件において、調停を成立させる場面では、電話会議システムまたはテレビ会議システムを利用することはできません（第268条第3項）。また、同様にこれらのシステムを利用した手続において、合意に相当する審判の合意を成立させることはできません（第277条第2項。Q117の8参照）。なお、どのような場面でこれらのシステムを活用するのが相当かおよび具体的に期日においてどのように電話会議システムまたはテレビ会議システムを活用するかは、実務上の工夫に委ねられることになります。

また、電話会議システムまたはテレビ会議システムを利用して、遠隔地にいて手続に関与する当事者について一時的に回線を切って調停委員会が裁判所に出頭する者から事情を聴くという場面（いわゆる別席調停に該当する。逆に、出頭者に退席を求めて、遠隔地者とのみ電話会議システムを利用して話しをすることも考えられます）も許容されますが、調停としての実質を確保するための運用上の配慮が求められるでしょう。

2　調停条項案の書面による受諾（第270条）

当事者の一部の者が、調停の内容には納得しながら、遠隔地に居住しているなどの理由から裁判所に出頭することができず、調停の成立が遅れたり、調停を成立させることができない事態になることを避けるために、現に出頭することのできない当事者が調停条項案を受諾する旨の書面を提出することにより、調停を成立させることができるものとしたもので、もともと、遺産の分割の調停事件において活用されていたもの（旧法第21条の2）を、一部の例外を除き、家事調停の手続一般に活用することができるようにしたものです(注1)(注2)。

（注1）　離婚または離縁の調停事件については、調停条項案の書面による受諾の方法により調停を成立させることはできません（第270条第2項）。また、この方法によっては、合意に相当する審判の合意を成立させることもできません（第277条第2項。Q117の8参照）。

電話会議システムまたはテレビ会議システムの利用、調停条項案の書面による受諾、調停に代わる審判をどのように使い分けるかについても、実務上の運用に委ねられることになります。調停条項案の書面による受諾は調停の成立の場合に活用場面が限定されますので、例えば、ある当事者につき、それまでの家事調停の手続の期日には出頭していたが、調停の最終期日に限って出頭が困難であるような場合やそれまで電話会議を活用しつつ調停を進めてきたが、意思確認を確実にする趣旨で当事者からの書面提出を求めるために、調停条項案の書面による受諾の方法を採ることも考えられます。調停に代わる審判につい

ては、3(4)参照。
　（注2）　電話会議システムまたはテレビ会議システムの制度と調停条項案の書面による受諾の制度を組み合わせて利用することも可能です。

3　その他
　旧法の下で、これまで当事者の一部が遠隔地に居住している場合に家事調停の手続を円滑かつ迅速に進めるための方法として利用されてきた次の方法については、新法においても引き続き利用することができます[注]。
(1)　家庭裁判所調査官による調査
　家庭裁判所調査官が遠隔地の当事者のもとに出向くなどして意向を調査するものです。
(2)　意見の聴取の嘱託（第263条、旧家審規第136条の3）
　この方法によれば、調停条項案についての意向の聴取を被聴取者の近くの裁判所に嘱託して聴取することができます。
(3)　代理人の出頭（第51条第2項ただし書、旧家審規第5条第1項ただし書）
　当事者本人が呼出しを受けた場合には、当事者本人が出頭しなければならないのが原則ですが、当事者本人が遠隔地にあって出頭が困難な事情があり、代理人であれば出頭が容易であるという場合には、代理人から意向を聴取することができます。
(4)　調停に代わる審判の活用（第284条、旧法第24条）
　当事者の中に、遠隔地に居住していることもあり、家事調停の手続に協力しようとせず、家事調停の手続の期日に出頭しないし、電話会議システムの活用も相当でない事情があるが、他の当事者が合意している調停の内容に積極的に反対まではしないという場合等には、調停に代わる審判を活用することが考えられます。
　新法においては、別表第2に掲げる事項についての調停が成立しない場合にも調停に代わる審判を活用することができることとしたので、活用の幅が広がっています。

　　（注）　斎藤秀夫＝菊池信男編『注解家事審判法〔改訂版〕』749頁（青林書院、1992年）〔上村多平〕)。

Q112 家事調停の申立てについての規律の特徴は、どのようなものですか。

A 家事調停の申立てについての規律の特徴の主たる点は次のようなものです。

1 書面による申立てと記載事項の明確化

旧法の下では、口頭による申立てが認められていましたが（旧家審規第3条）、新法においては、家事調停の申立ては、書面によらなければならないものとしました（第255条第1項）。

これは、申立ての段階から、申立てによって求める調停事項を明確にした円滑な運営を可能にするためです。このようにすることが、簡易迅速な事件処理に資すると考えたわけです。なお、身体上の障害等により書面を作成することが困難な申立人もあると思いますが、裁判所の事件係等が代筆し、申立人の署名押印を求める方法を採ることが可能ですので、書面でしなければならないものとすることによって、家事調停の申立てが妨げられるものではありません。

また、申立書の記載事項を「当事者及び法定代理人」と「申立ての趣旨及び理由」として明文化しました。旧法の下では、「申立人の氏名、住所」を記載するものとされていましたが（旧法第7条による旧非訟法第9条第1項第1号の規定の準用）、家事調停事件のように相手方のある事件については、相手方も記載するものとする趣旨で、「当事者」を記載事項としています。また、従来、家事調停の申立ては、いずれも申立ての趣旨および事件の実情を明らかにしてしなければならないものとされていましたが（旧家審規第2条、家事審判の申立てについても同様です）、新法においては「申立ての趣旨及び理由」としています（第255条第2項）。新法においては、家事調停の申立てについて、申立書の必要的記載事項について不備があり、不備の補正を命じられながらこれに従わない場合には申立書を却下することとする制度を導入しましたが（第255条第4項）、申立書を却下するためには必ずしもその内容が明確ではない「事件の実情」よりも「申立ての理由」とする方が相当であると考

えたものです⁽注⁾。

> （注）　申立ての趣旨と申立ての理由が截然と区別されていなくとも、一方または双方の記載によって、申立てにより調停を求める事項が特定していれば、申立書に不備はないものとすることを前提にしています。

2　申立ての併合の制度および申立ての変更の明文化、申立書却下制度の導入

いずれも、家事審判の申立ての規定を準用することとしています（第255条第4項）。

もっとも、家事調停の申立ては、家事審判の申立てよりも内容のあいまいな申立ても想定され得ることから、準用によって形成される規律については、ゆるやかな運用に親しむ面があろうと思われます。

なお、家事調停の申立てにない事項について、家事調停を成立させるために申立ての変更が必要かどうかという問題がありますが、民事訴訟法上の和解について訴えの変更がなければ、訴訟物以外について和解をすることができないわけではないことと同様、家事調停の申立てにない事項について当事者間に合意が成立した場合に、当該事項について調停を成立させるために申立ての変更をするまでの必要はないものと解されます。

3　家事調停の申立書の写しの送付

新法においては、家事調停の申立書の写しを原則として相手方に送付するものとすることを明文の規定を設けて明らかにしました（第256条第1項）。

申立書の写しを相手方に送付するかどうかは、旧法の下では、明文の規定がなく家庭裁判所の裁量に委ねられていましたが、相手方が申立書の内容を了知していた上で手続活動を進めることが、家事調停の手続の充実および早期解決の観点から重要であることを考慮し、申立書の写しを相手方に送付することを原則としました。もっとも、申立書の写しを相手方に送付することにより、申立人と相手方の感情のもつれが一層激しくなり、自主的な話合いが不能になるようなこともあることを考慮し、例外的に送付をすることを要しない場合について手当てをしています（同項ただし書）。

Q113 家事調停の手続において、調停委員会が調停を行うために必要な資料の収集を機動的に行うため、どのような制度が採用されていますか。

A 合意に相当する審判または調停に代わる審判を除けば、家事調停の手続においては、裁判所が調停の申立事項について判断を示すことはありませんが、家事調停の手続を進めるためには、基本となる資料の収集が必要になります。そこで、そのような資料の収集を機動的に行うことができるような制度を設けておくことが効率のよい家事調停の手続の進行にとって肝要です。

このような観点から、新法においては、旧法の下での手続と同様、次のような制度を設けています。

① 他の家庭裁判所または簡易裁判所への事実の調査または意見の聴取の嘱託（第258条第1項において準用する第61条第1項、第263条第1項、第267条第2項）
② 調停委員会を組織する裁判官による事実の調査（第261条第1項）
③ 家庭裁判所調査官による事実の調査または医師である裁判所技官による診断（第261条第2項）
④ 裁判所書記官による事実の調査（第261条第4項）。
⑤ 調停委員会を組織する家事調停委員による事実の調査（第262条）
⑥ 調停委員会を組織していない家事調停委員の専門的な知識経験に基づく意見の聴取（第264条、第267条第2項）

Q114 家事調停事件の終了事由にはどのようなものがありますか。また、それぞれにつき、家事調停事件の終了時はいつですか。

A 家事調停事件の終了事由とその終了時は次のとおりです。なお、家事調停事件の終了時がいつかについては、例えば、別表第2に掲げる事項についての調停が不成立により終了した場合には、終了時において審判の手続に移行するものとされていること、家事調停事件の終了時が民法第151条に規定する1か月の起算点になること、家事調停事件が終了するまで家事審判の手続を中止することができるとされていること（第275条第2項）などの場面で意義を有します。したがって、家事調停事件の終了時を明らかにしておく必要性があります。

1 調停の成立

家事調停の手続において当事者間に合意が成立し、これを調停調書に記載したときは、調停が成立したものとし、これにより家事調停事件は終了します（第268条第1項）。

2 調停の不成立

調停委員会（裁判官のみで家事調停の手続を行う場合にあっては、裁判官）は、当事者間に合意が成立する見込みがない場合または成立した合意が相当でないと認める場合には、調停が成立しないものとして、家事調停事件を終了させることができます（第272条第1項。なお、この場合には家事調停事件が終了した旨を記載した調書が作成されます。第254条第4項第2号参照）。ただし、調停に代わる審判をした場合には、なお家事調停事件は終了させることができません（この場合の家事調停事件の終了時期については、6を参照）。

3 調停をしない場合

調停委員会（裁判官のみで家事調停の手続を行う場合にあっては、裁判官）は、事件が性質上調停を行うのに適当でないと認めるとき、または当事者が不当

な目的でみだりに調停の申立てをしたと認めるときは、調停をしないものとして、家事調停事件を終了させることができます（第271条）。したがって、調停委員会（裁判官のみで家事調停の手続を行う場合にあっては、裁判官）がこのような理由により調停をしないことに決したときには家事調停事件は終了します。

4 家事調停の申立ての取下げ

家事調停の申立ては、原則として家事調停事件が終了するまで、その全部または一部を取り下げることができます（第273条第1項）。家事調停の申立ての全部が有効に取り下げられたときは、家事調停事件は終了します。

5 合意に相当する審判

合意に相当する審判がされた場合において、当事者および利害関係人から異議の申立てがないとき、または異議の申立てを却下する審判が確定したときは、合意に相当する審判は確定判決と同一の効力を有し、これにより家事調停事件は終了します（第281条）。

利害関係人からの適法な異議の申立てにより、合意に相当する審判が効力を失った時（第280条第4項）は、その時に家事調停事件は終了します。

なお、当事者からの適法な異議の申立てがあった場合には、家庭裁判所は合意に相当する審判を取り消さなければならず（第280条第3項）、合意に相当する審判が取り消された場合には、家事調停の手続が改めて進行しますので、この段階では家事調停事件は終了せず、家事調停事件の終了は、その後の手続の帰すうに委ねられます（**Q117**の5参照）。

6 調停に代わる審判

調停に代わる審判がされた場合において、当事者から異議の申立てがないとき、または異議の申立てを却下する審判が確定したときは、これにより家事調停事件は終了します（第287条）。また、適法な異議の申立てがあったときは、調停に代わる審判はその効力を失い、これにより家事調停事件は終了します（第286条第5項）。

調停に代わる審判の告知は公示送達によってはすることができず、告知が

できないときは、家庭裁判所は調停に代わる審判を取り消さなければなりませんが（**Q118**参照）、この場合には、家事調停事件は調停の不成立によって終了することになります。

7 その他

(1) 家事調停の申立てを不適法として却下する審判や家事調停の申立書を却下する命令があった場合において、これらに対して即時抗告がされなかったとき、またはこれらに対する即時抗告を却下もしくは棄却する決定が確定したときは、これにより家事調停事件は終了します（第255条第3項および第4項、第256条第2項、第49条第5項および第6項）。

(2) 離婚、離縁、親権者の指定または変更等、当事者の一身に専属する権利に関する家事調停事件は、当事者の死亡によって当然に終了します。また、親権者の指定または変更、子の監護に関する処分の調停事件において、対象となっている子が死亡した場合についても、家事調停の目的が消滅することから、当該事件は当然に終了すると解されています。この場合には、原因事実の発生時において家事調停事件が終了します。

Q115 別表第2に掲げる事項についての家事調停事件について、調停不成立により家事調停事件が終了した場合には、当然に家事審判の手続に移行することとしたのはなぜですか。

A 新法においては、別表第2に掲げる事項についての調停事件において、調停の不成立により当該調停事件が終了した場合には、家事調停の申立ての時に、当該事項についての家事審判の申立てがあったものとみなすこととし（第272条第4項）、旧法第26条第1項と同様、家事調停事件における当事者からの何らかの自発的な行動を待たずに、当然に家事審判の手続に移行することとしています(注1)。

理論上は、当然に移行するものとはせず、家事調停事件の終了後、当事者が家事審判の申立てをするかどうかを再考する時間を与えるものとすることも考えられます(注2)。しかしながら、家庭裁判所に家事調停の申立てをした当事者は、家庭裁判所における紛争の終局的な解決を求めていると考えられること、仮に審判まで求めないという場合には家事審判の手続に移行した後も申立てを取り下げることが可能であること（この場合には、家事調停事件は終了しているので、みなされた家事審判の申立てを取り下げるという構成によることになるものと考えます。**Q68参照**）を考慮し、旧法の規律を維持することとしました。この規定により、当該事件について、当然に家事審判の手続に移行しますが、家事調停の手続と家事審判の手続は別個の手続ですから、家事調停事件が係属していた家庭裁判所が当該家事審判事件の管轄裁判所になるものではなく、家事調停事件が係属していた家庭裁判所が当該家事審判事件の管轄裁判所でない場合において、当該家事審判事件を担当するためには、自庁処理の決定をしなければなりません。また、裁判資料についても、家事調停の手続における資料が当然に家事審判の手続における資料となるものではなく、事実の調査等の手続を経て初めて家事審判の手続における資料となります（**Q24参照**）。

（注1）　この場合には、家事調停の申立書が家事審判の申立書とみなされることを前提としています。そして、家事調停の手続においては、既に相手方に対して申立書の写しが

送付され、または事件係属の通知がされているはずですから（第256条第1項）、家事審判手続に移行した後は、第67条の規定にかかわらず、改めて申立書の写しの送付等をする必要はありません。

　（注2）　離婚調停が不成立になった場合には、当然に離婚訴訟に移行するのではなく、訴訟による解決を望む当事者が改めて離婚の訴えを提起しなければなりません（第272条第3項）。

Q116 高等裁判所が家事調停を行う場合の調停機関は、どのようになりますか。

A 旧法の下では、高等裁判所において家事調停による解決の機運が盛り上がっても、高等裁判所に家事調停を行う権限がなかったため、家事調停により事件を解決するためには、家庭裁判所の調停に付することが必要でした。しかし、このような方法は迂遠であることから、新法においては、家事調停を行うことができる事件についての訴訟または家事審判事件が係属している高等裁判所は、事件を調停に付した上で、その家事調停事件を自ら処理することができることとしました（第274条第1項および第3項）。

この場合における当該家事調停の手続を実施する調停機関等は、次のとおりです(注)。

① 当該高等裁判所の裁判官の中から指定された裁判官1人および家事調停委員2人以上で組織する調停委員会が家事調停を行います（第274条第4項）。

② 相当と認めるときは、調停委員会を組織せず、合議体である当該高等裁判所が、自ら家事調停を行います。ただし、当事者の申立てがある場合には、①の方法によらなければなりません（第274条第5項、第247条第1項ただし書および第2項）。合議体である高等裁判所が、自ら家事調停を行う場合には、当該高等裁判所は、その裁判官の中から指定した受命裁判官に家事調停を行わせることができます（第274条第5項、第258条第1項、第53条）。

(注) 高等裁判所が家事調停事件を自ら処理する場合においては、家事調停官に家事調停を行わせることは想定されていません。また、調停委員会を構成する裁判官は1人でなければなりませんので（第248条）、高等裁判所の合議体を構成する3人の裁判官と調停委員が調停委員会を構成することは許されません。

Q117 合意に相当する審判に関する手続について、今回の見直しの要点は何ですか。

A 新法に規定する合意に相当する審判の手続の規律の基本的構造については、旧法からの変更はありません。もっとも、手続を明確にするために規定ぶりを変えたところ等があります。旧法の下での規律からの主な変更点は、次のとおりです。

1 対象事件

旧法の下では、離婚の訴えおよび離縁の訴えを対象から除くほか、人事訴訟法第2条柱書に定める「その他の身分関係の形成又は存否の確認を目的とする訴え」（例えば、夫婦の一方が死亡した場合における生存配偶者による姻族関係の終了の意思表示（民法第728条第2項）の効力が問題となる場合の姻族関係の存否の確認を求める事件）についても合意に相当する審判の対象となるかどうか、解釈上疑義がありました。しかし、合意に相当する審判の制度の趣旨からすると、人事訴訟と合意に相当する審判の手続とでその対象を異にすべき合理的な理由は見出し難く、両者は一致させるのが相当ですので、新法第277条第1項では、合意に相当する審判の対象を人事訴訟法第2条に定める人事に関する訴え（第252条第1項第5号参照。ただし、離婚の訴えおよび離縁の訴えを除く）に係る事件としています。

2 当事者についての要件

合意に相当する審判の対象となる事項に係る身分関係の当事者の一方が死亡した後は合意に相当する審判をすることができるか否かについては、旧法第23条の条文上は明らかではなく、解釈上争いがありました。

合意に相当する審判の制度の趣旨からすると、その手続における当事者は、基本的には人事訴訟の手続における当事者と同様に考えるのが相当ですが、合意に相当する審判の対象となる原因事実を最もよく知る身分関係の当事者の一方を欠いている場合には、人事訴訟によらずに合意に相当する審判の手続によることを許容し得る前提を欠くものと考えられますので、新法第277

条第1項ただし書では、明文で、合意に相当する審判の対象となる事項に係る身分関係の当事者の一方が死亡した後は合意に相当する審判をすることができないものとしています。

3　家事調停の手続を行う主体

旧法の下では、合意に相当する審判の前提となる家事調停の手続は、調停委員会が行うことを想定した規定になっていましたが（旧法第23条第1項）、裁判官のみで家事調停の手続を行っている場合に合意に相当する審判をすることを否定すべき特段の理由もないことから、新法では、これを明文で認めることとし、合意に相当する審判をすることのできる場合について一般的に規定した上で（第277条第1項）、調停委員会で行っている家事調停の手続において合意に相当する審判をする場合には、調停委員会を組織する家事調停委員の意見を聴かなければならないことを付加的な要件として規定することにしました（同条第3項）。

4　家事調停の申立ての取下げの制限

旧法の下では規定がありませんでしたが、合意に相当する審判の手続の性質を踏まえ、新法第278条において、家事調停の申立ては、合意に相当する審判がされた後は、相手方の同意を得なければ取り下げることができないものとして、申立ての取下げを制限する規定を設けました（**Q68**参照）。

5　当事者による異議申立て等

旧法の下では、合意に相当する審判に対する不服申立てとして、利害関係人の異議申立権のみを認めていましたが（旧家審規第139条第1項）、当事者間の合意が不存在または無効である場合には当事者は異議の申立てをすることができるとする最高裁判所の判例（最三決昭和44年11月11日民集23巻11号2015頁）の趣旨等を踏まえ、新法第279条第1項では、第277条第1項各号に定める要件を欠いていたことを理由とする場合には、当事者も異議申立てをすることができるものとし、また、第280条第3項では、当事者からの異議申立てを理由があると認めるときは、その合意に相当する審判を取り消さなければならないものとしました。合意に相当する審判が取り消された

場合には、合意に相当する審判をする前の状態に戻ることを前提にしています。したがって、その後は、当事者間の合意の成立等を改めて確認した上で再度合意に相当する審判をしたり、合意が成立する見込みがないものとして調停不成立により家事調停事件を終了させること（第272条第1項）が想定されます（Q114の5参照）。

6　異議申立権の放棄

　異議申立権の放棄について、第279条第4項で明文の規定を置くことにしました。

7　婚姻の取消しについての合意に相当する審判の特則

　婚姻の取消しについての合意に相当する審判をする場合において、当事者間に未成年の子があるときに、子の親権者の指定について、どのようにすべきかについては、旧法の解釈上必ずしも明らかではありませんでした。しかし、子の親権者について争いがあるにもかかわらず、原則に従い合意に相当する審判をすべきものとし親権者については別途裁判所が判断するという仕組みにしますと、裁判所にとって親権者の指定の判断のために相当な調査が必要となる一方で、親権者の指定に不服のある当事者には理由なく異議の申立てをすることができる規律とする必要がありますから、当事者の異議により子の親権者の指定に関して家庭裁判所がした調査の結果が無駄になることになり、合意に相当する審判の趣旨にも反するものと考えられます。そこで、新法では、婚姻の取消しについて合意に相当する審判をするときは、当事者間の合意に基づき、子の親権者を指定しなければならない（子の親権者の指定について当事者間に合意が成立しなければ、婚姻の取消しについて合意に相当する審判をすることができない）ものとする特則を新たに設けました（第282条）。

8　その他

　新法では、一般的に電話会議システム等を用いて家事調停の手続の期日を開いて手続を行うことができるものとし（第54条第1項、第258条第1項）、また、調停条項案の書面による受諾により当事者間に合意が成立したものと

みなす旨の規律も置かれています（第270条第1項）。しかし、合意に相当する審判の手続では、当事者の真意や事実関係をより慎重に確認する必要があることから、第277条第2項において、電話会議システム等を用いた期日や調停条項案の書面による受諾の方法では、同条第1項第1号に定める合意（申立ての趣旨どおりの審判を受けることについての合意）を成立させることができない旨を明文で規定しています（**Q111**参照）。

Q118 調停に代わる審判に関する手続について、今回の見直しの要点は何ですか。

A 新法に規定する調停に代わる審判に関する手続の規律の基本的構造については、旧法からの変更はありません。もっとも、調停に代わる審判の対象、異議申立権者等に変更を加えたほか、手続を明確にするために規定ぶりを変えたところ等があります。旧法の下での規律からの主な変更点は、次のとおりです。

1 家事調停の手続の主体

旧法の下では、調停に代わる審判の前提となる家事調停の手続は、調停委員会が行うことを想定した規定となっていましたが（旧法第24条第1項）、裁判官のみで家事調停の手続を行っている場合に調停に代わる審判をすることを否定すべき特段の理由はないことから、新法においてはこれを認めることとし、調停に代わる審判をすることができる場合について一般的に規定した上で（第284条第1項）、調停委員会で行われている家事調停の手続において調停に代わる審判をする場合には調停委員会を組織する家事調停委員の意見を聴かなければならないことを付加的な要件として規定することとしました（第284条第2項）。

2 調停に代わる審判の対象

旧法第24条第2項は、調停に代わる審判の対象に関し、旧法第9条第1項乙類に規定する審判事件の調停については調停に代わる審判をすることができない旨定めていましたが、調停に代わる審判の制度の趣旨[注]は、訴訟事項についての調停に限らず、上記の乙類に相当する新法別表第2に掲げる事項についての調停にも当てはまるものと解されることから、新法では、別表第2に掲げる事項についての調停についても調停に代わる審判をすることができることとし、これに伴い、新たに所要の規定（適法な異議の申立てにより調停に代わる審判が効力を失った場合の家事審判の申立ての擬制、調停に代わる審判の効力等）を置くこととしました（第286条第7項、第287条）。

また、旧法の下では、旧法第23条に規定する合意に相当する審判の対象となる事項についても、調停に代わる審判をすることができるという考え方も一部にありましたが、当事者間の協議のみで解決することの許されない事項について、調停に代わる審判をすることは相当ではないと考え、調停に代わる審判をすることはできないことを明確にしています（第284条第1項ただし書）。

(注) 調停に代わる審判の制度は、主として、頑迷な一方の当事者の意向により、またはわずかな意見の相違により、調停が成立しないような場合や、一方当事者が手続追行の意欲を失っているような場合に、当事者に異議申立ての機会を保障しつつ、裁判所がそれまでに収集された資料に基づき、合理的かつ具体的な解決案を示すことにあります。

3　家事調停の申立ての取下げ制限

調停に代わる審判がされた後は、家事調停の申立ての取下げを一切認めないこととしています（第285条第1項）。これは、審判の形式で裁判所の判断が示された場合には、申立人がそれを受け入れたくなければ異議の申立てにより失効させる方法によればよいのであり（第286条第1項および第5項）、調停に代わる審判の効力を失わせるだけでなく、それまでの手続をすべて無駄にすることになる家事調停の申立ての取下げを認めることは、調停が不成立となった後に調停に代わる審判がされなければ調停不成立により家事調停事件が終了し、もはや家事調停の申立てを取り下げることができなくなっていたこととの均衡を失し、相当でないと考えられるからです。

4　調停に代わる審判の告知

調停に代わる審判の性質を考慮し、その告知は、公示送達の方法(注)によってすることができないとする明文の規定を新たに置くこととし、これに伴い、調停に代わる審判を告知することができないときは、これを取り消すべき旨の規定を置くこととしました（第285条第2項、第3項）。その趣旨は、異議申立権の実質的な保障にあります。

(注) 家事事件の手続における送達については、民事訴訟法第1編第5章第4節の規定

を準用することとしています（第36条）ので、一般的には公示送達は許容されています。

5　異議申立権者

旧法の下では、調停に代わる審判に対する異議申立権を当事者だけでなく利害関係人にも認めていましたが（旧家審規第139条第1項）、当事者が調停に代わる審判に対して異議を申し立てていないにもかかわらず、第三者からの異議の申立てにより審判の効力を失わせてしまうのは相当でないと考えられること等から、新法においては、当事者にのみ異議申立権を認めることにしました（第286条第1項）。

6　異議申立権の放棄

新たに異議申立権の放棄について明文の規定を置くこととしました（第286条第2項において準用する第279条第4項）。

7　調停に代わる審判に服する旨の共同の申出

離婚および離縁の調停事件を除き、当事者が調停に代わる審判に服する旨の共同の申出をしたときは調停に代わる審判に対して異議を申し立てることができないものとする規定およびこれに伴う所要の規定を新たに置くこととしました（第286条第8項から第10項まで）。その趣旨は、異議申立権を事実上事前に放棄することによって調停に代わる審判の早期確定を図ることにあります。もっとも、離婚および離縁の調停事件については、同様の趣旨に基づく民事訴訟法第265条の適用を除外していること（人事訴訟法第37条第2項および第44条）に照らし、異議申立権の事実上の事前放棄ともいえる共同申出の制度を導入することは相当ではないと考え、対象外としています。

第5編 履行の確保、罰則等

　第5編では、新法第4編「履行の確保」、第5編「罰則」について取り上げ、その要点を説明しています。

Q119 履行の確保に関する手続について、今回の見直しの要点は何ですか。

A 　新法第289条に定める義務の履行状況の調査および履行の勧告の手続は、基本的には旧法の下での規律を維持するものですが、解釈を明確にする趣旨から修正をするほか、規定を追加したり、削除する等の変更をしています。

　(1)　義務の履行状況の調査および履行の勧告は、審判その他の裁判に当たるものではなく、家事審判に関する手続の直接適用はないことを前提としています。旧法の下では、義務の履行状況の調査および履行の勧告の手続に、旧家審規第7条の5に規定する社会福祉機関との連絡等の措置や旧家審規第8条に規定する調査の嘱託等、審判の手続について定められた調査の方法に相当する規定は置かれていませんでしたが、義務の履行状況の調査および履行の勧告に必要となる調査の方法と家事審判の手続における調査の方法とでは特段の違いがないことから、旧家審規第7条の5および第8条の規定は、義務の履行状況の調査および履行の勧告の手続にも類推適用されると一般的に解釈されてきました。そこで、新法では、このような従来の解釈を明文化し、義務の履行状況の調査および履行の勧告をする家庭裁判所は、家庭裁判所調査官による社会福祉機関との連絡その他の措置をとらせることができるものとし、また、官庁、公署その他適当であると認める者に対して必要な報告を求めることができる旨を定めています（第289条第4項および第5項）。

　(2)　義務の履行状況の調査および履行の勧告は、家事審判に関する手続によるものではないため、家事審判の手続における記録の閲覧等の規律（第47

条）は適用になりませんが、上記の調査および勧告が、家庭裁判所が当事者からの申出を受けて行う手続である以上、その調査および勧告の手続についての記録の閲覧等を一定の範囲で認めるのが相当です。そこで、新法においては、事件の関係人に限り、裁判所が相当と認める場合に閲覧等を許可することができるものとする規定を新たに設けました（第289条第6項、第7項）。

　(3)　旧法の下での規律では、調停前の処分として命じられた事項を義務の履行状況の調査および履行の勧告の対象とする明文の規定はないものの、類推適用により義務の履行状況の調査および履行の勧告をすることができるものと解されていました。そこで、新法においては、調停前の処分として命じられた事項の履行についても履行状況の調査および履行の勧告の制度を準用する旨を明文で規定することとしました（第289条第7項）。

　(4)　旧法第15条の7に規定する金銭の寄託の制度は、家事事件が複雑な人間関係の紛争を扱うものであり、審判後または調停成立後の義務の履行を直接当事者間でするよりも第三者を介してする方が履行の実をあげることができるとの考えに基づき設けられたものでした。しかし、現在では、金融機関を通じての口座振替、預金口座への振込みによる方法が一般化し、金銭の寄託の制度を利用する実益は乏しいとの指摘があり、また、実務上もほとんど利用されていないことから、新法では、この制度は、設けないこととしました。

Q120　履行命令の制度について、見直しをしたのですか。

A　新法においては、旧法第15条の6の規律を維持し、金銭の支払その他の財産上の給付を目的とする義務を履行命令の対象とし、面会交流や子の引渡しを定める義務はその対象に含めていません（第290条第1項）。法制審議会の部会においては、面会交流や子の引渡しを定める義務についても、履行命令の対象にすべきであるとの意見もありました。このうち、面会交流を定める義務については、その履行命令を発するためには相当の調査等を要する場合もある一方で、過料の制裁をもって義務の履行を間接的に強制することにより履行の見込みが高まるとは必ずしもいえないこと、義務の履行の強制としてはより強制力の強い間接強制によることが可能であること、面会交流の義務の履行は、相手方の協力なしに実現することは困難であって、家庭裁判所による調整機能が発揮されやすい履行勧告により確保することが相当であると考えられることなどの事情を総合すると、あえて履行命令の対象とする必要性は低いものと考えられますので、履行命令の対象に含めないこととしました。

　また、子の引渡しを定める義務についても、子の引渡しを命ずる家庭裁判所による判断が出たにもかかわらず義務者がこれに応じないような場合には、過料の制裁をもって義務の履行を間接的に強制してもこれにより履行の見込みが高まるとは考えにくく、他方で、子の引渡しの審判事件においては一般的にその審判の執行の場面でも迅速性が特に要請されることからすると、端的に直接強制によるか、義務の履行の強制としては履行命令よりも強制力が強いと考えられる間接強制によるのが相当であると考えられますので、履行命令の対象に含めないこととしました。

Q121 過料の制裁についての規律はどのようになっていますか。

A 新法においては、旧法の下での規律を維持し、証拠調べの手続における過料のほか、出頭命令違反に対する過料、履行命令違反に対する過料および調停前の処分の命令違反に対する過料の規定を設けています。

　このうち、出頭命令違反に対する過料（第51条第3項）、履行命令違反に対する過料（第290条第5項）および調停前の処分の命令違反に対する過料（第266条第4項）は、旧法の下では、独立の審判と位置付けられていましたが（旧法第27条、第28条参照）、これらも、事件の関係人の出頭を確保し、または家庭裁判所の発した履行命令等の実効をあげることを目的としている点で、いずれも本案の家事事件の手続に付随的または派生的な事項に関するものであると整理することができます。

　そこで、新法においては、これらの過料の手続については、独立した家事審判の手続ではなく、審判以外の裁判と位置付けることとしています。

　また、証拠調べ手続における過料の裁判（第64条第1項において準用する民事訴訟法192条第1項等、第64条第3項等）についても、家事事件の証拠調べ手続において付随的または派生的に生ずるものである点で、独立した過料事件とは違うものと位置付けられますので、審判以外の裁判と位置付けています。

　したがって、過料の裁判およびこれに対する即時抗告は、新法における審判以外の裁判の規律（第81条、第99条から第102条まで等）によるべきことになります。

第6編 施行日、整備法関係

　第6編では、新法の附則に定める施行日についての規定と整備法のうち新法の施行に伴う整備について、その要点を説明しています。

Q122　新法はいつから施行されるのですか。

A　新法は、家事事件の手続に関し、法律に規定のない事項を最高裁判所規則に委任することとしたため（第3条）、これを施行するためには、最高裁判所において規則を制定する必要があり、かつ、新法を円滑に施行させるためには、新法および新たに制定される最高裁判所規則の内容を関係者その他の国民に周知する必要がありますが、このような措置を行うためには、相当の期間を要するものと考えられます。しかしながら、この期間をあらかじめ予測して、具体的な施行日を新法で定めることは困難です。
　また、新法は新非訟法第2編を準用していないものの、新法の施行に併せて廃止される旧法は旧非訟法を準用していますので、旧法を廃止し、新法を施行することに先んじて、新非訟法を施行し、旧非訟法を改正することは相当ではありません。また、新法では、過料に関する新非訟法の規定を準用していますので（第291条第2項）、新非訟法を施行することに先んじて、新法を施行することも相当ではありません。
　以上の状況を踏まえ、新法の施行日は、新非訟法の施行日と同日とすることとし、具体的な施行日は、新非訟法附則第1項のとおり、公布の日から起算して2年を超えない範囲内において政令で定める日とすることとしました[注]。

　（注）公布の日から施行日までの期間
　　2年6月を超えない範囲内としたもの
　　　・平成18年　一般社団法人及び一般財団法人に関する法律

2年を超えない範囲内としたもの
  ・平成20年　保険法
  ・平成16年　労働審判法
  ・平成8年　民事訴訟法
1年6月を超えない範囲内としたもの
  ・平成19年　電子記録債権法
  ・平成18年　信託法
  ・平成17年　会社法
1年を超えない範囲内としたもの
  ・平成21年　外国等に対する我が国の民事裁判権に関する法律
  ・平成16年　民事訴訟法、非訟事件手続法および民事執行法改正
　　　　　　破産法
  ・平成15年　民事訴訟法改正
　　　　　　人事訴訟法

Q123 新法が施行されると旧法は廃止されるようですが、新法の施行日において係属している家事事件はどうなるのですか。

A 新法の規定は、基本的には、新法の施行後に申し立てられた事件および新法の施行後に職権で手続が開始された家事事件の手続について適用され、新法の施行日において、既に係属している家事事件には、引き続き旧法が適用されます（附則第2条、整備法第4条）。旧法が廃止されても、この限度ではなお適用されることになります。

このようにいわゆる旧法主義を採用した理由は次のとおりです。

新法においては、管轄、参加、手続代理人、不服申立て等の手続の根幹に関する旧法の規律についても規律の内容を変えていますので、既に係属している進行中の事件において、手続の途中から新法を適用することは困難であり、また手続の混乱を招くおそれもあります。

新法の制定と同様に抜本的な見直しが行われた民事執行法（昭和54年）、民事再生法（平成11年）、会社更生法（平成14年）および破産法（平成16年）についてみても、新旧の両手続の内容が大きく異なることを理由として、旧法主義が採用されています。

また、訴訟手続とは異なり、家事事件の手続は簡易迅速を旨とするものであるため、旧法主義を採用しても、施行前の事件が長期にわたり裁判所に係属して旧法が適用され続けるという弊害は生じにくく、このように簡易迅速な手続において途中から新法を適用して混乱を招くよりは、旧法により速やかに審理判断をするものとする方が合理的です。

以上のことから、新法に関する経過措置についても、施行前にされた申立てに係る事件または施行前に職権で開始された事件については、なお旧法の規定に従って行うものとする旧法主義を採用することとしました[注]。

（注）　新法主義を採用したものとして、以下があります。
　・平成18年　一般社団法人及び一般財団法人に関する法律
　・平成17年　会社法
　・平成16年　民事訴訟法、非訟事件手続法および民事執行法改正

・平成 15 年　民事訴訟法改正
　　　　　　　人事訴訟法
・平成 8 年　　民事訴訟法

Q124 新法の施行に伴ってされた関係法律の整備の内容は、どのようなものですか。

A

1 整備法の制定

今回の新非訟法と新法の施行に伴って整備等が必要となる関係法律の整備を行う場合、附則による方法もありますが、整備が必要になる法律の数が計130という多数にのぼること、これらの法律の施行に伴って重複して整備が必要になる法律があることを考慮し、附則による方法は採らず、これらの関係法律の改廃を一括して単独法として規定するのが相当であると考え、整備法を制定することとしました。

整備法のうちの多くの部分は、新非訟法の施行に伴うものですが、旧法の廃止等、新法の施行に伴う部分も少なからずあります。なお、この項目の説明につきましては、資料中の整備法の新旧対照表を併せて参照してください。

2 新法の施行に伴う整備の概要

新法の施行に伴ってされた関係法律の整備には、次のようなものがあります。

(1) 旧法の廃止（整備法第3条）

(2) 旧法の下では旧特別家審規に規定されていた事件を新法に規定することとしたことに伴う整備

新法では、民法に根拠を有する家事事件だけでなく、児童福祉法、戸籍法等の民法以外の関係法律に根拠を有する家事事件（旧特別家審規に手続規定がある家事事件）についても規定することとしたため、これに伴い、関係法律において「家事審判法第9条第1項甲類に掲げる事項とみなす」などとして家事事件の根拠を定めていた規定が不要になりました。そこで、これらの規定を削除する整備をしています（改正前の児童福祉法第28条第3項、改正前の戸籍法第122条、改正前の地方公務員等共済組合法第105条第3項の各削除等）。

(3) 人事訴訟法の整備

人事訴訟法について、新法の制定に伴って改正がされた主な点は、次のと

おりです（整備法第141条関係）。

　ア　人事訴訟法第6条の改正

　新法の制定に伴い、旧法第18条第1項を引用する部分について、新法の相当規定（第257条第1項）を引用することに改めました。

　イ　人事訴訟法第34条の2の新設

　旧法および改正前の人事訴訟法では、家庭裁判所調査官はその職務を行うについては、裁判官の命令に従うこととされている（裁判所法第61条の2第4項）こと等を考慮して、家庭裁判所調査官については、除斥および忌避の制度を置いていませんでした。

　しかしながら、事件または事件の当事者等と特別の関係のある者が事件に家庭裁判所調査官として関与することは、裁判の公正の見地から相当ではないと考えられますので、新法において家庭裁判所調査官に除斥の制度を導入した（Q33参照）この機会に、人事訴訟法においても、家庭裁判所調査官について除斥の制度を導入することとし、民事訴訟法第23条および第25条を準用することとしました。

　なお、上記のとおり、家庭裁判所調査官はその職務を行うについては裁判官の命令に従うこととされている上、仮に当事者が家庭裁判所調査官の調査に不満を感じた場合は、その調査結果を閲覧謄写により了知した上で自らの主張等を述べることによって対応すべきであること等を考慮し、新法におけるのと同様（Q34参照）、忌避の制度については家庭裁判所調査官に導入していません。

　ウ　人事訴訟法第40条の削除

　平成15年の人事訴訟法の制定の際に、旧法に倣い、人事訴訟にも、金銭の寄託の制度が置かれましたが、金融機関を通じての口座振込等が発達し、その利用が一般化している今日では、金銭の寄託の制度を利用する実益は乏しく、実際にもほとんど利用されていませんでした。

　そこで、新法において金銭の寄託の制度を置かないことに倣い（Q119参照）、人事訴訟においても、金銭の寄託の制度を廃止することとしました。

　(4)　後見登記法の整備

　後見登記等に関する法律（以下「後見登記法」という）について、新法の制定に伴って改正された主な点は、次のとおりです（整備法第129条関係）。

改正前の後見登記法においては、審判前の保全処分に関する登記に関する事項の定めを政令に委任していました。これは、旧法が審判前の保全処分の具体的な定めを旧家審規において規定することとしており（旧法第15条の3参照）、成年後見等に関する審判前の保全処分の具体的な定めも旧家審規によって決まるため、それを受けた登記事項をあらかじめ後見登記法に規定することができなかったという事情によります（後見登記法に規定すると、その施行後にその具体的な定めについて旧家審規が改正されると後見登記法の改正が必要になるという問題も生じます）。

しかし、後見登記等に関する基本的な登記事項は、審判前の保全処分に関するものを除いて、法律で定められていること(注1)、今般、審判前の保全処分の具体的な定めを新法において規定することとしたことから（第126条等の第2編第2章中の各保全処分についての定めを参照）、審判前の保全処分に関する登記事項の定めを政令に委任する理由がなくなるため、成年後見等に関する審判前の保全処分に関する登記事項についても、政令に委任せず、後見登記法において定めることとし、後見登記法第4条、第5条、第7条、第10条について所要の整備を施すこととしました。

(5) 民事訴訟費用等に関する法律の整備

民事訴訟費用等に関する法律（以下「費用法」という）について、新法の制定に伴って改正された主な点は、次のとおりです（整備法第102条関係）。

ア　手数料を納めたものとみなす場合の規定の整備（改正後の費用法第5条第1項および第2項）

新法の制定（旧法の廃止）および民事調停法の一部改正に伴い、旧法および改正前の民事調停法の規定を引用する部分につき、それぞれ、新法および改正後の民事調停法の相当規定を引用することに改めました。

イ　裁判所書記官が行う手続に係る費用に関する特例の規定の新設（改正後の費用法第13条の2）

新法においては、手続費用の負担の額の確定手続は裁判所書記官の処分によるものとし、相当する民事訴訟法の規定（民事訴訟法第71条第1項、第72条または第73条第1項）を準用することとしました（第31条第1項。**Q40**参照）。

そこで、民事訴訟における訴訟費用または和解の費用の負担の額の確定手続についての特例を定める費用法第13条の2第2号に、家事事件手続にお

ける費用の負担の額の確定手続を加える修正をすることとしました。
　ウ　申立手数料の規定の整備（改正後の費用法別表第１）
　　(ｱ)　別表第１の 15 の項、同 15 の 2 の項
　今般、新法においては、当事者参加と利害関係参加を分けて規定し、それぞれについて法的地位や手続上の権能等を明確化しました。これまで、旧法上の参加の申出の手数料については、別表第１の 17 の項のニに基づいて徴収する取扱いをしていましたが、新法により上記のように参加制度が明確化されたことに伴い、当事者参加のうち、申立人としてする参加の申出に限っては、その実質が事件の申立てであることに鑑み、事件の申立てをするのと同様の手数料を納めなければならないこととし、別表第１の 15 の項および同 15 の 2 の項においてその旨を規定することとしたものです[注2]。
　　(ｲ)　別表第１の 17 の項のイ(ﾊ)
　別表第１の 17 の項のイ(ﾊ)は、新法の制定に伴い、これらの法律に規定のある申立てのうち、基本となる手続に付随して、またはその手続の過程においてされる申立てで手数料を納めるべきものを明示した新設規定です[注3]。
　　(ｳ)　別表第１の 18 の項、19 の項
　新法の制定により、これらの法律において、再抗告、特別抗告、許可抗告または再審の申立てについての規定が明示的に設けられたことに伴い、所要の整備をしました。これは、従前の取扱いを前提に、規律を明文化したものです。
　(6)　民事執行法の整備
　民事執行法について、新法の制定に伴って改正された主な点は、次のとおりです（整備法第 110 条関係）。
　新法においては、手続費用の負担の額の確定手続は裁判所書記官の処分によるものとし、これに相当する民事訴訟法の規定（第 71 条第 1 項、第 72 条または第 73 条第 1 項）を準用することとしました（第 31 条第 1 項）。
　そこで、これに伴い、家事事件の手続の費用の負担の額を定める裁判所書記官の処分について、訴訟費用または和解の費用の負担の額を定める確定処分と同様に債務名義とすることとして、その規律を設けることとしました（改正後の民事執行法第 22 条第 4 号の 2）。

（注1）　整備法による改正前の後見登記法第4条第1項第1号から第8号までおよび第10号ならびに第5条第1号から第8号までおよび第10号参照。

（注2）　遺産の分割の禁止の審判の取消しおよび変更については、これまでは、費用法別表第1の17の項のト（抗告については、別表第1の18の項の(4)）によっていましたが、新法第197条により、別表第2に掲げる事項についての審判事件とみなされる結果、手数料は費用法別表第1の15の2の項（抗告については、同法別表第1の18の項の(1)）によることになります。

（注3）　新法における各種の審判前の保全処分の申立てに手数料が必要か否かについては、従前どおり、費用法別表第1の16の項のイの「裁判所の裁判を求める申立てで、基本となる手続が開始されるもの」に該当するかどうかの解釈によることとしています。(最高裁判所事務総局編『改正民法及び家事審判法規に関する執務資料』112頁（法曹会、1981年）参照)。

3　整備法の施行日

整備法の施行日は、整備法の附則により、「非訟事件手続法（新非訟法）の施行の日から」、すなわち新非訟法の附則により「（新非訟法の）公布の日（平成23年5月25日）から起算して2年を超えない範囲内において政令で定める日から」になります。

資料　審判を受ける者となるべき者一覧表

別表第1

項	事項	根拠となる法律の規定	審判を受ける者となるべき者
成年後見			
1	後見開始	民法第7条	成年被後見人となるべき者
2	後見開始の審判の取消し	民法第10条及び同法第19条第2項において準用する同条第1項	成年被後見人
3	成年後見人の選任	民法第843条第1項から第3項まで	選任された成年後見人
4	成年後見人の辞任についての許可	民法第844条	成年後見人
5	成年後見人の解任	民法第846条	成年後見人
6	成年後見監督人の選任	民法第849条	選任された成年後見監督人
7	成年後見監督人の辞任についての許可	民法第852条において準用する同法第844条	成年後見監督人
8	成年後見監督人の解任	民法第852条において準用する同法第846条	成年後見監督人
9	成年後見に関する財産の目録の作成の期間の伸長	民法第853条第1項ただし書（同法第856条において準用する場合を含む。）	成年後見人
10	成年後見人又は成年後見監督人の権限の行使についての定め及びその取消し	民法第859条の2第1項及び第2項（これらの規定を同法第852条において準用する場合を含む。）	成年後見人又は成年後見監督人
11	成年被後見人の居住用不動産の処分についての許可	民法第859条の3（同法第852条において準用する場合を含む。）	成年後見人又は成年後見監督人
12	成年被後見人に関する特別代理人の選任	民法第860条において準用する同法第826条	選任された特別代理人
13	成年後見人又は成年後見監督人に対する報酬の付与	民法第862条（同法第852条において準用する場合を含む。）	成年後見人又は成年後見監督人
14	成年後見の事務の監督	民法第863条	成年後見人
15	第三者が成年被後見人	民法第869条において準用	（管理者の選任の審判につ

		に与えた財産の管理に関する処分	する同法第830条第2項から第4項まで	いては）選任された管理者
	16	成年後見に関する管理の計算の期間の伸長	民法第870条ただし書	成年後見人又はその相続人
保佐				
	17	保佐開始	民法第11条	被保佐人となるべき者
	18	保佐人の同意を得なければならない行為の定め	民法第13条第2項	被保佐人又は被保佐人となるべき者
	19	保佐人の同意に代わる許可	民法第13条第3項	被保佐人
	20	保佐開始の審判の取消し	民法第14条第1項及び第19条第1項（同条第2項において準用する場合を含む。）	被保佐人
	21	保佐人の同意を得なければならない行為の定めの審判の取消し	民法第14条第2項	被保佐人
	22	保佐人の選任	民法第876条の2第1項並びに同条第2項において準用する同法第843条第2項及び第3項	選任された保佐人
	23	保佐人の辞任についての許可	民法第876条の2第2項において準用する同法第844条	保佐人
	24	保佐人の解任	民法第876条の2第2項において準用する同法第846条	保佐人
	25	臨時保佐人の選任	民法第876条の2第3項	選任された臨時保佐人
	26	保佐監督人の選任	民法第876条の3第1項	選任された保佐監督人
	27	保佐監督人の辞任についての許可	民法第876条の3第2項において準用する同法第844条	保佐監督人
	28	保佐監督人の解任	民法第876条の3第2項において準用する同法第846条	保佐監督人
	29	保佐人又は保佐監督人の権限の行使についての定め及びその取消し	民法第876条の3第2項及び第876条の5第2項において準用する同法第859条	保佐人又は保佐監督人

		の2第1項及び第2項	
30	被保佐人の居住用不動産の処分についての許可	民法第876条の3第2項及び第876条の5第2項において準用する同法第859条の3	保佐人又は保佐監督人
31	保佐人又は保佐監督人に対する報酬の付与	民法第876条の3第2項及び第876条の5第2項において準用する同法第862条	保佐人又は保佐監督人
32	保佐人に対する代理権の付与	民法第876条の4第1項	保佐人
33	保佐人に対する代理権の付与の審判の取消し	民法第876条の4第3項	保佐人
34	保佐の事務の監督	民法第876条の5第2項において準用する同法第863条	保佐人
35	保佐に関する管理の計算の期間の伸長	民法第876条の5第3項において準用する同法第870条ただし書	保佐人又はその相続人
補助			
36	補助開始	民法第15条第1項	被補助人となるべき者
37	補助人の同意を得なければならない行為の定め	民法第17条第1項	被補助人又は被補助人となるべき者
38	補助人の同意に代わる許可	民法第17条第3項	被補助人
39	補助開始の審判の取消し	民法第18条第1項及び第3項並びに第19条第1項（同条第2項において準用する場合を含む。）	被補助人
40	補助人の同意を得なければならない行為の定めの審判の取消し	民法第18条第2項	被補助人
41	補助人の選任	民法第876条の7第1項並びに同条第2項において準用する同法第843条第2項及び第3項	選任された補助人
42	補助人の辞任についての許可	民法第876条の7第2項において準用する同法第844条	補助人

43	補助人の解任	民法第876条の7第2項において準用する同法第846条	補助人
44	臨時補助人の選任	民法第876条の7第3項	選任された臨時補助人
45	補助監督人の選任	民法第876条の8第1項	選任された補助監督人
46	補助監督人の辞任についての許可	民法第876条の8第2項において準用する同法第844条	補助監督人
47	補助監督人の解任	民法第876条の8第2項において準用する同法第846条	補助監督人
48	補助人又は補助監督人の権限の行使についての定め及びその取消し	民法第876条の8第2項及び第876条の10第1項において準用する同法第859条の2第1項及び第2項	補助人又は補助監督人
49	被補助人の居住用不動産の処分についての許可	民法第876条の8第2項及び第876条の10第1項において準用する同法第859条の3	補助人又は補助監督人
50	補助人又は補助監督人に対する報酬の付与	民法第876条の8第2項及び第876条の10第1項において準用する同法第862条	補助人又は補助監督人
51	補助人に対する代理権の付与	民法第876条の9第1項	補助人
52	補助人に対する代理権の付与の審判の取消し	民法第876条の9第2項において準用する同法第876条の4第3項	補助人
53	補助の事務の監督	民法第876条の10第1項において準用する同法第863条	補助人
54	補助に関する管理の計算の期間の伸長	民法第876条の10第2項において準用する同法第870条ただし書	補助人又はその相続人

不在者の財産の管理

55	不在者の財産の管理に関する処分	民法第25条から第29条まで	（不在者財産管理人の選任の審判については）選任された不在者財産管理人

失踪の宣告

56	失踪の宣告	民法第30条	不在者
57	失踪の宣告の取消し	民法第32条第1項	失踪者

婚姻等

58	夫婦財産契約による財産の管理者の変更等	民法第758条第2項及び第3項	夫及び妻

親子

59	嫡出否認の訴えの特別代理人の選任	民法第775条	選任された特別代理人
60	子の氏の変更についての許可	民法第791条第1項及び第3項	子又は法定代理人
61	養子縁組をするについての許可	民法第794条及び第798条	養親
62	死後離縁をするについての許可	民法第811条第6項	養親又は養子
63	特別養子縁組の成立	民法第817条の2	養親となるべき者、養子となるべき者及びその実父母
64	特別養子縁組の離縁	民法第817条の10第1項	養親、養子及びその実父母

親権

65	子に関する特別代理人の選任	民法第826条	選任された特別代理人
66	第三者が子に与えた財産の管理に関する処分	民法第830条第2項から第4項まで	（管理者の選任の審判については）選任された管理者
67	親権喪失、親権停止又は管理権喪失	民法第834条から第835条まで	親権を喪失し、若しくは停止され、又は管理権を喪失する親権者
68	親権喪失、親権停止又は管理権喪失の審判の取消し	民法第836条	親権を喪失し、若しくは停止され、又は管理権を喪失した親権者
69	親権又は管理権を辞し、又は回復するについての許可	民法第837条	（親権又は管理権を辞するについての許可）親権又は管理権を辞する親権者 （親権又は管理権を回復するについての許可）親権又は管理権を回復する親権者

未成年後見

70	養子の離縁後に未成年後見人となるべき者の選任	民法第811条第5項	選任された未成年後見人となるべき者
71	未成年後見人の選任	民法第840条第1項及び第2項	選任された未成年後見人
72	未成年後見人の辞任についての許可	民法第844条	未成年後見人
73	未成年後見人の解任	民法第846条	未成年後見人
74	未成年後見監督人の選任	民法第849条	選任された未成年後見監督人
75	未成年後見監督人の辞任についての許可	民法第852条において準用する同法第844条	未成年後見監督人
76	未成年後見監督人の解任	民法第852条において準用する同法第846条	未成年後見監督人
77	未成年後見に関する財産目録の作成の期間の伸長	民法第853条第1項ただし書（同法第856条及び第867条第2項において準用する場合を含む。）	未成年後見人
78	未成年後見人又は未成年後見監督人の権限の行使についての定め及びその取消し	民法第857条の2第2項から第4項まで（これらの規定を同法第852条において準用する場合を含む。）	未成年後見人又は未成年後見監督人
79	未成年被後見人に関する特別代理人の選任	民法第860条において準用する同法第826条	選任された特別代理人
80	未成年被後見人又は未成年後見監督人に対する報酬の付与	民法第862条（同法第852条及び第867条第2項において準用する場合を含む。）	未成年被後見人又は未成年後見監督人
81	未成年後見の事務の監督	民法第863条（同法第867条第2項において準用する場合を含む。）	未成年後見人
82	第三者が未成年被後見人に与えた財産の管理に関する処分	民法第869条において準用する同法第830条第2項から第4項まで	（管理者の選任の審判については）選任された管理者
83	未成年後見に関する管理の計算の期間の伸長	民法第870条ただし書	未成年被後見人又はその相続人
扶養			
84	扶養義務の設定	民法第877条第2項	扶養義務の設定を受ける者となるべき者

85	扶養義務の設定の取消し	民法第877条第3項	扶養義務の設定を受けた者
推定相続人の廃除			
86	推定相続人の廃除	民法第892条及び第893条	廃除を求められた推定相続人
87	推定相続人の廃除の審判の取消し	民法第894条	廃除された推定相続人
88	推定相続人の廃除の審判又はその取消しの審判の確定前の遺産の管理に関する処分	民法第895条	（管理人の選任の審判については）選任された管理人
相続の承認及び放棄			
89	相続の承認又は放棄をすべき期間の伸長	民法第915条第1項ただし書	期間が伸長された相続人
90	相続財産の保存又は管理に関する処分	民法第918条第2項及び第3項（これらの規定を同法第926条第2項（同法第936条第3項において準用する場合を含む。）及び第940条第2項において準用する場合を含む。）	（管理人の選任の審判については）選任された管理人
91	限定承認又は相続の放棄の取消しの申述の受理	民法第919条第4項	なし
92	限定承認の申述の受理	民法第924条	なし
93	限定承認の場合における鑑定人の選任	民法第930条第2項及び第932条ただし書	選任された鑑定人
94	限定承認を受理した場合における相続財産の管理人の選任	民法第936条第1項	選任された管理人
95	相続の放棄の申述の受理	民法第938条	なし
財産分離			
96	財産分離	民法第941条第1項及び第950条第1項	相続人全員
97	財産分離の請求後の相続財産の管理に関する処分	民法第943条（同法第950条第2項において準用する場合を含む。）	（管理人の選任の審判については）選任された管理人

98	財産分離の場合における鑑定人の選任	民法第947条第3項及び第950条第2項において準用する同法第930条第2項及び第932条ただし書	選任された鑑定人
相続人の不存在			
99	相続人の不存在の場合における相続財産の管理に関する処分	民法第952条、第953条及び第958条	（管理人の選任の審判については）選任された管理人
100	相続人の不存在の場合における鑑定人の選任	民法第957条第2項において準用する同法第930条第2項	選任された鑑定人
101	特別縁故者に対する相続財産の分与	民法第958条の3第1項	分与を受けた者及び相続財産管理人
遺言			
102	遺言の確認	民法第976条第4項及び第979条第3項	確認の申立てをした者
103	遺言書の検認	民法第1004条第1項	なし
104	遺言執行者の選任	民法第1010条	選任された遺言執行者
105	遺言執行者に対する報酬の付与	民法第1018条第1項	遺言執行者
106	遺言執行者の解任	民法第1019条第1項	遺言執行者
107	遺言執行者の辞任についての許可	民法第1019条第2項	遺言執行者
108	負担付遺贈に係る遺言の取消し	民法第1027条	取消しの対象となる負担付遺贈を受けた者
遺留分			
109	遺留分を算定する場合における鑑定人の選任	民法第1029条第2項	選任された鑑定人
110	遺留分の放棄についての許可	民法第1043条第1項	許可された遺留分権者
任意後見契約法			
111	任意後見契約の効力を発生させるための任意後見監督人の選任	任意後見契約法第4条第1項	選任された任意後見監督人
112	任意後見監督人が欠けた場合における任意後見監督人の選任	任意後見契約法第4条第4項	選任された任意後見監督人

113	任意後見監督人を更に選任する場合における任意後見監督人の選任	任意後見契約法第4条第5項	選任された任意後見監督人
114	後見開始の審判等の取消し	任意後見契約法第4条第2項	成年被後見人、被保佐人又は被補助人
115	任意後見監督人の職務に関する処分	任意後見契約法第7条第3項	任意後見監督人
116	任意後見監督人の辞任についての許可	任意後見契約法第7条第4項において準用する民法第844条	任意後見監督人
117	任意後見監督人の解任	任意後見契約法第7条第4項において準用する民法第846条	任意後見監督人
118	任意後見監督人の権限の行使についての定め及びその取消し	任意後見契約法第7条第4項において準用する民法第859条の2第1項及び第2項	任意後見監督人
119	任意後見監督人に対する報酬の付与	任意後見契約法第7条第4項において準用する民法第862条	任意後見監督人
120	任意後見人の解任	任意後見契約法第8条	任意後見人
121	任意後見契約の解除についての許可	任意後見契約法第9条第2項	本人又は任意後見人
戸籍法			
122	氏又は名の変更についての許可	戸籍法第107条第1項（同条第4項において準用する場合を含む。）及び第107条の2	（氏の変更）戸籍の筆頭者及びその配偶者 （名の変更）名の変更をしようとする者
123	就籍許可	戸籍法第110条第1項	就籍をしようとする者
124	戸籍の訂正についての許可	戸籍法第113条及び第114条	戸籍の訂正をしようとする者
125	戸籍事件についての市町村長の処分に対する不服	戸籍法第121条（同法第4条において準用する場合を含む。）	（市町村長に対して処分を命ずる審判については）市町村長
性同一性障害者の性別の取扱いの特例に関する法律			
126	性別の取扱いの変更	性同一性障害者の性別の取扱いの特例に関する法律第3条第1項	性同一性障害者

資料　審判を受ける者となるべき者一覧表　269

児童福祉法			
127	都道府県の措置についての承認	児童福祉法第28条第1項第1号及び第2号ただし書	都道府県知事又はその委任を受けた児童相談所長
128	都道府県の措置の期間の更新についての承認	児童福祉法第28条第2項ただし書	都道府県知事又はその委任を受けた児童相談所長
生活保護法等			
129	施設への入所等についての許可	生活保護法第30条第3項	生活保護の実施機関
精神保健及び精神障害者福祉に関する法律			
130	保護者の順位の変更及び保護者の選任	精神保健及び精神障害者福祉に関する法律第20条第2項ただし書及び同項第4号	（保護者の順位の変更）先順位に変更される者（保護者の選任）選任された保護者
破産法			
131	破産手続が開始された場合における夫婦財産契約による財産の管理者の変更等	破産法第61条第1項において準用する民法第758条第2項及び第3項	夫及び妻
132	親権を行う者につき破産手続が開始された場合における管理権喪失	破産法第61条第1項において準用する民法第835条	管理権を喪失する者
133	破産手続における相続の放棄の承認についての申述の受理	破産法第238条第2項（同法第243条において準用する場合を含む。）	なし
中小企業における経営の承継の円滑化に関する法律			
134	遺留分の算定に係る合意についての許可	中小企業における経営の承継の円滑化に関する法律第8条第1項	許可に係る合意の当事者全員

別表第2

項	事項	根拠となる法律の規定	審判を受ける者となるべき者
婚姻等			
1	夫婦間の協力扶助に関する処分	民法第752条	申立人及び相手方（夫及び妻）
2	婚姻費用の分担に関する処分	民法第760条	申立人及び相手方（夫及び妻）
3	子の監護に関する処分	民法第766条第2項及び第3項（これらの規定を同法	申立人及び相手方（子の父母又は子の監護者）

		第749条、第771条及び第788条において準用する場合を含む。)	
4	財産の分与に関する処分	民法第768条第2項（同法第749条及び第771条において準用する場合を含む。)	申立人及び相手方（夫及び妻であった者）
5	離婚等の場合における祭具等の所有権の承継者の指定	民法第769条第2項（同法第749条、第751条第2項及び第771条において準用する場合を含む。)	申立人及び相手方（婚姻の当事者（民法第751条第2項において準用する同法第769条第2項の規定による場合にあっては、生存配偶者）その他の利害関係人）
親子			
6	離縁等の場合における祭具等の所有権の承継者の指定	民法第808条第2項及び第817条において準用する同法第769条第2項	申立人及び相手方（離縁の当事者その他の利害関係人）
親権			
7	養子の離縁後に親権者となるべき者の指定	民法第811条第4項	申立人及び相手方（父母）
8	親権者の指定又は変更	民法第819条第5項及び第6項（これらの規定を同法第749条において準用する場合を含む。)	申立人及び相手方（父母）
扶養			
9	扶養の順位の決定及びその決定の変更又は取消し	民法第878条及び第880条	申立人及び相手方（扶養権利者及び扶養義務者）
10	扶養の程度又は方法についての決定及びその決定の変更又は取消し	民法第879条及び第880条	申立人及び相手方（扶養権利者及び扶養義務者）
相続			
11	相続の場合における祭具等の所有権の承継者の指定	民法第897条第2項	申立人及び相手方（相続人その他の利害関係人）
遺産の分割			
12	遺産の分割	民法第907条第2項	申立人及び相手方（相続人）
13	遺産の分割の禁止	民法第907条第3項	申立人及び相手方（相続人）

| 14 | 寄与分を定める処分 | 民法第904条の2第2項 | 申立人及び相手方（相続人） |

厚生年金保険法等

| 15 | 請求すべき按分割合に関する処分 | 厚生年金保険法第78条の2第2項、国家公務員共済組合法第93条の5第2項（私立学校教職員共済法第25条において準用する場合を含む。）及び地方公務員等共済組合法第105条第2項 | 申立人及び相手方（離婚等をした者） |

生活保護法等

| 16 | 扶養義務者の負担すべき費用額の確定 | 生活保護法第77条第2項（ハンセン病問題の解決の促進に関する法律第21条第2項において準用する場合を含む。） | 申立人及び相手方（保護の実施機関及び扶養義務者） |

4 前三項の規定は、第三十二条第二項の規定による裁判で定めることができる金銭の支払を目的とする義務であって、婚姻の取消し又は離婚の訴えに係る訴訟における和解で定められたものの履行について準用する。

書面の提出があったときに限る。

【改正後】

2　家庭裁判所は、家庭裁判所調査官について除斥の申立てがあったときは、その申立てについての裁判が確定するまでその申立てがあった事件に関与することができない。

第四十条　削除

【改正前】

(金銭の寄託)
第四十条　第三十二条第二項の規定による裁判で定められた金銭の支払を目的とする義務の履行については、当該裁判をした家庭裁判所(上訴裁判所が当該裁判をした場合にあっては、第一審裁判所である家庭裁判所)の裁判官の所属する家庭裁判所の裁判官の申出により、権利者のために金銭の寄託を受けることができる。

一　金銭の支払を家庭裁判所に寄託してすることを命ずる裁判が効力を生じたとき。
二　前号に掲げる場合のほか、当該家庭裁判所に所属する裁判官が、当該裁判で定められた金銭の支払を目的とする義務の履行について、その金銭の寄託を相当と認めたとき。

2　第三十二条第二項の規定による裁判は、金銭の寄託において寄託をすべき家庭裁判所が特に定められたときは、その家庭裁判所が受けることができる。

3　前二項の規定により金銭の寄託を受けた家庭裁判所は、権利者の請求により、その金銭を権利者に交付しなければならない。ただし、権利者が反対給付をすべき場合には、寄託者の作成した書面又は裁判書、公正証書その他の反対給付のあった事実を証する

資料　非訟事件手続法及び家事事件手続法の施行に伴う関係法律の整備等に関する法律新旧対照条文（抄）

人事訴訟法（平成十五年法律第百九号）（第百四十一条関係）

改正後	改正前
5　（略）	5　（同上）
登記事項証明書の交付を請求することができる。	全処分に係る閉鎖登記記録で政令で定めるものについて、閉鎖登記記録事項証明書の交付を請求することができる。
（調停事件が係属していた家庭裁判所の自庁処理） 第六条　家庭裁判所は、人事訴訟の全部又は一部がその管轄に属しないと認める場合においても、当該人事訴訟に係る事件について家事事件手続法（平成二十三年法律第五十二号）第二百五十七条第一項の規定により申し立てられた調停に係る事件がその家庭裁判所に係属していたときであって、調停の経過、当事者の意見その他の事情を考慮して特に必要があると認めるときは、民事訴訟法第十六条第一項の規定にかかわらず、申立てにより又は職権で、当該人事訴訟の全部又は一部について自ら審理及び裁判をすることができる。	（調停事件が係属していた家庭裁判所の自庁処理） 第六条　家庭裁判所は、人事訴訟の全部又は一部がその管轄に属しないと認める場合においても、当該人事訴訟に係る事件について家事審判法（昭和二十二年法律第百五十二号）第十八条第一項の規定により申し立てられた調停に係る事件がその家庭裁判所に係属していたときであって、調停の経過、当事者の意見その他の事情を考慮して特に必要があると認めるときは、民事訴訟法第十六条第一項の規定にかかわらず、申立てにより又は職権で、当該人事訴訟の全部又は一部について自ら審理及び裁判をすることができる。
（家庭裁判所調査官の除斥） 第三十四条の二　民事訴訟法第二十三条及び第二十五条（忌避に関する部分を除く。）の規定は、家庭裁判所調査官について準用する。	（新設）

資料　非訟事件手続法及び家事事件手続法の施行に伴う関係法律の整備等に関する法律新旧対照条文（抄）

改正後	改正前	（参考）後見登記等に関する政令
3　任者　その任意後見契約の本人を成年被後見人等又は後見命令等の本人とする登記記録	3　任者　その任意後見契約の本人を成年被後見人等又は後見命令等の本人とする登記記録又は第四条第二項に規定する保全処分に係る登記記録で政令で定めるもの	3　法第十条第三項の政令で定める閉鎖登記記録は、次に掲げるものとする。
何人も、登記官に対し、次に掲げる閉鎖登記記録について、閉鎖登記ファイルに記録されている事項（記録がないときは、その旨）を証明した書面（以下「閉鎖登記事項証明書」という。）の交付を請求することができる。 一、二　（略） 三　自己が任意後見監督人等又は任意後見監督人の職務代行者であった閉鎖登記記録 四　自己が後見命令等の本人であった閉鎖登記記録 五　自己が財産の管理者であった閉鎖登記記録	3　（同上） 一、二　（同上） 三　保全処分に係る閉鎖登記記録で政令で定めるもの	一　自己が成年後見人等、成年後見監督人等又は任意後見監督人の職務代行者であった閉鎖登記記録 二　自己が後見命令等の本人であった閉鎖登記記録 三　自己が財産の管理者であった閉鎖登記記録
4　被相続人その他の被承継人が、後見命令等の本人であった閉鎖登記記録又は任意後見契約の本人であった閉鎖登記記録について、閉鎖	4　（新設） 4　相続人その他の承継人は、登記官に対し、被相続人その他の被承継人が成年被後見人若しくは任意後見契約の本人であった閉	4　法第十条第四項の政令で定める閉鎖登記記録は、被相続人その他の被承継人が後見命令等の本人であった閉鎖登記記録とする。

資料　非訟事件手続法及び家事事件手続法の施行に伴う関係法律の整備等に関する法律新旧対照条文（抄）

新	旧
四　自己を成年後見人等、成年後見監督人等又は任意後見監督人の職務代行者（退任したこれらの者を含む。）とする登記記録 五　自己を後見命令等の本人とする登記記録 六　自己を財産の管理者（退任した者を含む。）とする登記記録 七　自己の配偶者又は四親等内の親族を後見命令等の本人とする登記記録 2　次の各号に掲げる者は、登記官に対し、それぞれ当該各号に定める登記記録について、登記事項証明書の交付を請求することができる。 一　未成年後見人又は未成年被後見人　その未成年被後見人を成年被後見人等、後見命令等の本人又は任意後見契約の本人とする登記記録 二　（略） 三　登記された任意後見契約の任意後見受	四　保全処分に係る登記記録で政令で定めるもの （新設） （新設） （新設） 2　（同上） 一　未成年後見人又は未成年被後見人　その未成年被後見人を成年被後見人若しくは任意後見契約の本人とする登記記録又は第四条第二項で政令で定める保全処分に係る登記記録で政令で定めるもの 二　（同上） 三　登記された任意後見契約の任意後見受
	四　自己を成年後見人等、成年後見監督人等又は任意後見監督人の職務代行者（退任したこれらの者を含む。）とする登記記録 二　自己を財産の管理者（退任した者を含む。）とする登記記録 三　自己を後見命令等の本人とする登記記録 四　自己の配偶者又は四親等内の親族を後見命令等の本人とする登記記録 2　法第十条第二項第一号の政令で定める登記記録は、同号に規定する未成年被後見人を後見命令等の本人とする登記記録とし、同項第三号の政令で定める任意後見契約の本人を後見命令等の本人とする登記記録とする。

資料　非訟事件手続法及び家事事件手続法の施行に伴う関係法律の整備等に関する法律新旧対照条文（抄）

改正後	改正前	（参考）後見登記等に関する政令
他の利害関係人は、前項各号に定める事項に変更を生じたときは、嘱託による登記がされる場合を除き、変更の登記を申請することができる。 （終了の登記） 第八条　（略） 2　任意後見契約に係る登記記録に記録されている前条第一項第四号に掲げる者は、任意後見契約の本人の死亡その他の事由により任意後見契約が終了したことを知ったときは、嘱託による登記がされる場合を除き、終了の登記を申請しなければならない。 3　（略） （登記事項証明書の交付等） 第十条　何人も、登記官に対し、次に掲げる登記記録について、後見登記等ファイルに記録されている事項（記録がないときは、その旨）を証明した書面（以下「登記事項証明書」という。）の交付を請求することができる。 一〜三　（略）	号に定める事項に変更を生じたときは、嘱託による登記がされる場合を除き、変更の登記を申請することができる。 （終了の登記） 第八条　（同上） 2　任意後見契約に係る登記記録に記録されている前条第一項第二号に掲げる者は、任意後見契約の本人の死亡その他の事由により任意後見契約が終了したことを知ったときは、嘱託による登記がされる場合を除き、終了の登記を申請しなければならない。 3　（同上） （登記事項証明書の交付等） 第十条　（同上） 一〜三　（同上）	契約の本人の親族その他の利害関係人は、前項各号に定める事項に変更を生じたときは、嘱託による登記がされる場合を除き、変更の登記を申請することができる。 （登記事項証明書の交付を請求することができる登記記録等） 第十五条　法第十条第一項第四号の政令で定める登記記録は、次に掲げるものとする。

資料　非訟事件手続法及び家事事件手続法の施行に伴う関係法律の整備等に関する法律新旧対照条文（抄）

【旧】

は任意後見契約ごとに、それぞれ編成する。

（変更の登記）

第七条　後見登記等ファイルの各記録（以下「登記記録」という。）に記録されている次の各号に掲げる者は、それぞれ当該各号に定める事項に変更が生じたことを知ったときは、嘱託による登記がされる場合を除き、変更の登記を申請しなければならない。

一　第四条第一項第二号から第四号までに規定する者　同項各号に掲げる事項

二　第四条第一項第十号に規定する職務代行者　同号に掲げる事項

三　第四条第二項第二号又は第三号に規定する者　同項各号に掲げる事項

四　第五条第二号、第三号又は第六号に規定する者　同条各号に掲げる事項

五　第五条第十号に規定する職務代行者　同号に掲げる事項

2　成年被後見人等の親族、後見命令等の本人の親族、任意後見契約の本人の親族その

【中】

登記については任意後見契約ごとに、それぞれ編成する。

（変更の登記）

第七条　（同上）

（新設）

一　第四条第一項第二号から第四号までに掲げる者　同項各号に掲げる事項

（新設）

二　第五条第二号、第三号又は第六号に掲げる者　同条各号に掲げる事項

（新設）

2　成年被後見人等の親族、任意後見契約の本人の親族その他の利害関係人は、前項各

【新】

（保全処分に係る変更の登記）

第七条　登記記録に記録されている次の各号に定める事項に掲げる者は、それぞれ当該各号に定める事項に変更が生じたことを知ったときは、嘱託による登記がされる場合を除き、変更の登記を申請しなければならない。

一　法第四条第一項第二号から第四号までに規定する者又は第四条第二項に規定する職務代行者　同項各号に掲げる事項

二　第五条第二項第二号又は第三号に規定する者　同項各号に掲げる事項

三　法第五条第二号、第三号若しくは第六号に規定する者又は第六条第二号に規定する職務代行者　同号に掲げる事項

2　成年被後見人、被保佐人又は被補助人の親族、後見命令等の本人の親族、任意後見

資料　非訟事件手続法及び家事事件手続法の施行に伴う関係法律の整備等に関する法律新旧対照条文（抄）

改正後	改正前	（参考）後見登記等に関する政令
七、八　（略） 九　家事事件手続法第二百二十五条において準用する同法第百二十七条第一項の規定により任意後見人又は任意後見監督人の職務の執行を停止する審判前の保全処分がされたときは、その旨 十　前号に規定する規定により任意後見監督人の職務代行者を選任する審判前の保全処分がされたときは、その氏名又は名称及び住所 十一　登記番号 （後見登記等ファイルの記録の編成） 第六条　後見登記等ファイルの記録は、後見等の登記については後見等の開始の審判ごとに、後見命令等の登記については後見命令等ごとに、任意後見契約の登記については	（新設） 七、八　（同上） 九　保全処分に関する事項のうち政令で定めるもの 十　登記番号 （後見登記等ファイルの記録の編成） 第六条　後見登記等ファイルの記録は、後見等の登記については後見等の開始の審判ごとに、後見命令等の登記については政令で定める保全処分ごとに、任意後見契約の	並びにその選任の審判の確定の年月日 一　特別家事審判規則（昭和二十二年最高裁判所規則第十六号）第三条の九第三項又は第三条の十において準用する家事審判規則第七十四条第一項の規定に基づき任意後見監督人の職務代行者を選任する保全処分がされたときは、その旨 二　特別家事審判規則第三条の九第三項において準用する家事審判規則第七十四条第一項の規定に基づき任意後見監督人の職務代行者を選任する保全処分がされたときは、その氏名及び住所（法人にあっては、名称及び主たる事務所又は本店

資料　非訟事件手続法及び家事事件手続法の施行に伴う関係法律の整備等に関する法律新旧対照条文（抄）

改正後	改正前
三　財産の管理者の氏名及び住所（法人にあっては、名称又は商号及び主たる事務所又は本店） 四　前項第三号の審判において、財産の管理者の同意を得ることを要するものと定められた行為 五　後見命令等が効力を失ったときは、その事由及び年月日 六　登記番号 （任意後見契約の登記） 第五条　（同上） 一、二　（同上） 三　任意後見受任者又は任意後見人の氏名及び住所（法人にあっては、名称又は商号及び主たる事務所又は本店） 四、五　（同上） 六　任意後見監督人が選任されたときは、その氏名及び住所（法人にあっては、名称又は商号及び主たる事務所又は本店） （任意後見契約に係る登記記録に記録すべき保全処分） 第六条　法第五条第九号に規定する保全処分に関する事項のうち政令で定めるものは、次に掲げるものとする。	三　財産の管理者の氏名又は名称及び住所　（新設） 四　家事事件手続法第百四十三条第二項の規定による審判前の保全処分において、財産の管理者の同意を得ることを要するものと定められた行為　（新設） 五　後見命令等が効力を失ったときは、その事由及び年月日　（新設） 六　登記番号　（新設） （任意後見契約の登記） 第五条　任意後見契約の登記は、嘱託又は申請により、後見登記等ファイルに、次に掲げる事項を記録することによって行う。 一、二　（略） 三　任意後見受任者又は任意後見人の氏名又は名称及び住所 四、五　（略） 六　任意後見監督人が選任されたときは、その氏名又は名称及び住所並びにその選任の審判の確定の年月日 （新設）

資料　非訟事件手続法及び家事事件手続法の施行に伴う関係法律の整備等に関する法律新旧対照条文（抄）

改正後	改正前	（参考）後見登記等に関する政令
百三十四条第二項又は第百四十三条第二項の規定による審判前の保全処分（以下「後見命令等」と総称する。）の登記は、嘱託又は申請により、後見登記等ファイルに、次に掲げる事項を記録することによって行う。 一　後見命令等の種別、審判前の保全処分をした裁判所、その審判前の保全処分の事件の表示及び発効の年月日　　（新設） 二　財産の管理者の後見、保佐又は補助を受けるべきことを命ぜられた者（以下「後見命令等の本人」と総称する。）の氏名、出生の年月日、住所及び本籍（外国人にあっては、国籍）　　（新設）	で定めるものに限る。）の登記は、嘱託又は申請により、後見登記等ファイルに、政令で定める事項を記録することによって行う。	第五条　法第四条第二項及び第六条の政令で定める保全処分は、次に掲げる審判（これらの審判に代わる家事審判法（昭和二十二年法律第百五十二号）第十五条の三第五項の裁判を含む。以下「後見命令等」と総称する。）とする。 一　家事審判規則第二十三条第二項の規定による審判 二　家事審判規則第三十条第二項の規定による審判 三　家事審判規則第三十条の八第二項の規定による審判 2　法第四条第二項の政令で定める事項は、次に掲げるものとする。 一　後見命令等の種別、審判をした裁判所、その審判前の事件の表示及び発効の年月日 二　財産の管理者の後見、保佐又は補助を受けるべきことを命ぜられた者（以下「後見命令等の本人」と総称する。）の氏名、出生の年月日、住所及び本籍（外国人にあっては、国籍）

資料　非訟事件手続法及び家事事件手続法の施行に伴う関係法律の整備等に関する法律新旧対照条文（抄）

新	旧
四　成年後見監督人、保佐監督人又は補助監督人（以下「成年後見監督人等」と総称する。）が選任されたときは、その氏名又は名称及び住所（法人にあっては、名称又は商号及び主たる事務所又は本店）	四　成年後見監督人、保佐監督人又は補助監督人（以下「成年後見監督人等」と総称する。）が選任されたときは、その氏名又は名称及び住所
五〜八　（同上）	五〜八　（略）
九　家事審判法（昭和二十二年法律第百五十二号）第十五条の三第一項の規定による審判（同条第五項の裁判を含む。以下「保全処分」という。）に関する事項のうち政令で定めるもの	九　家事事件手続法（平成二十三年法律第五十二号）第百二十七条第一項（同条第五項並びに同法第百三十五条及び第百四十四条において準用する場合を含む。）の規定により成年後見人等又は成年後見監督人等の職務の執行を停止する審判前の保全処分がされたときは、その旨
	十　前号に規定する規定により成年後見人等又は成年後見監督人等の職務代行者を選任する審判前の保全処分がされたときは、その氏名又は名称及び住所
一　家事審判規則（昭和二十二年最高裁判所規則第十五号）第八十六条、第九十二条第二項又は第九十三条第三項において準用する第七十四条第一項の規定に基づき成年後見人等（成年後見人、保佐人又は補助人をいう。以下同じ。）又は成年後見監督人等（成年後見監督人、保佐監督人又は補助監督人をいう。以下同じ。）の職務の執行を停止する保全処分がされたときは、その旨	（新設）
二　前号に規定する規定に基づき成年後見人等又は成年後見監督人等の職務代行者を選任する保全処分がされたときは、その氏名又は名称及び住所（法人にあっては、名称又は商号及び主たる事務所又は本店）	
十一　登記番号	十一　登記番号
2　後見等の開始の審判前の保全処分（政令	2　家事事件手続法第百二十六条第二項、第

（後見命令等の登記）

資料　非訟事件手続法及び家事事件手続法の施行に伴う関係法律の整備等に関する法律新旧対照条文（抄）

後見登記等に関する法律（平成十一年法律第百五十二号）

改正後	改正前
（削る）	（最高裁判所規則） 第十三条　この法律に定めるもののほか、任意後見契約に関する審判の手続に関し必要な事項は、最高裁判所規則で定める。
（後見等の登記） 第四条　後見、保佐又は補助（以下「後見等」と総称する。）の登記は、嘱託又は申請により、磁気ディスク（これに準ずる方法により一定の事項を確実に記録することができる物を含む。第九条において同じ。）をもって調製する後見登記等ファイルに、次に掲げる事項を記録することによって行う。 一、二　（略） 三　成年後見人、保佐人又は補助人（以下「成年後見人等」と総称する。）の氏名又は名称及び住所	（後見等の登記） 第四条　（同上） 一、二　（同上） 三　成年後見人、保佐人又は補助人（以下「成年後見人等」と総称する。）の氏名及び住所（法人にあっては、名称又は商号及び主たる事務所又は本店）
	（参考）後見登記等に関する政令 （後見等に係る登記記録に記録すべき保全処分） 第四条　法第四条第一項第九号に規定する保全処分に関する事項のうち政令で定めるものは、次に掲げるものとする。

資料　非訟事件手続法及び家事事件手続法の施行に伴う関係法律の整備等に関する法律新旧対照条文（抄）

改正後	改正前

一　担保権の存在を証する確定判決若しくは家事事件手続法（平成二十三年法律第五十二号）第七十五条の審判又はこれらと同一の効力を有するものの謄本

二～四　（略）

2～4　（略）

一　担保権の存在を証する確定判決若しくは家事審判法（昭和二十二年法律第百五十二号）第十五条の審判又はこれらと同一の効力を有するものの謄本

二～四　（同上）

2～4　（同上）

任意後見契約に関する法律（平成十一年法律第百五十号）（第百二十八条関係）

（削る）

（家事審判法の適用）

第十二条　家事審判法（昭和二十二年法律第百五十二号）の適用に関しては、第四条第一項、第四項及び第五項の規定による任意後見監督人の選任、同条第二項の規定による後見開始の審判等の取消し、第七条第三項の規定による報告の徴収、調査命令その他任意後見監督人の職務に関する処分、同条第四項において準用する民法第八百四十四条、第八百四十六条、第八百五十九条の二第一項及び第二項並びに第八百六十二条の規定による任意後見監督人の辞任についての許可、任意後見監督人の解任、任意後見監督人が数人ある場合におけるその権限の行使についての定め及びその取消し並びに任意後見監督人に対する報酬の付与、第八条の規定による任意後見人の解任並びに第九条第二項の規定による任意後見契約の解除についての許可は、家事審判法第九条第一項甲類に掲げる事項とみなす。

民事執行法（昭和五十四年法律第四号）（第百十条関係）

改正後	改正前
（債務名義） 第二十二条　強制執行は、次に掲げるもの（以下「債務名義」という。）により行う。 一～四　（略） 四の二　訴訟費用、和解の費用若しくは非訟事件（他の法令の規定により非訟事件手続法（平成二十三年法律第五十一号）の規定を準用することとされる事件を含む。若しくは家事事件の手続の費用の負担の額を定める執行費用及び返還すべき金銭の額を定める裁判所書記官の処分又は第四十二条第四項に規定する執行費用及び返還すべき金銭の額を定める裁判所書記官の処分（後者の処分にあつては、確定したものに限る。） 五～七　（略） （代金の納付） 第七十八条　売却許可決定が確定したときは、買受人は、裁判所書記官の定める期限までに代金を執行裁判所に納付しなければならない。 2～7　（略） （不動産担保権の実行の開始） 第百八十一条　不動産担保権の実行は、次に掲げる文書が提出されたときに限り、開始する。	（債務名義） 第二十二条　（同上） 一～四　（同上） 四の二　訴訟費用若しくは和解の費用の負担の額を定める裁判所書記官の処分又は第四十二条第四項に規定する執行費用及び返還すべき金銭の額を定める裁判所書記官の処分（後者の処分にあつては、確定したものに限る。） 五～七　（同上） （代金の納付） 第七十八条　売却許可決定が確定したときは、買受人は、裁判所書記官の定める期限までに代金を裁判所書記官に納付しなければならない。 2～7　（同上） （不動産担保権の実行の開始） 第百八十一条　（同上）

資料　非訟事件手続法及び家事事件手続法の施行に伴う関係法律の整備等に関する法律新旧対照条文（抄）

一九	民事訴訟法第三百四十九条第一項、非訟事件手続法第八十三条第一項又は家事事件手続法第百三条第一項の規定による再審の申立て			千五百円
		(3) 民事保全法の規定による保全抗告（適法として却下したものを除き、抗告裁判所の裁判を含む。）に対するもの		一一の二の項ロに掲げる申立ての手数料の額の一・五倍の額
		(4) (1)から(3)まで以外のもの		千円

この表の各項の上欄に掲げる申立てには、当該申立てについての規定を準用し、又はその例によるものとする規定による申立てを含むものとする。

一九	民事訴訟法第三百四十九条第一項の規定による再審の申立て			千五百円
		(3) 民事保全法の規定による保全抗告（適法として却下したものを除き、抗告裁判所の裁判を含む。）に対するもの		一一の二の項ロに掲げる申立ての手数料の額の一・五倍の額
		(4) (1)から(3)まで以外のもの		千円

（同上）

資料　非訟事件手続法及び家事事件手続法の施行に伴う関係法律の整備等に関する法律新旧対照条文（抄）

改正後

一八		定による申立て
		ヘ、ト　（略）
	(1) 一一の二の項、一五の項、一五の二の項、一六の項又は第七十七条第二項若しくは家事事件手続法第九十七条第二項の規定による抗告の申立てについての裁判（抗告裁判所の裁判を含む。）に対するもの	抗告の提起又は民事訴訟法第三百三十七条第二項、非訟事件手続法
	(2) 一三の項に掲げる申立て又は申出についての裁判（不	それぞれの申立ての手数料の額の一・五倍の額
		一三の項により算出して得た額の一・五倍の額

改正前

一八		号）第十条第一項若しくは第十一条第一項の規定による申立て
		ヘ、ト　（同上）
	(1) 一一の二の項、一五の項、一五の二の項、一六の項に掲げる申立てについての裁判（抗告裁判所の裁判を含む。）に対するもの	抗告の提起又は民事訴訟法第三百三十七条第二項の規定による抗告の申立てについての許可の申立て
	(2) 一三の項に掲げる申立て又は申出についての裁判（不	それぞれの申立ての手数料の額の一・五倍の額
		一三の項により算出して得た額の一・五倍の額

資料　非訟事件手続法及び家事事件手続法の施行に伴う関係法律の整備等に関する法律新旧対照条文（抄）

特定債務等の調整の促進のための特定調停に関する法律第七条第一項若しくは第二項の規定による民事執行の手続の停止若しくは続行を命ずる裁判を求める申立て、人事訴訟法（平成十五年法律第百九号）第三十九条第一項の規定による申立て、特許法（昭和三十四年法律第百二十一号）第百五条の四第一項若しくは第百五条の五第一項の規定による申立て、著作権法（昭和四十五年法律第四十八号）第百十四条の六第一項若しくは第百十四条の七第一項の規定による申立て又は不正競争防止法（平成五年法律第四十七号）第十条第一項若しくは第十一条第一項の規

特定債務等の調整の促進のための特定調停に関する法律第七条第一項若しくは第二項の規定による民事執行の手続の停止若しくは続行を命ずる裁判を求める申立て、家事審判法第十五条の六の規定による申立て、人事訴訟法（平成十五年法律第百九号）第三十九条第一項の規定による申立て、特許法（昭和三十四年法律第百二十一号）第百五条の四第一項若しくは第百五条の五第一項の規定による申立て、著作権法（昭和四十五年法律第四十八号）第百十四条の六第一項若しくは第百十四条の七第一項の規定による申立て又は不正競争防止法（平成五年法律第四十七号）

改正後	よる復権の申立て、民事再生法第百四十八条第一項の規定による担保権消滅の許可の申立て、行政事件訴訟法の規定による執行停止決定の取消しの申立て、若しくは仮の義務付け決定若しくは仮の差止めの決定の取消しの申立て、労働組合法（昭和二十四年法律第百七十四号）第二十七条の二十の規定による申立て、配偶者からの暴力の防止及び被害者の保護に関する法律第十六条第三項若しくは第十七条第一項の規定による申立て、労働審判法第四条第一項ただし書の規定による弁護士でない者を代理人に選任することの許可を求める申立て、
改正前	よる復権の申立て、民事再生法第百四十八条第一項の規定による担保権消滅の許可の申立て、行政事件訴訟法の規定による執行停止決定の取消しの申立て、若しくは仮の義務付け決定若しくは仮の差止めの決定の取消しの申立て、労働組合法（昭和二十四年法律第百七十四号）第二十七条の二十の規定による申立て、配偶者からの暴力の防止及び被害者の保護に関する法律第十六条第三項若しくは第十七条第一項の規定による申立て、労働審判法第四条第一項ただし書の規定による弁護士でない者を代理人に選任することの許可を求める申立て、

続の特例等に関する法律（平成八年法律第九十五号）、船舶の所有者等の責任の制限に関する法律（昭和五十年法律第九十四号）又は船舶油濁損害賠償保障法（昭和五十年法律第九十五号）の規定による参加及び七の項、一三の項に掲げる参加を除く。）の申出又は申立て ホ　破産法第百八十六条第一項の規定による担保権消滅の許可の申立て、同法第百九十二条第三項の規定による商事留置権消滅の許可の申立て、同法第二百四十八条第一項の規定による免責許可の申立て若しくは同法第二百五十六条第一項の規定に	続の特例等に関する法律（平成八年法律第九十五号）、船舶の所有者等の責任の制限に関する法律（昭和五十年法律第九十四号）又は船舶油濁損害賠償保障法（昭和五十年法律第九十五号）の規定による参加及び七の項、一三の項に掲げる参加を除く。）の申出又は申立て ホ　破産法第百八十六条第一項の規定による担保権消滅の許可の申立て、同法第百九十二条第三項の規定による商事留置権消滅の許可の申立て、同法第二百四十八条第一項の規定による免責許可の申立て若しくは同法第二百五十六条第一項の規定に

改正後

申立て、同法の規定による強制執行の停止、開始若しくは続行を命じ、若しくは執行処分の取消しを命ずる裁判を求める申立て、受命裁判官若しくは受託裁判官の裁判に対する異議の申立て、財産の管理に関する処分の取消しの申立て、不在者の財産の管理に関する処分の取消しの申立て、遺産の管理に関する処分の取消しの申立て又は義務の履行を命ずる審判を求める申立て

ロ、ハ （略）

二　参加（破産法、民事再生法、会社更生法（平成十四年法律第百五十四号）、金融機関等の更生手

改正前

ロ、ハ （同上）

二　参加（破産法、民事再生法、会社更生法（平成十四年法律第百五十四号）、金融機関等の更生手

(ハ) 家事事件手続法の規定による忌避の申立て、特別代理人の選任の申立て、弁護士でない者を手続代理人に選任することの許可を求める申立て、裁判所書記官の処分に対する異議の申立て 異議の申立てに対する裁判官の裁判若しくは受命裁判官若しくは受託裁判官の裁判に対する異議の申立てを命ずる裁判を求める申立て又は受命裁判官若しくは執行処分の取消しを命じ、開始若しくは続行を命じ、若しくは執行処分の取消し、同法の規定による強制執行の停止、の処分に対する異議の申立て、裁判所書記官の処分に対する異議の申立て、同法の規定に対する異議の申立て、裁判所書記官を手続代理人に選任することの許可を求める申立て、弁護士でない者を手続代理人に選任することの許可を求める特別代理人の選任の申	（新設）

資料　非訟事件手続法及び家事事件手続法の施行に伴う関係法律の整備等に関する法律新旧対照条文（抄）

改正後	改正前
しの申立て、裁判所書記官の処分に対する異議の申立て、訴えの提起前における証拠収集の処分の申立て、訴えの提起前における証拠保全の申立て、受託裁判官若しくは受命裁判官の裁判に対する異議の申立て、手形訴訟若しくは小切手訴訟の終局判決に対する異議の申立て、少額訴訟の終局判決に対する異議の申立て又は同法の規定による強制執行の開始若しくは続行の停止、若しくは執行処分の取消しを命ずる裁判を求める申立て (ロ)　非訟事件手続法の規定による忌避の申立て、	処分に対する異議の申立て、訴えの提起前における証拠収集の処分の申立て、訴えの提起前における証拠保全の申立て、受命裁判官若しくは受託裁判官の裁判に対する異議の申立て、手形訴訟若しくは小切手訴訟の終局判決に対する異議の申立て、少額訴訟の終局判決に対する異議の申立て又は同法の規定による強制執行の停止、開始若しくは続行を命じ、若しくは執行処分の取消しを命ずる裁判を求める申立て (新設)

資料　非訟事件手続法及び家事事件手続法の施行に伴う関係法律の整備等に関する法律新旧対照条文（抄）

基本となる手続が開始されるもの（第九条第一項若しくは第三項又は第十条第二項の規定による申立て及びこの表の他の項に掲げる申立てを除く。） ロ　非訟事件手続法の規定による参加（一三の項に掲げる参加を除く。）の申出（申立人として参加する場合に限る。）	一七　イ　民事訴訟法の規定による特別代理人の選任の申立て、弁護士でない者を訴訟代理人に選任することの許可を求める申立て、忌避の申立て、訴訟引受けの申立て、秘密記載部分の閲覧等の請求をすることができる者を当事者に限る決定を求める申立て、その決定の取消	五百円
の（第九条第一項若しくは第三項又は第十条第二項の規定による申立て及びこの表の他の項に掲げる申立てを除く。） （新設）	一七　イ　民事訴訟法の規定による特別代理人の選任の申立て、弁護士でない者を訴訟代理人に選任することの許可を求める申立て、忌避の申立て、訴訟引受けの申立て、秘密記載部分の閲覧等の請求をすることができる者を当事者に限る決定を求める申立て、その決定の取消しの申立て、裁判所書記官の	五百円

	改正後
	条に規定する事件についての調停の申立て又は同法の規定による参加の申出（申立人として参加する場合に限る。）
一六 イ 仲裁法第十二条第二項、第十六条第三項、第十七条第二項から第五項まで、第十九条第四項、第二十条、第二十三条第五項又は第三十五条第一項の規定による申立て、非訟事件手続法の規定により裁判を求める申立て、配偶者からの暴力の防止及び被害者の保護に関する法律（平成十三年法律第三十一号）第十条第一項から第四項までの規定による申立てその他の裁判所の裁判を求める申立てで、	千円

	改正前
	定する事件についての調停の申立て
一六 仲裁法第十二条第二項、第十六条第三項、第十七条第二項から第五項まで、第十九条第四項、第二十条、第二十三条第五項又は第三十五条第一項の規定による申立て、非訟事件手続法の規定により裁判を求める申立て、配偶者からの暴力の防止及び被害者の保護に関する法律（平成十三年法律第三十一号）第十条第一項から第四項までの規定による申立てその他の裁判所の裁判を求める申立てで、基本となる手続が開始されるも	千円

資料　非訟事件手続法及び家事事件手続法の施行に伴う関係法律の整備等に関する法律新旧対照条文（抄）

別表第一（第三条、第四条関係）

項	上欄	下欄
一〜一三	（略）	
一三の二	借地借家法第四十一条の事件の申立ての変更	変更後の申立てにつき一三の項により算出して得た額から変更前の申立てに係る手数料の額を控除した額
一四	（略）	
一四の二	民事調停法による調停の申立て又は労働審判法による労働審判手続の申立ての変更	変更後の申立てにつき一四の項により算出して得た額から変更前の申立てに係る手数料の額を控除した額
一五	家事事件手続法別表第一に掲げる事項についての審判の申立て又は同法の規定による参加の申出（申立人として参加する場合に限る。）	八百円
一五の二	家事事件手続法別表第一に掲げる事項についての審判若しくは同法第二百四十四	千二百円

別表第一（第三条、第四条関係）

項	上欄	下欄
一〜一三	（同上）	
（新設）		
一四	（同上）	
（新設）		
一五	家事審判法第九条第一項甲類に掲げる事項についての審判の申立て	八百円
一五の二	家事審判法第九条第一項乙類に掲げる事項についての審判又は同法第十七条に規	千二百円

資料　非訟事件手続法及び家事事件手続法の施行に伴う関係法律の整備等に関する法律新旧対照条文（抄）

改正後	改正前
の性質に反しない限り、非訟事件手続法第二編の規定（同法第二十七条及び第四十条の規定を除く。）を準用する。 （再使用証明） 第十条　（略） 2　（略） 3　前条第九項の規定は、前項の決定について準用する。 （裁判所書記官が行う手続に係る費用に関する特例） 第十三条の二　次に掲げる手続で裁判所書記官が行うものに係る費用についての第十一条第二項及び前二条の規定の適用については、これらの規定中「裁判所」とあるのは、「裁判所書記官」とする。 一　（略） 二　訴訟費用、和解の費用又は非訟事件（他の法令の規定により非訟事件手続法の規定を準用することとされる事件を含む。）若しくは家事事件の手続の費用の負担の額を定める手続 三、四　（略） （予納がない場合の費用の取立て） 第十五条　（略） 2　第九条第九項の規定は、前項の決定について準用する。	その性質に反しない限り、非訟事件手続法第一編の規定を準用する。ただし、同法第十五条及び第三十二条の規定は、この限りでない。 （再使用証明） 第十条　（同上） 2　（同上） 3　前条第九項及び第十項の規定は、前項の決定について準用する。 （裁判所書記官が行う手続に係る費用に関する特例） 第十三条の二　（同上） 一　（同上） 二　訴訟費用又は和解の費用の負担の額を定める手続 三、四　（同上） （予納がない場合の費用の取立て） 第十五条　（同上） 2　第九条第九項及び第十項の規定は、前項の決定について準用する。

資料　非訟事件手続法及び家事事件手続法の施行に伴う関係法律の整備等に関する法律新旧対照条文（抄）

【旧】

二分の一の額（その額が四千円に満たないときは、四千円）を控除した金額の金銭を還付しなければならない。

一～四　（略）

五　上告の提起若しくは上告受理の申立て又は前号の申立て若しくは申出についての裁判に対する非訟事件手続法（平成二十三年法律第五十一号）第七十四条第一項の規定による再抗告若しくは同法第七十五条第一項の規定による特別抗告の提起若しくは同法第七十七条第二項の規定による抗告の許可の申立て　原裁判所（抗告の許可の申立てにあっては、その申立てを受けた裁判所。以下この号において同じ。）における却下の裁判の確定又は原裁判所が上告裁判所若しくは抗告裁判所に事件を送付する前における取下げ

4～8　（略）

（削る）

9　第一項から第三項まで及び第五項の申立て並びに前項の規定による異議の申立てについての裁判又は裁判所書記官の処分並びに前項の規定による異議の申立て及びその異議の申立てについての裁判に関しては、そ

【新】

一～四　（同上）

五　上告の提起若しくは上告受理の申立て又は前号の申立て若しくは申出についての裁判に対する借地借家法第四十二条第一項において準用する非訟事件手続法（明治三十一年法律第十四号）第二十五条において準用する民事訴訟法第三百三十条若しくは第三百三十六条第一項の規定による抗告の提起若しくは第三百三十七条第二項の規定による抗告の許可の申立て　原裁判所（抗告の許可の申立てにあっては、その申立てを受けた裁判所。以下この号において同じ。）における却下の裁判の確定又は原裁判所が上告裁判所若しくは抗告裁判所に事件を送付する前における取下げ

4～8　（同上）

9　第一項若しくは第三項の申立て又は前項の規定による異議の申立てについてされた決定に対しては、即時抗告をすることができる。

10　第一項から第三項まで及び第五項の申立て並びに前項の規定による異議の申立てについての裁判又は裁判所書記官の処分並びに第八項の規定による異議の申立て及びその異議の申立てについての裁判に関しては、

改正後

又は調停の申立てについて納めた手数料の額に相当する額は、納めたものとみなす。

2　前項の規定は、民事調停法第十四条（第十五条において準用する場合を含む。）の規定により調停事件が終了し、又は同法第十八条第四項の規定により調停に代わる決定が効力を失った場合において、調停の申立人がその旨の通知を受けた日から二週間以内に調停の目的となった請求についてする借地借家法（平成三年法律第九十号）第十七条第一項、第二項若しくは第五項（第十八条第一項、第十九条第三項（同条第七項において準用する場合を含む。）、第二十条第一項（同条第五項において準用する場合を含む。）又は第二十一条第一項（同条第五項において準用する場合を含む。）において準用する場合を含む。）の規定による申立ての手数料について準用する。

第九条　（過納手数料の還付等）

2　（略）

3　次の各号に掲げる申立てについてそれぞれ当該各号に定める事由が生じた場合においては、裁判所は、申立てにより、決定で、納められた手数料の額（第五条の規定により納められたものとみなされた額を除く。）から納めるべき手数料の額（同条の規定により納められたものとみなされた額を除く。）を控除した額に相当する額を還付しなければならない。この場合において、民事訴訟法第九条第一項に規定する手数料にあっては、各請求の価額に応じて案分して得た額）の合算が行われた場合における数個の請求の一に係る手数料に規定する合算が行われた場合における数個の請求の一に係

改正前

又は調停の申立てについて納めた手数料の額に相当する額は、納めたものとみなす。

2　前項の規定は、民事調停法第十四条（第十五条において準用する場合を含む。）の規定により調停事件が終了し、又は同法第十八条第二項の規定により調停に代わる決定が効力を失った場合において、調停の申立人がその旨の通知を受けた日から二週間以内に調停の目的となった請求についてする借地借家法（平成三年法律第九十号）第十七条第一項、第二項若しくは第五項（第十八条第一項、第十九条第三項（同条第七項において準用する場合を含む。）、第二十条第一項（同条第五項において準用する場合を含む。）又は第二十一条第一項（同条第五項において準用する場合を含む。）において準用する場合を含む。）の規定による申立ての手数料について準用する。

第九条　（同上）

2　（同上）

3　（同上）

資料　非訟事件手続法及び家事事件手続法の施行に伴う関係法律の整備等に関する法律新旧対照条文（抄）

民事訴訟費用等に関する法律（昭和四十六年法律第四十号）（第百二条関係）

改正後	改正前
（訴訟の目的の価額等） 第四条　（略） 2～4　（略） 5　民事訴訟法第九条第一項の規定は、別表第一の一三の項及び一四の二の項の手数料の額の算出の基礎とされている額について準用する。 6　第一項及び第三項の規定は、別表第一の一四の項及び一四の二の項の手数料の額の算出の基礎とされている価額について準用する。 7　（略） （手数料を納めたものとみなす場合） 第五条　民事訴訟法第三百五十五条第二項（第三百六十七条第二項において準用する場合を含む。）、民事調停法（昭和二十六年法律第二百二十二号）第十九条（特定債務等の調整の促進のための特定調停に関する法律（平成十一年法律第百五十八号）第十八条第二項（第十九条において準用する場合を含む。）又は家事事件手続法（平成二十三年法律第五十二号）第二百七十二条第三項（同法第二百七十七条第四項において準用する場合を含む。）、第二百八十条第五項若しくは第二百八十六条第六項の訴えの提起の手数料については、前の訴えの提起	（訴訟の目的の価額等） 第四条　（同上） 2～4　（同上） 5　民事訴訟法第九条第一項の規定は、別表第一の一三の項の手数料の額の算出の基礎とされている額について準用する。 6　第一項及び第三項の規定は、別表第一の一四の項の手数料の額の算出の基礎とされている価額について準用する。 7　（同上） （手数料を納めたものとみなす場合） 第五条　民事訴訟法第三百五十五条第二項（第三百六十七条第二項において準用する場合を含む。）、民事調停法（昭和二十六年法律第二百二十二号）第十九条（特定債務等の調整の促進のための特定調停に関する法律（平成十一年法律第百五十八号）第十八条第二項（第十九条において準用する場合を含む。）又は家事審判法（昭和二十二年法律第百五十二号）第二十六条第二項の訴えの提起又は調停の申立てについて納めた手数料の額に相当する額は、納めたものとみなす。

地方公務員等共済組合法（昭和三十七年法律第百五十二号）（第八十六条関係）

改正後

（離婚特例適用請求）

第百五条　（略）

2　（略）

（削る）

3　離婚特例適用請求は、当事者が離婚特例の適用の請求をすること及び請求すべき按分割合について合意している旨が記載された公正証書の添付その他の主務省令で定める方法によりしなければならない。

第百七条の二　組合は、裁判所又は受命裁判官若しくは受託裁判官に対し、その求めに応じて、第百五条第二項の規定による請求すべき按分割合に関する処分を行うために必要な資料を提供しなければならない。

改正前

（離婚特例適用請求）

第百五条　（同上）

2　（同上）

3　前項の規定による請求すべき按分割合に関する処分（第百七条の二において「掛金の標準となった給料の額等の按分割合に関する処分」という。）の適用に関しては、同法第九条第一項乙類に掲げる事項とみなす。

4　離婚特例適用請求は、当事者が離婚特例の適用の請求をすること及び請求すべき按分割合について合意している旨が記載された公正証書の添付その他の主務省令で定める方法によりしなければならない。

第百七条の二　組合は、裁判所又は受命裁判官若しくは受託裁判官に対し、その求めに応じて、掛金の標準となった給料の額等の按分割合に関する処分を行うために必要な資料を提供しなければならない。

別表（第八十四条の四関係）	
都道府県、市及び福祉事務所を設置する町村	第十九条第一項から第五項まで、第二十四条第一項（同条第五項において準用する場合を含む。）、第二十五条第一項及び第二項、第二十六条、第二十七条第一項、第二十八条第一項及び第四項、第二十九条、第三十条から第三十七条の二まで（第三十条第二項及び第三十三条第三項を除く。）、第四十七条第一項、第四十八条第四項、第五十三条第四項（第五十四条第四項及び第五十五条において準用する場合を含む。）、第六十一条、第六十二条第三項及び第四項、第六十三条、第七十六条第一項、第七十七条第二項、第八十条第一項並びに第八十一条

別表（第八十四条の四関係）	
都道府県、市及び福祉事務所を設置する町村	第十九条第一項から第五項まで、第二十四条第一項（同条第五項において準用する場合を含む。）、第二十五条第一項及び第二項、第二十六条、第二十七条第一項、第二十八条第一項及び第四項、第二十九条、第三十条から第三十七条の二まで（第三十条第二項及び第四項並びに第三十三条第三項を除く。）、第四十七条第一項、第四十八条第四項、第五十三条第四項（第五十四条の二第四項及び第五十五条において準用する場合を含む。）、第六十一条、第六十二条第三項及び第四項、第六十三条、第七十六条第一項、第七十七条第二項、第八十条第一項並びに第八十一条

資料　非訟事件手続法及び家事事件手続法の施行に伴う関係法律の整備等に関する法律新旧対照条文（抄）

戸籍法（昭和二十二年法律第二百二十四号）（第三十三条関係）

改正後	改正前
第百二十二条　削除	第百二十二条　第百七条第一項（同条第四項において準用する場合を含む。）、第百七条の二、第百十条第一項、第百十三条又は第百十四条の許可及び前条の不服の申立ては、家事審判法（昭和二十二年法律第百五十二号）の適用に関しては、同法第九条第一項甲類に掲げる事項とみなす。

生活保護法（昭和二十五年法律第百四十四号）（第四十九条関係）

改正後	改正前
（生活扶助の方法） 第三十条　（略） 2、3　（略） （削る） （費用の徴収） 第七十七条　（略） 2　（略） （削る）	（生活扶助の方法） 第三十条　（同上） 2、3　（同上） 4　前項の許可は、家事審判法（昭和二十二年法律第百五十二号）の適用に関しては、同法第九条第一項甲類に掲げる事項とみなす。 （費用の徴収） 第七十七条　（同上） 2　（同上） 3　前項の処分は、家事審判法の適用については、同法第九条第一項乙類に掲げる事項とみなす。

| 第三十三条 （略）
②〜④ （略）
⑤ 前項の規定により引き続き一時保護を行う者又は未成年後見人の意に反する場合においては、児童相談所長又は都道府県知事が引き続き一時保護を行おうとするとき、及び引き続き一時保護を行つた後二月を経過するごとに、都道府県知事は、都道府県児童福祉審議会の意見を聴かなければならない。ただし、当該児童に係る第二十八条第一項第一号若しくは第二号ただし書の承認の申立て又は当該児童の親権者に係る第三十三条の七の規定による親権喪失若しくは親権停止の審判の請求がされている場合は、この限りでない。
⑤ （略） | 第三十三条 （同上）
②〜④ （同上）
⑤ 前項の規定により引き続き一時保護を行う者又は未成年後見人の意に反する場合においては、児童相談所長又は都道府県知事が引き続き一時保護を行おうとするとき、及び引き続き一時保護を行つた後二月を経過するごとに、都道府県知事は、都道府県児童福祉審議会の意見を聴かなければならない。ただし、当該児童に係る第二十八条第一項第一号若しくは第二号ただし書の承認の申立て又は当該児童の親権者に係る第三十三条の七の規定による親権喪失若しくは親権停止の審判の請求がされている場合は、この限りでない。
⑥ （同上） |

（前段）ただし書の承認（次項において「措置に関する承認」という。）の申立てがあつた場合は、都道府県に対し、期限を定めて、当該申立てに係る指導措置に関し報告及び意見を求め、又は当該申立てに係る児童及びその保護者に関する必要な資料の提出を求めることができる。

道府県に対し、期限を定めて、当該申立てに係る指導措置に関し報告及び意見を求め、又は当該申立てに係る児童及びその保護者に関する必要な資料の提出を求めることができる。

資料　非訟事件手続法及び家事事件手続法の施行に伴う関係法律の整備等に関する法律新旧対照条文（抄）

児童福祉法（昭和二十二年法律第百六十四号）（第三十一条関係）

改正後	改正前
第百五十三条　催告は、六箇月以内に、裁判上の請求、支払督促の申立て、和解の申立て、民事調停法若しくは家事事件手続法による調停の申立て、破産手続参加、再生手続参加、更生手続参加、差押え、仮差押え又は仮処分をしなければ、時効の中断の効力を生じない。	第百五十三条　催告は、六箇月以内に、裁判上の請求、支払督促の申立て、和解の申立て、民事調停法若しくは家事審判法による調停の申立て、破産手続参加、再生手続参加、更生手続参加、差押え、仮差押え又は仮処分をしなければ、時効の中断の効力を生じない。
第二十八条　（略） ②　（略） （削る） ③　都道府県は、前項ただし書の規定による更新に係る承認の申立てをした場合において、やむを得ない事情があるときは、当該措置の期間が満了した後も、当該申立てに対する審判が確定するまでの間、引き続き当該措置を採ることができる。ただし、当該申立てを却下する審判があった場合は、当該審判の結果を考慮してもなお当該措置を採る必要があると認めるときに限る。 ④　家庭裁判所は、第一項第一号及び第二号ただし書並びに第二項	第二十八条　（同上） ②　（同上） ③　第一項及び前項の承認（以下「措置に関する承認」という。）は、家事審判法の適用に関しては、これを同法第九条第一項甲類に掲げる事項とみなす。 ④　都道府県は、第二項の規定による更新に係る承認の申立てをした場合において、やむを得ない事情があるときは、当該措置の期間が満了した後も、当該申立てに対する審判が確定するまでの間、引き続き当該措置を採ることができる。ただし、当該申立てを却下する審判があった場合は、当該審判の結果を考慮してもなお当該措置を採る必要があると認めるときに限る。 ⑤　家庭裁判所は、措置に関する承認の申立てがあった場合は、都

資料 非訟事件手続法及び家事事件手続法の施行に伴う関係法律の整備等に関する法律新旧対照条文（抄）

民法（明治二十九年法律第八十九号）（第八条関係）
民法（明治二十九年法律第八十九号）（第八条関係）
児童福祉法（昭和二十二年法律第百六十四号）（第三十一条関係）
戸籍法（昭和二十二年法律第二百二十四号）（第三十三条関係）
生活保護法（昭和二十五年法律第百四十四号）（第四十九条関係）
地方公務員等共済組合法（昭和三十七年法律第百五十二号）（第八十六条関係）
民事訴訟費用等に関する法律（昭和四十六年法律第四十号）（第百二条関係）
民事執行法（昭和五十四年法律第四号）（第百四十条関係）
任意後見契約に関する法律（平成十一年法律第百五十号）（第百二十八条関係）
後見登記等に関する法律（平成十一年法律第百五十二号）（第百二十九条関係）
人事訴訟法（平成十五年法律第百九号）（第百四十一条関係）

（傍線部分は改正部分）

改正前	改正後
（和解及び調停の申立て） 第二百五十一条 和解の申立て又は民事調停法（昭和二十六年法律第二百二十二号）若しくは家事事件手続法（平成二十三年法律第五十一号）による調停の申立ては、相手方が出頭せず、又は和解若しくは調停が調わないときは、一箇月以内に訴えを提起しなければ、時効の中断の効力を生じない。 （催告）	（和解及び調停の申立て） 第百五十一条 和解の申立て又は民事調停法（昭和二十六年法律第二百二十二号）若しくは家事審判法（昭和二十二年法律第百五十二号）による調停の申立ては、相手方が出頭せず、又は和解若しくは調停が調わないときは、一箇月以内に訴えを提起しなければ、時効の中断の効力を生じない。 （催告）

二百八十三条及び第二百八十六条第六項の規定を適用する。

2　第二百二十九条第四項、第二百五十七条第二項、第二百七十四条第一項、第二百七十五条第一項及び第二百七十六条第一項の規定は、新法の施行前に訴えの提起があった訴訟については、適用しない。

（民法附則に関する経過措置）

第五条　新法の規定の適用に関しては、次に掲げる事項は、別表第二に掲げる事項とみなす。

一　民法の一部を改正する法律（昭和二十二年法律第二百二十二号）の附則（次号において「民法附則」という。）第二十四条の規定による扶養に関してされた判決の変更又は取消しの規定による処分

二　民法附則第三十二条の規定による遺産の分割に関する処分

2　第二百八十二条第三項、第百八十五条、第百八十六条（第五号及び第六号に係る部分に限る。）及び第百八十七条の規定は、前項第一号に掲げる事項についての審判事件及び当該事件を本案とする保全処分について準用する。

3　第百九十一条第一項、第百九十四条から第百九十七条まで、第百九十八条及び第二百条の規定は、第一項第二号に掲げる事項についての審判事件及び当該事件を本案とする保全処分について準用する。

（経過措置の原則）

第一条　この法律（以下「新法」という。）は、非訟事件手続法の施行の日から施行する。

第二条　新法は、非訟事件手続法及び家事事件手続法の施行に伴う関係法律の整備等に関する法律（平成二十三年法律第五十三号）第四条に規定する事件以外の家事事件の手続について適用する。

（履行の確保に関する規定に関する経過措置）

第三条　整備法第三条の規定による廃止前の家事審判法（昭和二十二年法律第百五十二号。以下この条及び次条第一項において「旧法」という。）の規定による義務を定める審判その他の裁判、調停若しくは調停に代わる審判又は旧法第二十八条第二項に規定する調停前の措置（整備法第四条の規定によりなお従前の例によることとされる場合におけるものを含む。以下この条において「義務を定める審判等」という。）がされた場合においては、義務を定める審判等を新法の規定による義務を定める審判その他の裁判、調停若しくは調停に代わる審判又は調停前の処分とみなして、第二百八十九条及び第二百九十条の規定を適用する。

（訴訟に関する経過措置）

第四条　旧法の規定による家事調停の申立てがあった場合においては、その申立てを新法の規定による家事調停の申立てとみなして、第二百五十七条第一項、第二百七十二条第三項（第二百七十七条第四項において準用する場合を含む。）、第二百八十条第五項、第

家事事件手続法（新法）	家事審判法（旧法）、家事審判規則（旧家審規）及び特別家事審判規則（旧特別家審規）
2　この法律に規定するもののほか、過料についての裁判に関しては、非訟事件手続法（平成二十三年法律第五十一号）第五編の規定（同法第百十九条及び第百二十一条第一項の規定並びに同法第百二十条及び第百二十二条の規定中検察官に関する部分を除く。）を準用する。 （人の秘密を漏らす罪） 第二百九十二条　参与員、家事調停委員又はこれらの職にあった者が正当な理由なくその職務上取り扱ったことについて知り得た人の秘密を漏らしたときは、一年以下の懲役又は五十万円以下の罰金に処する。 （評議の秘密を漏らす罪） 第二百九十三条　参与員、家事調停委員又は家事調停委員であった者が正当な理由なく評議の経過又は裁判官、家事調停官若しくは家事調停委員の意見若しくはその多少の数を漏らしたときは、三十万円以下の罰金に処する。参与員又は参与員であった者が正当な事由がなく裁判官又は参与員の意見を漏らしたときも、同様とする。 　　附　則 （施行期日）	③　前二項に規定するもののほか、過料についての審判に関しては、同法第五編の規定を準用する。ただし、同法第百六十二条及び第百六十四条中検察官に関する規定は、この限りでない。 【家事審判規則】 第十三条　過料の審判を受けた者は、その審判に対し即時抗告をすることができる。 【家事審判法】 第三十一条　参与員、家事調停委員又はこれらの職に在った者が正当な事由がなくその職務上取り扱ったことについて知り得た人の秘密を漏らしたときは、一年以下の懲役又は五十万円以下の罰金に処する。 【家事審判法】 第三十条　家事調停委員又は家事調停委員であった者が正当な事由がなく評議の経過又は家事審判官、家事調停官若しくは家事調停委員の意見若しくはその多少の数を漏らしたときは、三十万円以下の罰金に処する。 ②　参与員又は参与員であつた者が正当な事由がなく家事審判官又は参与員の意見を漏らしたときも、前項と同様である。

4 前三項に規定するもののほか、第一項（前項において準用する場合を含む。）の規定による義務の履行を命ずる審判の手続については、第二編第一章に定めるところによる。 5 第一項（第三項において準用する場合を含む。）の規定により義務の履行を命じられた者が正当な理由なくその命令に従わないときは、家庭裁判所は、十万円以下の過料に処する。 第五編　罰則 （過料の裁判の執行等） 第二百九十一条　この法律の規定による過料の裁判は、裁判官の命令で執行する。この命令は、執行力のある債務名義と同一の効力を有する。 ② （略）	ことができる。 【家事審判規則】 第百四十三条の五　法第十五条の六の規定による履行命令に関する事件は、当該義務を定める審判をした家庭裁判所（高等裁判所が第十九条第二項の規定による裁判をした場合には、原裁判所）の管轄とする。 ② 前項の規定は、法第二十五条の二の規定による調査及び勧告に準用する。 （新設） 【家事審判法】 第二十八条　第十五条の六又は第二十五条の二の規定により義務の履行を命ぜられた当事者又は参加人が正当な事由がなくその命令に従わないときは、家庭裁判所は、これを十万円以下の過料に処する。 【家事審判法】 第二十九条　前二条の過料の審判は、家事審判官の命令でこれを執行する。この命令は、執行力のある債務名義と同一の効力を有する。 ② （略）

家事事件手続法（新法）	家事審判法（旧法）、家事審判規則（旧家審規）及び特別家事審判規則（旧特別家審規）
の期限を定めてその義務の履行をすべきことを命ずる審判をすることができる。この場合において、その命令は、その命令をする時までに義務者が履行を怠った義務の全部又は一部についてするものとする。 2　義務を定める第三十九条の規定による審判をした家庭裁判所は、前項の規定により義務の履行を命ずるには、義務者の陳述を聴かなければならない。 3　前二項の規定は、調停又は調停に代わる審判において定められた義務の履行について準用する。	ことができる。 ②　（略） 【家事審判規則】 第百四十三条の五　法第十五条の六の規定による審判による履行命令に関する事件は、当該義務を定める審判をした家庭裁判所（高等裁判所が第十九条第二項の規定による裁判をした場合には、原裁判所）の管轄とする。 第百四十三条の七　法第十五条の六又は法第二十五条の二の規定による履行命令は、当該命令をするときまでに義務者が履行を怠った義務の全部又は一部についてするものとする。 第百四十三条の六　家庭裁判所は、法第十五条の六又は法第二十五条の二の規定により義務の履行を命ずるには、義務者の陳述を聴かなければならない。 【家事審判法】 第二十五条の二　家庭裁判所は、調停又は第二十四条第一項の規定による審判で定められた義務の履行について、第十五条の五から第十五条の七までの規定の例により、これらの規定に掲げる措置をすることができる。 第十五条の六　家庭裁判所は、審判で定められた金銭の支払その他の財産上の給付を目的とする義務の履行を怠った者がある場合において、相当と認めるときは、権利者の申立により、義務者に対し、相当の期限を定めてその義務の履行をなすべきことを命ず

び勧告の事件の関係人から当該事件の記録の閲覧等又はその複製の請求があった場合において、相当と認めるときは、これを許可することができる。

7　前各項の規定は、調停又は調停に代わる審判において定められた義務（高等裁判所において同じ。）の履行及び調停前の処分として命じられた事項の履行について準用する。

【家事審判法】
第二十五条の二　家庭裁判所は、調停又は第二十四条第一項の規定による審判で定められた義務の履行について、第十五条の五から第十五条の七までの規定の例により、これらの規定に掲げる措置をすることができる。

第十五条の五　家庭裁判所は、権利者の申出があるときは、審判で定められた義務の履行状況を調査し、義務者に対して、その義務の履行を勧告することができる。

【家事審判規則】
第百四十三条の二　法第十五条の五の規定による調査及び勧告は、当該義務を定める審判をした家庭裁判所（高等裁判所が第十九条第二項の規定による裁判をした場合には、原裁判所）がするものとする。

② 前項の規定は、法第二十五条の二の規定による調査及び勧告に準用する。

（義務履行の命令）
第二百九十条　義務を定める第三十九条の規定による審判をした家庭裁判所は、その審判で定められた金銭の支払その他の財産上の給付を目的とする義務の履行を怠った者がある場合において、権利者の申立てにより、義務者に対し、相当

【家事審判法】
第十五条の六　家庭裁判所は、審判で定められた金銭の支払その他の財産上の給付を目的とする義務の履行を怠った者がある場合において、権利者の申立てにより、義務者に対し、相当と認めるときは、相当の期限を定めてその義務の履行をなすべきことを命ず

家事事件手続法（新法）	家事審判法（旧法）、家事審判規則（旧家審規）及び特別家事審判規則（旧特別家審規）
その審判（抗告裁判所又は高等裁判所が義務を定める裁判をした場合にあっては、その裁判。次条第一項において同じ。）で定められた義務の履行状況を調査し、義務者に対し、その義務の履行を勧告することができる。 2　義務を定める第三十九条の規定による審判をした家庭裁判所は、前項の規定による調査及び勧告を他の家庭裁判所に嘱託することができる。 3　義務を定める第三十九条の規定による審判をした家庭裁判所並びに前項の規定により調査及び勧告の嘱託を受けた家庭裁判所（次項から第六項までにおいてこれらの家庭裁判所を「調査及び勧告をする家庭裁判所」という。）は、家庭裁判所調査官に第一項の規定による調査及び勧告をさせることができる。 4　調査及び勧告をする家庭裁判所は、第一項の規定による調査及び勧告に関し、事件の関係人の家庭環境その他の環境の調整を行うために必要があると認めるときは、家庭裁判所調査官に社会福祉機関との連絡その他の措置をとらせることができる。 5　調査及び勧告をする家庭裁判所は、第一項の規定による調査及び勧告に必要な調査を官庁、公署その他適当と認める者に嘱託し、又は銀行、信託会社、関係人の使用者その他の者に対し関係人の預金、信託財産、収入その他の事項に関して必要な報告を求めることができる。 6　調査及び勧告をする家庭裁判所は、第一項の規定による調査及	とする。 ②　（略） 第百四十三条の三　家庭裁判所は、他の家庭裁判所に法第十五条の五又は法第二十五条の二の規定による調査及び勧告を嘱託することができる。 第百四十三条の四　家庭裁判所は、家庭裁判所調査官に法第十五条の五又は法第二十五条の二の規定による調査及び勧告をさせることができる。 （新設） （新設） （新設） （新設）

家事事件手続法	家事審判法・家事審判規則
9　前項の共同の申出は、書面でしなければならない。 10　当事者は、調停に代わる審判の告知前に限り、第八項の共同の申出を撤回することができる。この場合においては、相手方の同意を得ることを要しない。 （調停に代わる審判の効力） 第二百八十七条　前条第一項の規定による異議の申立てがないとき、又は異議の申立てを却下する審判が確定したときは、別表第二に掲げる事項についての調停に代わる審判は確定した第三十九条の規定による審判と同一の効力を、その余の調停に代わる審判は確定判決と同一の効力を有する。 第三章　不服申立て等 第二百八十八条　家事調停の手続においてされた裁判に対する不服申立て及び再審については、特別の定めのある場合を除き、それぞれ前編第一章第二節及び第三節の規定を準用する。 第四編　履行の確保 （義務の履行状況の調査及び履行の勧告） 第二百八十九条　義務を定める第三十九条の規定による審判をした家庭裁判所（第九十一条第一項（第九十六条第一項及び第九十八条第一項において準用する場合を含む。）の規定により抗告裁判所が義務を定める裁判をした場合にあっては第一審裁判所である家庭裁判所、第百五条第二項の規定により高等裁判所が義務を定める裁判をした場合にあっては本案の家事審判事件の第一審裁判所である家庭裁判所。以下同じ。）は、権利者の申出があるときは、	（新設） （新設） 【家事審判法】 第二十五条　（略） ②　（略） ③　第一項の期間内に異議の申立がないときは、同項の審判は、確定判決と同一の効力を有する。 （新設） 【家事審判法】 第十五条の五　家庭裁判所は、権利者の申出があるときは、審判で定められた義務の履行状況を調査し、義務者に対して、その義務の履行を勧告することができる。 【家事審判規則】 第百四十三条の二　法第十五条の五の規定による調査及び勧告は、当該義務を定める審判をした家庭裁判所（高等裁判所が第十九条第二項の規定による裁判をした場合には、原裁判所）がするもの

家事事件手続法（新法）	家事審判法（旧法）、家事審判規則（旧家審規）及び特別家事審判規則（旧特別家審規）
るときは、これを却下しなければならない。 4　異議の申立人は、前項の規定により異議の申立てを却下する審判に対し、即時抗告をすることができる。 5　適法な異議の申立てがあったときは、調停に代わる審判は、その効力を失う。この場合においては、家庭裁判所は、当事者に対し、その旨を通知しなければならない。 6　当事者が前項の規定による通知を受けた日から二週間以内に家事調停の申立てがあった事件について訴えを提起したときは、家事調停の申立ての時に、その訴えの提起があったものとみなす。 7　第五項の規定により別表第二に掲げる事項についての調停に代わる審判が効力を失った場合には、家事調停の申立てがあった時に、当該事項についての家事審判の申立てがあったものとみなす。 8　当事者が、申立てに係る家事調停（離婚又は離縁についての家事調停を除く。）の手続において、調停に代わる審判に服する旨の共同の申出をしたときは、第一項の規定は、適用しない。	【家事審判法】 第二十五条　（略） ②　前項の期間内に異議の申立があったときは、同項の審判は、その効力を失う。 【家事審判規則】 第百四十条　異議申立人は、異議の申立を却下する審判に対し即時抗告をすることができる。 ②　第十七条の規定により調停を行うことができる事件について調停が成立せず、且つ、その事件について第二十三条若しくは第二十四条第一項の規定による審判をせず、又は第二十五条第二項の規定により審判が効力を失つた場合において、当事者がその旨の通知を受けた日から二週間以内に訴を提起したときは、調停の申立の時に、その訴の提起があつたものとみなす。 ③　（略） 第二十六条　（略） （新設） （新設）

ことができない。 2 調停に代わる審判の告知は、公示送達の方法によっては、することができない。 3 調停に代わる審判を告知することができないときは、家庭裁判所は、これを取り消さなければならない。 （異議の申立て等） 第二百八十六条　当事者は、調停に代わる審判に対し、家庭裁判所に異議を申し立てることができる。 2 第二百七十九条第二項から第四項までの規定は、前項の規定による異議の申立てについて準用する。 3 家庭裁判所は、第一項の規定による異議の申立てが不適法であ	【家事審判法】 第二十五条　第二十三条又は前条第一項の規定による審判に対しては、最高裁判所の定めるところにより、家庭裁判所に異議の申立てをすることができる。その期間は、これを二週間とする。 ②、③　（略） 【家事審判規則】 第百三十九条　法第二十三条の規定による審判に対しては、利害関係人が、法第二十四条第一項の規定による審判に対しては、当事者又は利害関係人が、異議の申立をすることができる。 第百三十九条　（略） ②　異議の申立の期間は、当事者が審判の告知を受けた日から進行する。 （新設）

資料　家事事件手続法新旧対照表

家事事件手続法（新法）	家事審判法（旧法）、家事審判規則（旧家審規）及び特別家事審判規則（旧特別家審規）
第二百八十三条　夫が嫡出否認についての調停の申立てをした後に死亡した場合において、当該申立てに係る子の死亡の日から一年以内に嫡出否認の訴えを提起したときは、夫がした調停の申立ての時に、その訴えの提起があったものとみなす。 　　　第二章　調停に代わる審判 　（調停に代わる審判の対象及び要件） 第二百八十四条　家庭裁判所は、調停が成立しない場合において相当と認めるときは、当事者双方のために衡平に考慮し、一切の事情を考慮して、職権で、事件の解決のため必要な審判（以下「調停に代わる審判」という。）をすることができる。ただし、第二百七十七条第一項に規定する事項についての家事調停の手続においては、この限りでない。 2　家事調停の手続が調停委員会で行われている場合において、調停に代わる審判をするときは、家庭裁判所は、その調停委員会を組織する家事調停委員の意見を聴かなければならない。 3　家庭裁判所は、調停に代わる審判において、当事者に対し、子の引渡し又は金銭の支払その他の財産上の給付を命ずることができる。 （調停に代わる審判の特則） 第二百八十五条　家事調停の申立ての取下げは、第二百七十三条第一項の規定にかかわらず、調停に代わる審判がされた後は、する	（新設） 【家事審判法】 第二十四条　家庭裁判所は、調停委員会の調停が成立しない場合において相当と認めるときは、当該調停委員会を組織する家事調停委員の意見を聴き、当事者双方のために衡平に考慮し、一切の事情を見て、職権で、当事者双方の申立ての趣旨に反しない限度で、事件の解決のため離婚、離縁その他必要な審判をすることができる。この審判においては、金銭の支払その他財産上の給付を命ずることができる。 ②　前項の規定は、第九条第一項乙類に規定する審判事件の調停については、これを適用しない。 （新設）

家事事件手続法	家事審判法
所は、当事者に対し、その旨を通知しなければならない。 5　当事者が前項の規定による通知を受けた日から二週間以内に家事調停の申立てがあった事件について訴えを提起したときは、家事調停の申立ての時に、その訴えの提起があったものとみなす。 （合意に相当する審判の効力） 第二百八十一条　第二百七十九条第一項の規定による異議の申立てがないとき、又は異議の申立てを却下する審判が確定したときは、合意に相当する審判は、確定判決と同一の効力を有する。 （婚姻の取消しについての合意に相当する審判の特則） 第二百八十二条　婚姻の取消しについての合意に相当する家事調停の手続において、婚姻の取消しについての合意に相当する審判をするときは、この合意に相当する審判において、当事者間の合意に基づき、子の親権者を指定しなければならない。 2　前項の合意に相当する審判は、子の親権者の指定につき当事者間で合意が成立しないとき、又は成立した合意が相当でないと認めるときは、することができない。 （申立人の死亡により事件が終了した場合の特則）	の効力を失う。 ③　（略） 第二十六条　（略） ②　第十七条の規定により調停を行うことができる事件について調停が成立せず、且つ、その事件について第二十三条若しくは第二十四条第一項の規定による審判をせず、又は第二十五条第二項の規定により審判が効力を失った場合において、当事者がその旨の通知を受けた日から二週間以内に訴えを提起したときは、調停の申立ての時に、その訴えの提起があったものとみなす。 ③　（略） 第二十五条　（略） ②　（略） ③　第一項の期間内に異議の申立がないときは、同項の審判は、確定判決と同一の効力を有する。 （新設）

家事事件手続法（新法）	家事審判法（旧法）、家事審判規則（旧家審規）及び特別家事審判規則（旧特別家審規）
3　前項の期間は、異議の申立てをすることができる者が、審判の告知を受ける者である場合にあってはその者が審判の告知を受けた日から、審判の告知を受ける者でない場合にあっては当事者が審判の告知を受けた日（二以上あるときは、当該日のうち最も遅い日）から、それぞれ進行する。 4　第一項の規定による異議の申立てをする権利は、放棄することができる。 （異議の申立てに対する審判等） 第二百八十条　家庭裁判所は、当事者がした前条第一項の規定による異議の申立てが不適法であるとき、又は異議の申立てに理由がないと認めるときは、これを却下しなければならない。利害関係人がした同項の規定による異議の申立てが不適法であるときも、同様とする。 2　異議の申立人は、前項の規定により異議の申立てを却下する審判に対し、即時抗告をすることができる。 3　家庭裁判所は、当事者から適法な異議の申立てがあった場合において、異議の申立てを理由があると認めるときは、合意に相当する審判を取り消さなければならない。 4　利害関係人から適法な異議の申立てがあったときは、合意に相当する審判は、その効力を失う。この場合においては、家庭裁判	第百三十九条　（略） ②　異議の申立ての期間は、当事者が審判の告知を受けた日から進行する。 （新設） （新設） 【家事審判規則】 第百四十条　異議申立人は、異議の申立を却下する審判に対し即時抗告をすることができる。 （新設） 【家事審判法】 第二十五条　（略） ②　前項の期間内に異議の申立があったときは、同項の審判は、そ

4　第二百七十二条第一項から第三項までの規定は、第一項第一号の規定による合意を正当と認めない場合について準用する。 （申立ての取下げの制限） 第二百七十八条　家事調停の申立ての取下げは、家事調停の申立てについての合意に相当する審判がされた後は、相手方の同意を得なければ、その効力を生じない。 （異議の申立て） 第二百七十九条　当事者及び利害関係人は、合意に相当する審判に対し、家庭裁判所に異議を申し立てることができる。ただし、当事者にあっては、第二百七十七条第一項各号に掲げる要件に該当しないことを理由とする場合に限る。 2　前項の規定による異議の申立ては、二週間の不変期間内にしなければならない。	定により父を定めること、嫡出否認又は身分関係の存否の確定に関する事件の調停委員会の調停について準用する。 （新設） 【家事審判法】 第二十五条　第二十三条又は前条第一項の規定による審判に対しては、最高裁判所の定めるところにより、家庭裁判所に対し異議の申立てをすることができる。その期間は、これを二週間とする。 【家事審判規則】 第百三十九条　法第二十三条の規定による審判に対しては、利害関係人が、法第二十四条第一項の規定による審判に対しては、当事者又は利害関係人が、異議の申立てをすることができる。 ②　（略） 【家事審判規則】 第二十五条　第二十三条又は前条第一項の規定による審判に対しては、最高裁判所の定めるところにより、家庭裁判所に対し異議の申立てをすることができる。その期間は、これを二週間とする。

家事事件手続法（新法）	家事審判法（旧法）、家事審判規則（旧家審）及び特別家事審判規則（旧特別家審規）
第二百七十七条　人事に関する訴え（離婚及び離縁の訴えを除く。）を提起することができる事項についての家事調停の手続において、次の各号に掲げる要件のいずれにも該当する場合には、家庭裁判所は、必要な事実を調査した上、第一号の合意を正当と認めるときは、当該合意に相当する審判（以下「合意に相当する審判」という。）をすることができる。ただし、当該事項に係る身分関係の当事者の一方が死亡した後は、この限りでない。 一　当事者間に申立ての趣旨のとおりの審判を受けることについて合意が成立していること。 二　当事者の双方が申立てに係る無効若しくは取消しの原因又は身分関係の形成若しくは存否の原因について争わないこと。 2　前項第一号の合意は、第二百五十八条第一項において準用する第五十四条第一項及び第二百七十条第一項に規定する方法によっては、成立させることができない。 3　第一項の家事調停の手続が調停委員会で行われている場合において、合意に相当する審判をするときは、家庭裁判所は、その調停委員会を組織する家事調停委員の意見を聴かなければならない。	第二十三条　婚姻又は養子縁組の無効又は取消しに関する事件の調停委員会の調停において、当事者間に合意が成立し無効又は取消しの原因の有無について争いがない場合には、家庭裁判所は、必要な事実を調査した上、当該調停委員会を組織する家事調停委員の意見を聴き、正当と認めるときは、婚姻又は縁組の無効又は取消しに関し、当該合意に相当する審判をすることができる。 ②　前項の規定は、協議上の離婚若しくは離縁の無効若しくは取消し、認知、認知の無効若しくは取消しに関する事件の調停並びに父を定めることを目的とする訴えに係る事件の調停、嫡出否認は身分関係の存否の確定に関する事件の調停委員会の調停について準用する。 （新設） 第二十三条　婚姻又は養子縁組の無効又は取消しに関する事件の調停において、当事者間に合意が成立し無効又は取消しの原因の有無について争いがない場合には、家庭裁判所は、必要な事実を調査した上、当該調停委員会を組織する家事調停委員の意見を聴き、正当と認めるときは、婚姻又は縁組の無効又は取消しに関し、当該合意に相当する審判をすることができる。 ②　前項の規定は、協議上の離婚若しくは離縁の無効若しくは取消し、認知、認知の無効若しくは取消し、民法第七百七十三条の規

家事事件手続法	家事審判規則・家事審判法
（訴訟手続及び家事審判の手続の中止） 第二百七十五条　家事調停の申立てがあった事件について訴訟が係属しているとき、又は訴訟が係属している裁判所が前条第一項若しくは第二項の規定により事件を調停に付したときは、訴訟が係属している裁判所は、家事調停事件が終了するまで訴訟手続を中止することができる。 2　家事審判の申立てがあった事件について家事調停が係属しているとき、又は家事審判事件が係属している裁判所が前条第一項の規定により事件を調停に付したときは、家事審判事件が係属している裁判所は、家事調停事件が終了するまで、家事審判の手続を中止することができる。 （訴えの取下げの擬制等） 第二百七十六条　訴訟が係属している裁判所が第二百五十七条第二項又は第二百七十四条第一項の規定により事件を調停に付した場合において、調停が成立し、又は次条第一項若しくは第二百八十四条第一項の規定による審判が確定したときは、当該訴訟について訴えの取下げがあったものとみなす。 2　家事審判事件が係属している裁判所が第二百七十四条第一項の規定により事件を調停に付した場合において、調停が成立し、又は第二百八十四条第一項の審判が確定したときは、当該家事審判事件は、終了する。 第二章　合意に相当する審判 （合意に相当する審判の対象及び要件）	【家事審判規則】 第百三十条　調停の申立てがあった事件について訴訟が係属しているとき、又は法第十八条第二項の規定により調停に付されたときは、調停が終了するまで訴訟手続を中止することができる。 第二十条　審判手続中の事件について、調停の申立てがあったとき、又は法第十一条の規定により事件が調停に付されたときは、家庭裁判所は、調停が終了するまで審判手続を中止することができる。 【家事審判法】 第十九条　（略） ②　前項の規定により事件を調停に付した場合において、調停が成立し又は第二十三条若しくは第二十四条第一項の規定による審判が確定したときは、訴の取下があったものとみなす。 （新設） 【家事審判法】

家事事件手続法(新法)	家事審判法(旧法)、家事審判規則(旧家審規)及び特別家事審判規則(旧特別家審規)
に付する場合には、前項の規定にかかわらず、その家事調停事件を自ら処理することができる。 4　前項の規定により家庭裁判所又は高等裁判所が調停委員会で調停を行うときは、調停委員会は、当該裁判所がその裁判官の中から指定する裁判官一人及び家事調停委員二人以上で組織する。 5　第三項の規定により高等裁判所が自ら調停を行う場合についてのこの編の規定の適用については、第二百四十四条、第二百四十七条、第二百四十八条第二項、第二百五十四条第一項から第四項まで、第二百六十四条第二項、第二百六十六条第四項、第二百六十九条第一項並びに第二百七十二条第一項ただし書及び第二項並びに次章及び第三章の規定中「家庭裁判所」とあるのは「高等裁判所」と、第二百四十四条、第二百五十八条第一項、第二百七十六条、第二百七十七条第一項第一号、第二百七十九条第三項及び第二百八十四条第一項中「審判に代わる裁判」と、第二百六十七条第一項中「審判」とあるのは「審判に代わる裁判」と、次章の規定中「合意に相当する審判」とあるのは「高等裁判所は」と、第二百七十二条第一項ただし書及び第三章の規定中「調停に代わる審判」とあるのは「調停に代わる裁判」と、第二百八十一条及び第二百八十二条第一項ただし書及び第三章の規定(第二百八十六条第七項の規定を除く。)中「調停に代わる審判」とあるのは「調停に代わる裁判」と、第二百八十一条及び第二百八十七条中「却下する審判」とあるのは「却下する審判に代わる裁判」とする。	(新設) (新設)

【家事審判法】

第十一条　家庭裁判所は、何時でも、職権で第九条第一項乙類に規定する審判事件を調停に付することができる。

第十九条　第十七条の規定により調停を行うことができる事件に係る訴訟が係属している場合には、裁判所は、何時でも、職権でその事件を家庭裁判所の調停に付することができる。

申立の時に、その訴の提起があつたものとみなす。

（新設）

（新設）

（家事調停の申立ての取下げ）

第二百七十三条　家事調停の申立ては、家事調停事件が終了するまで、その全部又は一部を取り下げることができる。

2　民事訴訟法第二百六十一条第三項及び第二百六十二条第一項の規定は、家事調停の申立ての取下げについて準用する。この場合において、同法第二百六十一条第三項ただし書中「口頭弁論、弁論準備手続又は和解の期日」とあるのは、「家事調停の手続の期日（以下この章において「口頭弁論等の期日」という。）」と読み替えるものとする。

第六節　付調停等

（付調停）

第二百七十四条　第二百四十四条の規定により調停を行うことができる事件についての訴訟又は家事審判事件が係属している場合には、裁判所は、当事者（本案について被告又は相手方の陳述がされる前にあっては、原告又は申立人に限る。）の意見を聴いて、事件を家事調停に付することができる。

2　裁判所は、前項の規定により事件を調停に付する場合においては、事件を管轄権を有する家庭裁判所に処理させなければならない。ただし、家事調停事件を処理する権限を有する家庭裁判所に処理させるために特に必要があると認めるときは、事件を管轄権を有する家庭裁判所以外の家庭裁判所に処理させることができる。

3　家庭裁判所及び高等裁判所は、第一項の規定により事件を調停

家事事件手続法（新法）	家事審判法（旧法）、家事審判規則（旧家審規）及び特別家事審判規則（旧特別家審規）
停事件を終了させることができる。 （調停の不成立の場合の事件の終了） 第二百七十二条　調停委員会は、当事者間に合意（第二百七十七条第一項第一号の合意を含む。）が成立する見込みがない場合又は成立した合意が相当でないと認める場合には、調停が成立しないものとして、家事調停事件を終了させることができる。ただし、家庭裁判所が第二百八十四条第一項の規定による調停に代わる審判をしたときは、この限りでない。 2　前項の規定により家事調停事件が終了したときは、家庭裁判所は、当事者に対し、その旨を通知しなければならない。 3　当事者が前項の規定による通知を受けた日から二週間以内に家事調停の申立てがあった事件について訴えを提起したときは、家事調停の申立ての時に、その訴えの提起があったものとみなす。 4　第一項の規定により別表第二に掲げる事項についての調停事件が終了した場合には、家事調停の申立ての時に、当該事項についての家事審判の申立てがあったものとみなす。	【家事審判規則】 第百三十八条の二　調停委員会は、当事者間に合意が成立する見込みがない場合又は成立した合意が相当でないと認める場合において、家庭裁判所が法第二十四条第一項の審判をしないものとして、事件を終了させることができる。法第二十三条に定める事件の調停につき、当事者間に合意が成立した場合において、家庭裁判所が同条の審判をしないときも、同様である。 第百四十一条　第百三十八条又は第百三十八条の二の規定により事件が終了したとき、又は法第二十五条第二項の規定により審判が効力を失ったときは、裁判所書記官は、当事者に対し、遅滞なく、その旨を通知しなければならない。 【家事審判法】 第二十六条　第九条第一項乙類に規定する審判事件について調停が成立しない場合には、調停の申立ての時に、審判の申立があったものとみなす。 ②　第十七条の規定により調停を行うことができる事件について調停が成立せず、且つ、その事件について第二十三条の規定による審判をせず、又は第二十五条若しくは第二十四条第一項の規定により審判が効力を失った場合において、当事者がその旨の通知を受けた日から二週間以内に訴を提起したときは、調停の

第二百六十九条　調停調書に計算違い、誤記その他これらに類する明白な誤りがあるときは、家庭裁判所は、申立てにより又は職権で、いつでも更正決定をすることができる。 2　更正決定は、裁判書を作成してしなければならない。 3　更正決定に対しては、即時抗告をすることができる。 4　第一項の申立てを不適法として却下した決定に対しては、即時抗告をすることができる。 （調停条項案の書面による受諾） 第二百七十条　当事者が遠隔の地に居住していることその他の事由により出頭することが困難であると認められる場合において、その当事者があらかじめ調停委員会（裁判官のみで家事調停の手続を行う場合にあっては、その裁判官。次条及び第二百七十二条第一項において同じ。）から提示された調停条項案を受諾する旨の書面を提出し、他の当事者が家事調停の手続の期日に出頭して当該調停条項案を受諾したときは、当事者間に合意が成立したものとみなす。 2　前項の規定は、離婚又は離縁についての調停事件については、適用しない。 第五節　調停の成立によらない事件の終了 （調停をしない場合の事件の終了） 第二百七十一条　調停委員会は、事件が性質上調停を行うのに適当でないと認めるとき、又は当事者が不当な目的でみだりに調停の申立てをしたと認めるときは、調停をしないものとして、家事調停の申立てを却下することができる。	（新設） 【家事審判法】 第二十一条の二　遺産の分割に関する事件の調停において、遠隔の地に居住する等の理由により出頭することが困難であると認められる当事者が、あらかじめ調停委員会又は家庭裁判所から提示された調停条項案を受諾する旨の書面を提出し、他の当事者が期日に出頭して当該調停条項案を受諾したときは、当事者間に合意が成立したものとみなす。 （新設） 【家事審判規則】 第百三十八条　調停委員会は、事件が性質上調停をするのに適当でないと認めるとき、又は当事者が不当な目的で濫りに調停の申立をしたと認めるときは、調停をしないことができる。

家事事件手続法（新法）	家事審判法（旧法）、家事審判規則（旧家審規）及び特別家事審判規則（旧特別家審規）
第四節　調停の成立 （調停の成立及び効力） 第二百六十八条　調停において当事者間に合意が成立し、これを調書に記載したときは、調停が成立したものとし、その記載は、確定判決（別表第二に掲げる事項にあっては、確定した第三十九条の規定による審判）と同一の効力を有する。 2　家事調停事件の一部について当事者間に合意が成立したときは、その一部について調停を成立させることができる。手続の併合を命じた数個の家事調停事件中その一について合意が成立したときも、同様とする。 3　離婚又は離縁についての調停事件においては、第二百七十七条第一項に規定する事項についての調停の成立については、第一項において準用する第五十四条第一項に規定する方法によっては、調停を成立させることができない。 4　第一項及び第二項の規定は、第二百七十七条第一項に規定する事項についての調停事件については、適用しない。 （調停調書の更正決定）	第百三十六条の三　調停委員会は、家庭裁判所又は簡易裁判所に紛争の解決に関する事件の関係人の意見の聴取を嘱託することができる。 ②　前項の規定による嘱託を受けた家庭裁判所は、相当であると認めるときは、家事調停委員に当該嘱託に係る意見の聴取をさせることができる。 【家事審判法】 第二十一条　調停において当事者間に合意が成立し、これを調書に記載したときは、調停が成立したものとし、その記載は、確定判決と同一の効力を有する。但し、第九条第一項乙類に掲げる事項については、確定した審判と同一の効力を有する。 （新設） （新設） ②　前項の規定は、第二十三条に掲げる事件については、これを適用しない。

第百三十七条の二　（略）

②　（略）

③　第一項の場合において、家事審判官は、家庭裁判所調査官による事実の調査を相当とする場合を除き、相当であると認めるときは、裁判所書記官に事実の調査をさせることができる。

④　（略）

第百四十二条　第百三十二条、第百三十三条、第百三十六条の二、第百三十六条の三、第百三十七条の二第三項及び第四項、第百三十七条の七から第百三十八条の二まで並びに前条の規定は、家事審判官が一人で調停をする場合について準用する。

第百三十二条　調停委員会は、事件の実情によって、家庭裁判所外の適当な場所で調停をすることができる。

第百三十三条　調停委員会は、調停前に、調停のために必要であると認める処分を命ずることができる。

②　前項の処分は、執行力を有しない。

③　（略）

第百三十六条の二　調停委員会は、必要があると認めるときは、当該調停委員会を組織していない家事調停委員の専門的な知識経験に基づく意見を聴取することができる。

②　調停委員会が前項の規定により意見を聴取することとしたときは、家庭裁判所は、意見を述べるべき家事調停委員を指定する。

③　前項の規定による指定を受けた家事調停委員は、調停委員会に出席して意見を述べるものとする。

2　第二百六十三条から前条までの規定は、裁判官のみで家事調停の手続を行う場合について準用する。

家事事件手続法（新法）	家事審判法（旧法）、家事審判規則（旧家規）及び特別家事審判規則（旧特別家審規）
第二百六十五条　調停委員会は、事件の実情を考慮して、裁判所外の適当な場所で調停を行うことができる。 （調停前の処分） 第二百六十六条　調停委員会は、家事調停事件が係属している間、調停のために必要であると認める処分を命ずることができる。 2　急迫の事情があるときは、調停委員会を組織する裁判官が前項の処分（以下「調停前の処分」という。）を命ずることができる。 3　調停前の処分は、執行力を有しない。 4　調停前の処分として必要な事項を命じられた当事者又は利害関係参加人が正当な理由なくこれに従わないときは、家庭裁判所は、十万円以下の過料に処する。 （裁判官のみで行う家事調停の手続） 第二百六十七条　裁判官のみで家事調停の手続を行う場合において、家庭裁判所は、相当と認めるときは、裁判所書記官に事実の調査をさせることができる。ただし、家庭裁判所調査官に事実の調査をさせることを相当と認めるときは、この限りでない。	第百三十二条　調停委員会は、事件の実情によって、家庭裁判所外の適当な場所で調停をすることができる。 【家事審判規則】 第百三十三条　調停委員会は、調停前に、調停のために必要であると認める処分を命ずることができる。 ②　前項の処分は、執行力を有しない。 ③　（略） （新設） 【家事審判法】 第二十八条　第十五条の六又は第二十五条の二の規定により義務の履行を命ぜられた当事者又は参加人が正当な事由がなくその命令に従わないときは、家庭裁判所は、これを十万円以下の過料に処する。 ②　調停委員会又は家庭裁判所により調停前の措置として必要な事項を命ぜられた当事者又は参加人が正当な事由がなくその措置に従わないときも、前項と同様である。 【家事審判規則】 第百四十二条　第百三十二条、第百三十三条、第百三十六条の二、第百三十六条の三、第百三十七条の二第三項及び第四項、第百三十七条の七から第百三十八条の二まで並びに前条の規定は、家事審判官が一人で調停をする場合について準用する。

新法	旧法
（家事調停委員による事実の調査） 第二百六十二条　調停委員会は、相当と認めるときは、当該調停委員会を組織する家事調停委員に事実の調査をさせることができる。ただし、家庭裁判所調査官に事実の調査をさせることを相当と認めるときは、この限りでない。 （意見の聴取の嘱託） 第二百六十三条　調停委員会は、他の家庭裁判所又は簡易裁判所に事件の関係人から紛争の解決に関する意見を聴取することを嘱託することができる。 2　前項の規定により意見の聴取の嘱託を受けた家庭裁判所は、相当と認めるときは、家事調停委員に当該嘱託に係る意見を聴取させることができる。 （家事調停委員の専門的意見の聴取） 第二百六十四条　調停委員会は、必要があると認めるときは、当該調停委員会を組織していない家事調停委員の専門的な知識経験に基づく意見を聴取することができる。 2　前項の規定により意見を聴取する家事調停委員は、家庭裁判所が指定する。 3　前項の規定による指定を受けた家事調停委員は、調停委員会に出席して意見を述べるものとする。 （調停の場所）	会の決議により、家庭裁判所調査官に第七条の五第一項の規定による措置をとらせることができる。 【家事審判規則】 第百三十七条の四　調停委員会は、家庭裁判所調査官による事実の調査を相当とする場合を除き、相当であると認めるときは、当該調停委員会を組織する家事調停委員に事実の調査をさせることができる。 【家事審判規則】 第百三十六条の三　調停委員会は、家庭裁判所又は簡易裁判所に紛争の解決に関する事件の関係人の意見の聴取を嘱託することができる。 ②　前項の規定による嘱託を受けた家庭裁判所は、相当であると認めるときは、家事調停委員に当該嘱託に係る意見の聴取をさせることができる。 【家事審判規則】 第百三十六条の二　調停委員会は、必要があると認めるときは、当該調停委員会を組織していない家事調停委員の専門的な知識経験に基づく意見を聴取することができる。 ②　調停委員会が前項の規定により意見を聴取することとしたときは、家庭裁判所は、意見を述べるべき家事調停委員を指定する。 ③　前項の規定による指定を受けた家事調停委員は、調停委員会に出席して意見を述べるものとする。 【家事審判規則】

家事事件手続法（新法）	家事審判法（旧法）、家事審判規則（旧家審規）及び特別家事審判規則（旧特別家審規）
2　前項の場合には、裁判官は、家庭裁判所調査官に事実の調査をさせ、又は医師である裁判所技官に事件の関係人の心身の状況について診断をさせることができる。 3　第五十八条第三項及び第四項の規定は、前項の規定による事実の調査及び心身の状況についての診断について準用する。 4　第一項の場合には、裁判官は、相当と認めるときは、裁判所書記官に事実の調査をさせることができる。ただし、家庭裁判所調査官に事実の調査をさせることを相当と認めるときは、この限りでない。 5　調停委員会を組織する裁判官は、当該調停委員会の決議により、	②　第七条の二第一項、第三項及び第四項並びに第七条の六の規定は、前項の規定により家庭裁判官が事実の調査をする場合に準用する。この場合において、第七条の六第二項中「第二項から第四項まで」とあるのは、「第三項及び第四項」と読み替えるものとする。 ③、④　（略） 第七条の二　家庭裁判所は、家庭裁判所調査官に事実の調査をさせることができる。 ②　（略） ③　家庭裁判所調査官は、調査の結果を書面又は口頭で家庭裁判所に報告するものとする。 ④　前項の規定による報告には、意見をつけることができる。 第七条の六　第七条の二第二項から第四項までの規定は、前項の診断について準用する。 ②　（略） 第百三十七条の二　（略） ③　第一項の場合において、家事審判官は、家庭裁判所調査官による事実の調査を相当とする場合を除き、相当であると認めるときは、裁判所書記官に事実の調査をさせることができる。 ④　（略） 第百三十七条の三　調停委員会を組織する家事審判官は、調停委員

新	旧
四十四条第一項及び第三項の規定による受継、第五十一条第一項の規定による事件の関係人の呼出し、第五十四条第一項の規定による音声の送受信による通話の方法による手続並びに第五十六条第一項、第五十九条第一項及び第二項、第六十条第二項、第六十二条並びに第六十四条第五項の規定並びに同条第一項、第六十二条並びに第六十四条第五項の規定による事実の調査及び証拠調べ（過料及び勾引に関する事項を除く。）を第六十条第二項において準用する場合を含む。）、第六十一条第一項において準用する民事訴訟法の規定による事実の調査及び証拠調べ（過料及び勾引に関する事項を除く。） 限は、調停委員会に属する。 第七条　家庭裁判所は、職権で、事実の調査及び必要があると認める証拠調をしなければならない。 ②～⑤　（略） ⑥　証拠調については、民事訴訟の例による。 第七条の四　家庭裁判所は、必要があると認めるときは、審判又は調停の期日に家庭裁判所調査官を出席させることができる。 ②　家庭裁判所は、必要があると認めるときは、前項の規定により出席した家庭裁判所調査官に意見を述べさせることができる。 第七条の七　第七条の四の規定は、医師たる裁判所技官に準用する。 第八条　家庭裁判所は、必要な調査を官署、公署その他適当であると認める者に嘱託し、又は銀行、信託会社、関係人の雇主その他の者に対し関係人の預金、信託財産、収入その他の事項に関して必要な報告を求めることができる。	２　調停委員会が家事調停を行う場合には、第二十三条第一項及び第二項の規定による手続代理人の選任等、第三十四条第一項の規定による期日の指定並びに第二百五十三条ただし書の規定による調書の作成に関する裁判長の権限は、当該調停委員会を組織する裁判官が行う。 （調停委員会を組織する裁判官による事実の調査及び証拠調べ等） 第二百六十一条　調停委員会を組織する裁判官は、当該調停委員会の決議により、事実の調査及び証拠調べをすることができる。 （新設） 【家事審判規則】 第百三十七条の二　調停委員会を組織する家事審判官は、調停委員会の決議により、事実の調査及び証拠調べをすることができる。

家事事件手続法（新法）	家事審判法（旧法）、家事審判規則（旧家審規）及び特別家事審判規則（旧特別家審規）
事項に関する裁判所の権限は、調停委員会が行う。 一　第二十二条の規定による手続代理人の許可等 二　第二十七条において準用する民事訴訟法第六十条第一項及び第二項の規定による補佐人の許可等 三　第三十三条ただし書の規定による傍聴の許可 四　第三十五条の規定による手続の併合等 五　第二百五十五条第四項において準用する第五十条第三項及び第四項の規定による申立ての変更 六　第二百五十八条第一項において準用する第四十一条第一項及び第四十二条第一項から第三項まで及び第五項の規定による参加、第四十三条第一項の規定による排除、第	【家事審判規則】 第百三十七条　調停委員会が調停を行う場合には、第五条第二項及び第三項、第六条ただし書、第七条第一項、第二項及び第六項、第七条の四、第七条の七並びに第八条に規定する家庭裁判所の権限は、調停委員会に属する。 ②　弁護士でない者が前項の代理人又は補佐人となるには、家庭裁判所の許可を受けなければならない。 ③　家庭裁判所は、何時でも、前項の許可を取り消すことができる。 第百三十七条　調停委員会が調停を行う場合には、第五条第二項及び第三項、第六条ただし書、第七条第一項、第二項及び第六項、第七条の四、第七条の七並びに第八条に規定する家庭裁判所の権限は、調停委員会に属する。 第六条　家庭裁判所の審判及び調停の手続は、これを公開しない。ただし、家庭裁判所は、相当と認める者の傍聴を許すことができる。 （新設） 第百三十七条　調停委員会が調停を行う場合には、第五条第二項及び第三項、第六条ただし書、第七条第一項、第二項及び第六項、第七条の四、第七条の七並びに第八条に規定する家庭裁判所の権

（家事審判の手続の規定の準用等）

第二百五十八条　第四十一条から第四十三条までの規定は家事調停の手続における参加及び排除について、第四十四条の規定は家事調停の手続における受継について、第五十一条から第五十六条までの規定は家事調停の手続の期日について、第五十六条から第六十二条まで及び第六十四条の規定は家事調停における事実の調査及び証拠調べについて、第六十五条の規定は家事調停の手続における子の意思の把握等について、第七十三条、第七十四条、第七十六条（第一項ただし書を除く。）、第七十七条及び第七十九条の規定は家事調停に関する審判について、第八十一条の規定は家事調停に関する審判以外の裁判について準用する。

2　前項において準用する第六十一条第一項の規定により家事調停の手続における事実の調査の嘱託を受けた裁判所は、相当と認めるときは、裁判所書記官に当該嘱託に係る事実の調査をさせることができる。ただし、嘱託を受けた家庭裁判所が家庭裁判所調査官に当該嘱託に係る事実の調査をさせることを相当と認めるときは、この限りでない。

（調停委員会が行う家事調停の手続の指揮）

第二百五十九条　調停委員会が行う家事調停の手続は、調停委員会を組織する裁判官が指揮する。

（調停委員会等の権限）

第二百六十条　調停委員会が家事調停を行う場合には、次に掲げる

【家事審判規則】

第百三十一条　第十四条及び第十五条の規定は、調停手続にこれを準用する。

第十四条　審判の結果について利害関係を有する者は、家庭裁判所の許可を受けて、審判手続に参加することができる。

第十五条　申立人が死亡、資格の喪失その他の事由によつて手続を続行することができない場合には、法令によりその手続をする資格のある者は、手続の受継を申し立てることができる。

2　家庭裁判所は、前項の場合において必要があると認めるときは、その申立をする資格のある者に手続を受継させることができる。

第百三十七条の二

①、②　（略）

③　第一項の場合において、家事審判官は、家庭裁判所調査官によ る事実の調査を相当とする場合を除き、相当であると認めるときは、裁判所書記官に事実の調査をさせることができる。

④　前項の規定は、調停手続における第七条第二項の規定による嘱託に基づく事実の調査について準用する。

【家事審判規則】

第百三十四条　調停委員会における調停手続は、家事審判官がこれを指揮する。

家事事件手続法（新法）	家事審判法（旧法）、家事審判規則（旧家審規）及び特別家事審判規則（旧特別家審規）
ると認められるときは、家事調停の申立てがあったことを通知することをもって、家事調停の申立書の写しの送付に代えることができる。 2　第四十九条第四項から第六項までの規定は前項の規定による家事調停の申立書の写しの送付又はこれに代わる通知をすることができない場合について、第六十七条第三項及び第四項の規定は前項の規定による家事調停の申立書の写しの送付又はこれに代わる通知の費用の予納について準用する。 （調停前置主義） 第二百五十七条　第二百四十四条の規定により調停を行うことができる事件について訴えを提起しようとする者は、まず家庭裁判所に家事調停の申立てをしなければならない。 2　前項の事件について家事調停の申立てをすることなく訴えを提起した場合には、裁判所は、職権で、事件を家事調停に付さなければならない。ただし、裁判所が事件を調停に付することが相当でないと認めるときは、この限りでない。 3　裁判所は、前項の規定により事件を調停に付する場合において、事件を管轄権を有する家庭裁判所に処理させなければならない。ただし、家事調停事件を処理するために特に必要があると認めるときは、事件を管轄権を有する家庭裁判所以外の家庭裁判所に処理させることができる。 第三節　家事調停の手続	［家事審判法］ 第十八条　前条の規定により調停を行うことができる事件について訴えを提起しようとする者は、まず家庭裁判所に調停の申立をしなければならない。 ②　前項の事件について調停の申立をすることなく訴を提起した場合には、裁判所は、その事件を家庭裁判所の調停に付しなければならない。但し、裁判所が事件を調停に付することを適当でないと認めるときは、この限りでない。 （新設）

第二節　家事調停の申立て等 （家事調停の申立て） 第二百五十五条　家事調停の申立ては、申立書（次項及び次条において「家事調停の申立書」という。）を家庭裁判所に提出してしなければならない。 2　家事調停の申立書には、次に掲げる事項を記載しなければならない。 一　当事者及び法定代理人 二　申立ての趣旨及び理由 3　家事調停の申立てを不適法として却下する審判に対しては、即時抗告をすることができる。 4　第四十九条第三項から第六項まで及び第五十条（第一項ただし書を除く。）の規定は、家事調停の申立てについて準用する。この場合において、第四十九条第四項中「第二項」とあるのは、「第二百五十五条第二項」と読み替えるものとする。 （家事調停の申立書の写しの送付等） 第二百五十六条　家事調停の申立てがあった場合には、家庭裁判所は、申立てが不適法であるとき又は家事調停の手続の期日を経ないで第二百七十一条の規定により家事調停事件を終了させるときを除き、家事調停の申立書の写しを相手方に送付しなければならない。ただし、家事調停の申立ての手続の円滑な進行を妨げるおそれがあ	あった場合については、第四十七条第三項、第四項及び第八項から第十項までの規定を準用する。 【家事審判規則】 第二条　申立てをするには、その趣旨及び事件の実情を明らかにし、証拠書類がある場合には、同時に、その原本又は謄本を差し出さなければならない。
（新設） （新設） （新設）	

家事事件手続法（新法）	家事審判法（旧法）、家事審判規則（旧家審規）、及び特別家事審判規則（旧特別家審規）
2　前項の規定は、家事調停事件の記録中の録音テープ又はビデオテープ（これらに準ずる方法により一定の事項を記録した物を含む。）に関しては、適用しない。この場合において、当事者又は利害関係を疎明した第三者は、家庭裁判所の許可を得て、裁判所書記官に対し、これらの物の複製を請求することができる。 3　家庭裁判所は、当事者又は利害関係を疎明した第三者から前二項の規定による許可の申立てがあった場合（第六項に規定する場合を除く。）において、相当と認めるときは、これを許可することができる。 4　次に掲げる書面については、当事者は、第一項の規定にかかわらず、家庭裁判所の許可を得ずに、裁判所書記官に対し、その交付を請求することができる。 一　審判書その他の裁判書の正本、謄本又は抄本 二　調停において成立した合意を記載し、又は調停をしないものとして、若しくは調停が成立しないものとして事件が終了した旨を記載した調書の正本、謄本又は抄本 三　家事調停事件に関する事項の証明書 5　家事調停事件の記録の閲覧、謄写及び複製の請求は、家事調停事件の記録の保存又は裁判所若しくは調停委員会の執務に支障があるときは、することができない。 6　第二百七十七条第一項に規定する事項についての調停事件において、当事者から第一項又は第二項の規定による許可の申立てが	②　当事者又は事件本人が、審判書若しくは調停において成立した合意を記載し、若しくは第百三十八条若しくは第百三十八条の二の規定により事件が終了した旨を記載した調書の正本、謄本若しくは抄本又は事件に関する証明書の交付を求めたときは、前項の規定にかかわらず、裁判所書記官が、これを交付することができる。 （新設） （新設）

七条第一項において単に「人事に関する訴え」という。）を提起することができる事項についての調停事件　同法第十三条第一項の規定が適用されることにより訴訟行為をすることができることとなる者 2　親権を行う者又は後見人は、第十八条の規定にかかわらず、前項第一号、第三号及び第四号に掲げる調停事件（同項第一号の調停事件にあっては、財産上の給付を求めるものを除く。）においては、当該各号に定める者に代理して第二百六十八条第一項の合意、第二百七十条第一項に規定する調停条項案の受諾及び第二百八十六条第八項に規定する夫及び妻の共同の申出をすることができない。離婚についての調停事件における夫及び妻の共同の申出をすることができない。離婚についての調停事件における養親の後見人、養子（十五歳以上のものに限る。以下この項において同じ。）に対し親権を行う者及び養子の後見人についても、同様とする。 （調書の作成） 第二百五十三条　裁判所書記官は、家事調停の手続の期日について、調書を作成しなければならない。ただし、裁判長においてその必要がないと認めるときは、この限りでない。 （記録の閲覧等） 第二百五十四条　当事者又は利害関係を疎明した第三者は、家庭裁判所の許可を得て、裁判所書記官に対し、家事調停事件の記録の閲覧若しくは謄写、その正本、謄本若しくは抄本の交付又は家事調停事件に関する事項の証明書の交付を請求することができる。	【家事審判規則】 第十条　裁判所書記官は、家庭裁判所の手続について、調書を作らなければならない。ただし、裁判長（調停事件においては家事審判官）においてその必要がないと認めるときは、この限りでない。 【家事審判規則】 第十二条　家庭裁判所は、事件の関係人の申立により、これを相当であると認めるときは、記録の閲覧を許可し、又は裁判所書記官をして記録の正本、謄本、抄本若しくは事件に関する証明書を交付させることができる。

資料　家事事件手続法新旧対照表　　(214)339

家事事件手続法（新法）	家事審判法（旧法）、家事審判規則（旧家審規）及び特別家事審判規則（旧特別家審規）
5　家事調停官には、別に法律で定めるところにより手当を支給し、並びに最高裁判所規則で定める額の旅費、日当及び宿泊料を支給する。 （手続行為能力） 第二百五十二条　次の各号に掲げる調停事件（第一号及び第二号にあっては、財産上の給付を求めるものを除く。）において、当該各号に定める者は、第十七条第一項において準用する民事訴訟法第三十一条の規定にかかわらず、法定代理人によらずに、自ら手続行為をすることができる。その者が被保佐人又は被補助人（手続行為をすることにつきその補助人若しくは補助監督人又は保佐人若しくは保佐監督人の同意を得ることを要するものに限る。）であって、保佐人若しくは保佐監督人又は補助人若しくは補助監督人の同意がない場合も、同様とする。 一　夫婦間の協力扶助に関する処分の調停事件（別表第二の一の項の事項についての調停事件をいう。）　夫及び妻 二　子の監護に関する処分の調停事件（別表第二の三の項の事項についての調停事件をいう。）　子 三　養子の離縁後に親権者となるべき者の指定の調停事件（別表第二の七の項の事項についての調停事件をいう。）　子 四　親権者の指定又は変更の調停事件（別表第二の八の項の事項についての調停事件をいう。）　子及びその父母 五　人事訴訟法第二条に規定する人事に関する訴え（第二百七十	第二十六条の四　家事調停官には、別に法律で定めるところにより旅費、日当及び宿泊料を支給し、並びに最高裁判所の定めるところにより手当を支給する。 （新設）

新	旧
事項は、最高裁判所規則で定める。 （家事調停官の権限等） 第二百五十一条　家事調停官は、家庭裁判所の指定を受けて、家事調停事件を取り扱う。 2　家事調停官は、その取り扱う家事調停事件の処理について、この法律において家庭裁判所、裁判官又は裁判長が行うものとして定める家事調停事件の処理に関する権限を行うことができる。 3　家事調停官は、独立してその職権を行う。 4　家事調停官は、その権限を行うについて、裁判所書記官、家庭裁判所調査官及び医師である裁判所技官に対し、その職務に関し必要な命令をすることができる。この場合において、裁判所法（昭和二十二年法律第五十九号）第六十条第五項の規定は、家事調停官の命令を受けた裁判所書記官について準用する。	事項は、最高裁判所規則で定める。 【家事審判法】 第二十六条の三　家事調停官は、家庭裁判所の指定を受けて、調停事件を取り扱う。 ②　家事調停官は、その取り扱う調停事件の処理について、この法律の規定（第七条において準用する非訟事件手続法の規定を含む。）において家事審判官が行うものとして規定されている調停に関する権限のほか、次に掲げる権限を行うことができる。 一　第三条第二項後段において準用する同条第一項ただし書、第二十条において準用する第十二条、第二十一条の二、第二十二条第二項、第二十二条の二第一項、第二十三条、第二十四条第一項、第二十七条及び第二十八条第二項の規定において家庭裁判所が行うものとして規定されている権限 二　第七条において準用する非訟事件手続法の規定において調停に関するものとして規定されている権限であつて調停に関するもの ③　家事調停官は、独立してその職権を行う。 ④　（略） ⑤　家事調停官は、その権限を行うについて、裁判所書記官、家庭裁判所調査官及び医師たる裁判所技官に対し、その職務に関し必要な命令をすることができる。この場合において、裁判所法（昭和二十二年法律第五十九号）第六十条第五項の規定は、家事調停官の命令を受けた裁判所書記官について準用する。

家事事件手続法（新法）	家事審判法（旧法）、家事審判規則（旧家審規）及び特別家事審判規則（旧特別家審規）
【家事調停委員】 第二百四十九条　家事調停委員は、非常勤とし、その任免に関し必要な事項は、最高裁判所規則で定める。 2　家事調停委員には、別に法律で定めるところにより手当を支給し、並びに最高裁判所規則で定める額の旅費、日当及び宿泊料を支給する。 【家事調停官の任命等】 第二百五十条　家事調停官は、弁護士で五年以上その職にあったもののうちから、最高裁判所が任命する。 2　家事調停官は、この法律の定めるところにより、家事調停事件の処理に必要な職務を行う。 3　家事調停官は、任期を二年とし、再任されることができる。 4　家事調停官は、非常勤とする。 5　家事調停官は、次の各号のいずれかに該当する場合を除いては、在任中、その意に反して解任されることがない。 　一　弁護士法（昭和二十四年法律第二百五号）第七条各号のいずれかに該当するに至ったとき。 　二　心身の故障のため職務の執行ができないと認められたとき。 　三　職務上の義務違反その他家事調停官たるに適しない非行があると認められたとき。 6　この法律に定めるもののほか、家事調停官の任免に関し必要な	【家事審判法】 第二十二条の二　（略） ②　家事調停委員は、非常勤とし、その任免に関し必要な事項は、最高裁判所が定める。 第二十二条の三　家事調停委員には、別に法律で定めるところにより手当を支給し、並びに最高裁判所の定めるところにより旅費、日当及び宿泊料を支給する。 【家事審判法】 第二十六条の二　家事調停官は、弁護士で五年以上その職に在つたもののうちから、最高裁判所が任命する。 ②　家事調停官は、この法律の定めるところにより、調停事件の処理に必要な職務を行う。 ③　家事調停官は、任期を二年とし、再任されることができる。 ④　家事調停官は、非常勤とする。 ⑤　家事調停官は、次の各号のいずれかに該当する場合を除いては、在任中、その意に反して解任されることがない。 　一　弁護士法（昭和二十四年法律第二百五号）第七条各号のいずれかに該当するに至ったとき。 　二　心身の故障のため職務の執行ができないと認められたとき。 　三　職務上の義務違反その他家事調停官たるに適しない非行があると認められたとき。 ⑥　この法律に定めるもののほか、家事調停官の任免に関し必要な

（調停機関）

第二百四十七条　家庭裁判所は、調停委員会で調停を行う。ただし、家庭裁判所が相当と認めるときは、裁判官のみで行うことができる。

2　家庭裁判所は、当事者の申立てがあるときは、前項ただし書の規定にかかわらず、調停委員会で調停を行わなければならない。

（調停委員会）

第二百四十八条　調停委員会は、裁判官一人及び家事調停委員二人以上で組織する。

2　調停委員会を組織する家事調停委員は、家庭裁判所が各事件について指定する。

3　調停委員会の決議は、過半数の意見による。可否同数の場合には、裁判官の決するところによる。

4　調停委員会の評議は、秘密とする。

地方裁判所又は簡易裁判所以外の地方裁判所又は簡易裁判所（事物管轄権を有するものに限る。）に移送することができる。

4　第九条第三項から第五項までの規定は、前三項の規定による移送の裁判について準用する。

③　第四条の二の規定による移送の審判に対しては、当事者は、即時抗告をすることができる。

第四条の二　前条の規定による移送の審判に対しては、当事者は、即時抗告をすることができる。

【家事審判法】

第三条　（略）但し、家庭裁判所は、相当と認めるときは、家事審判官だけで審判を行うことができる。

②　調停は、家事審判官及び家事調停委員をもって組織する調停委員会がこれを行う。前項ただし書の規定は、調停にこれを準用する。

③　家庭裁判所は、当事者の申立があるときは、前項後段の規定にかかわらず、調停委員会で調停を行わなければならない。

【家事審判規則】

第二十二条　調停委員会の組織は、家事審判官一人及び家事調停委員二人以上とする。

②　調停委員会を組織する家事調停委員は、家庭裁判所が各事件について指定する。

第百三十五条　調停委員会の決議は、過半数の意見による。可否同数の場合には、家事審判官の決するところによる。

第百三十六条　調停委員会の評議は、これを秘密とする。

家事事件手続法（新法）	家事審判法（旧法）、家事審判規則（旧家審規）及び特別家事審判規則（旧特別家審規）
（地方裁判所又は簡易裁判所への移送） 第二百四十六条　家庭裁判所は、第二百四十四条の規定により調停を行うことができる事件以外の事件について調停の申立てを受けた場合には、職権で、これを管轄権を有する地方裁判所又は簡易裁判所に移送する。 2　家庭裁判所は、第二百四十四条の規定により調停を行うことができる事件について調停の申立てを受けた場合において、事件を処理するために必要があると認めるときは、職権で、事件の全部又は一部を管轄権を有する地方裁判所又は簡易裁判所に移送することができる。 3　家庭裁判所は、事件を処理するために特に必要があると認めるときは、前二項の規定にかかわらず、その事件を管轄権を有する	③　（略） 第百三十七条の五　第百五十三条の二及び第百五十三条の三の規定は、寄与分を定める調停事件について準用する。 第百三条の三　遺産の分割の申立て及び寄与分を定める審判の申立てがあったときは、これらの事件の審判手続及び審判の申立ては、併合してしなければならない。数人から寄与分を定める審判の申立てがあったときも、同様とする。 【家事審判規則】 第百二十九条の二　家庭裁判所は、法第十七条の規定により調停を行うことができる事件以外の事件について調停の申立てを受けた場合においても、その管轄に属する事件を他の管轄裁判所に移送することができる。 ②　家庭裁判所は、土地管轄の規定にかかわらず、事件を処理するために必要があると認めるときは、事件の全部又は一部を管轄権のある地方裁判所又は簡易裁判所に移送することができる。

新	旧
審判　当該合意の当事者 2　（略）	却下する審判に対し即時抗告をすることができる。 2　（略）
第三編　家事調停に関する手続 　第一章　総則 　　第一節　通則 （調停事項等） 第二百四十四条　家庭裁判所は、人事に関する訴訟事件その他家庭に関する事件（別表第一に掲げる事件を除く。）について調停を行うほか、この編の定めるところにより審判をする。 （管轄等） 第二百四十五条　家事調停事件は、相手方の住所地を管轄する家庭裁判所又は当事者が合意で定める家庭裁判所の管轄に属する。 2　民事訴訟法第十一条第二項及び第三項の規定は、前項の合意について準用する。 3　第二百九十一条第二項及び第二百九十二条の規定は、遺産の分割の調停事件（別表第二の十二の項の事件についての調停事件をいう。）及び寄与分を定める処分の調停事件（同表の十四の項の事項についての調停事件をいう。）について準用する。この場合において、第二百九十一条第二項中「前項」とあるのは、「第二百四十五条第一項」と読み替えるものとする。	【家事審判法】 第十七条　家庭裁判所は、人事に関する訴訟事件その他一般に家庭に関する事件について調停を行う。但し、第九条第一項甲類に規定する審判事件については、この限りでない。 ②　（略） （新設） 【家事審判規則】 第百二十九条　調停事件は、相手方の住所地の家庭裁判所又は当事者が合意で定める家庭裁判所の管轄とする。 ②　（略） 第百二十九条　第九十九条第二項の規定は、寄与分を定める調停事件について準用する。 第九十九条　（略） ②　遺産の分割の申立てがあつた場合において、前項の規定にかかわらず、寄与分を定める審判の申立てをするときは、当該遺産の分割の審判事件が係属している家庭裁判所にしな

家事事件手続法（新法）	家事審判法（旧法）、家事審判規則（旧家規）及び特別家事審判規則（旧特別家審規）
第二十七節　中小企業における経営の承継の円滑化に関する法律に規定する審判事件 第二百四十三条　遺留分の算定に係る合意についての許可の審判事件（別表第一の百三十四の項の事項についての審判事件をいう。）は、中小企業における経営の承継の円滑化に関する法律（平成二十年法律第三十三号）第三条第二項の旧代表者の住所地を管轄する家庭裁判所の管轄に属する。 2　遺留分の算定に係る合意についての許可の審判は、当該合意の当事者の全員に告知しなければならない。 3　次の各号に掲げる審判に対しては、当該各号に定める者は、即時抗告をすることができる。 一　遺留分の算定に係る合意についての許可の審判　当該合意の当事者（申立人を除く。） 二　遺留分の算定に係る合意についての許可の申立てを却下する	〔特別家事審判規則〕 （管轄） 第三十一条　中小企業における経営の承継の円滑化に関する法律（平成二十年法律第三十三号）第八条第一項の同法第四条第一項の規定による合意（同法第五条又は第六条第一項及び第二項の規定による合意をした場合にあっては、同法第四条第一項及び第五条又は第六条第二項の規定による合意）についての許可に関する審判事件は、同法第三条第二項に規定する旧代表者の住所地の家庭裁判所の管轄とする。 （遺留分の算定に係る合意の許可審判の告知） 第三十三条　第三十一条の許可の審判は、当該許可に係る合意の当事者の全員に告知しなければならない。 第三十四条　（略） （即時抗告） 第三十四条　前項に規定する者（申立人を除く。）は、その審判に対し即時抗告をすることができる。 （即時抗告） 第三十四条　第三十一条の合意の当事者は、同条の許可の申立てを

本人の陳述を聴かなければならない。

第七十七条　親権又は管理権の喪失の宣告を受けた者又はその親族は、その審判に対し即時抗告をすることができる。この場合には、即時抗告の期間は、本人が審判の告知を受けた日から進行する。

② 申立人又は子の親族は、親権又は管理権の喪失の申立を却下する審判に対し即時抗告をすることができる。

第七十八条　第七十一条の規定は、父母の一方が親権又は管理権の喪失の宣告を受け、他の一方がその権利を行うこととなる場合における当該審判について準用する。

【特別家事審判規則】
（相続放棄の承認の方式）
第二十九条　前条の相続の放棄の承認の申述をするには、家庭裁判所に申述書を差し出さなければならない。

2　（略）

第三十条　家事審判規則第百十五条の規定は、第二十八条に規定する相続の放棄の承認の申述の受理に関する審判について準用する。

【家事審判規則】
第百十五条　家庭裁判所は、前条第一項の申述を受理するときは、申述書にその旨を記載しなければならない。

② （略）

家事事件手続法（新法）	家事審判法（旧法）、家事審判規則（旧家審規）及び特別家事審判規則（旧特別家審規）
	第四十九条　財産の管理者の変更又は共有財産の処分に関する審判においては、金銭の支払、物の引渡、登記義務の履行その他の給付を命ずることができる。
	第五十条　夫又は妻は、財産の管理者の変更、共有財産の分割の許可又は共有財産の分割の処分に関する審判に対し即時抗告をすることができる。
	【特別家事審判規則】
	（管理権の喪失の宣告に関する審判の手続等）
	第二十七条　家事審判規則第七十四条から第七十八条までの規定は、前条の管理権の喪失の宣告に関する審判について準用する。
	【家事審判規則】
	第七十四条　親権又は管理権の喪失の宣告の申立てがあった場合において、子の利益のため必要があるときは、家庭裁判所は、当該申立てをした者の申立てにより、親権又は管理権の喪失の宣告の申立てについての審判の効力が生ずるまでの間、本人の職務の執行を停止し、又はその職務代行者を選任することができる。
	②　第三十二条第一項の規定は、前項の規定により選任された職務代行者について準用する。
	第七十五条　家庭裁判所は、前条の規定に基づいて選任され、又は改任された職務代行者に対し、子の財産の中から、相当な報酬を与えることができる。
	第七十六条　家庭裁判所は、親権又は管理権の喪失を宣告するには、

3　第百五十二条第一項、第百五十四条第二項（第二号に係る部分に限る。）、第百五十五条、第百五十六条（第二号に係る部分に限る。）及び第百五十八条の規定は破産手続が開始された場合における夫婦財産契約による財産の管理者の変更等の審判事件について、第百六十八条（第三号に係る部分に限る。）、第百六十九条第一項（第一号に係る部分に限る。）、第百七十条（第一号に係る部分に限る。）、第百七十二条第一項（第三号及び第四号に係る部分に限る。）及び第二項（第一号に係る部分に限る。）並びに第百七十四条の規定（管理権喪失に関する部分に限る。）は親権を行う者につき破産手続が開始された場合における管理権喪失の審判事件について、第二百一条第五項から第八項までの規定は破産手続における相続の放棄の承認についての申述の受理の審判事件について準用する。

【家事審判規則】
第百十五条　（略）

② 第百十一条の規定は、前条第一項の申述を却下する審判にこれを準用する。

【特別家事審判規則】
第二十五条　家事審判規則第四十七条（第百六条第一項に係る部分に限る。）から第五十条までの規定は、前条の財産の管理者の変更及び共有財産の分割に関する処分について準用する。

【家事審判規則】
第四十七条　第四十五条及び第百六条第一項の規定は、夫婦財産契約による管理者の変更に関する審判事件にこれを準用する。

第四十八条　前条の管理者の変更に附帯して共有財産の分割を許可する場合には、家庭裁判所は、申立てによって、共有財産の分割の処分をすることができる。

② 家庭裁判所が共有財産の分割を許可した場合において、その分割の協議が調わないときは、前項と同様とする。

③ 第百四条、第百五条、第百六条第一項及び第百九条の規定は、前二項の場合にこれを準用する。

相続人又は利害関係人は、遺産の分割の審判、遺産の分割禁止の審判及び遺産の分割の申立を却下する審判に対し即時抗告をすることができる。

家事事件手続法（新法）	家事審判法（旧法）、家事審判規則（旧家審）及び特別家事審判規則（旧特家審）
任の審判事件において選任した保護者を改任することができる。	することができる。
第二十六節　破産法に規定する審判事件	
第二百四十二条　次の各号に掲げる審判事件は、当該各号に定める地を管轄する家庭裁判所の管轄に属する。	【特別家事審判規則】 【財産の管理者の変更等に関する審判事件の管轄】 第二十四条　破産法（平成十六年法律第七十五号）第六十一条第一項において準用する民法第七百五十八条第二項及び第三項の規定による財産の管理者の変更等及び共有財産の分割に関する審判事件は、相手方の住所地の家庭裁判所の管轄とする。
一　破産手続が開始された場合における夫婦財産契約による財産の管理者の変更等の審判事件（別表第一の百三十一の項の事項についての審判事件をいう。第三項において同じ。）　夫又は妻の住所地	
二　親権を行う者につき破産手続が開始された場合における管理権喪失の審判事件（別表第一の百三十二の項の事項についての審判事件をいう。第三項において同じ。）　子の住所地	【管理権の喪失の宣告に関する審判事件の管轄】 第二十六条　破産法第六十一条第一項において準用する民法第八百三十五条の規定による管理権喪失に関する審判事件は、事件本人の住所地の家庭裁判所の管轄とする。
三　破産手続における相続の放棄の承認についての申述の受理の審判事件（別表第一の百三十三の項の事項についての審判事件をいう。第三項において同じ。）　相続が開始した地	【相続放棄の承認の申述の受理に関する審判事件の管轄】 第二十八条　破産法第二百三十八条第二項（同法第二百四十三条において準用する場合を含む。）の規定による相続の放棄の承認の申述の受理に関する審判事件は、相続開始地の家庭裁判所の管轄とする。
2　破産管財人は、破産手続における相続の放棄の承認についての申述を却下する審判に対し、即時抗告をすることができる。	（相続放棄の承認の申述の受理に関する審判の手続等） 第三十条　家事審判規則第百十五条の規定は、第二十八条に規定する相続の放棄の承認の申述の受理に関する審判について準用す

三　扶養義務者の負担すべき費用額の確定の審判を却下する審判　申立人及び相手方 第二十五節　精神保健及び精神障害者福祉に関する法律に規定する事件 第二百四十一条　保護者の順位の変更及び保護者の選任の審判事件（別表第一の百三十の項の事項についての審判事件をいう。第四項において同じ。）は、精神障害者の住所地を管轄する家庭裁判所の管轄に属する。 2　家庭裁判所は、次の各号に掲げる審判をする場合には、当該各号に定める者（申立人を除く。）の意見を聴かなければならない。 一　保護者の順位の変更の審判　先順位に変更される者 二　保護者の選任の審判　保護者となるべき者 3　次の各号に掲げる審判に対しては、当該各号に定める者は、即時抗告をすることができる。 一　保護者の順位の変更の審判　先順位に変更される者（申立人を除く。） 二　保護者の選任の審判　保護者となるべき者（申立人を除く。） 三　保護者の順位の変更又は保護者の選任の申立てを却下する審判　申立人 4　家庭裁判所は、いつでも、保護者の順位の変更及び保護者の選	任意後見監督人の選任の申立てを却下する審判に対し、即時抗告をすることができる。 第二十条の六　当事者又は利害関係人は、費用額の確定に関する審判に対し即時抗告をすることができる。 【特別家事審判規則】 第二十一条　精神保健及び精神障害者福祉に関する法律第二十条第二項ただし書の規定による保護者の選任に関する審判事件は、精神障害者の住所地の家庭裁判所の管轄とする。 第二十二条　家庭裁判所は、保護者を選任するには、保護者となるべき者の意見を聴かなければならない。 （新設） 第二十三条　家庭裁判所は、いつでも、その選任した保護者を改任

家事事件手続法（新法）	家事審判法（旧法）、家事審判規則（旧家審規）及び特別家事審判規則（旧特別家審規）
人に対する申立てに係るものにあっては、そのうちの一人）の住所地を管轄する家庭裁判所の管轄に属する。 3　第百十八条の規定は、施設への入所等についての許可の審判事件における被保護者、被保護者に対し親権を行う者及び被保護者の後見人について準用する。 4　家庭裁判所は、施設への入所等についての許可の申立てについての審判をする場合には、申立てが不適法であるとき又は申立てに理由がないことが明らかなときを除き、被保護者（十五歳以上のものに限る。）、被保護者に対し親権を行う者及び被保護者の後見人の陳述を聴かなければならない。 5　施設への入所等についての許可の審判は、第七十四条第一項に規定する者のほか、被保護者に対し親権を行う者及び被保護者の後見人に告知しなければならない。 6　次の各号に掲げる審判に対しては、当該各号に定める者は、即時抗告をすることができる。 一　施設への入所等についての許可の審判　被保護者に対し親権を行う者及び被保護者の後見人 二　施設への入所等についての許可の申立てを却下する審判　申立人	者の住所地の家庭裁判所の管轄とする。 （新設） 第二十条の三　家庭裁判所は、前条の許可に関する審判をするには、当該被保護者の親権者又は後見人の陳述を聴かなければならない。 ②　当該被保護者が満十五歳以上であるときは、家庭裁判所は、当該被保護者の陳述をも聴かなければならない。 （新設） 第二十条の四　第三条の五の規定は、第二十条の二の許可の申立てを却下する審判について準用する。 ②　前条第一項に掲げる者は、第二十条の二の許可の審判に対し即時抗告をすることができる。 第二十条の四（略） ②（略） 第三条の五　申立人は、任意後見契約法第四条第一項の規定による

第二百三十九条　家庭裁判所（第百五条第二項の場合にあっては、高等裁判所）は、児童福祉法（昭和二十二年法律第百六十四号）第三十三条第二項の規定による一時保護について都道府県の措置についての承認の申立てがあり、かつ、児童虐待の防止等に関する法律（平成十二年法律第八十二号）第十二条第一項の規定により当該児童の保護者について同項各号に掲げる行為の全部が制限されている場合において、当該申立てをした者の申立てにより、当該児童の保護のため必要があるときは、当該承認の申立てについての審判が効力を生ずるまでの間、当該保護者に対し、当該児童の住所若しくは居所、就学する学校その他の場所において当該児童の身辺につきまとい、又は当該児童の住所若しくは居所、就学する学校その他の通常所在する場所（通学路その他の当該児童が日常生活又は社会生活を営むために通常移動する経路を含む。）の付近をはいかいしてはならないことを命ずることができる。	第十八条の二　児童福祉法第三十三条第二項の規定による一時保護が加えられている児童について同法第二十八条第一項各号に掲げる措置についての承認の申立てがあり、かつ、児童虐待の防止等に関する法律（平成十二年法律第八十二号）第十二条第一項の規定により、当該児童の保護者について、同項各号に掲げる行為の全部が制限されている場合において、家庭裁判所は、当該承認の申立てについての審判が効力を生ずるまでの間、当該保護者に対し、当該児童の住所若しくは居所、就学する学校その他の場所において当該児童の身辺につきまとい、又は当該児童の住所若しくは居所、就学する学校その他の通常所在する場所（通学路その他の当該児童が日常生活又は社会生活を営むために通常移動する経路を含む。）の付近をはいかいしてはならないことを命ずることができる。
第二十四節　生活保護法に規定する審判事件 第二百四十条　施設への入所等についての許可の審判事件（別表第一の二百二十九の項の事項についての審判事件をいう。第三項において同じ。）は、被保護者の住所地を管轄する家庭裁判所の管轄に属する。 2　扶養義務者の負担すべき費用額の確定の審判事件（別表第二の十六の項の事項をいう。）は、扶養義務者（数	**〔特別家事審判規則〕** 第二十条の二　生活保護法第三十条第三項の規定による被保護者を保護施設に収容すること等についての許可に関する審判事件は、当該被保護者の住所地の家庭裁判所の管轄とする。 第二十条の五　生活保護法第七十七条第二項の規定による扶養義務者の負担すべき費用額の確定に関する審判事件は、当該扶養義務

家事事件手続法（新法）	家事審判法（旧法）、家事審判規則（旧家審規）及び特別家事審判規則（旧特別家審規）
二　都道府県の措置についての承認の申立てを却下する審判　申立人 三　都道府県の措置の期間の更新についての承認の審判　児童を現に監護する者、児童に対し親権を行う者及び児童の未成年後見人 四　都道府県の措置の期間の更新についての承認の申立てを却下する審判　申立人 （都道府県の措置についての承認の審判事件を本案とする保全処分）	第二十条　第三条の五の規定は、第十八条に規定する承認の申立てを却下する審判について準用する。 2　（略） （任意後見監督人選任申立ての却下審判に対する即時抗告） 第三条の五　申立人は、任意後見契約法第四条第一項の規定による任意後見監督人の選任の申立てを却下する審判に対し、即時抗告をすることができる。 （即時抗告） 第二十条　（略） 2　前条第一項前段に規定する者は、第十八条に規定する承認の審判に対し即時抗告をすることができる。 （即時抗告） 第二十条　第三条の五の規定は、第十八条に規定する承認の申立てを却下する審判について準用する。 2　（略） （任意後見監督人選任申立ての却下審判に対する即時抗告） 第三条の五　申立人は、任意後見契約法第四条第一項の規定による任意後見監督人の選任の申立てを却下する審判に対し、即時抗告をすることができる。 〔特別家事審判規則〕 （審判前の保全処分）

第二百三十六条　家庭裁判所は、都道府県の措置についての承認又は都道府県の措置の期間の更新についての承認をする場合には、申立てが不適法であるとき又は申立てに理由がないことが明らかなときを除き、前条に規定する者（児童にあっては、十五歳以上のものに限る。）の陳述を聴かなければならない。 2　前項の場合において、家庭裁判所は、申立人に対し、児童を現に監護する者、児童の親権を行う者及び未成年後見人の陳述に関する意見を求めることができる。 （審判の告知） 第二百三十七条　都道府県の措置についての承認又は都道府県の措置の期間の更新についての承認の審判は、第七十四条第一項に規定する者のほか、児童を現に監護する者、児童の親権を行う者及び児童の未成年後見人に告知しなければならない。 （即時抗告） 第二百三十八条　次の各号に掲げる審判に対しては、当該各号に定める者は、即時抗告をすることができる。 一　都道府県の措置についての承認の審判　児童を現に監護する者、児童に対し親権を行う者及び児童の未成年後見人	第十九条　家庭裁判所は、第十八条に規定する承認に関する審判をするには、当該児童を現に監護する者及び親権者（親権者のないときは、未成年後見人）の陳述を聴かなければならない。（後段略） 2　当該児童が満十五歳以上であるときは、家庭裁判所は、当該児童の陳述をも聴かなければならない。 （陳述及び意見の聴取） 第十九条　（前段略）この場合において、家庭裁判所は、申立人に対し、当該陳述に関する意見を求めることができる。 2　（略） （新設） 【特別家事審判規則】 （即時抗告） 第二十条　（略） 2　前条第一項前段に規定する者は、第十八条に規定する承認の審判に対し即時抗告をすることができる。 （即時抗告）

家事事件手続法（新法）	家事審判法（旧法）、家事審判規則（旧家審）及び特別家事審判規則（旧特別家審）
2　申立人及び相手方は、請求すべき按分割合に関する処分の審判及びその申立てを却下する審判に対し、即時抗告をすることができる。 3　請求すべき按分割合に関する処分の審判の手続については、第六十八条第二項の規定は、適用しない。 　　第二十三節　児童福祉法に規定する審判事件 （管轄） 第二百三十四条　都道府県の措置についての承認の審判事件（別表第一の百二十七の項の事項についての審判事件をいう。次条において同じ。）及び都道府県の措置の期間の更新についての承認の審判事件（同表の百二十八の項の事項についての審判事件をいう。同条において同じ。）は、児童の住所地を管轄する家庭裁判所の管轄に属する。 （手続行為能力） 第二百三十五条　第百十八条の規定は、都道府県の措置についての承認の審判事件（当該審判事件を本案とする保全処分についての審判事件を含む。）及び都道府県の措置の期間の更新についての承認の審判事件における児童を現に監護する者、児童に対し親権を行う者、児童の未成年後見人及び児童について準用する。 （陳述及び意見の聴取）	第十七条の八　当事者は、第十七条の六の請求すべき按分割合に関する審判に対し即時抗告をすることができる。 （新設） 〔特別家事審判規則〕 （管轄） 第十八条　児童福祉法（昭和二十二年法律第百六十四号）第二十八条第一項各号に掲げる措置についての承認及び同条第二項ただし書の規定による当該措置の期間の更新についての承認に関する審判事件は、児童の住所地の家庭裁判所の管轄とする。 （新設） 〔特別家事審判規則〕 （陳述及び意見の聴取）

2　第百十八条の規定は、性別の取扱いの変更の審判事件における申立人について準用する。 3　性別の取扱いの変更の申立てをした者は、その申立てを却下する審判に対し、即時抗告をすることができる。 第二百三十三条　請求すべき按分割合に関する処分の審判事件（別表第二の十五の項の事項についての審判事件をいう。）は、申立人又は相手方の住所地を管轄する家庭裁判所の管轄に属する。 第二百三十二節　厚生年金保険法等に規定する審判事件	（新設） （性別の取扱いの変更申立ての却下審判に対する即時抗告） 第十七条の三　第三条の五の規定は、性同一性障害者の性別の取扱いの変更の特例に関する法律第三条第一項の規定による性別の取扱いの変更の申立てを却下する審判について準用する。 （任意後見監督人選任申立ての却下審判に対する即時抗告） 第三条の五　申立人は、任意後見契約法第四条第一項の規定による任意後見監督人の選任の申立てを却下する審判に対し、即時抗告をすることができる。 〔特別家事審判規則〕 （請求すべき按分割合に関する審判事件の管轄） 第十七条の六　厚生年金保険法（昭和二十九年法律第百十五号）第七十八条の二第二項、国家公務員共済組合法（昭和三十三年法律第百二十八号）第九十三条の五第二項（私立学校教職員共済法（昭和二十八年法律第二百四十五号）第二十五条において準用する場合を含む。）又は地方公務員等共済組合法（昭和三十七年法律第百五十二号）第百五条第二項の規定による請求すべき按分割合に関する審判事件は、相手方の住所地の家庭裁判所の管轄とする。 （請求すべき按分割合に関する審判に対する即時抗告）

家事事件手続法（新法）	家事審判法（旧法）、家事審判規則（旧家審規）及び特別家事審判規則（旧特別家審規）
五　戸籍の訂正についての許可の申立てを却下する審判　申立人 六　前条第二項の規定による市町村長に相当の処分を命ずる審判 七　戸籍事件についての市町村長の処分に対する不服の申立てを却下する審判　申立人 第二十一節　性同一性障害者の性別の取扱いの特例に関する法律に規定する審判事件 第二百三十二条　性別の取扱いの変更の審判事件（別表第一の百二十六の項の事項についての審判事件をいう。次項において同じ。）は、申立人の住所地を管轄する家庭裁判所の管轄に属する。	第十一条　第三条の五の規定は、前条の許可の申立てについて準用する。 ②　（略） （任意後見監督人選任申立ての却下審判に対する即時抗告） 第三条の五　申立人は、任意後見契約法第四条第一項の規定による任意後見監督人の選任の申立てを却下する審判に対し、即時抗告をすることができる。 第十七条　当該市町村長は、第十五条の規定による審判に対し即時抗告をすることができる。 ②　第三条の五の規定は、第十三条の不服の申立てを却下する審判について準用する。 （任意後見監督人選任申立ての却下審判に対する即時抗告） 第三条の五　申立人は、任意後見契約法第四条第一項の規定による任意後見監督人の選任の申立てを却下する審判に対し、即時抗告をすることができる。 〔特別家事審判規則〕 （管轄） 第十七条の二　性同一性障害者の性別の取扱いの特例に関する法律（平成十五年法律第百十一号）第三条第一項の規定による性別の取扱いの変更に関する審判事件は、申立人の住所地の家庭裁判所

（即時抗告）

第二百三十一条　次の各号に掲げる審判に対しては、当該各号に定める者は、即時抗告をすることができる。

一　氏の変更についての許可の審判　利害関係人（申立人を除く。）

二　氏又は名の変更についての許可の申立てを却下する審判　申立人

三　就籍許可の申立てを却下する審判　申立人

四　戸籍の訂正についての許可の審判　利害関係人（申立人を除く。）

【特別家事審判規則】

第六条　（略）

②　利害関係人は、氏の変更を許可する審判に対し即時抗告をすることができる。

第六条の五　第三条の五の規定は、第四条の許可の申立てを却下する審判について準用する。

第八条　第六条第一項の規定は、前条の許可の申立てを却下する審判にこれを準用する。

第六条　第三条の五の規定は、第四条の許可の申立てを却下する審判について準用する。

第三条の五　申立人は、任意後見契約法第四条第一項の規定による任意後見監督人の選任の申立てを却下する審判に対し、即時抗告をすることができる。

②　（略）

第十一条　（略）

②　利害関係人は、前条の許可の審判に対し即時抗告をすることができる。

家事事件手続法（新法）	家事審判法（旧法）、家事審判規則（旧家審規）及び特別家事審判規則（旧特別家審規）
籍の訂正についての許可の申立てが当該戸籍の届出人又は届出事件の本人以外の者からされた場合には、申立てが不適法であるとき又は申立てに理由がないことが明らかなときを除き、当該届出人又は届出事件の本人に対し、その旨を通知しなければならない。ただし、事件の記録上これらの者の氏名及び住所又は居所が判明している場合に限る。 （陳述及び意見の聴取） 第二百二十九条　家庭裁判所は、氏の変更についての許可の審判をする場合には、申立人と同一戸籍内にある者（十五歳以上のものに限る。）の陳述を聴かなければならない。 2　家庭裁判所は、戸籍事件についての市町村長（特別区の区長を含むものとし、地方自治法（昭和二十二年法律第六十七号）第二百五十二条の十九第一項の指定都市にあっては、区長とする。以下この節において同じ。）の処分に対する不服の申立てがあった場合には、当該市町村長の意見を聴かなければならない。 （審判の告知等） 第二百三十条　戸籍事件についての市町村長の処分に対する不服の申立てを却下する審判は、第七十四条第一項に規定する者のほか、当該市町村長に告知しなければならない。 2　家庭裁判所は、戸籍事件についての市町村長の処分に対する不服の申立てを理由があると認めるときは、当該市町村長に対し、相当の処分を命じなければならない。	〔特別家事審判規則〕 第五条　家庭裁判所は、氏の変更についての許可の審判をするには、同一戸籍内の満十五歳以上の者の陳述を聴かなければならない。 第十四条　家庭裁判所は、前条の不服の申立を受けたときは、当該市町村長の意見を求めなければならない。 （特別家事審判規則） 第十六条　第十三条の不服の申立を却下する審判又は前条の規定による審判は、当該市町村長にこれを告知しなければならない。 第十五条　家庭裁判所は、第十三条の不服の申立が理由があると認めるときは、当該市町村長に対し、相当な処分を命じなければならない。

新法	旧法
（手続行為能力） 第二百二十七条　第百十八条の規定は、戸籍法に規定する審判事件（別表第一の百二十二の項から百二十五の項までの事項についての審判事件をいう。）における当該審判事件の申立てをすることができる者について準用する。ただし、戸籍事件についての市町村長の処分に対する不服の審判事件においては、当該処分を受けた届出その他の行為を自らすることができる場合に限る。 （事件係属の通知） 第二百二十八条　家庭裁判所は、戸籍法第百十三条の規定による戸	十二の事項についての審判事件をいう。）　申立人の住所地を含む。）又は第百七条の二の規定による氏又は名の変更の許可に関する審判事件は、申立人の住所地の家庭裁判所の管轄とする。 二　就籍許可の審判事件（別表第一の百二十三の項についての審判事件をいう。）　就籍しようとする地 三　戸籍の訂正についての許可の審判事件（別表第一の百二十四の項の事項についての審判事件をいう。）　その戸籍のある地 四　戸籍事件についての市町村長の処分に対する不服の審判事件（別表第一の百二十五の項の事項についての審判事件をいう。）　市役所（戸籍法（昭和二十二年法律第二百二十四号）第四条において準用する同法第百二十一条の規定による場合にあっては、区役所）又は町村役場の所在地	（新設） 第七条　戸籍法第百十条第一項の規定による就籍の許可に関する審判事件は、就籍しようとする地の家庭裁判所の管轄とする。 第十条　戸籍法第百十三条又は第百十四条の規定による戸籍の訂正の許可に関する審判事件は、その戸籍のある地の家庭裁判所の管轄とする。 第十三条　戸籍法第百二十一条（同法第四条において準用する場合を含む。）の規定による戸籍事件についての市町村長（同法第四条において準用する場合にあっては、当該市役所（同法第四条において準用する場合にあっては、区長。以下同じ。）の処分に対する不服の審判事件は、当該市役所又は町村役場の所在地の家庭裁判所の管轄とする。 （新設）

家事事件手続法（新法）	家事審判法（旧法）、家事審判規則（旧家審規）、及び特別家事審判規則（旧特別家審規）
う。）を本案とする保全処分について準用する。この場合において、同条第一項中「停止し、又はその職務代行者を選任する」とあるのは「停止する」と、同条第二項中「同項の規定により選任した職務代行者」とあるのは「任意後見監督人」と読み替えるものとする。 第二十節　戸籍法に規定する審判事件 （管轄） 第二百二十六条　次の各号に掲げる審判事件は、当該各号に定める地を管轄する家庭裁判所の管轄に属する。 一　氏又は名の変更についての許可の審判事件（別表第一の百二	第七十四条　親権又は管理権の喪失の宣告の申立てがあった場合において、子の利益のため必要があるときは、家庭裁判所は、当該申立てをした者の申立てにより、親権又は管理権の喪失の宣告についての審判の効力が生ずるまでの間、本人の職務の執行を停止し、又はその職務代行者を選任することができる。 ②　第三十二条第一項の規定は、前項の規定により選任された職務代行者について準用する。 第三十二条　家庭裁判所は、いつでも、その選任した管理人（不在者の財産の管理人をいう。以下この節において同じ。）を改任することができる。 ②　家庭裁判所が選任した管理人は、その任務を辞しようとするときは、家庭裁判所にその旨を届け出なければならない。 ③　前項の届出があった場合には、家庭裁判所は、更に管理人を選任しなければならない。 第七十五条　家庭裁判所は、前条の規定に基づいて選任され、又は改任された職務代行者に対し、子の財産の中から、相当な報酬を与えることができる。 【特別家事審判規則】 第四条　戸籍法第百七条第一項（同条第四項において準用する場合

新法	旧法
見人 七　任意後見契約の解除についての許可の申立てを却下する審判の申立人 項の規定による任意後見契約の解除についての許可の申立てを却下する審判に対し、即時抗告をすることができる。 2　第三条の五の規定は、任意後見契約の解除についての許可の申立てを却下する審判について準用する。 （任意後見監督人選任申立ての却下審判に対する即時抗告） 第三条の五　申立人は、任意後見契約法第四条第一項の規定による任意後見監督人の選任の申立てを却下する審判に対し、即時抗告をすることができる。 （任意後見監督人の事務の調査） 第三条の八　家庭裁判所は、家庭裁判所調査官に任意後見監督人の事務を調査させることができる。 （任意後見監督人の解任） 第三条の九　（略） 2、3　（略） 【特別家事審判規則】	【家事審判規則】 3　家事審判規則第七十四条から第七十六条まで及び第八十七条の規定は、任意後見契約法第七条第四項において準用する民法第八百四十六条の規定による任意後見監督人の解任に関する審判事件
（任意後見監督人の事務の調査） 第二百二十四条　家庭裁判所は、家庭裁判所調査官に任意後見監督人の事務を調査させることができる。 （任意後見監督人の解任の審判事件等を本案とする保全処分） 第二百二十五条　第百二十七条第一項から第四項までの規定（別表第一の百十七の項の事項についての審判事件をいう。）を本案とする保全処分について準用する。 2　第百二十七条第一項及び第二項の規定は、任意後見人の解任の審判事件（別表第一の百二十の項の事項についての審判事件をい	

家事事件手続法（新法）	家事審判法（旧法）、家事審判規則（旧家審）及び特別家事審判規則（旧特別家審規）
五　任意後見人の解任の申立てを却下する審判　申立人、任意後見監督人並びに本人及びその親族 六　任意後見契約の解除についての許可の審判　本人及び任意後	【家事審判規則】 第八十七条　後見人、後見監督人又は被後見人若しくはその親族は、後見人を解任する審判に対し、即時抗告をすることができる。この場合には、即時抗告の期間は、後見人が審判の告知を受けた日から進行する。 ②　（略） 【特別家事審判規則】 （任意後見人の解任） 第三条の十　家事審判規則第七十四条第一項、第七十六条及び第八十七条の規定は、任意後見契約法第八条の規定により任意後見人を解任する審判について準用する。この場合において、第七十四条第一項中「職務の執行を停止し、又はその職務代行者を選任する」とあるのは「職務の執行を停止する」と読み替えるものとする。 【家事審判規則】 第八十七条　（略） ②　申立人、後見監督人又は被後見人若しくはその親族は、後見人の解任の申立てを却下する審判に対し、即時抗告をすることができる。 【特別家事審判規則】 （任意後見契約の解除の許可審判等に対する即時抗告） 第三条の十四　本人又は任意後見人は、任意後見契約法第九条第二

から進行する。

② （略）

【特別家事審判規則】
(任意後見監督人の解任)
第三条の九
3 家事審判規則第七十四条から第七十六条まで及び第八十七条の規定は、任意後見契約法第七条第四項において準用する民法第八百四十六条の規定による任意後見監督人の解任に関する審判事件について準用する。

2 （略）

【家事審判規則】
第八十七条 （略）
② 申立人、後見監督人若しくはその親族は、後見人の解任の申立てを却下する審判に対し、即時抗告をすることができる。

【特別家事審判規則】
(任意後見人の解任)
第三条の十 家事審判規則第七十四条第一項、第七十六条及び第八十七条の規定は、任意後見契約法第八条の規定により任意後見人を解任する審判について準用する。この場合において、第七十四条第一項中「職務の執行を停止し、又はその職務代行者を選任する」とあるのは「職務の執行を停止する」と読み替えるものとする。

三 任意後見監督人の解任の申立てを却下する審判　申立人並びに本人及びその親族

四 任意後見人の解任の審判　本人及び任意後見人

家事事件手続法（新法）	家事審判法（旧法、家事審判規則（旧家審）及び特別家事審判規則（旧特別家審規）
（即時抗告） 第二百二十三条　次の各号に掲げる審判に対しては、当該各号に定める者（第四号及び第六号にあっては、申立人を除く。）は、即時抗告をすることができる。 一　任意後見契約の効力を発生させるための任意後見監督人の選任の申立てを却下する審判　申立人 二　任意後見監督人の解任の審判　任意後見監督人	告知を受けない者及び任意後見監督人に告知しなければならない。 【特別家事審判規則】 （任意後見監督人選任申立ての却下審判に対する即時抗告） 第三条の五　申立人は、任意後見契約法第四条第一項の規定による任意後見監督人の選任の申立てを却下する審判に対し、即時抗告をすることができる。 （任意後見監督人の解任） 第三条の九　（略） 2　（略） 3　家事審判規則第七十四条から第七十六条第四項まで及び第八十七条の規定は、任意後見契約法第七条第四項の規定による任意後見監督人の解任に関する審判事件について準用する。 【家事審判規則】 第八十七条　後見人、後見監督人又は被後見人若しくはその親族は、後見人を解任する審判に対し、即時抗告をすることができる。この場合には、即時抗告の期間は、後見人が審判の告知を受けた日

（審判の告知） 第二百二十二条　次の各号に掲げる審判は、第七十四条第一項に規定する者のほか、当該各号に定める者に告知しなければならない。 一　任意後見契約の効力を発生させるための任意後見監督人の選任の審判　本人及び任意後見受任者 二　後見開始の審判等の取消しの審判　後見開始の審判の取消しの審判にあっては成年後見人及び成年後見監督人、保佐開始の審判の取消しの審判にあっては保佐人及び保佐監督人並びに補助開始の審判の取消しの審判にあっては補助人及び補助監督人 三　任意後見人の解任の審判　本人及び任意後見監督人 四　任意後見契約の解除についての許可の審判　本人、任意後見人及び任意後見監督人	〔特別家事審判規則〕 （任意後見監督人選任審判の告知） 第三条の四　任意後見契約法第四条第一項の規定により任意後見監督人を選任する審判は、本人及び任意後見受任者に告知しなければならない。 （後見開始の審判等の取消審判の告知） 第三条の六　任意後見契約法第四条第二項の規定により後見開始、保佐開始又は補助開始の審判を取り消す審判は、成年後見人及び成年後見監督人、保佐人及び保佐監督人又は補助人及び補助監督人に告知しなければならない。 （任意後見人解任審判の告知） 第三条の十一　任意後見契約法第八条の規定により任意後見人を解任する審判は、本人及び任意後見監督人に告知しなければならない。 （任意後見契約の解除の許可審判の告知） 第三条の十三　任意後見契約の解除についての許可の審判は、本人又は任意後見人で家事審判法（昭和二十二年法律第百五十二号）第十三条の規定による

家事事件手続法（新法）	家事審判法（旧法）、家事審判規則（旧家審規）及び特別家事審判規則（旧特別家審規）
四　任意後見契約の解除についての許可の審判　本人及び任意後見人 2　家庭裁判所は、前項第一号に掲げる審判をする場合には、任意後見監督人となるべき者の意見を聴かなければならない。 3　家庭裁判所は、任意後見監督人の選任の審判をする場合には、任意後見契約の効力が生ずることについて、任意後見受任者の意見を聴かなければならない。 （申立ての取下げの制限） 第二百二十一条　任意後見契約の効力を発生させるための任意後見監督人の選任及び任意後見監督人が欠けた場合における任意後見監督人の選任の申立ては、審判がされる前であっても、家庭裁判	【家事審判規則】 第七十六条　家庭裁判所は、親権又は管理権の喪失を宣告するには、本人の陳述を聴かなければならない。 【特別家事審判規則】 （陳述の聴取） 第三条の十二　家庭裁判所は、任意後見契約法第九条第二項の規定による任意後見契約の解除についての許可の審判をするには、本人及び任意後見人の陳述を聴かなければならない。 （陳述及び意見の聴取） 第三条の三　家庭裁判所は、任意後見監督人を選任するには、本人の陳述及び任意後見監督人となるべき者の意見を聴かなければならない。 2　（略） （陳述及び意見の聴取） 第三条の三　（略） 2　家庭裁判所は、任意後見監督人を選任するには、任意後見契約法第四条第一項の規定により任意後見契約の効力が生ずることについて任意後見受任者の意見を聴かなければならない。 （新設）

一　任意後見契約の効力を発生させるための任意後見監督人の選任の審判並びに任意後見監督人が欠けた場合及び任意後見監督人を更に選任する場合における任意後見監督人の選任の審判　本人

二　任意後見監督人の解任の審判　任意後見監督人

三　任意後見人の解任の審判　任意後見人

（陳述及び意見の聴取）
第三条の三　家庭裁判所は、任意後見監督人を選任するには、本人の陳述及び任意後見監督人となるべき者の意見を聴かなければならない。

2　（略）

（任意後見監督人の解任）
第三条の九　（略）

2　（略）

3　家事審判規則第七十四条から第七十六条まで及び第八十七条の規定は、任意後見契約法第七条第四項において準用する民法第八百四十六条の規定による任意後見監督人の解任に関する審判事件について準用する。

【家事審判規則】
第七十六条　家庭裁判所は、親権又は管理権の喪失を宣告するには、本人の陳述を聴かなければならない。

【特別家事審判規則】
（任意後見人の解任）
第三条の十　家事審判規則第七十四条第一項、第七十六条及び第八十七条の規定は、任意後見契約法第八条の規定により任意後見人を解任する審判について準用する。この場合において、第七十四条第一項中「職務の執行を停止し、又はその職務代行者を選任する」とあるのは「職務の執行を停止する」と読み替えるものとする。

家事事件手続法（新法）	家事審判法（旧法）、家事審判規則（旧家審規）及び特別家事審判規則（旧特別家審規）
監督人の選任の審判をした家庭裁判所（抗告裁判所が当該任意後見監督人を選任した場合にあっては、その第一審裁判所である家庭裁判所）の管轄に属する。ただし、任意後見契約の効力を発生させるための任意後見監督人の選任の審判事件が家庭裁判所に係属しているときは、その家庭裁判所の管轄に属する。 （手続行為能力） 第二百十八条　第百十八条の規定は、任意後見契約の効力を発生させるための任意後見監督人の選任の審判事件における本人について準用する。 （精神の状況に関する意見の聴取） 第二百十九条　家庭裁判所は、本人の精神の状況につき医師その他適当な者の意見を聴かなければ、任意後見契約の効力を発生させるための任意後見監督人の選任の審判をすることができない。 （陳述及び意見の聴取） 第二百二十条　家庭裁判所は、次の各号に掲げる審判をする場合には、当該各号に定める者（第一号及び第四号にあっては、申立人を除く。）の陳述を聴かなければならない。ただし、本人については、本人の心身の障害により本人の陳述を聴くことができないときは、この限りでない。	〔新設〕 〔特別家事審判規則〕 （診断の結果等の聴取） 第三条の二　家庭裁判所は、任意後見契約法第四条第一項の規定により任意後見監督人を選任するには、本人の精神の状況に関する医師の診断の結果その他適当な者の意見を聴かなければならない。 〔特別家事審判規則〕

第十八節 遺留分に関する審判事件

第二百十六条 次の各号に掲げる審判事件は、当該各号に定める地を管轄する家庭裁判所の管轄に属する。

一 遺留分を算定する場合における鑑定人の選任の審判事件（別表第一の百九の項の事項についての審判事件をいう。）相続が開始した地

二 遺留分の放棄についての許可の審判事件（別表第一の百十の項の事項についての審判事件をいう。）被相続人の住所地

2 遺留分の放棄についての許可の申立てをした者は、申立てを却下する審判に対し、即時抗告をすることができる。

第十九節 任意後見契約法に規定する審判事件

（管轄）

第二百十七条 任意後見契約の効力を発生させるための任意後見監督人の選任の審判事件（別表第一の百十一の項の事項についての審判事件をいう。次項及び次条において同じ。）は、任意後見契約法第二条第二号の本人（以下この節において単に「本人」という。）の住所地を管轄する家庭裁判所の管轄に属する。

2 任意後見契約法に規定する家庭裁判所の管轄に属する審判事件（別表第一の百十一の項から百二十一までの項までの事項についての審判事件をいう。）は、任意後見契約の効力を発生させるための任意後見監督人の選任の審判事件を除き、任意後見契約の効力を発生させるための任意後見

【家事審判規則】

第九十九条 相続に関する審判事件は、被相続人の住所地又は相続開始地の家庭裁判所の管轄とする。

② （略）

（新設）

【特別家事審判規則】

（管轄）

第三条 任意後見契約に関する法律（平成十一年法律第百五十号。以下この章において「任意後見契約法」という。）第十二条に規定する事項についての審判事件は、任意後見契約法第二条第二号の本人（以下この章において「本人」という。）の住所地の家庭裁判所の管轄とする。

家事事件手続法（新法）	家事審判法（旧法）、家事審判規則（旧家審規）及び特別家事審判規則（旧特別家審規）
職務を停止される遺言執行者、他の遺言執行者又は同項の規定により選任した職務代行者に告知することによって、その効力を生ずる。 3　家庭裁判所は、いつでも、第一項の規定により選任した職務代行者を改任することができる。 4　家庭裁判所は、第一項の規定により選任し、又は前項の規定により改任した職務代行者に対し、相続財産の中から、相当な報酬を与えることができる。	第百二十六条　第七十四条乃至第七十六条の規定は、遺言執行者の解任にこれを準用する。 ②　（略） 第七十四条 ②　第三十二条第一項の規定は、前項の規定により選任された職務代行者について準用する。 第三十二条　家庭裁判所は、いつでも、その選任した管理人（不在者の財産の管理人をいう。以下この節において同じ。）を改任することができる。 ②　家庭裁判所が選任した管理人は、その任務を辞しようとするときは、家庭裁判所にその旨を届け出なければならない。 ③　前項の届出があった場合には、家庭裁判所は、更に管理人を選任しなければならない。 第百二十六条　第七十四条乃至第七十六条の規定は、遺言執行者の解任にこれを準用する。 ②　（略） 第七十五条　家庭裁判所は、前条の規定に基づいて選任され、又は改任された職務代行者に対し、子の財産の中から、相当な報酬を与えることができる。

五　遺言執行者の解任の申立てを却下する審判　利害関係人 六　遺言執行者の辞任についての許可の申立てを却下する審判　申立人 七　負担付遺贈に係る遺言の取消しの審判　受遺者その他の利害関係人（申立人を除く。） 八　負担付遺贈に係る遺言の取消しの申立てを却下する審判　相続人 （遺言執行者の解任の審判事件を本案とする保全処分） 第二百十五条　家庭裁判所（第百五条第二項の場合にあっては、高等裁判所。第三項及び第四項において同じ。）は、遺言執行者の解任の申立てがあった場合において、相続人の利益のため必要があるときは、当該申立てをした者の申立てにより、遺言執行者の解任についての審判が効力を生ずるまでの間、遺言執行者の職務の執行を停止し、又はその職務代行者を選任することができる。 2　前項の規定による遺言執行者の職務の執行を停止する審判は、	②　遺言執行者は、遺言執行者の解任の審判に対し即時抗告をすることができる。 第百二十七条　利害関係人は、遺言執行者の選任又は解任の申立てを却下する審判に対し即時抗告をすることができる。 ②　（略） 第百二十八条　受遺者その他の利害関係人は、遺言の取消しの審判に対し即時抗告をすることができる。 ②　相続人は、遺言の取消しの申立てを却下する審判に対し即時抗告をすることができる。 【家事審判規則】 第百二十六条　第七十四条乃至第七十六条の規定は、遺言執行者の解任にこれを準用する。 第七十四条　親権又は管理権の喪失の宣告の申立てがあった場合において、子の利益のため必要があるときは、家庭裁判所は、当該申立てをした者の申立てにより、親権又は管理権の喪失の宣告の申立てについての審判の効力が生ずるまでの間、本人の職務の執行を停止し、又はその職務代行者を選任することができる。 ②　（略） （新設）

家事事件手続法（新法）	家事審判法（旧法）、家事審判規則（旧家審）及び特別家事審判規則（旧特別家審規）
（申立ての取下げの制限） 第二百十二条　遺言の確認又は遺言書の検認の申立ては、審判がされる前であっても、家庭裁判所の許可を得なければ、取り下げることができない。 （審判の告知） 第二百十三条　次の各号に掲げる審判は、第七十四条第一項に規定する者のほか、当該各号に定める者に告知しなければならない。 一　遺言執行者の解任の審判　相続人 二　負担付遺贈に係る遺言の取消しの審判　負担の利益を受けるべき者 （即時抗告） 第二百十四条　次の各号に掲げる審判に対しては、当該各号に定める者は、即時抗告をすることができる。 一　遺言の確認の審判　利害関係人 二　遺言の確認の申立てを却下する審判　遺言に立ち会った証人及び利害関係人 三　遺言執行者の選任の申立てを却下する審判　利害関係人 四　遺言執行者の解任の審判　遺言執行者	一〜五　（略） （新設） （新設） 【家事審判規則】 第百二十一条　利害関係人は、遺言の確認の審判に対し即時抗告をすることができる。 ②　遺言に立ち会った証人又は利害関係人は、遺言の確認の申立てを却下する審判に対し即時抗告をすることができる。 第百二十七条　利害関係人は、遺言執行者の選任又は解任の申立てを却下する審判に対し即時抗告をすることができる。 ②　（略） 第百二十六条　（略）

の項までの事項についての審判事件をいう。）は、相続を開始した地を管轄する家庭裁判所の管轄に属する。 2　前項の規定にかかわらず、遺言の確認の審判事件（別表第一の百二の項の事項についての審判事件をいう。）は、遺言者の生存中は、遺言者の住所地を管轄する家庭裁判所の管轄に属する。 **（陳述及び意見の聴取）** **第二百十条**　家庭裁判所は、次の各号に掲げる審判をする場合には、当該各号に定める者の陳述を聴かなければならない。 一　遺言執行者の解任の審判　遺言執行者 2　家庭裁判所は、遺言執行者の選任の審判をする場合には、遺言執行者となるべき者の意見を聴かなければならない。 二　負担付遺贈に係る遺言の取消しの審判　受遺者及び負担の利益を受けるべき者 **（調書の作成）** **第二百十一条**　裁判所書記官は、遺言書の検認について、調書を作成しなければならない。	管轄とする。 ②　遺言の確認の申立は、前項の規定による外、遺言者の住所地の家庭裁判所にもこれをすることができる。 **【家事審判規則】** **第百二十六条**　第七十四条乃至第七十六条の規定は、遺言執行者の解任にこれを準用する。 ②　（略） **第七十六条**　家庭裁判所は、親権又は管理権の喪失を宣告するには、本人の陳述を聴かなければならない。 （新設） **第百二十五条**　第八十三条第一項の規定は、遺言執行者の選任について準用する。 ②　（略） **第八十三条**　家庭裁判所は、後見人を選任するには、後見人となるべき者の意見を聴かなければならない。 **【家事審判規則】** **第百二十三条**　遺言書の検認については、調書を作り、左の事項を記載しなければならない。

家事事件手続法（新法）	家事審判法（旧法）、家事審判規則（旧家審規）及び特別家事審判規則（旧特別家審規）
（管理者の改任等に関する規定の準用） 第二百八条　第百二十五条の規定は、相続人の不存在の場合における相続財産の管理に関する処分の審判事件について準用する。この場合において、同条第三項中「成年被後見人の財産」とあるのは、「相続財産」と読み替えるものとする。 第十七節　遺言に関する審判事件 （管轄） 第二百九条　遺言に関する審判事件（別表第一の百二の項から百八	第百八条の四 ②　（略） ③　第七十五条の規定は、換価人について準用する。 第七十五条　家庭裁判所は、前条の規定に基づいて選任され、又は改任された職務代行者に対し、子の財産の中から、相当な報酬を与えることができる。 【家事審判規則】 第百十八条　第三十二条乃至第三十七条の規定は、民法第九百十八条第二項及び第三項（同法第九百二十六条第二項、第九百三十六条第三項及び第九百四十条第二項において準用する場合を含む。）又は第九百五十二条及び第九百五十三条の規定による相続財産の保存又は管理に関する処分にこれを準用する。 【家事審判法】 第十六条　民法第六百四十四条、第六百四十六条、第六百四十七条及び第六百五十条の規定は、家庭裁判所が選任した財産の管理をする者について、同法第二十七条から第二十九条までの規定は、第十五条の三第一項の規定による財産の管理者について準用する。 【家事審判規則】 第百二十条　遺言に関する審判事件は、相続開始地の家庭裁判所の

② 前項の規定による審判（以下「審判前の保全処分」という。）が確定した後に、その理由が消滅し、その他事情が変更したときは、家庭裁判所は、その審判を取り消すことができる。

③～⑦ （略）

【家事審判規則】

第百十九条の六　第百六条第二項、第百八条の四第一項及び第三項の規定は、相続財産の処分に関する審判事件について準用する。この場合において、第百八条の三第一項中「相当であると認めるときは、相続人の意見を聴き」とあるのは、「相当であると認めるときは」と読み替えるものとする。

第百六条　（略）

② 第十五条の三第二項の規定は遺産の競売又は換価を命ずる審判について、第十五条の四第一項の規定はこの審判を取り消す審判について準用する。

第十五条の三　（略）

② 本案の申立てを認める審判に対し即時抗告をすることができる者は、審判前の保全処分（前項各号に規定する保全処分を除く。）に対し、即時抗告をすることができる。

③、④ （略）

第百十九条の七　申立人又は相続財産の管理人は、相続財産の処分をする審判に対し即時抗告をすることができる。

②～③ （略）

家事事件手続法（新法）	家事審判法（旧法）、家事審判規則（旧家審）及び特別家事審判規則（旧特別家審規）
まで及び第七項の規定は、特別縁故者に対する相続財産の分与の審判事件について準用する。この場合において、同条第一項及び第七項中「相続人」とあり、並びに同条第二項中「相続人の意見を聴き、相続人」とあるのは「相続財産の管理人」と、同条第三項中「相続人」とあるのは「特別縁故者に対する相続財産の分与の申立人若しくは相続財産の管理人」と、同条第四項中「当事者」とあるのは「申立人」と、同条第五項中「相続人」とあるのは「特別縁故者に対する相続財産の分与の申立人及び相続財産の管理人」と読み替えるものとする。	あると認めるときは、相続人に対して、遺産の全部又は一部について競売し、その他最高裁判所の定めるところにより換価することを命ずることができる。 ② 前条第二項の規定は、前項の規定による審判について準用する。 ③ 前二項の規定は、民法第九百五十八条の三第一項の規定による相続財産の処分の審判について準用する。この場合において、第一項中「相続人」とあるのは「相続財産の管理人」と読み替えるものとする。 【家事審判規則】 第百十九条の六　第百六条第二項、第百八条の三（第一項ただし書を除く。）並びに第百八条の四第一項及び第三項の規定は、相続財産の処分に関する審判事件について準用する。この場合において、第百八条の三第一項中「相当であると認めるときは、相続人の意見を聴き」とあるのは、「相当であると認めるときは」と読み替えるものとする。 第百八条の三　家庭裁判所は、相当であると認めるときは、相続人の意見を聴き、遺産を任意に売却すべきことを命ずることができる。（後段略） ②～④　（略） 【家事審判法】 第十五条の三　（略）

申立てについての審判をする場合には、民法第九百五十二条第一項の規定により選任し、又は第二百八条において準用する第百二十五条第一項の規定により改任した相続財産の管理人(次条及び第二百七条において単に「相続財産の管理人」という。)の意見を聴かなければならない。 **(即時抗告)** **第二百六条** 次の各号に掲げる審判に対しては、当該各号に定める者は、即時抗告をすることができる。 一 特別縁故者に対する相続財産の分与の審判 申立人及び相続財産の管理人 二 特別縁故者に対する相続財産の分与の申立てを却下する審判 申立人 2 第二百四条第二項の規定により審判が併合してされたときは、申立人の一人又は相続財産の管理人がした即時抗告は、申立人の全員に対してその効力を生ずる。 **(相続財産の換価を命ずる裁判)** **第二百七条** 第百九十四条第一項、第二項本文、第三項から第五項	るには、相続財産の管理人の意見を聴かなければならない。 **〔家事審判規則〕** **第百十九条の七** 申立人又は相続財産の管理人は、相続財産の処分をする審判に対し即時抗告をすることができる。 ② 第二百二十七条第二項の規定は、相続財産の処分の申立を却下する審判に準用する。 ③ (略) **第二十七条** (略) ② 申立人は、後見開始の審判の申立てを却下する審判に対し、即時抗告をすることができる。 ③ (略) **第百十九条の七** (略) ② (略) ③ 第百十九条の四第二項の場合において、申立人の一人又は相続財産の管理人がした即時抗告は、申立人の全員についてその効力を生ずる。 **〔家事審判法〕** **第十五条の四** 家庭裁判所は、遺産の分割の審判をするため必要が

家事事件手続法（新法）	家事審判法（旧法）、家事審判規則（旧家審）及び特別家事審判規則（旧特別家審規）
裁判所の管轄に属する。 一　相続人の不存在の場合における相続財産の管理に関する処分の審判事件（別表第一の九十九の項の事項についての審判事件をいう。次号及び第二百八条において同じ。）　相続が開始した地を管轄する家庭裁判所 二　相続人の不存在の場合における鑑定人の選任の審判事件（別表第一の百の項の事項についての審判事件をいう。）　相続人の不存在の場合における相続財産の管理に関する処分の審判において相続財産の管理人の選任の審判をした家庭裁判所 三　特別縁故者に対する相続財産の分与の審判事件（別表第一の百一の項の事項についての審判事件をいう。次条第二項及び第二百七条において同じ。）　相続が開始した地を管轄する家庭裁判所 （特別縁故者に対する相続財産の分与の審判） 第二百四条　特別縁故者に対する相続財産の分与の申立てについての審判は、民法第九百五十八条の期間の満了後三月を経過した後にしなければならない。 2　同一の相続財産に関し特別縁故者に対する相続財産の分与の審判事件が数個同時に係属するときは、これらの審判の手続及び審判は、併合してしなければならない。 （意見の聴取） 第二百五条　家庭裁判所は、特別縁故者に対する相続財産の分与の	開始地の家庭裁判所の管轄とする。 ②　（略） 第九十九条　相続に関する審判事件は、被相続人の住所地又は相続開始地の家庭裁判所の管轄とする。 ②　（略） （新設） 【家事審判規則】 第百十九条の四　相続財産の処分に関する審判は、民法第九百五十八条の三第二項の期間が経過した後にしなければならない。 ②　数人から相続財産の処分の申立があつたときは、審判手続及び審判は、併合してしなければならない。 【家事審判規則】 第百十九条の五　家庭裁判所は、相続財産の処分に関する審判をす

財産分離の裁判確定後にあっては財産分離の審判事件が係属していた家庭裁判所

三　財産分離の場合における鑑定人の選任の審判事件（別表第一の九十八の項の事項についての審判事件をいう。）　財産分離の審判をした家庭裁判所（抗告裁判所が財産分離の裁判をした場合にあっては、その第一審裁判所である家庭裁判所）

2　次の各号に掲げる審判に対しては、当該各号に定める者は、即時抗告をすることができる。
一　財産分離の審判　相続人
二　民法第九百四十一条第一項の規定による財産分離の申立てを却下する審判　相続債権者及び受遺者
三　民法第九百五十条第一項の規定による財産分離の申立てを却下する審判　相続人の債権者

3　第百二十五条の規定は、財産分離の請求後の相続財産の管理に関する処分の審判事件について準用する。この場合において、同条第三項中「成年被後見人の財産」とあるのは、「相続財産」と読み替えるものとする。

第十六節　相続人の不存在に関する審判事件
（管轄）
第二百三条　次の各号に掲げる審判事件は、当該各号に定める家庭

第百九十七条　相続人は、相続財産の分離を命ずる審判に対し即時抗告をすることができる。
②　相続債権者、受遺者又は相続人の債権者は、相続財産の分離の申立てを却下する審判に対し即時抗告をすることができる。

第百九十八条　第三十二条乃至第三十七条の規定は、民法第九百十八条第二項及び第三項（同法第九百二十六条第二項、第九百三十六条第三項及び第九百四十条第二項において準用する場合を含む。）、第九百四十三条（同法第九百五十条第二項において準用する場合を含む。）又は第九百五十二条及び第九百五十三条の規定による相続財産の保存又は管理に関する処分にこれを準用する。

【家事審判規則】
第九十九条　相続に関する審判事件は、被相続人の住所地又は相続

家事事件手続法（新法）	家事審判法（旧法）、家事審判規則（旧家審）及び特別家事審判規則（旧特別家審規）
の審判事件（別表第一の九十の項の事項についての審判事件をいう。）について準用する。この場合において、同条第三項中「成年被後見人の財産」とあるのは、「相続財産」と読み替えるものとする。 第十五節　財産分離に関する審判事件 第二百二条　次の各号に掲げる審判事件は、当該各号に定める裁判所の管轄に属する。 一　財産分離の審判事件（別表第一の九十六の項の事項についての審判事件をいう。次号において同じ。）　相続が開始した地を管轄する家庭裁判所 二　財産分離の請求後の相続財産の管理に関する処分の審判事件（別表第一の九十七の項の事項についての審判事件をいう。第三項において同じ。）　財産分離の審判事件が係属している家庭裁判所（抗告裁判所に係属している場合にあってはその裁判所、	条第二項及び第三項（同法第九百二十六条第二項、第九百三十六条第三項及び第九百四十条第二項において準用する場合を含む。）、第九百四十三条（同法第九百五十条第二項において準用する場合を含む。）、第九百五十二条及び第九百五十三条の規定による相続財産の保存又は管理に関する処分にこれを準用する。 【家事審判法】 第十六条　民法第六百四十四条、第六百四十六条、第六百四十七条及び第六百五十条の規定は、家庭裁判所が選任した財産の管理をする者について、同法第二十七条から第二十九条までの規定は、第十五条の三第一項の規定による財産の管理者について準用する。 【家事審判規則】 第九十九条　相続に関する審判事件は、被相続人の住所地又は相続開始地の家庭裁判所の管轄とする。 ②　（略）

消しをする旨 6 第四十九条第三項から第六項まで及び第五十条の規定は、前項の申述について準用する。この場合において、第四十九条第四項中「第二項」とあるのは、「第二百一条第五項」と読み替えるものとする。 7 家庭裁判所は、第五項の申述の受理の審判をするときは、申述書にその旨を記載しなければならない。この場合において、当該審判は、申述書にその旨を記載した時に、その効力を生ずる。 8 前項の審判については、第七十六条の規定は、適用しない。 9 次の各号に掲げる審判に対しては、当該各号に定める者は、即時抗告をすることができる。 一 相続の承認又は放棄をすべき期間の伸長の申立てを却下する審判 申立人 二 限定承認又は相続の放棄の取消しの申述を却下する審判 限定承認又は相続の放棄の取消しをすることができる者 三 限定承認又は相続の放棄の申述を却下する審判 申述人 10 第二百二十五条の規定は、相続財産の保存又は管理に関する処分	（新設） 第百十三条 家庭裁判所は、前条第一項の申述を受理するときは、申述書にその旨を記載しなければならない。 ② （略） （新設） 第百十三条 第百十一条の規定は、相続の承認又は放棄の期間の伸長の申立てを却下する審判にこれを準用する。 第百十五条 （略） ② 第百十一条の規定は、前条第一項の申述を却下する審判にこれを準用する。 第百十四条 相続の限定承認若しくは放棄又はその取消しの申述をするには、家庭裁判所に申述書を差し出さなければならない。 ②～③ （略） 第百十一条 相続人又は利害関係人は、遺産の分割の審判、遺産の分割禁止の審判及び遺産の分割の申立を却下する審判に対し即時抗告をすることができる。 第百十八条 第三十二条乃至第三十七条の規定は、民法第九百十八

家事事件手続法（新法）	家事審判法（旧法）、家事審判規則（旧家審規）及び特別家事審判規則（旧特別家審規）
第二百一条　相続の承認及び放棄に関する審判事件（別表第一の八十九の項から九十五の項までの事項についての審判事件をいう。）は、相続が開始した地を管轄する家庭裁判所の管轄に属する。 2　前項の規定にかかわらず、限定承認の場合における鑑定人の選任の審判事件（別表第一の九十三の項の事項についての審判事件をいう。）は、限定承認の申述を受理した家庭裁判所（抗告裁判所が受理した場合にあっては、その第一審裁判所である家庭裁判所）の管轄に属する。 3　家庭裁判所（抗告裁判所が限定承認の申述を受理した場合にあっては、その裁判所）は、相続人が数人ある場合において、限定承認の申述を受理したときは、職権で、民法第九百三十六条第一項の規定により相続財産の管理人を選任しなければならない。 4　第百十八条の規定は、限定承認又は相続の取消しの申述の受理の審判事件（別表第一の九十一の項の事項についての審判事件をいう。）における限定承認又は相続の放棄の取消しをすることができる者について準用する。 5　限定承認及びその取消し並びに相続の放棄及びその取消しの申述は、次に掲げる事項を記載した申述書を家庭裁判所に提出してしなければならない。 一　当事者及び法定代理人 二　限定承認若しくはその取消し又は相続の放棄若しくはその取	第九十九条　相続に関する審判事件は、被相続人の住所地又は相続開始地の家庭裁判所の管轄とする。 ②　（略） （新設） 第百九十六条　数人の相続人の全員が限定承認をした場合における相続財産の管理人の選任は、家庭裁判所が、限定承認の申述を受理したとき、職権で、これをする。 （新設） 第百十四条　相続の限定承認若しくは放棄又はその取消の申述をするには、家庭裁判所に申述書を差し出さなければならない。 ②　（略） ③　（略）

3　第百二十五条第一項から第六項までの規定及び民法第二十七条から第二十九条まで（同法第二十七条第二項を除く。）の規定は、第一項の財産の管理者について準用する。この場合において、第百二十五条第三項中「成年被後見人の財産」とあるのは、「遺産」と読み替えるものとする。

第百六条　第二十三条第一項及び第七項並びに第五十二条の二の規定は、遺産の分割の審判事件について準用する。この場合において、第二十三条第一項中「財産の管理若しくは本人の監護」とあるのは「財産の管理」と、「第五十二条の二中「申立人」とあるのは「申立人又は相手方」と読み替えるものとする。

第二十三条　（略）
② （略）

第十四節　相続の承認及び放棄に関する審判事件

係人の急迫の危険を防止するため必要があるときは、家庭裁判所は、当該審判の申立人の申立てにより、仮差押え、仮処分その他の必要な保全処分を命ずることができる。

⑦　第三十二条第一項及び第三十三条から第三十六条までの規定は、第一項の規定により選任された財産の管理者について準用する。

②～⑥　（略）

【家事審判法】

第十六条　民法第六百四十四条、第六百四十六条、第六百四十七条及び第六百五十条の規定は、家庭裁判所が選任した財産の管理をする者について、同法第二十七条から第二十九条までの規定は、第十五条の三第一項の規定による財産の管理者について準用する。

【家事審判規則】

家事事件手続法（新法）	家事審判法（旧法）、家事審判規則（旧家審規）及び特別家事審判規則（旧特別家審規）
（遺産の分割の審判事件を本案とする保全処分） 第二百条　家庭裁判所（第百五条第二項の場合にあっては、高等裁判所。次項において同じ。）は、遺産の分割の審判又は調停の申立てがあった場合において、財産の管理のため必要があるときは、申立てにより又は職権で、担保を立てさせないで、遺産の分割の申立てについての審判が効力を生ずるまでの間、財産の管理者を選任し、又は事件の関係人に対し、財産の管理に関する事項を指示することができる。 2　家庭裁判所は、遺産の分割の審判又は調停の申立てがあった場合において、強制執行を保全し、又は事件の関係人の急迫の危険を防止するため必要があるときは、当該申立てをした者又は相手方の申立てにより、遺産の分割の審判を本案とする仮差押え、仮処分その他の必要な保全処分を命ずることができる。	【家事審判規則】 第百六条　第二十三条第一項及び第七項並びに第五十二条の二の規定は、遺産の分割の審判事件について準用する。この場合において、第二十三条第一項中「財産の管理又は本人の監護」とあるのは「財産の管理」と、「財産の管理若しくは本人の監護」とあるのは「財産の管理」と、第五十二条の二中「申立人」とあるのは「申立人又は相手方」と読み替えるものとする。 ②〜⑦　（省略） 第二十三条　後見開始の審判の申立てがあった場合において、本人の財産の管理又は本人の監護のため必要があるときは、家庭裁判所は、申立てにより、又は職権で、後見開始の審判の申立てについての審判が効力を生ずるまでの間、財産の管理者の審判が効力を生ずるまでの間、財産の管理者を選任し、又は事件の関係人に対し、本人の財産の管理若しくは本人の監護に関する事項を指示することができる。 第五十二条の二　子の監護者の指定その他子の監護に関する審判の申立てがあった場合において、強制執行を保全し、又は事件の関

第百九十八条　次の各号に掲げる審判に対しては、当該各号に定める者は、即時抗告をすることができる。 一　遺産の分割の審判及びその申立てを却下する審判　相続人 二　遺産の分割の禁止の審判　相続人 三　遺産の分割の禁止の審判を取り消し、又は変更する審判　相続人 四　寄与分を定める処分の審判　相続人 五　寄与分を定める処分の申立てを却下する審判　申立人 2　第百九十二条前段の規定により審判が併合してされたときは、寄与分を定める処分の審判又はその申立てを却下する審判に対しては、独立して即時抗告をすることができない。 3　第百九十二条後段の規定により審判が併合してされたときは、申立人の一人がした即時抗告は、申立人の全員に対してその効力を生ずる。 （申立ての取下げの制限に関する規定の準用） 第百九十九条　第百五十三条の規定は、遺産の分割の審判の申立ての取下げについて準用する。	【家事審判規則】 第百十一条　相続人又は利害関係人は、遺産の分割の審判、遺産の分割禁止の審判及び遺産の分割を却下する審判に対し即時抗告をすることができる。 第百十二条　家庭裁判所は、事情の変更があると認めるときは、相続人の申立によって、何時でも、遺産の分割禁止の審判を取り消し、又は変更することができる。 ②　前条の規定は、前項の規定による審判にこれを準用する。 第百三条の五　相続人又は利害関係人は、寄与分を定める審判に対し、即時抗告をすることができる。 ②　申立人は、寄与分を定める審判の申立てを却下する審判に対し、即時抗告をすることができる。 ③　遺産の分割の審判と寄与分の定めに関する審判とが併合してされたときは、寄与分の定めに関する審判についてのみ即時抗告をすることはできない。 ④　寄与分の定めに関する審判に対して相続人又は利害関係人の一人がした即時抗告は、併合してされた他の寄与分の定めに関する審判についても、その効力を生ずる。 （新設）

家事事件手続法（新法）	家事審判法（旧法）、家事審判規則（旧家審規）及び特別家事審判規則（旧特別家審規）
（債務を負担させる方法による遺産の分割） 第百九十五条　家庭裁判所は、遺産の分割の審判をする場合において、特別の事情があると認めるときは、遺産の分割の方法として、共同相続人の一人又は数人に他の共同相続人に対する債務を負担させて、現物の分割に代えることができる。 （給付命令） 第百九十六条　家庭裁判所は、遺産の分割の審判において、当事者に対し、金銭の支払、物の引渡し、登記義務の履行その他の給付を命ずることができる。 （遺産の分割の禁止の審判の取消し及び変更） 第百九十七条　家庭裁判所は、事情の変更があるときは、相続人の申立てにより、いつでも、遺産の分割の禁止の審判を取り消し、又は変更する審判をすることができる。この申立てに係る審判事件は、別表第二に掲げる事項についての審判事件とみなす。 （即時抗告）	第十六条　民法第六百四十四条、第六百四十六条、第六百四十七条及び第六百五十条の規定は、家庭裁判所が選任した財産の管理をする者について、同法第二十七条から第二十九条までの規定は、第十五条の三第一項の規定による財産の管理者について準用する。 【家事審判規則】 第百九条　家庭裁判所は、特別の事由があると認めるときは、遺産の分割の方法として、共同相続人の一人又は数人に他の共同相続人に対し債務を負担させて、現物をもってする分割に代えることができる。 【家事審判規則】 第百十条　第四十九条の規定は、遺産の分割の審判にこれを準用する。 第四十九条　財産の管理者の変更又は共有財産の分割の処分に関する審判においては、金銭の支払、物の引渡、登記義務の履行その他の給付を命ずることができる。 【家事審判規則】 第百十二条　家庭裁判所は、事情の変更があると認めるときは、相続人の申立によって、何時でも、遺産の分割禁止の審判を取り消し、又は変更することができる。

6　家庭裁判所は、換価を命ずる裁判をする場合において、第二百条第一項の財産の管理者が選任されていないときは、これを選任しなければならない。

7　家庭裁判所は、換価を命ずる裁判により換価を命じられた相続人に対し、遺産の中から、相当な報酬を与えることができる。

8　第百二十五条の規定及び民法第二十七条第二項を除く。）の規定は、第六項の規定により選任した財産の管理者について準用する。この場合において、第百二十七条第三項中「成年被後見人の財産」とあるのは、「遺産」と読み替えるものとする。

第百七条　家庭裁判所は、遺産の競売又は換価を命ずる場合において、財産の管理者が選任されていないときは、これを選任しなければならない。

③、④　（略）

第百八条の四　（略）

②　（略）

第七十五条　家庭裁判所は、換価人について準用する。

③　第七十五条の規定は、換価人について準用する。

第百六条　第二十三条第一項及び第七項並びに第五十二条の二の規定は、遺産の分割の審判事件について準用する。この場合において、第二十三条第一項中「財産の管理又は本人の監護」とあるのは「財産の管理」と、第五十二条の二中「申立人」とあるのは「申立人又は相手方」と読み替えるものとする。

②　（略）

第二十三条　（略）

②～⑥　（略）

⑦　第三十二条第一項及び第三十三条から第三十六条までの規定は、第一項の規定により選任された財産の管理者について準用す

【家事審判法】

家事事件手続法（新法）	家事審判法（旧法）、家事審判規則（旧家規）及び特別家事審判規則（旧特別家審規）
4 換価を命ずる裁判は、第八十一条第一項に規定する者のほか、遺産の分割の審判事件の当事者に告知しなければならない。 5 相続人は、換価を命ずる裁判に対し、即時抗告をすることができる。	② 前項の規定による審判（以下「審判前の保全処分」という。）が確定した後に、その理由が消滅し、その他事情が変更したときは、家庭裁判所は、その審判を取り消すことができる。 【家事審判規則】 第百六条　（略） ② 第十五条の三第二項の規定は遺産の競売又は換価を命ずる審判について、第十五条の四第一項の規定はこの審判を取り消す審判について準用する。 第十五条の四　審判前の保全処分は、前条第二項に規定する者の申立てにより、又は職権で行う。 ② （略） （新設） 第百六条　（略） ② 第十五条の三第二項の規定は遺産の競売又は換価を命ずる審判について、第十五条の四第一項の規定はこの審判を取り消す審判について準用する。 第十五条の三　（略） ② 本案の申立てを認める審判に対し即時抗告をすることができる者は、審判前の保全処分（前項各号に規定する保全処分を除く。）に対し、即時抗告をすることができる。

新法	旧法
当事者が時機に後れて寄与分を定める処分の申立てをしたことにつき、申立人の責めに帰すべき事由があり、かつ、申立てに係る寄与分の審判の手続を処分の審判の手続に併合することとなることにより、遺産の分割の審判の手続が著しく遅滞することとなるときは、その申立てを却下することができる。	の審理を著しく遅延させると認められ、かつ、申立てが遅滞したことにつき申立人の責めに帰すべき事由があるときは、家庭裁判所は、当該寄与分を定める審判の申立てを却下することができる。 ②、③　（略）
（遺産の換価を命ずる裁判） 第百九十四条　家庭裁判所は、遺産の分割の審判をするため必要があると認めるときは、相続人に対し、遺産の全部又は一部を競売して換価することを命ずることができる。	【家事審判法】 第十五条の四　家庭裁判所は、遺産の分割の審判をするため必要があると認めるときは、相続人に対し、遺産の全部又は一部について競売し、その他最高裁判所の定めるところにより換価することを命ずることができる。 ②〜④　（略）
2　家庭裁判所は、遺産の分割の審判をするため必要があり、相当と認めるときは、相続人の意見を聴き、相続人に対し、遺産の全部又は一部について任意に売却して換価することを命ずることができる。ただし、共同相続人中に競売によるべき旨の意思を表示した者があるときは、この限りでない。	【家事審判規則】 第百八条の三　家庭裁判所は、相当であると認めるときは、相続人の意見を聴き、遺産を任意に売却すべきことを命ずることができる。ただし、相続人中に競売によるべき旨の意思を表示した者があるときは、この限りでない。
3　前二項の規定による裁判（以下この条において「換価を命ずる裁判」という。）が確定した後に、その換価を命ずる裁判の理由の消滅その他の事情の変更があるときは、家庭裁判所は、相続人の申立てにより又は職権で、これを取り消すことができる。	【家事審判法】 第十五条の四　（略） ②　前条第二項の規定は、前項の規定による審判について準用する。 第十五条の三　（略）

家事事件手続法（新法）	家事審判法（旧法）、家事審判規則（旧家審規）及び特別家事審判規則（旧特別家審規）
から十四の項までの事項についての審判事件をいう。）は、相続が開始した地を管轄する家庭裁判所の管轄に属する。 2　前項の規定にかかわらず、遺産の分割の審判事件（別表第二の十二の項の事項についての審判事件をいう。以下同じ。）が係属している場合における寄与分を定める処分の審判事件（同表の十四の項の事項についての審判事件をいう。次条において同じ。）は、当該遺産の分割の審判事件が係属している裁判所の管轄に属する。 （手続の併合等） 第百九十二条　遺産の分割の審判事件及び寄与分を定める処分の審判事件が係属するときは、これらの審判の手続及び審判は、併合してしなければならない。数人からの寄与分を定める処分の審判事件が係属するときも、同様とする。 （寄与分を定める処分の審判の申立ての期間の指定） 第百九十三条　家庭裁判所は、遺産の分割の審判の手続において、当事者が寄与分を定める処分の審判の申立てをすべき期間を定めることができる。 2　家庭裁判所は、寄与分を定める処分の審判の申立てが前項の期間を経過した後にされたときは、当該申立てを却下することができる。 3　家庭裁判所は、第一項の期間を定めなかった場合においても、	開始地の家庭裁判所の管轄とする。 ②　遺産の分割の申立てがあった場合において、寄与分を定める審判の申立てをするときは、前項の規定にかかわらず、その申立ては、当該遺産の分割の審判事件が係属している家庭裁判所にしなければならない 【家事審判規則】 第百三条の三　遺産の分割の申立て及び寄与分を定める審判の申立てがあったときは、これらの事件の審判手続及び審判は、併合してしなければならない。数人から寄与分を定める審判の申立てがあったときも、同様とする。 【家事審判規則】 第百三条の四　家庭裁判所は、遺産の分割の審判手続において、その当事者が寄与分を定める審判の申立てをすべき期間を定めることができる。この場合において、その期間は、一箇月以上でなければならない。 ②　前項の規定に基づいて定められた期間が経過した後にされた寄与分を定める審判の申立ては、却下することができる。 ③　第一項の期間が定められなかった場合においても、遺産の分割

【新】

の管理に関する処分を命じた裁判所は、推定相続人の廃除の審判又はその取消しの審判が確定したときは、廃除を求められた推定相続人、前項の管理人若しくは利害関係人の申立てにより又は職権で、その処分の取消しの裁判をしなければならない。

第十二節　相続の場合における祭具等の所有権の承継者の指定の審判事件

第百九十条　相続の場合における祭具等の所有権の承継者の指定の審判事件（別表第二の十一の項の事項についての審判事件をいう。）は、相続が開始した地を管轄する家庭裁判所の管轄に属する。

2　家庭裁判所は、相続の場合における祭具等の所有権の承継者の指定の審判において、当事者に対し、系譜、祭具及び墳墓の引渡しを命ずることができる。

3　相続人その他の利害関係人は、相続の場合における祭具等の所有権の承継者の指定の審判及びその申立てを却下する審判に対し、即時抗告をすることができる。

第十三節　遺産の分割に関する審判事件

（管轄）
第百九十一条　遺産の分割に関する審判事件（別表第二の十二の項

【旧】

条の規定による遺産の管理に関する処分にこれを準用する。

第三十七条　本人が自ら財産を管理することができるようになったとき、又はその死亡が分明となり、若しくは失踪（そう）の宣告があったときは、家庭裁判所は、本人又は利害関係人の申立てによって、その命じた処分を取り消さなければならない。

②　（略）

【家事審判規則】
第九十九条　相続に関する審判事件は、被相続人の住所地又は相続開始地の家庭裁判所の管轄とする。

第百三条　第五十八条及び第五十九条の規定は、相続の場合における祭具、祭具及び墳墓の所有権の承継者の指定に関する審判にこれを準用する。

第五十八条　家庭裁判所は、前条の所有権の承継者を指定する審判においては、系譜、祭具又は墳墓の引渡を命ずることができる。

第五十九条　当事者又は利害関係人は、第五十七条の所有権の承継者の指定に関する審判に対し即時抗告をすることができる。

【家事審判規則】
第九十九条　相続に関する審判事件は、被相続人の住所地又は相続

資料　家事事件手続法新旧対照表

家事事件手続法（新法）	家事審判法（旧法）、家事審判規則（旧家審）及び特別家事審判規則（旧特別家審）

家事事件手続法（新法）

審判
申立人

（遺産の管理に関する処分の審判事件）
第百八十九条　推定相続人の廃除の審判又はその取消しの審判の確定前の遺産の管理に関する処分の審判事件（別表第一の八十八の項の事項についての審判事件をいう。次項において同じ。）は、推定相続人の廃除の審判事件又は推定相続人の廃除の取消しの審判事件が係属している家庭裁判所（その審判事件が係属していない場合にあっては相続が開始した地を管轄する家庭裁判所）の管轄に属する。

2　第百二十五条第一項から第六項までの規定は、推定相続人の廃除の審判又はその取消しの審判の確定前の遺産の管理に関する処分の審判事件において選任した管理人について準用する。この場合において、同条第一項、第二項及び第四項中「家庭裁判所」とあるのは「推定相続人の廃除の審判又はその取消しの審判の確定前の遺産の管理に関する処分を命じた裁判所」と、同条第三項中「遺産」とあるのは「成年被後見人の財産」と読み替えるものとする。

3　推定相続人の廃除の審判又はその取消しの審判の確定前の遺産

家事審判法（旧法）、家事審判規則（旧家審）及び特別家事審判規則（旧特別家審）

の申立てを却下する審判について準用する。

第二十七条　（略）

②　申立人は、後見開始の審判の申立てを却下する審判に対し、即時抗告をすることができる。

【家事審判規則】
第九十九条　相続に関する審判事件は、被相続人の住所地又は相続開始地の家庭裁判所の管轄とする。

【家事審判法】
第百二条　第三十二条乃至第三十七条の規定は、民法第八百九十五条の規定による遺産の管理に関する処分にこれを準用する。

第十六条　民法第六百四十四条、第六百四十六条、第六百四十七条及び第六百五十条の規定は、家庭裁判所が選任した財産の管理をする者について、同法第二十七条から第二十九条までの規定は、第十五条の三第一項の規定による財産の管理者について準用する。

第百二条　第三十二条乃至第三十七条の規定は、民法第八百九十五

審判事件	【家事審判規則】
第百八十八条　推定相続人の廃除の審判事件（別表第一の八十六の項の事項についての審判事件をいう。以下同じ。）及び推定相続人の廃除の取消しの審判事件（同表の八十七の項の事項についての審判事件をいう。次条第一項において同じ。）は、被相続人の住所地を管轄する家庭裁判所の管轄に属する。ただし、これらの審判事件が被相続人の死亡後に申し立てられた場合にあっては、相続が開始した地を管轄する審判事件の管轄に属する。 2　第百十八条の規定は、前項に規定する審判事件における被相続人について準用する。 3　家庭裁判所は、推定相続人の廃除の審判事件において、申立てが不適法であるとき又は申立てに理由がないことが明らかなときを除き、廃除を求められた推定相続人の陳述を聴かなければならない。この場合における陳述の聴取は、審問の期日においてしなければならない。 4　推定相続人の廃除の審判事件における手続については、申立人及び廃除を求められた推定相続人を当事者とみなして、第六十七条及び第六十九条から第七十二条までの規定を準用する。 5　次の各号に掲げる審判に対しては、当該各号に定める者は、即時抗告をすることができる。 　一　推定相続人の廃除の審判　廃除された推定相続人 　二　推定相続人の廃除又はその審判の取消しの申立てを却下する	第九十九条　相続に関する審判事件は、被相続人の住所地又は相続開始地の家庭裁判所の管轄とする。 ②　（略） 第百条　推定相続人は、推定相続人の廃除の審判に対し即時抗告をすることができる。 ②　第二十七条第二項の規定は、推定相続人の廃除又はその取消し

（新設）

（新設）

（新設）

家事事件手続法（新法）	家事審判法（旧法）、家事審判規則（旧家審規）及び特別家事審判規則（旧特別家審規）
除く。） 三　扶養義務の設定の取消しの審判　扶養権利者（申立人を除く。） 四　扶養義務の取消しの申立てを却下する審判　申立人 五　扶養義務の順位の決定及びその決定の変更又は取消しの審判並びにこれらの申立てを却下する審判　申立人及び相手方 六　扶養の程度又は方法についての決定及びその決定の変更又は取消しの審判並びにこれらの申立てを却下する審判　申立人及び相手方 （扶養に関する審判事件を本案とする保全処分） 第百八十七条　家庭裁判所（第百五条第二項の場合にあっては、高等裁判所）は、次に掲げる事項についての審判又は調停の申立てがあった場合において、強制執行を保全し、又は事件の関係人の急迫の危険を防止するため必要があるときは、当該申立てをした者の申立てにより、当該事項についての審判を本案とする仮差押え、仮処分その他の必要な保全処分を命ずることができる。 一　扶養の順位の決定及びその決定の変更又は取消し 二　扶養の程度又は方法についての決定及びその決定の変更又は取消し 第十一節　推定相続人の廃除の審判事件及び推定相続人の廃除の取消しの審判事件 （推定相続人の廃除の審判事件及び推定相続人の廃除の取消しの	【家事審判規則】 第九十五条　第五十二条の二の規定は、扶養に関する審判事件について準用する。 第五十二条の二　子の監護者の指定その他子の監護に関する審判の申立てがあつた場合において、強制執行を保全し、又は事件の関係人の急迫の危険を防止するため必要があるときは、家庭裁判所は、当該審判の申立人の申立てにより、仮差押え、仮処分その他の必要な保全処分を命ずることができる。

ちの一人）の住所地を管轄する家庭裁判所の管轄に属する。 （申立ての特則） 第百八十三条　扶養義務の設定の申立ては、精神保健及び精神障害者福祉に関する法律（昭和二十五年法律第百二十三号）第二十条第二項第四号の規定による保護者の選任の申立てと一の申立てによりするときは、精神障害者の住所地を管轄する家庭裁判所にもすることができる。 （陳述の聴取） 第百八十四条　家庭裁判所は、次の各号に掲げる審判をする場合には、当該各号に定める者（申立人を除く。）の陳述を聴かなければならない。 一　扶養義務の設定の審判　扶養義務者となるべき者 二　扶養義務の設定の取消しの審判　扶養権利者 （給付命令） 第百八十五条　家庭裁判所は、扶養の程度又は方法についての決定及びその決定の変更又は取消しの審判において、当事者に対し、金銭の支払、物の引渡し、登記義務の履行その他の給付を命ずることができる。 （即時抗告） 第百八十六条　次の各号に掲げる審判に対しては、即時抗告をすることができる。 一　扶養義務の設定の審判　扶養義務者となるべき者（申立人を	（新設） （新設） 【家事審判規則】 第九十八条　第四十九条の規定は、扶養に関する審判にこれを準用する。 第四十九条　財産の管理者の変更又は共有財産の分割の処分に関する審判においては、金銭の支払、物の引渡し、登記義務の履行その他の給付を命ずることができる。 【家事審判規則】 第九十七条　当事者又は利害関係人は、扶養に関する審判に対し即時抗告をすることができる。

家事事件手続法（新法）	家事審判法（旧法、家事審判規則（旧家審規）及び特別家事審判規則（旧特別家審規）
第十節　扶養に関する審判事件 （管轄） 第百八十二条　扶養義務の設定の審判事件（別表第一の八十四の項の事項についての審判事件をいう。）は、扶養義務者となるべき者（数人についての扶養義務の設定の申立てに係るものにあっては、そのうちの一人）の住所地を管轄する家庭裁判所の管轄に属する。 2　扶養義務の設定の取消しの審判事件（別表第一の八十五の項の事項についての審判事件をいう。）は、その扶養義務の設定の審判をした家庭裁判所（抗告裁判所がその扶養義務の設定の裁判をした場合にあっては、その第一審裁判所である家庭裁判所）の管轄に属する。 3　扶養の順位の決定及びその決定の変更又は取消しの審判事件（別表第二の九の項の事項についての審判事件をいう。）並びに扶養の程度又は方法についての決定及びその決定の変更又は取消しの審判事件（同表の十の項の事項についての審判事件をいう。）は、相手方（数人に対する申立てに係るものにあっては、そのう	第七十五条　家庭裁判所は、前条の規定に基づいて選任され、又は改任された職務代行者に対し、子の財産の中から、相当な報酬を与えることができる。 第七十六条　家庭裁判所は、親権又は管理権の喪失を宣告するには、本人の陳述を聴かなければならない。 【家事審判規則】 第九十四条　扶養に関する審判事件は、相手方の住所地の家庭裁判所の管轄とする。 ②　数人を相手方とする場合には、前項の審判の申立は、同項の規定にかかわらず、その一人の住所地の家庭裁判所にこれをすることができる。

（未成年後見人の解任の審判事件等を本案とする保全処分）
第百八十一条　第百二十七条第一項から第四項までの規定は、未成年後見人の解任の審判事件又は未成年後見監督人の解任の審判事件を本案とする保全処分について準用する。

する者について、同法第二十七条から第二十九条までの規定は、第十五条の三第一項の規定による財産の管理者について準用する。

【家事審判規則】

第九十二条　（略）

② 第七十三条から第七十六条まで及び第八十七条の規定は、後見監督人の解任に関する審判事件について準用する。

第八十六条　第七十三条から第七十六条までの規定は、後見人の解任に関する審判事件にこれを準用する。

第七十四条　親権又は管理権の喪失の宣告の申立てがあった場合において、子の利益のため必要があるときは、家庭裁判所は、親権又は管理権の喪失の宣告の申立てをした者の申立てにより、本人の職務の執行を停止し、又はその職務代行者を選任することができる。

② 第三十二条第一項の規定は、前項の規定により選任された職務代行者について準用する。

第三十二条　家庭裁判所は、いつでも、その選任した管理人（不在者の財産の管理人をいう。以下この節において同じ。）を改任することができる。

② 家庭裁判所が選任した管理人は、その任務を辞しようとするときは、家庭裁判所にその旨を届け出なければならない。

③ 前項の届出があった場合には、家庭裁判所は、更に管理人を選任しなければならない。

家事事件手続法(新法)	家事審判法(旧法)、家事審判規則(旧家審規)及び特別家事審判規則(旧特家審規)
(成年後見に関する審判事件の規定の準用) 第百八十条　第二十一条の規定は未成年後見人の選任の申立ての取下げについて、第二十四条の規定は未成年後見の事務の監督について、第百二十五条の規定は第三者が未成年被後見人に与えた財産の管理に関する処分の審判事件について準用する。この場合において、第百二十一条第二号中「第八百四十三条第二項の規定による成年後見人」とあるのは、同条第三号中「第八百四十条第一項の規定による未成年後見人」と、「第八百四十三条第二項の規定による成年後見人」とあるのは「第八百四十三条第三項の規定による未成年後見人」と読み替えるものとする。	【家事審判規則】 第八十八条　家庭裁判所は、適当な者に、後見の事務若しくは被後見人の財産の状況の調査をさせ、又は臨時に財産の管理をさせることができる。 ②　家庭裁判所は、前項の規定により調査をした者に対し、被後見人の財産の中から、相当な報酬を与えることができる。 ③　家庭裁判所は、家庭裁判所調査官に第一項に規定する調査をさせることができる。 第九十条　第三十二条から第三十七条まで及び第五十二条第二項の規定は、第三者が被後見人に与えた財産の管理者の選任その他の管理に関する処分について、第六十六条の規定は、未成年被後見人の懲戒に関する許可その他の処分について準用する。 第三十二条　家庭裁判所は、いつでも、その選任した管理人(不在者の財産の管理人をいう。以下この節において同じ。)を改任することができる。 ②　家庭裁判所が選任した管理人は、その任務を辞しようとするときは、家庭裁判所にその旨を届け出なければならない。 ③　前項の届出があった場合には、家庭裁判所は、更に管理人を選任しなければならない。 【家事審判法】 第十六条　民法第六百四十四条、第六百四十六条、第六百四十七条及び第六百五十条の規定は、家庭裁判所が選任した財産の管理を

三　未成年後見人の解任の申立てを却下する審判　申立人、未成年後見監督人並びに未成年被後見人及びその親族

四　未成年後見監督人の解任の審判　未成年後見監督人

五　未成年後見監督人の解任の申立てを却下する審判　申立人並びに未成年被後見人及びその親族

後見人を解任する審判に対し、即時抗告をすることができる。この場合には、即時抗告の期間は、後見人が審判の告知を受けた日から進行する。

②　（略）

第八十七条　（略）

②　申立人、後見監督人又は被後見人若しくはその親族は、後見人の解任の申立てを却下する審判に対し、即時抗告をすることができる。

第九十二条　（略）

②　第七十三条から第七十六条まで及び第八十七条の規定は、後見監督人の解任に関する審判事件について準用する。

②　後見人、後見監督人又は被後見人若しくはその親族は、後見監督人の解任の審判に対し、即時抗告をすることができる。この場合には、即時抗告の期間は、後見人が審判の告知を受けた日から進行する。

②　（略）

第九十二条　（略）

②　第七十三条から第七十六条まで及び第八十七条の規定は、後見監督人の解任に関する審判事件について準用する。

第八十七条　（略）

②　申立人、後見監督人又は被後見人若しくはその親族は、後見人の解任の申立てを却下する審判に対し、即時抗告をすることができる。

家事事件手続法（新法）	家事審判法（旧法）、家事審判規則（旧家審規）及び特別家事審判規則（旧特別家審規）
2　家庭裁判所は、次の各号に掲げる審判をする場合には、当該各号に定める者の意見を聴かなければならない。 一　養子の離縁後に未成年後見人となるべき者の選任　未成年後見人となるべき者 二　未成年後見監督人の選任　未成年後見監督人となるべき者	第六十三条の四　第八十二条及び第八十三条第一項の規定は、養子の離縁後にその未成年後見人となるべき者の選任に関する審判事件について準用する。 ②　（略） 第八十三条　家庭裁判所は、後見人を選任するには、後見人となるべき者の意見を聴かなければならない。 ②　（略） 第九十二条　第八十三条第一項、第八十四条、第八十五条及び第八十六条の二の規定は未成年後見監督人に関する審判について、第八十三条、第八十四条及び第八十六条の二の規定は成年後見監督人に関する審判について準用する。 ②　（略）
（即時抗告） 第百七十九条　次の各号に掲げる審判に対しては、即時抗告をすることができる。 一　養子の離縁後に未成年後見人となるべき者の選任の申立てを却下する審判　申立人 二　未成年後見人の解任の審判　未成年後見人	【家事審判規則】 第八十七条　（新設） 第八十七条　後見人、後見監督人又は被後見人若しくはその親族は、

六　未成年被後見人に関する特別代理人の選任の審判事件（別表第一の七十九の項の事項についての審判事件をいう。） 七　未成年後見の事務の監督の審判事件（別表第一の八十一の項の事項についての審判事件をいう。） 八　第三者が未成年被後見人に与えた財産の管理に関する処分の審判事件（別表第一の八十二の項の事項についての審判事件をいう。第百八十条において同じ。） （陳述及び意見の聴取） 第百七十八条　家庭裁判所は、次の各号に掲げる審判をする場合には、当該各号に定める者（第一号にあっては、申立人を除く。）の陳述を聴かなければならない。 一　未成年後見人又は未成年後見監督人の選任の審判　未成年被後見人（十五歳以上のものに限る。） 二　未成年後見人の解任の審判　未成年後見人 三　未成年後見監督人の解任の審判　未成年後見監督人	（新設） 【家事審判規則】 第八十六条　第七十三条から第七十六条までの規定は、後見人の解任に関する審判事件にこれを準用する。 第七十六条　家庭裁判所は、親権又は管理権の喪失を宣告するには、本人の陳述を聴かなければならない。 第九十二条　（略） ②　第七十三条から第七十六条まで及び第八十七条の規定は、後見監督人の解任に関する審判事件について準用する。 第七十六条　家庭裁判所は、親権又は管理権の喪失を宣告するには、本人の陳述を聴かなければならない。

家事事件手続法（新法）	家事審判法（旧法）、家事審判規則（旧家審規）及び特別家事審判規則（旧特別家事審規）
（手続行為能力） 第百七十七条　第百十八条の規定は、次に掲げる審判事件及び第五号の審判事件を本案とする保全処分についての審判事件における未成年被後見人（第一号の審判事件にあっては、養子及び養親）について準用する。 一　養子の離縁後に未成年後見人となるべき者の選任の審判事件（別表第一の七十の項の事項についての審判事件をいう。） 二　未成年後見人の選任の審判事件（別表第一の七十一の項の事項についての審判事件をいう。） 三　未成年後見人の解任の審判事件（別表第一の七十三の項の事項についての審判事件をいう。第百八十一条において同じ。） 四　未成年後見監督人の選任の審判事件（別表第一の七十四の項の事項についての審判事件をいう。） 五　未成年後見監督人の解任の審判事件（別表第一の七十六の項の事項についての審判事件をいう。第百八十一条において同じ。）	第七十三条　親権又は管理権の喪失の宣告に関する審判事件は、事件本人の住所地の家庭裁判所の管轄とする。 第九十一条　第六十条及び前三条の規定は、未成年後見人が未成年被後見人に代わって行う親権に関する審判事件について準用する。 第六十条　嫡出否認の訴えについての特別代理人の選任に関する審判事件は、子の住所地の家庭裁判所の管轄とする。 （新設）

【新】

定により選任した職務代行者に告知することによって、その効力を生ずる。

5　家庭裁判所は、いつでも、第三項の規定により選任した職務代行者を改任することができる。

6　家庭裁判所は、第三項の規定により選任し、又は前項の規定により改任した職務代行者に対し、子の財産の中から、相当な報酬を与えることができる。

第九節　未成年後見に関する審判事件

（管轄）

第百七十六条　未成年後見に関する審判事件（別表第一の七十の項から八十三までの項までの事項についての審判事件をいう。）は、未成年被後見人の住所地を管轄する家庭裁判所の管轄に属する。

②　第三十二条第一項の規定は、前項の規定により選任された職務代行者について準用する。

第三十二条　家庭裁判所は、いつでも、その選任した管理人（不在者の財産の管理人をいう。以下この節において同じ。）を改任することができる。

②　家庭裁判所が選任した管理人は、その任務を辞しようとするときは、家庭裁判所にその旨を届け出なければならない。

③　前項の届出があった場合には、家庭裁判所は、更に管理人を選任しなければならない。

第七十五条　家庭裁判所は、前条の規定に基づいて選任され、又は改任された職務代行者に対し、子の財産の中から、相当な報酬を与えることができる。

【旧】

【家事審判規則】

第六十三条の四　第八十二条及び第八十三条第一項の規定は、養子の離縁後にその未成年後見人となるべき者の選任に関する審判事件について準用する。

第八十二条　後見に関する審判事件は、特別の定のある場合を除いては、被後見人の住所地の家庭裁判所の管轄とする。

第八十六条　第七十三条から第七十六条までの規定は、後見人の解任に関する審判事件にこれを準用する。

家事事件手続法（新法）	家事審判法（旧法）、家事審判規則（旧家審規）及び特別家事審判規則（旧特別家審規）
2　前項の規定により仮の地位の仮処分を命ずる場合には、第百七条の規定により審判を受ける者となるべき者の陳述を聴くほか、子（十五歳以上のものに限る。）の陳述を聴かなければならない。ただし、子の陳述を聴く手続を経ることにより保全処分の申立ての目的を達することができない事情があるときは、この限りでない。 3　家庭裁判所は、親権者の指定又は変更の審判又は調停の申立てがあった場合において、子の利益のため必要があるときは、当該申立てをした者の申立てにより、親権者の指定又は変更についての審判が効力を生ずるまでの間、親権者の職務の執行を停止し、又はその職務代行者を選任することができる。 4　前項の規定による親権者の職務の執行を停止する審判は、職務の執行を停止される親権者、子に対し親権を行う者又は同項の規	（新設） 係人の急迫の危険を防止するため必要があるときは、家庭裁判所は、当該審判の申立人の申立てにより、仮差押え、仮処分その他の必要な保全処分を命ずることができる。 （新設） 第七十条　第五十二条第二項、第五十二条の二から第五十五条まで、第六十条、第七十四条及び第七十五条の規定は、親権者の指定に関する審判事件にこれを準用する。 第七十二条　第五十二条第二項、第五十二条の二から第五十五条まで、第六十条、前条、第七十四条及び第七十五条の規定は、親権又は管理権の喪失の宣告に関する審判事件にこれを準用する。 第七十四条　親権又は管理権の喪失の宣告の申立てがあつた場合において、子の利益のため必要があるときは、家庭裁判所は、当該申立てをした者の申立てにより、親権又は管理権の喪失の宣告の申立てについての審判の効力が生ずるまでの間、本人の職務の執行を停止し、又はその職務代行者を選任することができる。

定により選任した職務代行者に告知することによって、その効力を生ずる。

3　家庭裁判所は、いつでも、第一項の規定により選任した職務代行者を改任することができる。

4　家庭裁判所は、第一項の規定により選任し、又は前項の規定により改任した職務代行者に対し、子の財産の中から、相当な報酬を与えることができる。

（親権者の指定又は変更の審判事件を本案とする保全処分）

第百七十五条　家庭裁判所は、親権者の指定又は変更の審判又は調停の申立てがあった場合において、強制執行を保全するため又は子その他の利害関係人の急迫の危険を防止するため必要があるときは、当該申立てをした者の申立てにより、親権者の指定又は変更の審判を本案とする仮処分その他の必要な保全処分を命ずることができる。

② 第三十二条第一項の規定は、前項の規定により選任された職務代行者について準用する。

第三十二条　家庭裁判所は、いつでも、前項の規定により選任した管理人（不在者の財産の管理人をいう。以下この節において同じ。）を改任することができる。

② 家庭裁判所が選任した管理人は、その任務を辞しようとするときは、家庭裁判所にその旨を届け出なければならない。

③ 前項の届出があった場合には、家庭裁判所は、更に管理人を選任しなければならない。

第七十五条　家庭裁判所は、前条の規定に基づいて選任され、又は改任された職務代行者に対し、子の財産の中から、相当な報酬を与えることができる。

【家事審判規則】

第七十条　第五十二条第二項、第五十二条の二から第五十五条まで、第六十条、第七十四条及び第七十五条の規定は、親権者の指定又は変更に関する審判事件にこれを準用する。

第七十二条　第五十二条第二項、第五十二条の二から第五十五条まで、第六十条、前条、第七十四条及び第七十五条の規定は、親権者の変更に関する審判事件にこれを準用する。

第五十二条の二　子の監護者の指定その他子の監護に関する審判の申立てがあった場合において、強制執行を保全し、又は事件の関

家事事件手続法（新法）	家事審判法（旧法）、家事審判規則（旧家審）及び特別家事審判規則（旧特別家審規）
（管理者の改任等に関する規定の準用） 第百七十三条　第百二十五条の規定は、第三者が子に与えた財産の管理に関する処分の審判事件について準用する。	②　（略） 【家事審判法】 第六十八条　第三十二条乃至第三十七条、第五十二条第二項及び第六十条の規定は、第三者が子に与えた財産の管理者の選任その他の管理に関する審判事件にこれを準用する。
（親権喪失、親権停止又は管理権喪失の審判事件を本案とする保全処分） 第百七十四条　家庭裁判所（第百五条第二項において同じ。）は、親権喪失、親権停止又は管理権喪失の申立てがあった場合において、子の利益のため必要があると認めるときは、当該申立てをした者の申立てにより、親権喪失、親権停止又は管理権喪失の申立てについての審判が効力を生ずるまでの間、親権者の職務の執行を停止し、又はその職務代行者を選任することができる。 2　前項の規定による親権者の職務の執行を停止される親権者に対し親権を行う者又は同項の規	【家事審判法】 第十六条　民法第六百四十四条、第六百四十六条、第六百四十七条及び第六百五十条の規定は、家庭裁判所が選任する財産の管理をする者について、同法第二十七条から第二十九条までの規定は、第十五条の三第一項の規定による財産の管理者について準用する。 【家事審判規則】 第七十四条　親権又は管理権の喪失の宣告の申立てがあった場合において、子の利益のため必要があるときは、家庭裁判所は、当該申立てにより、親権又は管理権の喪失の宣告の審判の効力が生ずるまでの間、本人の職務の執行を停止し、又はその職務代行者を選任することができる。 （新設）

九　養子の離縁後に親権者となるべき者の指定の申立てを却下する審判　申立人、養子の父母及び養子の監護者 十　親権者の指定又は変更の審判及びその申立てを却下する審判　子の父母及び子の監護者 2　次の各号に掲げる即時抗告の期間は、当該各号に定める日から進行する。 一　審判の告知を受ける者でない者及び子による親権喪失、親権停止又は管理権喪失の審判に対する即時抗告　親権を喪失し、若しくは停止され、又は管理権を喪失する者が審判の告知を受けた日 二　審判の告知を受ける者でない者及び子による親権喪失、親権停止又は管理権喪失の審判の取消しの審判に対する即時抗告　親権を喪失し、若しくは停止され、又は管理権を喪失した者が審判の告知を受けた日	判事件に準用する。 ②　申立人は、後見開始の審判の申立てを却下する審判に対し、即時抗告をすることができる。 第二十七条　（略） 第五十五条　父、母又は子の監護者は、子の監護者の指定その他子の監護に関する審判に対し即時抗告をすることができる。 第七十二条　第五十二条第二項、第六十条、前条、第七十四条及び第七十五条の二から第五十五条までで、親権者の変更に関する審判事件にこれを準用する。 第七十七条　親権又は管理権の喪失の宣告を受けた者又はその親族は、その審判に対し即時抗告をすることができる。この場合には、即時抗告の期間は、本人が審判の告知を受けた日から進行する。 第八十条　子の親族は、親権又は管理権の喪失の宣告を取り消す審判に対し即時抗告をすることができる。この場合においては、第七十七条第一項後段の規定を準用する。 ②　（略） 第七十七条　（略） ②　（略）　この場合には、即時抗告の期間は、本人が審判の告知を受けた日から進行する。

家事事件手続法（新法）	家事審判法（旧法）、家事審判規則（旧家審）及び特別家事審判規則（旧特別家審規）
一 親権喪失の審判　親権を喪失する者及びその親族 二 親権停止の審判　親権を停止される者及びその親族 三 管理権喪失の審判　管理権を喪失する者及びその親族 四 親権喪失、親権停止又は管理権喪失の申立てを却下する審判　申立人、子及びその親族、未成年後見人並びに未成年後見監督人 五 親権喪失、親権停止又は管理権喪失の審判の取消しの審判　親権喪失、親権停止又は管理権喪失の審判を受けた者、親権を行う者、未成年後見人及び未成年後見監督人 六 親権喪失、親権停止又は管理権喪失の審判の取消しの申立てを却下する審判　申立人並びに親権を喪失し、若しくは停止され、又は管理権を喪失した者及びその親族 七 親権又は管理権を回復するについての許可の申立てを却下する審判　申立人 八 養子の離縁後に親権者となるべき者の指定の審判　養子の父母及び養子の監護者	【家事審判規則】 第七十七条　親権又は管理権の喪失の宣告を受けた者又はその親族は、その審判に対し即時抗告をすることができる。（略） ②（略） 第七十七条　親権又は管理権の喪失の宣告を受けた者又はその親族は、その審判に対し即時抗告をすることができる。（略） ②（略） （新設） 第八十条　子の親族は、親権又は管理権の喪失の宣告を取り消す審判に対し即時抗告をすることができる。この場合においては、第七十七条第一項後段の規定を準用する。 ②　本人又はその親族は、親権又は管理権の喪失の宣告の取消しの申立てを却下する審判に対し即時抗告をすることができる。 （新設） 第六十三条の三　第二十七条第二項、第五十五条及び第六十条の規定は、養子の離縁後にその親権者となるべき者の指定に関する審

（審判の告知） 第百七十条　次の各号に掲げる審判は、第七十四条第一項に規定する者のほか、当該各号に定める者に告知しなければならない。ただし、子にあっては、子の年齢及び発達の程度その他一切の事情を考慮して子の利益を害すると認める場合は、この限りでない。 一　親権喪失、親権停止又は管理権喪失の審判　子 二　親権喪失、親権停止又は管理権喪失の審判の取消しの審判　子、子に対し親権を行う者及び子の未成年後見人 （引渡命令等） 第百七十一条　家庭裁判所は、親権者の指定又は変更の審判において、当事者に対し、子の引渡し又は財産上の給付その他の給付を命ずることができる。 （即時抗告） 第百七十二条　次の各号に掲げる審判に対しては、当該各号に定め	監護者の指定その他子の監護に関する審判をする前に、その子の陳述を聴かなければならない。 （新設） 【家事審判規則】 第七十条　第五十二条第二項、第五十二条の二から第五十五条まで、第六十条、第七十四条及び第七十五条の規定は、親権者の指定に関する審判事件にこれを準用する。 第七十二条　第五十二条第二項、第五十二条の二から第五十五条まで、第六十条、前条、第七十四条及び第七十五条の規定は、親権者の変更に関する審判事件にこれを準用する。 第五十三条　家庭裁判所は、子の監護者を変更し、その他子の監護について必要な事項を定め、又は相当な処分を命ずる審判においては、子の引渡又は扶養料その他の財産上の給付を命ずることができる。

家事事件手続法（新法）	家事審判法（旧法）、家事審判規則（旧家審規）及び特別家事審判規則（旧特別家審規）
申立人を除く。）の陳述を聴かなければならない。この場合において、第一号に掲げる子の親権者の陳述の聴取は、審問の期日においてしなければならない。 一 親権喪失、親権停止又は管理権喪失の審判 子（十五歳以上のものに限る。）及び子の親権者 二 親権喪失、親権停止又は管理権喪失の審判の取消しの審判 子（十五歳以上のものに限る。）、子に対し親権を行う者、子の未成年後見人及び親権を喪失し、若しくは停止され、又は管理権を喪失した者 三 親権又は管理権を辞するについての許可の審判 子（十五歳以上のものに限る。） 四 親権又は管理権を回復するについての許可の審判 子（十五歳以上のものに限る。）、子に対し親権を行う者及び子の未成年後見人 2 家庭裁判所は、第六十八条の規定により当事者の陳述を聴くほか、親権者の指定又は変更の審判をする場合には、子（十五歳以上のものに限る。）の陳述を聴かなければならない。	【家事審判規則】 第七十六条 家庭裁判所は、親権又は管理権の喪失を宣告するには、本人の陳述を聴かなければならない。 第七十九条 第七十一条、第七十三条及び第七十六条の規定は、親権又は管理権の喪失の宣告の取消しに関する審判事件について準用する。 第七十六条 家庭裁判所は、親権又は管理権の喪失を宣告するには、本人の陳述を聴かなければならない。 （新設） （新設） 第七十条 第五十二条第二項、第五十二条の二から第五十五条まで、第六十条、第七十四条及び第七十五条の規定は、親権者の指定に関する審判事件にこれを準用する。 第七十二条 第五十二条第二項、第五十二条の二から第五十五条まで、第六十条、前条、第七十四条及び第七十五条の規定は、親権者の変更に関する審判事件にこれを準用する。 第五十四条 子が満十五歳以上であるときは、家庭裁判所は、子の

る。

一 子に関する特別代理人の選任の審判事件（別表第一の六十五の項の事項についての審判事件をいう。）子

二 第三者が子に与えた財産の管理に関する処分の審判事件（別表第一の六十六の項の事項についての審判事件をいう。第百七十三条において同じ。）子

三 親権喪失、親権停止又は管理権喪失の審判事件（別表第一の六十七の項の事項についての審判事件をいう。）子及びその父母

四 親権喪失、親権停止又は管理権喪失の審判の取消しの審判事件（別表第一の六十八の項の事項についての審判事件をいう。）子及びその父母

五 親権又は管理権を辞し、又は回復するについての許可の審判事件（別表第一の六十九の項の事項についての審判事件をいう。）子及びその父母

六 養子の離縁後に親権者となるべき者の指定の審判事件（別表第二の七の項の事項についての審判事件をいう。）養子、その父母及び養親

七 親権者の指定又は変更の審判事件（別表第二の八の項の事項についての審判事件をいう。）子及びその父母

（陳述の聴取）

第百六十九条　家庭裁判所は、次の各号に掲げる審判をする場合には、当該各号に定める者（第一号、第二号及び第四号にあっては、

家事事件手続法（新法）	家事審判法（旧法）、家事審判規則（旧家審規）及び特別家事審判規則（旧特別家審規）
（手続行為能力） 第百六十八条　第百十八条の規定は、次の各号に掲げる審判事件（第三号及び第七号の審判事件を本案とする保全処分についての審判事件を含む。）における当該各号に定める者について準用す	第六十条、第七十四条及び第七十五条の規定は、親権者の指定に関する審判事件にこれを準用する。 第七十二条　第六十条、前条、第五十二条第二項、第五十二条の二から第五十五条まで、第六十条、第七十四条及び第七十五条の規定は、親権者の変更に関する審判事件にこれを準用する。 第六十条　嫡出否認の訴えについての特別代理人の選任に関する審判事件は、子の住所地の家庭裁判所の管轄とする。 第五十二条　（略） ②　数人の子についての前項の審判の申立は、同項の規定にかかわらず、その一人の子の住所地の家庭裁判所にこれをすることができる。 第七十三条　親権又は管理権の喪失の宣告に関する審判事件は、事件本人の住所地の家庭裁判所の管轄とする。 第七十九条　第七十一条、第七十三条及び第七十六条の規定は、親権又は管理権の喪失の宣告の取消しに関する審判事件について準用する。 第八十一条　第七十三条の規定は、親権又は管理権を辞し、又は回復するについての許可に関する審判事件にこれを準用する。 （新設）

4　家庭裁判所は、第一項の規定により選任し、又は前項の規定により改任した職務代行者に対し、養子となるべき者の財産の中から、相当な報酬を与えることができる。 5　前各項の規定（養子となるべき者の監護者を選任する保全処分に関する部分を除く。）は、特別養子縁組の離縁の審判事件を本案とする保全処分について準用する。 　　　第八節　親権に関する審判事件 　（管轄） 第六十七条　親権に関する審判事件（別表第一の六十五の項から六十九の項まで並びに別表第二の七の項及び八の項の事項についての審判事件をいう。）は、子（父又は母を同じくする数人の子についての親権者の指定若しくは変更又は第三者が子に与えた財産の管理に関する処分の申立てに係るものにあっては、そのうちの一人）の住所地を管轄する家庭裁判所の管轄に属する。	者の財産の管理人をいう。以下この節において同じ。）を改任することができる。 ②　家庭裁判所が選任した管理人は、その任務を辞しようとするときは、家庭裁判所にその旨を届け出なければならない。 ③　前項の届出があった場合には、家庭裁判所は、更に管理人を選任しなければならない。 第六十四条の六　第七十五条の規定は、前条の規定に基づいて選任され、又は改任された職務代行者について準用する。 第七十五条　家庭裁判所は、前条の規定に基づいて選任され、又は改任された職務代行者に対し、子の財産の中から、相当な報酬を与えることができる。 第六十四条の十二　第六十四条の五（養子となるべき者の監護者を選任する保全処分に係る部分を除く。）及び第六十四条の六の規定は、特別養子縁組の離縁に関する審判事件について準用する。 【家事審判規則】 第六十七条　第六十条の規定は、親権を行う者と子の利益が相反する行為についての特別代理人の選任に関する審判事件にこれを準用する。 第六十八条　第三十二条乃至第三十七条、第五十二条第二項及び第六十条の規定は、第三者が子に与えた財産の管理者の選任その他の管理に関する審判事件にこれを準用する。 第七十条　第五十二条第二項、第五十二条の二から第五十五条まで、

家事事件手続法（新法）	家事審判法（旧法）、家事審判規則（旧家審規）及び特別家事審判規則（旧特別家審規）
8　養子による特別養子縁組の離縁の審判に対する即時抗告の期間は、養子以外の者が審判の告知を受けた日（二以上あるときは、当該日のうち最も遅い日）から進行する。	
（特別養子縁組の成立の審判事件等を本案とする保全処分） 第百六十六条　家庭裁判所（第百五条第二項において同じ。）は、特別養子縁組の成立の申立てがあった場合において、養子となるべき者の利益のため必要があるときは、当該申立てをした者の申立てにより、特別養子縁組の成立の審判が効力を生ずるまでの間、申立人を養子となるべき者の監護者に選任し、又は養子となるべき者の親権者若しくは未成年後見人の職務の執行を停止し、若しくはその親権代行者若しくは未成年後見人の職務の執行を停止する者を選任することができる。 2　前項の規定による職務の執行を停止する審判は、職務の執行を停止される親権者若しくは未成年後見人、養子となるべき者に対し親権を行う者若しくは他の未成年後見人又は同項の規定により選任した職務代行者に告知することによって、その効力を生ずる。 3　家庭裁判所は、いつでも、第一項の規定により選任した職務代行者を改任することができる。	②　申立人は、後見開始の審判の申立てを却下する審判に対し、即時抗告をすることができる。 （新設） 【家事審判規則】 第六十四条の五　特別養子縁組を成立させる審判の申立てがあった場合において、養子となるべき者の利益のため必要があるときは、家庭裁判所は、当該申立てをした者の申立てにより、特別養子縁組の成立に関する審判の効力が生ずるまでの間、申立人を養子となるべき者の監護者に選任し、又は養子となるべき者の親権者若しくは未成年後見人の職務の執行を停止し、若しくはその職務代行者を選任することができる。 （新設） 第三十二条　家庭裁判所は、いつでも、その選任した管理人（不在 ②　第三十二条第一項の規定は、前項の規定により選任された職務代行者について準用する。

五　養親の後見人
　　六　養子の実父母に対し親権を行う者及び養子の実父母の後見人
　4　家庭裁判所は、特別養子縁組の離縁の申立てを却下する審判をする場合には、次に掲げる者の陳述を聴かなければならない。
　　一　養子の実父母（申立人を除く。）
　　二　養子に対し親権を行う者及び養子の後見人
　　三　養子の実父母に対し親権を行う者及び養子の実父母の後見人
　5　特別養子縁組の離縁の審判は、第七十四条第一項に規定する者のほか、第三項第四号から第六号までに掲げる者に告知しなければならない。
　6　特別養子縁組の離縁の審判は、養子の年齢及び発達の程度その他一切の事情を考慮して養子の利益を害すると認める場合には、養子に告知することを要しない。
　7　次の各号に掲げる審判に対しては、当該各号に定める者（第一号にあっては、申立人を除く。）は、即時抗告をすることができる。
　　一　特別養子縁組の離縁の審判　養子、養親、養子の実父母、養子に対し親権を行う者で養親でないもの、養子の後見人、養親の後見人、養子の実父母に対し親権を行う者及び養子の実父母の後見人
　　二　特別養子縁組の離縁の申立てを却下する審判　申立人

（新設）

（新設）

第六十四条の十四　前条に掲げる者は、特別養子縁組の当事者を離縁させる審判に対し、即時抗告をすることができる。

②　第二十七条第二項の規定は、特別養子縁組の当事者を離縁させる審判の申立てを却下する審判について準用する。

第二十七条　（略）

家事事件手続法（新法）	家事審判法（旧法）、家事審判規則（旧家規）及び特別家事審判規則（旧特別家規）
二　特別養子縁組の成立の申立てを却下する審判　申立人	②　第二十七条第二項の規定は、特別養子縁組を成立させる審判の申立てを却下する審判について準用する。
	第二十七条　（略）
	②　申立人は、後見開始の審判の申立てを却下する審判に対し、即時抗告をすることができる。
（特別養子縁組の離縁の審判事件）	【家事審判規則】
第百六十五条　特別養子縁組の離縁の審判事件（別表第一の六十四の項の事項についての審判事件をいう。次項及び次条第五項において同じ。）は、養親の住所地を管轄する家庭裁判所の管轄に属する。	第六十四条の十一　特別養子縁組の離縁に関する審判事件は、養親の住所地の家庭裁判所の管轄とする。
2　第百十八条の規定は、特別養子縁組の離縁の審判事件（当該審判事件を本案とする保全処分についての審判事件を含む。）における養親、養子及びその実父母について準用する。	（新設）
3　家庭裁判所は、特別養子縁組の離縁の審判をする場合には、次に掲げる者の陳述を聴かなければならない。この場合において、第一号から第三号までに掲げる者の陳述の聴取は、審問の期日においてしなければならない。	第六十四条の十三　家庭裁判所は、特別養子縁組の離縁に関する審判をするには、養親、養親の後見人、養子、養子の後見人、養子に対して親権を行う者で養親以外のもの及び実父母の陳述を聴かなければならない。この場合において、特別養子縁組の当事者を離縁させる審判をするときは、養親、養子及び実父母の陳述は、審判の期日において聴くものとする。
一　養子（十五歳以上のものに限る。）	
二　養親	
三　養子の実父母	
四　養子に対し親権を行う者（第二号に掲げる者を除く。）及び養子の後見人	

く）及び養子となるべき者の未成年後見人

三　養子となるべき者の父母に対し親権を行う者及び養子となるべき者の父母の後見人

4　家庭裁判所は、特別養子縁組の成立の申立てを却下する審判をする場合には、養子となるべき者に対し親権を行う者及び養子となるべき者の未成年後見人の陳述を聴かなければならない。

5　特別養子縁組の成立の審判は、第七十四条第一項に規定する者のほか、第三項第二号及び第三号に掲げる者に告知しなければならない。

（新設）

6　特別養子縁組の成立の審判は、養子となるべき者に告知することを要しない。

（新設）

7　家庭裁判所は、特別養子縁組の成立の審判をする場合において、養子となるべき者の父母が知れないときは、養子となるべき者の父母、養子となるべき者の父母に対し親権を行う者及び養子となるべき者の父母の後見人の陳述を聴くこと並びにこれらの者にその審判を告知することを要しない。

（新設）

8　次の各号に掲げる審判に対しては、当該各号に定める者は、即時抗告をすることができる。

一　特別養子縁組の成立の審判　養子となるべき者の父母、養子となるべき者の父母で養子となるべき者の未成年後見人、養子となるべき者の父母に対し親権を行う者及び養子となるべき者の父母の後見人

第六十四条の八　前条に掲げる者（養親となるべき者を除く。）は、特別養子縁組を成立させる審判に対し、即時抗告をすることができる。

家事事件手続法（新法）	家事審判法（旧法）、家事審判規則（旧家審）及び特別家事審判規則（旧特別家審）
3　離縁の当事者その他の利害関係人は、離縁等の場合における祭具等の所有権の承継者の指定の審判及びその申立てを却下する審判に対し、即時抗告をすることができる。 第六款　特別養子縁組に関する審判事件 （特別養子縁組の成立の審判事件） 第百六十四条　特別養子縁組の成立の審判事件（別表第一の六十三の項の事項についての審判事件をいう。次項において同じ。）は、養親となるべき者の住所地を管轄する家庭裁判所の管轄に属する。 2　第百十八条の規定は、特別養子縁組の成立の審判事件を本案とする保全処分についての審判事件（当該審判事件を本案とする保全処分についての審判事件を含む。）における養親となるべき者及び養子となるべき者の父母について準用する。 3　家庭裁判所は、特別養子縁組の成立の審判をする場合には、次に掲げる者の陳述を聴かなければならない。この場合において、第一号に掲げる者の同意がないにもかかわらずその審判をするときは、その者の陳述の聴取は、審問の期日においてしなければならない。 一　養子となるべき者の父母 二　養子となるべき者に対し親権を行う者（前号に掲げる者を除	第六十九条　第五十七条乃至第五十九条の規定は、縁組の取消又は離縁の場合における系譜、祭具及び墳墓の所有権の承継者の指定に関する審判事件にこれを準用する。 第五十九条　当事者又は利害関係人は、第五十七条の所有権の承継者の指定に関する審判に対し即時抗告をすることができる。 【家事審判規則】 第六十四条の三　特別養子縁組の成立に関する審判事件は、養親となるべき者の住所地の家庭裁判所の管轄とする。 （新設） 第六十四条の七　家庭裁判所は、特別養子縁組の成立に関する審判をするには、養親となるべき者、養子となるべき者の父母、養子となるべき者の未成年後見人、養子となるべき者で父母以外のもの及び成年に達した父母の成年後見人の陳述を聴かなければならない。この場合において、養子となるべき者の父母の陳述を聴かなくして特別養子縁組を成立させる審判をするときは、父母の同意なくして特別養子縁組を成立させる審判をするときは、父母の陳述は、審判の期日において聴くものとする。

	【家事審判規則】
時抗告をすることができる。 一 死後離縁をするについての許可の審判 利害関係人（申立人を除く。） 二 死後離縁をするについての許可の申立てを却下する審判 申立人	第六十四条の二 利害関係人は、離縁を許可する審判に対し、即時抗告をすることができる。
第五款 離縁等の場合における祭具等の所有権の承継者の指定の審判事件	第二十七条 （略） ② 申立人は、後見開始の審判の申立てを却下する審判に対し、即時抗告をすることができる。
第百六十三条 離縁等の場合における祭具等の所有権の承継者の指定の審判事件（別表第二の六の項の事項についての審判事件をいう。）は、その所有者の住所地を管轄する家庭裁判所の管轄に属する。	第六十九条 第五十七条乃至第五十九条の規定は、縁組の取消又は離縁の場合における系譜、祭具及び墳墓の所有権の承継者の指定に関する審判事件にこれを準用する。
	第六十七条 婚姻の取消、離婚、生存配偶者の復氏又は生存配偶者の意思表示による姻族関係の終了の場合における系譜、祭具及び墳墓の所有権の承継者の指定に関する審判事件は、その所有権の住所地の家庭裁判所の管轄とする。
2 家庭裁判所は、離縁等の場合における祭具等の所有権の承継者の指定の審判において、当事者に対し、系譜、祭具及び墳墓の引渡しを命ずることができる。	第六十九条 第五十七条乃至第五十九条の規定は、縁組の取消又は離縁の場合における系譜、祭具及び墳墓の所有権の承継者の指定に関する審判事件にこれを準用する。 第五十八条 家庭裁判所は、前条の所有権の承継者を指定する審判においては、系譜、祭具又は墳墓の引渡を命ずることができる。

家事事件手続法（新法）	家事審判法（旧法）、家事審判規則（旧家審規）及び特別家事審判規則（旧特別家審規）
二　養子となるべき者に対し親権を行う者及び養子となるべき者の未成年後見人 4　養子縁組をするについての許可の申立てをした者は、その申立てを却下する審判に対し、即時抗告をすることができる。	第六十三条の二　第二十七条第二項の規定は、養子をするについての許可の申立てを却下する審判について準用する。 第二十七条　（略） ②　申立人は、後見開始の審判の申立てを却下する審判に対し、即時抗告をすることができる。
第四款　死後離縁をするについての許可の審判事件 第百六十二条　死後離縁をするについての許可の審判事件（別表第一の六十二の項の事項についての審判事件をいう。次項において同じ。）は、申立人の住所地を管轄する家庭裁判所の管轄に属する。 2　第百六十八条の規定は、死後離縁をするについての許可の審判事件における養親及び養子（十五歳以上のものに限る。）について準用する。 3　家庭裁判所は、養子の死後に死後離縁をするについての許可の申立てがあった場合には、申立てが不適法であるとき又は申立てに理由がないことが明らかなときを除き、養子を代襲して養親の相続人となるべき者に対し、その旨を通知するものとする。ただし、事件の記録上その者の氏名及び住所又は居所が判明している場合に限る。 4　次の各号に掲げる審判に対しては、当該各号に定める者は、即	（新設） （新設） （新設） 【家事審判規則】 第六十四条　離縁をするについての許可に関する審判事件は、申立人の住所地の家庭裁判所の管轄とする。

新	旧
第三款　養子縁組をするについての許可の審判事件 第百六十一条　養子縁組をするについての許可の審判事件（別表第一の六十一の項の事項についての審判事件をいう。次項において同じ。）は、養子となるべき者の住所地を管轄する家庭裁判所の管轄に属する。 2　第百六十八条の規定は、養子縁組をするについての許可の審判事件における養親となるべき者及び養子となるべき者（十五歳以上のものに限る。）について準用する。 3　家庭裁判所は、養子縁組をするについての許可の審判をする場合には、次に掲げる者の陳述を聴かなければならない。ただし、養子となるべき者の陳述を聴くことについては、その者の心身の障害によりその者の陳述を聴くことができないときは、この限りでない。 一　養子となるべき者（十五歳以上のものに限る。）	2　第百六十八条の規定は、子の氏の変更についての許可の審判事件（十五歳以上のものに限る。）について準用する。 3　子の氏の変更についての許可の申立てを却下する審判に対し、即時抗告をすることができる。 （新設） 第六十二条　第二十七条第二項、第五十二条第二項及び第六十条の規定は、子の氏の変更についての許可に関する審判事件にこれを準用する。 第二十七条　（略） ②　申立人は、後見開始の審判の申立てを却下する審判に対し、即時抗告をすることができる。 【家事審判規則】 第六十三条　養子をするについての許可に関する審判事件は、養子となるべき者の住所地の家庭裁判所の管轄とする。

家事事件手続法（新法）	家事審判法（旧法）、家事審判規則（旧家審規）及び特別家事審判規則（旧特別家審規）
第七節　親子に関する審判事件 第一款　嫡出否認の訴えの特別代理人の選任の審判事件 第百五十九条　嫡出否認の訴えの特別代理人の選任の審判事件（別表第一の五十九の項の事項についての審判事件をいう。次項において同じ。）は、子の住所地を管轄する家庭裁判所の管轄に属する。 2　第百十八条の規定は、嫡出否認の訴えの特別代理人の選任の審判事件における夫について準用する。 3　嫡出否認の訴えの特別代理人の選任の申立てを却下する審判に対し、即時抗告をすることができる。 第二款　子の氏の変更についての許可の審判事件 第百六十条　子の氏の変更についての許可の審判事件（別表第一の六十の項の事項についての審判事件をいう。次項において同じ。）は、子（父又は母の氏を同じくする数人の子についての子の氏の変更についての許可の申立てに係るものにあっては、そのうちの一人）の住所地を管轄する家庭裁判所の管轄に属する。	【家事審判規則】 第六十条　嫡出否認の訴えについての特別代理人の選任に関する審判事件は、子の住所地の家庭裁判所の管轄とする。 （新設） 【家事審判規則】 第六十二条　第二十七条第二項、第五十二条第二項及び第六十条の規定は、子の氏の変更についての許可に関する審判事件にこれを準用する。 第六十条　嫡出否認の訴えについての特別代理人の選任に関する審判事件は、子の住所地の家庭裁判所の管轄とする。 第五十二条　（略） ②　数人の子についての前項の審判の申立は、同項の規定にかかわらず、その一人の子の住所地の家庭裁判所にこれをすることがで

は事件の関係人に対し、他の一方の管理する申立人所有の財産若しくは共有財産の管理に関する事項を指示することができる。

と読み替えるものとする。

第二三条　後見開始の審判の申立てがあった場合において、本人の財産の管理又は本人の監護のため必要があるときは、家庭裁判所は、申立てにより、又は職権で、担保を立てさせないで、後見開始の審判についての審判が効力を生ずるまでの間、財産の管理者を選任し、又は事件の関係人に対し、本人の財産の管理若しくは本人の監護に関する事項を指示することができる。

②〜⑦　（略）

第五二条の二　子の監護者の指定その他子の監護に関する審判の申立てがあった場合において、強制執行を保全し、又は事件の関係人の急迫の危険を防止するため必要があるときは、家庭裁判所は、当該審判の申立人の申立てにより、仮差押え、仮処分その他の必要な保全処分を命ずることができる。

第二三条　（略）

②〜⑥　（略）

⑦　第三十二条第一項及び第三十三条から第三十六条までの規定は、第一項の規定により選任された財産の管理者について準用する。

2　家庭裁判所は、夫婦財産契約による財産の管理者の変更の審判をした者又は夫婦の他の一方の申立てにより、仮処分その他の必要な保全処分を命ずることができる。

3　第百二十五条第一項から第六項までの規定及び民法第二十七条から第二十九条まで（同法第二十七条第二項を除く。）の規定は、第一項の財産の管理者について準用する。この場合において、第百二十五条第三項中「成年被後見人の財産」とあるのは、「管理に係る財産」と読み替えるものとする。

【家事審判法】

第十六条　民法第六百四十四条、第六百四十六条、第六百四十七条及び第六百五十条の規定は、家庭裁判所が選任した財産の管理をする者について、同法第二十七条から第二十九条までの規定は、第十五条の三第一項の規定による財産の管理者について準用す

家事事件手続法（新法）	家事審判法（旧法）、家事審判規則（旧家審規）及び特別家事審判規則（旧特別家審規）
2　家庭裁判所は、前項第三号に掲げる事項について仮の地位を定める仮処分（子の監護に要する費用の分担に関する仮処分を除く。）を命ずる場合には、第百七条の規定により審判を受ける者となるべき者の陳述を聴くほか、子（十五歳以上のものに限る。）の陳述を聴かなければならない。ただし、子の陳述を聴く手続を経ることにより保全処分の目的を達することができない事情があるときは、この限りでない。 （夫婦財産契約による財産の管理者の変更等の審判事件を本案とする保全処分） 第百五十八条　家庭裁判所は、夫婦の一方から夫婦財産契約による財産の管理者の変更の申立てがあった場合において、他の一方の管理する財産の管理のため必要があるときは、申立てにより又は職権で、担保を立てさせないで、当該財産の管理者の変更の申立てについての審判（共有財産の分割に関する処分の申立てがあった場合にあっては、その申立てについての審判）が効力を生ずるまでの間、財産の管理者を選任し、又	関する審判事件にこれを準用する。 第五十二条の二　子の監護者の指定その他子の監護に関する審判の申立てがあった場合において、強制執行を保全し、又は事件の関係人の急迫の危険を防止するため必要があるときは、家庭裁判所は、当該審判の申立てにより、仮差押え、仮処分その他の必要な保全処分を命ずることができる。 （新設） 【家事審判規則】 第四十七条　第四十五条及び第六条第一項の規定は、夫婦財産契約による管理者の変更に関する審判事件にこれを準用する。 第百六条　第二十三条第一項及び第七項並びに第五十二条の二の規定は、遺産の分割の審判事件について準用する。この場合において、第二十三条第一項中「財産の管理又は本人の監護」とあり、及び「財産の管理若しくは本人の監護」とあるのは「財産の管理」と、第五十二条の二中「申立人」とあるのは「申立人又は相手方

二　婚姻費用の分担に関する処分

三　子の監護に関する処分

四　財産の分与に関する処分

第四十六条　第九十五条乃至第九十八条の規定は、前条の審判事件にこれを準用する。

第九十五条　第五十二条の二の規定は、扶養に関する審判事件について準用する。

第五十二条の二　子の監護者の指定その他子の監護に関する審判の申立てがあった場合において、強制執行を保全し、又は事件の関係人の急迫の危険を防止するため必要があるときは、家庭裁判所は、当該審判の申立人の申立てにより、仮差押え、仮処分その他の必要な保全処分を命ずることができる。

第五十一条　第四十五条、前二条及び第五十二条の二の規定は、婚姻から生ずる費用の分担に関する審判事件にこれを準用する。

第五十二条の二　子の監護者の指定その他子の監護に関する審判の申立てがあった場合において、強制執行を保全し、又は事件の関係人の急迫の危険を防止するため必要があるときは、家庭裁判所は、当該審判の申立人の申立てにより、仮差押え、仮処分その他の必要な保全処分を命ずることができる。

第五十六条　第四十五条、第四十九条、第五十条及び第五十二条の二の規定は、婚姻の取消し又は離婚の場合における財産の分与に

家事事件手続法（新法）	家事審判法（旧法）、家事審判規則（旧家審規）及び特別家事審判規則（旧特別家審規）
五　財産の分与に関する処分の審判及びその申立てを却下する審判　夫又は妻であった者 六　離婚等の場合における祭具等の所有権の承継者の指定の審判及びその申立てを却下する審判　婚姻の当事者（民法第七百五十一条第二項において準用する同法第七百六十九条第二項の規定による場合にあっては、生存配偶者）その他の利害関係人 （婚姻等に関する審判事件を本案とする保全処分） 第百五十七条　家庭裁判所（第百五条第二項の場合にあっては、高等裁判所。以下この条及び次条において同じ。）は、次に掲げる事項についての審判又は調停の申立てがあった場合において、強制執行を保全し、又は子その他の利害関係人の急迫の危険を防止するため必要があるときは、当該申立てをした者の申立てにより、当該事項についての審判を本案とする仮差押え、仮処分その他の必要な保全処分を命ずることができる。 一　夫婦間の協力扶助に関する処分	第五十六条　第四十五条、第四十九条、第五十条及び第五十二条の二の規定は、婚姻の取消し又は離婚の場合における財産の分与に関する審判事件にこれを準用する。 第五十条　夫又は妻は、財産の管理者の変更、共有財産の分割の許可又は共有財産の分割に関する審判をすることができる。 第五十九条　当事者又は利害関係人は、第五十七条の所有権の承継者の指定に関する審判に対し即時抗告をすることができる。 第五十七条　婚姻の取消、離婚、生存配偶者の復氏又は生存配偶者の意思表示による姻族関係の終了の場合における系譜、祭具及び墳墓の所有権の承継者の指定に関する審判事件は、その所有権の住所地の家庭裁判所の管轄とする。 【家事審判規則】 第四十五条　夫婦の同居その他の夫婦間の協力扶助に関する審判事件は、相手方の住所地の家庭裁判所の管轄とする。

新	旧
（即時抗告） 第百五十六条　次の各号に掲げる審判に対しては、当該各号に定める者は、即時抗告をすることができる。 一　夫婦間の協力扶助に関する処分の審判及びその申立てを却下する審判　夫及び妻 二　夫婦財産契約による財産の管理者の変更等の審判及びその申立てを却下する審判　夫及び妻 三　婚姻費用の分担に関する処分の審判及びその申立てを却下する審判　夫及び妻 四　子の監護に関する処分の審判及びその申立てを却下する審判　子の父母及び子の監護者 第百五十九条　家庭裁判所は、特別の事由があると認めるときは、遺産の分割の方法として、共同相続人の一人又は数人に他の共同相続人に対し債務を負担させて、現物をもってする分割に代えることができる。	【家事審判規則】 第四十五条　夫婦の同居その他の夫婦間の協力扶助に関する審判事件は、相手方の住所地の家庭裁判所の管轄とする。 第四十六条　第九十五条乃至第九十八条の規定は、前条の審判事件にこれを準用する。 第九十七条　当事者又は利害関係人は、扶養に関する審判に対し即時抗告をすることができる。 第五十条　夫又は妻は、財産の管理者の変更、共有財産の分割の処分に関する審判に対し即時抗告をすることができる。 第五十一条　第四十五条、前二条及び第五十二条の二の規定は、婚姻から生ずる費用の分担に関する審判事件にこれを準用する。 第五十五条　父、母又は子の監護者は、子の監護者の指定その他の子の監護に関する審判に対し即時抗告をすることができる。

家事事件手続法（新法）	家事審判法（旧法）、家事審判規則（旧家審規）及び特別家事審判規則（旧特別家審規）
3　家庭裁判所は、子の監護に関する処分の審判において、子の監護をすべき者の指定又は変更、父又は母と子との面会及びその他の交流、子の監護に要する費用の分担その他の子の監護について必要な事項の定めをする場合には、当事者に対し、子の引渡し又は金銭の支払その他の財産上の給付その他の給付を命ずることができる。 4　家庭裁判所は、離婚等の場合における祭具等の所有権の承継者の指定の審判において、当事者に対し、系譜、祭具及び墳墓の引渡しを命ずることができる。 （共有財産の分割） 第百五十五条　家庭裁判所は、夫婦財産契約による財産の管理者の変更の審判とともに共有財産の分割に関する処分の審判をする場合において、特別の事情があると認めるときは、共有財産の分割の方法として、一方の婚姻の当事者に他方の婚姻の当事者に対する債務を負担させて、現物の分割に代えることができる。	二の規定は、婚姻の取消し又は離婚の場合における財産の分与に関する審判事件にこれを準用する。 第四十九条　財産の管理者の変更又は共有財産の分割の処分に関する審判においては、金銭の支払、物の引渡、登記義務の履行その他の給付を命ずることができる。 第五十三条　家庭裁判所は、子の監護者の指定その他子の監護について必要な事項を定め、又は子の監護者を変更し、その他子の監護について相当な処分を命ずる審判においては、子の引渡又は扶養料その他の財産上の給付を命ずることができる。 第五十八条　家庭裁判所は、前条の所有権の承継者を指定する審判においては、系譜、祭具又は墳墓の引渡を命ずることができる。 【家事審判規則】 第四十八条　前条の管理者の変更に附帯して共有財産の処分をする場合には、家庭裁判所は、申立てによって、共有財産の分割の処分をすることができる。 ② 家庭裁判所が共有財産の分割を許可した場合において、その分割の協議が調わないときも、前項と同様とする。 ③ 第百四条、第百五条、第百六条第一項及び第百九条の規定は、前二項の場合にこれを準用する。

2　家庭裁判所は、次に掲げる審判において、当事者（第二号の審判にあっては、夫又は妻）に対し、金銭の支払、物の引渡し、登記義務の履行その他の給付を命ずることができる。
　一　夫婦間の協力扶助に関する処分の審判
　二　夫婦財産契約による財産の管理者の変更等の審判
　三　婚姻費用の分担に関する処分の審判
　四　財産の分与に関する処分の審判

第九十六条　家庭裁判所は、扶養の程度若しくは方法を定め、又はこれを変更する場合には、必要な事項を指示することができる。

第九十八条　第四十九条の規定は、扶養に関する審判にこれを準用する。

第四十五条　夫婦の同居その他の夫婦間の協力扶助に関する審判事件は、相手方の住所地の家庭裁判所の管轄とする。

第四十六条　第九十五条乃至第九十八条の規定は、前条の審判事件にこれを準用する。

第四十九条　財産の管理者の変更又は共有財産の分割の処分に関する審判においては、金銭の支払、物の引渡、登記義務の履行その他の給付を命ずることができる。

第五十一条　第四十六条、前二条及び第五十二条の二の規定は、婚姻から生ずる費用の分担に関する審判事件にこれを準用する。

第四十九条　財産の管理者の変更又は共有財産の分割の処分に関する審判においては、金銭の支払、物の引渡、登記義務の履行その他の給付を命ずることができる。

第五十六条　第四十五条、第四十九条、第五十条及び第五十二条の

家事事件手続法（新法）	家事審判法（旧法）、家事審判規則（旧家審規）及び特別家事審判規則（旧特別家審規）
く。）における当該各号に定める者について準用する。 第百五十二条　家庭裁判所は、夫婦財産契約による財産の管理者の変更等の審判をする場合には、夫及び妻（申立人を除く。）の陳述を聴かなければならない。 （陳述の聴取） 一　夫婦間の協力扶助に関する処分の審判事件　夫及び妻 二　子の監護に関する処分の審判事件　子 2　家庭裁判所は、子の監護に関する処分の審判（子の監護に要する費用の分担に関する処分の審判を除く。）をする場合には、第六十八条の規定により当事者の陳述を聴くほか、子（十五歳以上のものに限る。）の陳述を聴かなければならない。 （申立ての取下げの制限） 第百五十三条　第八十二条第二項の規定にかかわらず、財産の分与に関する処分の審判の申立ての取下げは、相手方が本案について書面を提出し、又は家事審判の手続の期日において陳述をした後にあっては、相手方の同意を得なければ、その効力を生じない。 （給付命令等） 第百五十四条　家庭裁判所は、夫婦間の協力扶助に関する審判において、扶助の程度若しくは方法を定め、又はこれを変更することができる。	（新設） 【家事審判規則】 第五十四条　子が満十五歳以上であるときは、家庭裁判所は、子の監護者の指定その他子の監護に関する審判をする前に、その子の陳述を聴かなければならない。 （新設） 【家事審判規則】 第四十五条　夫婦の同居その他の夫婦間の協力扶助に関する審判事件は、相手方の住所地の家庭裁判所の管轄とする。 第四十六条　第九十五条乃至第九十八条の規定は、前条の審判事件にこれを準用する。

三　婚姻費用の分担に関する処分の審判事件（別表第二の二の項の事項についての審判事件をいう。）　夫又は妻の住所地 四　子の監護に関する処分の審判事件（別表第二の三の項の事項についての審判事件をいう。次条第二号において同じ。）子（父又は母を同じくする数人の子についての申立てに係るものにあっては、そのうちの一人）の住所地 五　財産の分与に関する処分の審判事件（別表第二の四の項の事項についての審判事件をいう。）　夫又は妻であった者の住所地 六　離婚等の場合における祭具等の所有権の承継者の指定の審判事件（別表第二の五の項の事項についての審判事件をいう。）　所有者の住所地	第五十一条　第四十五条、前二条及び第五十二条の二の規定は、婚姻から生ずる費用の分担に関する審判事件にこれを準用する。 第四十五条　夫婦の同居その他の夫婦間の協力扶助に関する審判事件は、相手方の住所地の家庭裁判所の管轄とする。 第五十二条　婚姻の取消又は離婚の場合における子の監護者の指定その他子の監護に関する審判事件は、子の住所地の家庭裁判所の管轄とする。 ②　数人の子についての前項の審判の申立は、同項の規定にかかわらず、その一人の子の住所地の家庭裁判所にこれをすることができる。 第五十六条　第四十五条の規定は、婚姻の取消し又は離婚の場合における財産の分与に関する審判事件にこれを準用する。 第四十五条　夫婦の同居その他の夫婦間の協力扶助に関する審判事件は、相手方の住所地の家庭裁判所の管轄とする。 第五十七条　婚姻の取消、離婚、生存配偶者の意思表示による姻族関係の終了の場合における系譜、祭具及び墳墓の所有権の承継者の指定に関する審判事件は、その所有権者の住所地の家庭裁判所の管轄とする。
（手続行為能力） 第百五十一条　第百十八条の規定は、次の各号に掲げる審判事件及びこれらの審判事件を本案とする保全処分についての審判事件（いずれの審判事件においても、財産上の給付を求めるものを除	（新設）

家事事件手続法（新法）	家事審判法（旧法）、家事審判規則（旧家審規）及び特別家事審判規則（旧特別家審規）
2　第百十八条の規定は、失踪の宣告の取消しの審判事件における失踪者について準用する。 3　失踪の宣告の取消しの審判は、事件の記録上失踪者の住所又は居所が判明している場合に限り、失踪者に告知すれば足りる。 4　次の各号に掲げる審判に対しては、当該各号に定める者は、即時抗告をすることができる。 一　失踪の宣告の取消しの審判　利害関係人（申立人を除く。） 二　失踪の宣告の取消しの申立てを却下する審判　失踪者及び利害関係人 （新設） 第六節　婚姻等に関する審判事件 （管轄） 第百五十条　次の各号に掲げる審判事件は、当該各号に定める地を管轄する家庭裁判所の管轄に属する。 一　夫婦間の協力扶助に関する処分の審判事件（別表第二の一の項の事項についての審判事件をいう。次条第一号において同じ。）　夫又は妻の住所地 二　夫婦財産契約による財産の管理者の変更等の審判事件（別表第一の五十八の項の事項についての審判事件をいう。）　夫又は妻の住所地	（新設） 第四十三条　利害関係人は、失踪の宣告を取り消す審判に対し即時抗告をすることができる。この場合には、前条第一項後段の規定を準用する。 ②　本人又は利害関係人は、失踪の宣告の取消しの申立てを却下する審判に対し即時抗告をすることができる。 【家事審判規則】 第四十五条　夫婦の同居その他の夫婦間の協力扶助に関する審判事件は、相手方の住所地の家庭裁判所の管轄とする。 第四十七条　第四十五条及び第百六条第一項の規定は、夫婦財産契約による管理者の変更に関する審判事件にこれを準用する。 第四十五条　夫婦の同居その他の夫婦間の協力扶助に関する審判事件は、相手方の住所地の家庭裁判所の管轄とする。

一　不在者について失踪の宣告の申立てがあったこと。 二　不在者は、一定の期間までにその生存の届出をすべきこと。 三　前号の届出がないときは、失踪の宣告がされること。 四　不在者の生死を知る者は、一定の期間までにその届出をすべきこと。 5　失踪の宣告の審判は、不在者に告知することを要しない。 次の各号に掲げる審判に対しては、当該各号に定める者（第一号にあっては、申立人を除く。）は、即時抗告をすることができる。 一　失踪の宣告の審判　不在者及び利害関係人 二　失踪の宣告の申立てを却下する審判　申立人 　　　第二款　失踪の宣告の取消しの審判事件 第百四十九条　失踪の宣告の取消しの審判事件（別表第一の五十七の項の事項についての審判事件をいう。次項において同じ。）は、失踪者の住所地を管轄する家庭裁判所の管轄に属する。	三　不在者は、公示催告期間の満了の日までにその生存の届出をすべく、若しその届出をしないときは、失踪の宣告を受くべき旨 四　不在者の生死を知る者は、公示催告期間の満了の日までにその届出をすべき旨 五　公示催告期間の満了の日 ②　公示催告の公示は、公告の方法でこれをする。 第四十一条　公示催告期間は、民法第三十条第一項の場合には二箇月以上、同条第二項の場合には六箇月以上、でなければならない。 （新設） 第四十二条　本人又は利害関係人は、失踪の宣告をする審判に対し即時抗告をすることができる。この場合には、申立人が審判の告知を受けた日から進行する。 ②　第二十七条第二項の規定は、失踪の宣告の申立を却下する審判にこれを準用する。 【家事審判規則】 第三十八条　失踪に関する審判事件は、不在者の住所地の家庭裁判所の管轄とする。

家事事件手続法（新法）	家事審判法（旧法）、家事審判規則（旧家審規）及び特別家事審判規則（旧特別家審規）
（処分の取消し） 第百四十七条　家庭裁判所は、不在者が財産を管理することができるようになったとき、管理すべき財産がなくなったときその他財産の管理を継続することが相当でなくなったときは、不在者、管理人若しくは利害関係人の申立てにより又は職権で、民法第二十五条第一項の規定による管理人の選任その他の不在者の財産の管理に関する処分の取消しの審判をしなければならない。 第五節　失踪の宣告に関する審判事件 第一款　失踪の宣告の審判事件 第百四十八条　失踪の宣告の審判事件（別表第一の五十六の項の事項についての審判事件をいう。次項において同じ。）は、不在者の従来の住所地又は居所地を管轄する家庭裁判所の管轄に属する。 2　第百四十八条の規定は、失踪の宣告の審判事件における不在者について準用する。 3　家庭裁判所は、次に掲げる事項を公告し、かつ、第二号及び第四号の期間が経過しなければ、失踪の宣告の審判をすることができない。この場合において、第二号及び第四号の期間は、民法第三十条第一項の場合にあっては三月を、同条第二項の場合にあっては一月を下ってはならない。	【家事審判法】 第三十七条　本人が自ら財産を管理することができるようになったとき、又はその死亡が分明となり、若しくは失踪（そう）の宣告があったときは、家庭裁判所は、本人又は利害関係人の申立てによつて、その命じた処分を取り消さなければならない。 【家事審判規則】 第三十八条　失踪に関する審判事件は、不在者の住所地の家庭裁判所の管轄とする。 （新設） 第三十九条　失踪の宣告をするには、公示催告の手続を経なければならない。 第四十条　公示催告には、左の事項を掲げなければならない。 一　申立人の氏名及び住所 二　不在者の氏名、住所及び出生の年月日

2　家庭裁判所は、民法第二十五条第一項の規定により選任し、又は同法第二十六条の規定により改任した管理人（第四項及び第六項において「家庭裁判所が選任した管理人」という。）に対し、財産の状況の報告及び管理の計算を命ずることができる。同法第二十七条第二項の場合においては、不在者が置いた管理人に対しても、同様とする。

3　前項の報告及び計算に要する費用は、不在者の財産の中から支弁する。

4　家庭裁判所は、管理人（家庭裁判所が選任した管理人及び不在者が置いた管理人をいう。次項及び次条において同じ。）に対し、その提供した担保の増減、変更又は免除を命ずることができる。

5　管理人の不動産又は船舶の上に抵当権の設定を命ずる審判が効力を生じたときは、裁判所書記官は、その設定の登記を嘱託しなければならない。設定した抵当権の変更又は消滅の登記についても、同様とする。

6　民法第六百四十四条、第六百四十六条、第六百四十七条及び第六百五十条の規定は、家庭裁判所が選任した管理人について準用する。

第三十三条　家庭裁判所は、その選任した管理人に対し財産の状況の報告及び管理の計算を命ずることができる。

②　民法第二十七条第二項の場合には、家庭裁判所は、不在者が置いた管理人に対しても前項の報告及び計算を命ずることができる。

③　前二項の報告及び計算に要する費用は、不在者の財産の中からこれを支弁する。

第三十四条　家庭裁判所は、管理人に対しその供した担保の増減、変更又は免除を命ずることができる。

第三十五条　管理人の不動産又は船舶の上に抵当権の設定を命ずる審判が効力を生じたときは、裁判所書記官は、その設定の登記を嘱託しなければならない。

②　（略）

③　前二項の規定は、設定した抵当権の変更又は消滅の登記にこれを準用する。

【家事審判法】

第十六条　民法第六百四十四条、第六百四十六条、第六百四十七条及び第六百五十条の規定は、家庭裁判所が選任した財産の管理をする者について、同法第二十七条から第二十九条までの規定は、第十五条の三第一項の規定による財産の管理者について準用す

家事事件手続法（新法）	家事審判法（旧法、家事審判規則（旧家審規）及び特別家事審判規則（旧特別家審規）
（補助人の解任の審判事件等を本案とする保全処分） 第百四十四条　第百二十七条第一項から第四項までの規定は、補助人の解任の審判事件又は補助監督人の解任の審判事件を本案とする保全処分について準用する。 第四節　不在者の財産の管理に関する処分の審判事件 （管轄） 第百四十五条　不在者の財産の管理に関する処分の審判事件（別表第一の五十五の項についての審判事件をいう。）は、不在者の従来の住所地又は居所地を管轄する家庭裁判所の管轄に属する。 （管理人の改任等） 第百四十六条　家庭裁判所は、いつでも、民法第二十五条第一項の規定により選任し、又は同法第二十六条の規定により改任した管理人を改任することができる。	家事審判法（旧法、家事審判規則（旧家審）及び特別家事審判規則（旧特別家審規） 及び第六百五十条の規定は、家庭裁判所が選任した財産の管理をする者について、同法第二十七条から第二十九条までの規定は、第十五条の三第一項の規定による財産の管理者について準用する。 第九十三条　（略） ②　（略） ③　第七十三条から第七十六条まで及び第八十七条の規定は、保佐人、保佐監督人、補助人又は補助監督人の解任の審判事件について準用する。 【家事審判規則】 第三十一条　不在者の財産の管理に関する審判事件は、その住所地の家庭裁判所の管轄とする。 【家事審判規則】 第三十二条　家庭裁判所は、いつでも、その選任した管理人（不在者の財産の管理人をいう。以下この節において同じ。）を改任することができる。 ②　家庭裁判所が選任した管理人は、その任務を辞しようとするきは、家庭裁判所にその旨を届け出なければならない。 ③　前項の届出があつた場合には、家庭裁判所は、更に管理人を選

間、被補助人となるべき者の財産上の行為（民法第十三条第一項に規定する行為であって、当該補助人の同意を得なければならない行為の定めの申立てに係るものに限る。第五項において同じ。）につき、前項において準用する第二百二十六条第一項の規定により選任される財産の管理者（以下この条において単に「財産の管理者」という。）の補助を受けることを命ずることができる。

3　前項の規定による審判（次項及び第五項において「補助命令の審判」という。）は、第七十四条第一項に規定する者のほか、財産の管理者に告知しなければならない。

4　審判の告知を受ける者でない者及び被補助人となるべき者の補助命令の審判に対する即時抗告の期間は、被補助人となるべき者が審判の告知を受けた日及び財産の管理者が前項の規定による審判の告知を受けた日のうち最も遅い日から進行する。

5　補助命令の審判があったときは、被補助人となるべき者及び財産の管理者は、被補助人となるべき者が財産の管理者の同意を得ないでした財産上の行為を取り消すことができる。この場合においては、制限行為能力者の行為の取消しに関する民法の規定を準用する。

6　第百二十五条第一項から第六項までの規定及び民法第二十七条から第二十九条まで（同法第二十七条第二項を除く。）の規定は、財産の管理者について準用する。この場合において、第百二十五条第三項中「成年被後見人」とあるのは、「被補助人となるべき者」と読み替えるものとする。

第十七条第一項の審判の申立てに係るものに限る。第五項において同じ。）につき、財産の管理者の補助を受けることを命ずることができる。

3　前項の規定による審判（以下この条において「補助命令の審判」という。）は、財産の管理者に告知しなければならない。

4　補助命令の審判に対する即時抗告の期間は、法第十五条の三第四項の規定による告知があった日のうち最も遅い日から進行する。

5　補助命令の審判があったときは、本人及び財産の管理者は、本人が財産の管理者の同意を得ないでした財産上の行為を取り消すことができる。この場合においては、制限行為能力者の行為の取消しに関する民法の規定を準用する。

6　第三十二条第一項及び第三十三条から第三十六条までの規定は、第一項の規定により選任された財産の管理者について準用する。

【家事審判法】
第十六条　民法第六百四十四条、第六百四十六条、第六百四十七条

家事事件手続法（新法）	家事審判法（旧法）、家事審判規則（旧家審規）及び特別家事審判規則（旧特別家審規）
（補助開始の審判事件を本案とする保全処分） 第百四十三条　補助開始の審判事件を本案とする保全処分については、第百二十六条第一項の規定を準用する。 2　家庭裁判所（第百五条第二項の場合にあっては、高等裁判所）は、補助開始及び補助人の同意を得なければならない行為の定めの申立てがあった場合において、被補助人となるべき者の財産の保全のため特に必要があるときは、当該申立てをした者の申立てにより、補助開始の申立てについての審判が効力を生ずるまでの	被保佐人又は被補助人の財産の中から、相当な報酬を与えることができる。 ③　家庭裁判所は、家庭裁判所調査官に第一項に規定する調査をさせることができる。 【家事審判法】 第十六条　民法第六百四十四条、第六百四十六条、第六百四十七条及び第六百五十条の規定は、家庭裁判所が選任した財産の管理をする者について、同法第二十七条から第二十九条までの規定は、第十五条の三第一項の規定による財産の管理者について準用する。 【家事審判規則】 第三十条の八　補助開始の審判の申立てがあった場合において、本人の財産の保全のため必要があるときは、家庭裁判所は、申立てにより、又は職権で、担保を立てさせないで、補助開始の審判の申立てについての審判が効力を生ずるまでの間、補助開始の審判及び民法第十七条第一項の審判の申立てについての審判が効力を生ずるまでの間、本人の財産の管理者を選任し、又は事件の関係人に対し、本人の財産の管理若しくは本人の監護に関する事項を指示することができる。 ②　補助開始の審判及び民法第十七条第一項の審判の申立てがあった場合において、本人の財産の保全のため特に必要があるときは、家庭裁判所は、当該申立てをした者の申立てにより、補助開始の審判の申立てについての審判が効力を生ずるまでの間、本人の財産上の行為（同法第十三条第一項に規定する行為であって、同法

八　補助監督人の解任の申立てを却下する審判　申立人並びに被補助人及びその親族	第九十三条　（略） ②　（略） ③　第七十三条から第七十六条まで及び第八十七条の規定は、保佐人、保佐監督人、補助人又は補助監督人の解任に関する審判事件について準用する。
	第八十七条　（略） ②　申立人、後見監督人若しくは被後見人の親族は、後見人の解任の申立てを却下する審判に対し、即時抗告をすることができる。
2　審判の告知を受ける者でない者及び被補助人となるべき者による補助開始の審判に対する即時抗告の期間は、被補助人となるべき者が審判の告知を受けた日及び民法第八百七十六条の七第一項の規定により補助人に選任される者が審判の告知を受けた日のうち最も遅い日から進行する。	第三十条の十二　民法第十五条第一項本文に掲げる者及び任意後見契約に関する法律第十条第二項に掲げる者は、補助開始の審判に対し、即時抗告をすることができる。この場合には、即時抗告の期間は、法第十三条の規定による告知があつた日及び前条の規定による補助人に選任される者に対する告知があつた日のうち最も遅い日から進行する。
（成年後見に関する審判事件の規定の準用） 第百四十二条　第百二十一条の規定は補助開始の申立ての取下げについて、第百二十四条の規定は補助人の選任の申立ての取下げについて、第百二十四条の規定は補助の事務の監督について準用する。	②　（略）
	【家事審判規則】 第九十三条の二　家庭裁判所は、適当な者に、保佐若しくは被保佐人若しくは補助人の財産の状況の調査をさせ、又は臨時に財産の管理をさせることができる。 ②　家庭裁判所は、前項の規定により調査又は管理をした者に対し、

家事事件手続法（新法）	家事審判法（旧法）、家事審判規則（旧家審規）及び特別家事審判規則（旧特別家審規）
六　補助人の解任の申立てを却下する審判　申立人、補助人並びに被補助人及びその親族 七　補助監督人の解任の審判　補助監督人	第八十七条　後見人、後見監督人又は被後見人若しくはその親族は、後見人を解任する審判について、即時抗告をすることができる。 ②　（略） 第九十三条　（略） ②　（略） ③　第七十三条から第七十六条まで及び第八十七条の規定は、保佐人、保佐監督人、補助人又は補助監督人の解任に関する審判事件について準用する。 第八十七条　（略） ②　申立人、後見監督人又は被後見人若しくはその親族は、後見人の解任の申立てを却下する審判に対し、即時抗告をすることができる。 第九十三条　（略） ②　（略） ③　第七十三条から第七十六条まで及び第八十七条の規定は、保佐人、保佐監督人、補助人又は補助監督人の解任に関する審判事件について準用する。 第八十七条　後見人、後見監督人又は被後見人若しくはその親族は、後見人を解任する審判に対し、即時抗告をすることができる。

新	旧
助監督人に告知しなければならない。 ②　（略） （新設） ②　（略） （新設） ②　（略） 【家事審判規則】 第三十条の十二　民法第十五条第一項本文に掲げる者及び任意後見契約に関する法律第十条第二項に掲げる者は、補助開始の審判の申立てに対し、即時抗告をすることができる。（略） ②　第二十七条第二項の規定は、補助開始の審判の申立てを却下する審判について準用する。 第三十条の十四　（略） ②　民法第十八条第一項に掲げる者は、補助開始の審判の取消しの申立てを却下する審判に対し、即時抗告をすることができる。 第九十三条　（略） ②　（略） ③　第七十三条から第七十六条まで及び第八十七条の規定は、保佐	五　補助人の同意を得なければならない行為の定めの審判の取消しの審判　補助人及び補助監督人 六　補助人に対する代理権の付与の審判　被補助人及び補助監督人（当該審判が補助監督人の選任の審判と同時にされる場合にあっては、補助監督人となるべき者） 七　補助人に対する代理権の付与の審判の取消しの審判　被補助人及び補助監督人 （即時抗告） 第百四十一条　次の各号に掲げる審判に対しては、当該各号に定める者（第一号にあっては、申立人を除く。）は、即時抗告をすることができる。 一　補助開始の審判　民法第十五条第一項本文及び任意後見契約法第十条第二項に規定する者 二　補助開始の申立てを却下する審判　申立人 三　補助開始の審判の取消しの申立てを却下する審判　民法第十八条第一項に規定する者 四　補助人の同意に代わる許可の申立てを却下する審判　申立人 五　補助人の解任の審判　補助人

家事事件手続法（新法）	家事審判法（旧法）、家事審判規則（旧家審規）及び特別家事審判規則（旧特別家審規）
本人の陳述を聴かなければならない。 2　家庭裁判所は、次の各号に掲げる審判をする場合には、当該各号に定める者の意見を聴かなければならない。 一　補助人の選任の審判　補助人となるべき者 二　補助監督人の選任の審判　補助監督人となるべき者 （審判の告知） 第百四十条　次の各号に掲げる審判は、第七十四条第一項に規定する者のほか、当該各号に定める者に告知しなければならない。 一　補助開始の審判　民法第八百七十六条の七第一項の規定により補助人に選任される者並びに任意後見契約法第十条第三項の規定により終了する任意後見契約に係る任意後見人及び任意後見監督人 二　補助人の同意を得なければならない行為の定めの審判　補助人及び補助監督人（当該審判が補助監督人の選任の審判と同時にされる場合にあっては、補助人となるべき者又は補助監督人となるべき者） 三　補助人の同意に代わる許可の審判　補助人 四　補助開始の審判の取消しの審判　補助人及び補助監督人	第九十三条　（略） ②　第八十三条、第八十四条及び第八十六条の二の規定は、保佐人、保佐監督人、補助人又は補助監督人に関する審判について準用する。 ③　（略） 第八十三条　家庭裁判所は、後見人を選任するには、後見人となるべき者の意見を聴かなければならない。 ②　（略） 【家事審判規則】 第三十条の十一　補助開始の審判は、民法第八百七十六条の七第一項の規定により補助人に選任される者並びに任意後見契約に関する法律第十条第三項の規定により終了する任意後見契約に係る任意後見人及び任意後見監督人に告知しなければならない。 第三十条の十三　民法第十七条第一項及び第三項並びに第十八条第二項の規定による審判は、補助人に告知しなければならない。 第三十条の十四　補助開始の審判を取り消す審判は、補助人及び補

は、当該各号に定める者（第一号、第三号及び第四号にあっては、申立人を除く。）の陳述を聴かなければならない。
一　補助開始の審判　被補助人となるべき者
二　補助人の同意に代わる許可の審判　補助人
三　補助開始の審判の取消しの審判（民法第十八条第一項又は第三項の規定による場合に限る。）　被補助人及び補助人
四　補助人又は補助監督人の選任の審判　被補助人となるべき者又は被補助人
五　補助人の解任の審判　補助人
六　補助監督人の解任の審判　補助監督人

【家事審判規則】
第三十条の十　第二十五条の規定は、補助開始の審判をする場合について準用する。

第二十五条　家庭裁判所は、後見開始の審判をするには、本人の陳述を聴かなければならない。

（新設）

第九十三条　（略）
②　第八十三条、第八十四条及び第八十六条の二の規定は、保佐人、保佐監督人、補助人又は補助監督人に関する審判について準用する。

（新設）

第八十三条　（略）
②　家庭裁判所は、成年後見人を選任するには、成年被後見人の陳述を聴かなければならない。
③　（略）

第九十三条　（略）
②　（略）
③　第七十三条から第七十六条まで及び第八十七条の規定は、保佐人、保佐監督人、補助人又は補助監督人の解任に関する審判事件について準用する。

第七十六条　家庭裁判所は、親権又は管理権の喪失を宣告するには、

家事事件手続法（新法）	家事審判法（旧法）、家事審判規則（旧家審規）及び特別家事審判規則（旧特家審規）
しの審判事件（別表第一の四十の項の事項についての審判事件をいう。） 六　補助人の選任の審判事件（別表第一の四十一の項の事項についての審判事件をいう。） 七　補助人の解任の審判事件（別表第一の四十三の項の事項についての審判事件をいう。第百四十四条において同じ。） 八　補助監督人の選任の審判事件（別表第一の四十五の項の事項についての審判事件をいう。） 九　補助監督人の解任の審判事件（別表第一の四十七の項の事項についての審判事件をいう。第百四十四条において同じ。） 十　補助人に対する代理権の付与の審判事件（別表第一の五十一の項の事項についての審判事件をいう。） 十一　補助人に対する代理権の付与の審判の取消しの審判事件（別表第一の五十二の項の事項についての審判事件をいう。） 十二　補助の事務の監督の審判事件（別表第一の五十三の項の事項についての審判事件をいう。） 【精神の状況に関する意見の聴取】 第百三十八条　家庭裁判所は、被補助人となるべき者の精神の状況につき医師その他適当な者の意見を聴かなければ、補助開始の審判をすることができない。 【陳述及び意見の聴取】 第百三十九条　家庭裁判所は、次の各号に掲げる審判をする場合に	【家事審判規則】 第三十条の九　家庭裁判所は、補助開始の審判をするには、本人の精神の状況に関する医師の診断の結果その他適当な者の意見を聴かなければならない。

2 補助に関する審判事件（別表第一の三十六の項から五十四の項までの事項についての審判事件をいう。）は、補助開始の審判をした家庭裁判所（抗告裁判所が補助開始の裁判をした場合にあっては、その第一審裁判所）の管轄に属する。ただし、補助開始の審判事件が家庭裁判所の管轄に属している場合において、補助に関する審判事件（別表第一の三十六の項から五十四の項までの事項についての審判事件をいう。）は、補助開始の審判事件の管轄に属する。

第九十三条 保佐又は補助に関する審判事件は、特別の定めのある場合を除いては、被保佐人又は被補助人の住所地の家庭裁判所の管轄とする。

② （略）

③ 第七十三条から第七十六条まで及び第八十七条の規定は、保佐人、保佐監督人、補助人又は補助監督人の解任に関する審判事件について準用する。

第七十三条 親権又は管理権の喪失の宣告に関する審判事件は、事件本人の住所地の家庭裁判所の管轄とする。

（手続行為能力）
第百三十七条 第百九十八条の規定は、次に掲げる審判事件（第一号、第七号及び第九号の審判事件を本案とする保全処分についての審判事件を含む。）における被補助人となるべき者及び被補助人について準用する。

一 補助開始の審判事件

二 補助人の同意を得なければならない行為の定めの審判事件（別表第一の三十七の項の事項についての審判事件をいう。）

三 補助人の同意に代わる許可の審判事件（別表第一の三十八の項の事項についての審判事件をいう。）

四 補助開始の審判の取消しの審判事件（別表第一の三十九の項の事項についての審判事件をいう。）

五 補助人の同意を得なければならない行為の定めの審判の取消

（新設）

家事事件手続法（新法）	家事審判法（旧法）、家事審判規則（旧家審規）及び特別家事審判規則（旧特別家審規）
第三節　補助に関する審判事件 （管轄） 第百三十六条　補助開始の審判事件（別表第一の三十六の項の事項についての審判事件をいう。以下同じ。）は、被補助人となるべき者の住所地を管轄する家庭裁判所の管轄に属する。	第七十四条　親権又は管理権の喪失の宣告の申立てがあった場合において、子の利益のため必要があるときは、家庭裁判所は、当該申立てをした者の申立てにより、親権又は管理権の喪失の宣告の申立てについての審判の効力が生ずるまでの間、本人の職務の執行を停止し、又はその職務代行者を選任することができる。 ②　第三十二条第一項の規定は、前項の規定により選任された職務代行者について準用する。 第三十二条　家庭裁判所は、いつでも、その選任した管理人（不在者の財産の管理人をいう。以下この節において同じ。）を改任することができる。 ②　家庭裁判所が選任した管理人は、その任務を辞しようとするときは、家庭裁判所にその旨を届け出なければならない。 ③　前項の届出があった場合には、家庭裁判所は、更に管理人を選任しなければならない。 第七十五条　家庭裁判所は、前条の規定に基づいて選任され、又は改任された職務代行者に対し、子の財産の中から、相当な報酬を与えることができる。 【家事審判規則】 第三十条の七　法第九条第一項甲類第二号の二に規定する審判事件（民法第十八条第三項の規定による補助開始の審判の取消しに関するものを除く。）は、事件本人の住所地の家庭裁判所の管轄と

る保佐命令の審判に対する即時抗告の期間は、被保佐人となるべき者が審判の告知を受けた日及び財産の管理者が前項の規定による審判の告知を受けた日のうち最も遅い日から進行する。

5　保佐命令の審判があったときは、被保佐人となるべき者及び財産の管理者は、被保佐人となるべき者が財産の管理者の同意を得ないでした財産上の行為を取り消すことができる。この場合においては、制限行為能力者の行為の取消しに関する民法の規定を準用する。

6　第百二十五条第一項から第六項までの規定及び民法第二十七条から第二十九条まで（同法第二十七条第二項を除く。）の規定は、財産の管理者について準用する。この場合において、第百二十五条第三項中「成年被後見人」とあるのは「被保佐人となるべき者」と読み替えるものとする。

（保佐人の解任の審判事件等を本案とする保全処分）
第百三十五条　第百二十七条第一項から第四項までの規定は、保佐人の解任の審判事件又は保佐監督人の解任の審判事件を本案とする保全処分について準用する。

四項の規定による告知があった日及び前項の規定による告知があった日のうち最も遅い日から進行する。

⑤　保佐命令の審判があったときは、本人及び財産の管理者は、本人が財産の管理者の同意を得ないでした財産上の行為を取り消すことができる。この場合においては、制限行為能力者の行為の取消しに関する民法の規定を準用する。

⑥　第三十二条第一項及び第三十三条から第三十六条までの規定は、第一項の規定により選任された財産の管理者について準用する。

【家事審判法】
第十六条　民法第六百四十四条、第六百四十六条、第六百四十七条及び第六百五十条の規定は、家庭裁判所が選任した財産の管理をする者について、同法第二十七条から第二十九条までの規定は、第十五条の三第一項の規定による財産の管理者について準用する。

【家事審判規則】
第九十三条　（略）
②　（略）
③　第七十三条から第七十六条まで及び第八十七条の規定は、保佐人、保佐監督人、補助人又は補助監督人の解任に関する審判事件について準用する。

家事事件手続法（新法）	家事審判法（旧法）、家事審判規則（旧家審規）及び特別家事審判規則（旧特別家審規）
（保佐開始の審判事件を本案とする保全処分） 第百三十四条　保佐開始の審判事件を本案とする保全処分については、第百二十六条第一項の規定を準用する。 2　家庭裁判所（第百五条第二項の場合にあっては、高等裁判所）は、保佐開始の申立てがあった場合において、被保佐人となるべき者の財産の保全のため特に必要があるときは、当該申立てをした者の申立てにより、保佐開始の申立てについての審判が効力を生ずるまでの間、被保佐人となるべき者の財産上の行為（民法第十三条第一項に規定する行為に限る。第五項において同じ。）につき、前項の規定において準用する第百二十六条第一項の規定により選任される財産の管理者（以下この条において「財産の管理者」という。）の保佐を命ずることができる。 3　前項の規定による審判（以下この条において「保佐命令の審判」という。）は、第七十四条第一項に規定する者のほか、財産の管理者に告知しなければならない。 4　審判の告知を受ける者でない者及び被保佐人となるべき者によ	第十五条の三第一項の規定による財産の管理者について準用する。 【家事審判規則】 第三十条　保佐開始の審判の申立てがあった場合において、本人の財産の保全のため必要があるときは、家庭裁判所は、申立てにより、又は職権で、担保を立てさせないで、保佐開始の審判の申立てについての審判が効力を生ずるまでの間、本人の財産の管理者を選任し、又は事件の関係人に対し、本人の財産の管理若しくは本人の監護に関する事項を指示することができる。 ②　保佐開始の審判の申立てがあった場合において、本人の財産の保全のため特に必要があるときは、家庭裁判所は、当該申立てをした者の申立てにより、保佐開始の審判の申立てについての審判が効力を生ずるまでの間、本人の財産上の行為（民法第十三条第一項に規定する行為に限る。第五項において同じ。）につき、財産の管理者の保佐を受けることを命ずることができる。 ③　前項の規定による審判（以下この条において「保佐命令の審判」という。）は、財産の管理者に告知しなければならない。 ④　保佐命令の審判に対する即時抗告の期間は、法第十五条の三第

（成年後見に関する審判事件の規定の準用） 第百三十三条　第百十九条の規定は被保佐人となるべき者及び被保佐人の精神の状況に関する鑑定及び意見の聴取について、第百二十一条の規定は保佐開始の申立ての取下げ及び保佐人の選任の申立ての取下げについて、第百二十四条の規定は保佐の事務の監督について準用する。	き者が審判の告知を受けた日及び民法第八百七十六条の二第一項の規定により保佐人に選任される者が審判の告知を受けた日のうち最も遅い日から進行する。
	【家事審判規則】 第三十条の二　第二十四条及び第二十五条の規定は、保佐開始の審判をする場合について準用する。 第二十四条　家庭裁判所は、後見開始の審判をするには、本人の精神の状況について医師その他適当な者に鑑定をさせなければならない。ただし、明らかにその必要がないと認めるときは、この限りでない。 第九十三条の二　家庭裁判所は、適当な者に、保佐若しくは補助の事務の調査若しくは被保佐人若しくは被補助人の財産の状況の調査をさせ、又は臨時に財産の管理をさせることができる。 ②　家庭裁判所は、前項の規定により調査をし又は管理をした者に対し、被保佐人又は被補助人の財産の中から、相当な報酬を与えることができる。 ③　家庭裁判所は、家庭裁判所調査官に第一項に規定する調査をさせることができる。 【家事審判法】 第十六条　民法第六百四十四条、第六百四十六条、第六百四十七条及び第六百五十条の規定は、家庭裁判所が選任した財産の管理をする者について、同法第二十七条から第二十九条までの規定は、	時抗告をすることができる。この場合には、即時抗告の期間は、法第十三条の規定による告知があつた日及び前条の規定による保佐人に選任される者に対する告知があつた日のうち最も遅い日から進行する。

家事事件手続法（新法）	家事審判法（旧法）、家事審判規則（旧家審）及び特別家事審判規則（旧特別家審規）
八　保佐監督人の解任の審判　保佐監督人 九　保佐監督人の解任の申立てを却下する審判　申立人並びに被保佐人及びその親族 2　審判の告知を受ける者でない者及び被保佐人となるべき者による保佐開始の審判に対する即時抗告の期間は、被保佐人となるべ	の解任の申立てを却下する審判に対し、即時抗告をすることができる。 第九十三条　（略） ②　（略） ③　第七十三条から第七十六条まで及び第八十七条の規定は、保佐人、保佐監督人、補助人又は補助監督人の解任に関する審判事件について準用する。 第八十七条　後見人、後見監督人又は被後見人若しくはその親族は、後見人を解任する審判に対し、即時抗告をすることができる。 ②　（略） 第九十三条　（略） ②　（略） ③　第七十三条から第七十六条まで及び第八十七条の規定は、保佐人、保佐監督人、補助人又は補助監督人の解任に関する審判事件について準用する。 第八十七条　（略） ②　申立人、後見監督人又は被後見人若しくはその親族は、後見人の解任の申立てを却下する審判に対し、即時抗告をすることができる。 第三十条の四　民法第十一条本文に掲げる者及び任意後見契約に関する法律第十条第二項に掲げる者は、保佐開始の審判に対し、即

三　保佐開始の審判の取消しの申立てを却下する審判　民法第十四条第一項に規定する者 四　保佐人の同意を得なければならない行為の定めの審判の申立てを却下する審判　被保佐人 五　保佐人の同意に代わる許可の申立てを却下する審判　被保佐人 六　保佐人の解任の審判　保佐人 七　保佐人の解任の申立てを却下する審判　申立人、保佐監督人並びに被保佐人及びその親族	第三十条の六　（略） ②　民法第十四条第一項に掲げる者は、保佐開始の審判の取消しの申立てを却下する審判に対し、即時抗告をすることができる。 （新設） （新設） 第八十三条　（略） ②　（略） ③　第七十三条から第七十六条まで及び第八十七条の規定は、保佐人、保佐監督人又は補助監督人の解任に関する審判事件について準用する。 第八十七条　後見人、後見監督人又は被後見人若しくはその親族は、後見人を解任する審判に対し、即時抗告をすることができる。 第九十三条　（略） ②　（略） ③　（略） 第八十七条　（略） ②　申立人、後見監督人又は被後見人若しくはその親族は、後見人

家事事件手続法（新法）	家事審判法（旧法）、家事審判規則（旧家規）及び特別家事審判規則（旧特別審規）
監督人 二　保佐人の同意を得なければならない行為の定めの審判　保佐人及び保佐監督人（当該審判が保佐人又は保佐監督人の選任の審判と同時にされる場合にあっては、保佐人となるべき者又は保佐監督人となるべき者） 三　保佐人の同意に代わる許可の審判　保佐人及び保佐監督人 四　保佐人の同意の審判の取消しの審判　保佐人及び保佐監督人 五　保佐人の同意を得なければならない行為の定めの審判の取消しの審判　保佐人及び保佐監督人 六　保佐人に対する代理権の付与の審判　被保佐人（当該審判が保佐監督人の選任の審判と同時にされる場合にあっては、保佐監督人となるべき者） 七　保佐人に対する代理権の付与の審判の取消しの審判　被保佐人及び保佐監督人 （即時抗告） 第百三十二条　次の各号に掲げる審判に対しては、当該各号に定める者（第一号及び第四号にあっては、申立人を除く。）は、即時抗告をすることができる。 一　保佐開始の審判　民法第十一条本文及び任意後見契約法第十条第二項に規定する者 二　保佐開始の申立てを却下する審判　申立人	第三十条の五　民法第十三条第二項及び第三項並びに第十四条第二項の規定による審判は、保佐人に告知しなければならない。 後見人及び任意後見監督人に告知しなければならない。 第三十条の六　保佐開始の審判を取り消す審判は、保佐人及び保佐監督人に告知しなければならない。 ②　（略） （新設） （新設） 【家事審判規則】 第三十条の四　民法第十一条本文に掲げる者は、保佐開始の審判に対し、即時抗告をすることができる。（略） ②　第二十七条第二項の規定は、保佐開始の審判の申立てを却下す

六　保佐人の解任の審判　保佐人 七　保佐監督人の解任の審判　保佐監督人。 2　家庭裁判所は、次の各号に掲げる審判をする場合には、当該各号に定める者の意見を聴かなければならない。 一　保佐人の選任の審判　保佐人となるべき者 二　保佐監督人の選任の審判　保佐監督人となるべき者 （審判の告知） 第百三十一条　次の各号に掲げる審判は、第七十四条第一項に規定する者のほか、当該各号に定める者に告知しなければならない。 一　保佐開始の審判　民法第八百七十六条の二第一項の規定により保佐人に選任される者並びに任意後見契約に係る任意後見契約法第十条第三項の規定により終了する任意後見契約に係る任意後見人及び任意後	②　家庭裁判所は、成年後見人を選任するには、成年被後見人の陳述を聴かなければならない。 第九十三条　（略） ②　（略） ③　第七十三条から第七十六条まで及び第八十七条の規定は、保佐人、保佐監督人、補助人又は補助監督人の解任に関する審判事件について準用する。 第七十六条　家庭裁判所は、親権又は管理権の喪失を宣告するには、本人の陳述を聴かなければならない。 第九十三条　（略） ②　第八十三条、第八十四条及び第八十六条の二の規定は、保佐人、保佐監督人、補助人又は補助監督人に関する審判について準用する。 ③　（略） 第八十三条　家庭裁判所は、後見人を選任するには、後見人となるべき者の意見を聴かなければならない。 ②　（略） 【家事審判規則】 第三十条の三　保佐開始の審判は、民法第八百七十六条の二第一項の規定により保佐人に選任される者並びに任意後見契約に関する法律第十条第三項の規定により終了する任意後見契約に係る任意

家事事件手続法（新法）	家事審判法（旧法）、家事審判規則（旧家審規）及び特別家事審判規則（旧特別家事審規）
十一　保佐人に対する代理権の付与の審判の取消しの審判事件（別表第一の三十三の項の事項についての審判事件をいう。） 十二　保佐の事務の監督の審判事件（別表第一の三十四の項の事項についての審判事件をいう。） （陳述及び意見の聴取） 第百三十条　家庭裁判所は、次の各号に掲げる審判をする場合には、当該各号に定める者（第一号、第二号、第四号及び第五号にあっては、申立人を除く。）の陳述を聴かなければならない。 一　保佐開始の審判　被保佐人となるべき者 二　保佐人の同意を得なければならない行為の定めの審判　被保佐人となるべき者又は被保佐人 三　保佐人の同意に代わる許可の審判　保佐人 四　保佐開始の審判の取消しの審判（民法第十四条第一項の規定による場合に限る。）被保佐人及び保佐人 五　保佐人又は保佐監督人の選任の審判　被保佐人となるべき者又は被保佐人	【家事審判規則】 第三十条の二　第二十四条及び第二十五条の規定は、保佐開始の審判をする場合について準用する。 第二十五条　家庭裁判所は、後見開始の審判をするには、本人の陳述を聴かなければならない。 （新設） （新設） （新設） 第九十三条　（略） ②　第八十三条、第八十四条及び第八十六条の二の規定は、保佐人、保佐監督人、補助人又は補助監督人に関する審判について準用する。 第八十三条　（略）

第七号及び第九号の審判事件を本案とする保全処分についての審判事件を含む。）における被保佐人となるべき者及び被保佐人についての準用する。

一　保佐開始の審判事件
二　保佐人の同意を得なければならない行為の定めの審判事件（別表第一の十八の項の事項についての審判事件をいう。）
三　保佐人の同意に代わる許可の審判事件（別表第一の十九の項の事項についての審判事件をいう。）
四　保佐開始の審判の取消しの審判事件（別表第一の二十の項の事項についての審判事件をいう。）
五　保佐人の同意を得なければならない行為の定めの審判の取消しの審判事件（別表第一の二十一の項の事項についての審判事件をいう。）
六　保佐人の選任の審判事件（別表第一の二十二の項の事項についての審判事件をいう。）
七　保佐人の解任の審判事件（別表第一の二十四の項の事項についての審判事件をいう。第百三十五条において同じ。）
八　保佐監督人の選任の審判事件（別表第一の二十六の項の事項についての審判事件をいう。）
九　保佐監督人の解任の審判事件（別表第一の二十八の項の事項についての審判事件をいう。第百三十五条において同じ。）
十　保佐人に対する代理権の付与の審判事件（別表第一の三十二の項の事項についての審判事件をいう。）

家事事件手続法（新法）	家事審判法（旧法）、家事審判規則（旧家審）及び特別家事審判規則（旧特別家審規）
4　家庭裁判所は、第一項の規定により選任し、又は前項の規定により改任した職務代行者に対し、成年被後見人の財産の中から、相当な報酬を与えることができる。 5　前各項の規定は、成年後見監督人の解任の審判事件を本案とする保全処分について準用する。 　　　第二節　保佐に関する審判事件 （管轄） 第百二十八条　保佐開始の審判事件（別表第一の十七の項の事項についての審判事件をいう。以下同じ。）は、被保佐人となるべき者の住所地を管轄する家庭裁判所の管轄に属する。 2　保佐に関する審判事件（別表第一の十七の項から三十五の項までの事項についての審判事件をいう。）は、保佐開始の審判事件を除き、保佐開始の審判をした家庭裁判所（抗告裁判所が保佐開始の裁判をした場合にあっては、その第一審裁判所である家庭裁判所）の管轄に属する。ただし、保佐開始の審判事件が家庭裁判所に係属しているときは、その家庭裁判所の管轄に属する。 （手続行為能力） 第百二十九条　第百十八条の規定は、次に掲げる審判事件（第一号、	第七十五条　家庭裁判所は、前条の規定に基づいて選任され、又は改任された職務代行者に対し、子の財産の中から、相当な報酬を与えることができる。 第九十二条　（略） ②　第七十三条から第七十六条まで及び第八十七条の規定は、後見監督人の解任に関する審判事件について準用する。 【家事審判規則】 第二十九条　法第九条第一項甲類第二号に規定する審判事件は、事件本人の住所地の家庭裁判所の管轄とする。 第九十三条　保佐又は補助に関する審判事件は、特別の定めのある場合を除いては、被保佐人又は被補助人の住所地の家庭裁判所の管轄とする。 ②　（略） ③　第七十三条から第七十六条まで及び第八十七条の規定は、保佐人、保佐監督人、補助人又は補助監督人の解任に関する審判事件について準用する。 第七十三条　親権又は管理権の喪失の宣告に関する審判事件は、事件本人の住所地の家庭裁判所の管轄とする。 （新設）

（成年後見人の解任の審判事件等を本案とする保全処分） 第百二十七条　家庭裁判所は、成年後見人の解任の審判事件が係属している場合において、成年被後見人の利益のため必要があるときは、成年後見人の解任の申立てをした者の申立てにより又は職権で、成年後見人の解任についての審判が効力を生ずるまでの間、成年後見人の職務の執行を停止し、又はその職務代行者を選任することができる。 2　前項の規定による成年後見人の職務の執行を停止する審判は、職務の執行を停止される成年後見人、他の成年後見人又は同項の規定により選任した職務代行者に告知することによって、その効力を生ずる。 3　家庭裁判所は、いつでも、第一項の規定により選任した職務代行者を改任することができる。	第十五条の三第一項の規定による財産の管理者について準用する。 【家事審判規則】 第八十六条　第七十三条から第七十六条までの規定は、後見人の解任に関する審判事件にこれを準用する。 第七十四条　親権又は管理権の喪失の宣告の申立てがあった場合において、子の利益のため必要があるときは、家庭裁判所は、当該申立てをした者の申立てにより、親権又は管理権の喪失の宣告の申立てについての審判が効力を生ずるまでの間、本人の職務の執行を停止し、又はその職務代行者を選任することができる。 （新設） ②　第三十二条第一項の規定は、前項の規定により選任された職務代行者について準用する。 第三十二条　家庭裁判所は、いつでも、その選任した管理人（不在者の財産の管理人をいう。以下この節において同じ。）を改任することができる。 ②　家庭裁判所が選任した管理人は、その任務を辞しようとするときは、家庭裁判所にその旨を届け出なければならない。 ③　前項の届出があった場合には、家庭裁判所は、更に管理人を選任しなければならない。

家事事件手続法（新法）	家事審判法（旧法）、家事審判規則（旧家審規）及び特別家事審判規則（旧特別家審規）
審判（次項から第七項までにおいて「後見命令の審判」という。）をすることができる。 4 後見命令の審判は、第一項の財産の管理者（数人あるときは、そのうちの一人）に告知することによって、その効力を生ずる。 5 後見命令の審判については、成年被後見人となるべき者に通知しなければならない。この場合においては、成年被後見人となるべき者については、第七十四条第一項の規定は、適用しない。 6 審判の告知を受ける者でない者による第一項の財産の管理者が第四項の規定による告知を受けた日（二以上あるときは、当該日のうち最も遅い日）から進行する。 7 後見命令の審判があったときは、成年被後見人となるべき者及び第一項の財産の管理者は、成年被後見人となるべき者がした財産上の行為を取り消すことができる。この場合においては、制限行為能力者の行為の取消しに関する民法の規定を準用する。 8 前条第一項から第六項までの規定及び民法第二十七条から第二十九条まで（同法第二十七条第二項を除く。）の規定は、第一項の財産の管理者について準用する。この場合において、前条第三項中「成年被後見人」とあるのは、「成年被後見人となるべき者」と読み替えるものとする。	③ 前項の規定による審判（以下この条において「後見命令の審判」という。）は、財産の管理者に告知しなければならない。 ④ 後見命令の審判がされたときは、裁判所書記官は、遅滞なく、本人に対し、その旨を通知しなければならない。 ⑤ 後見命令の審判に対する即時抗告の期間は、第三項の規定による告知があつた日（複数ある場合には、そのうち最も遅い日）から進行する。 ⑥ 後見命令の審判があったときは、本人及び財産の管理者は、本人がした財産上の行為を取り消すことができる。この場合においては、制限行為能力者の行為の取消しに関する民法の規定を準用する。 ⑦ 第三十二条第一項及び第三十三条から第三十六条までの規定は、第一項の規定により選任された財産の管理者について準用する。 【家事審判法】 第十六条　民法第六百四十四条、第六百四十六条、第六百四十七条及び第六百五十条の規定は、家庭裁判所が選任した財産の管理者をする者について、同法第二十七条から第二十九条までの規定は、

【後見開始の審判事件を本案とする保全処分】

第百二十六条　家庭裁判所（第百五条第二項の場合にあっては、高等裁判所。以下この条及び次条において同じ。）は、後見開始の申立てがあった場合において、成年被後見人となるべき者の生活、療養看護又は財産の管理のため必要があるときは、申立てにより又は職権で、担保を立てさせないで、後見開始の申立てについての審判が効力を生ずるまでの間、財産の管理者を選任し、又は事件の関係人に対し、成年被後見人となるべき者の生活、療養看護若しくは財産の管理に関する事項を指示することができる。

2　家庭裁判所は、後見開始の申立てがあった場合において、成年被後見人となるべき者の財産の保全のため特に必要があるときは、当該申立てをした者の申立てにより、後見開始の申立てについての審判が効力を生ずるまでの間、成年被後見人となるべき者の財産上の行為（民法第九条ただし書に規定する行為を除く。）につき、前項の財産の管理者の後見を受けることを命ずることができる。

3　家庭裁判所は、成年被後見人となるべき者の心身の障害によりその者の陳述を聴くことができないときは、第百七条の規定にかかわらず、その者の陳述を聴く手続を経ずに、前項の規定による審判をしなければならない。

管理を継続することが相当でなくなったときは、成年被後見人、財産の管理者若しくは利害関係人の申立てにより又は職権で、財産の管理者の選任その他の財産の管理に関する処分の取消しの審判をしなければならない。

ときは、家庭裁判所は、本人又は利害関係人の申立てによって、その命じた処分を取り消さなければならない。

【家事審判規則】

第二十三条　後見開始の審判の申立てがあった場合において、本人の監護のため必要があるときは、家庭裁判所は、申立てにより、又は職権で、担保を立てさせないで、後見開始の申立てについての審判が効力を生ずるまでの間、後見開始の審判の申立てについての審判が効力を生ずるまでの間、本人の財産の管理者を選任し、又は事件の関係人に対し、本人の監護に関する事項を指示することができる。

②　後見開始の審判の申立てがあった場合において、本人の財産の保全のため特に必要があるときは、家庭裁判所は、当該申立てをした者の申立てにより、後見開始の申立てについての審判が効力を生ずるまでの間、本人の財産上の行為（民法第九条ただし書に規定する行為を除く。）につき、第六項において同じ。）につき、財産の管理者の後見を受けるべきことを命ずることができる。

（新設）

家事事件手続法（新法）	家事審判法（旧法）、家事審判規則（旧家審規）及び特別家事審判規則（旧特別家審規）
する処分の審判事件において選任した管理者（前項の規定により改任された管理者を含む。以下この条において「財産の管理者」という。）に対し、財産の状況の報告及び管理の計算を命ずることができる。 3　前項の報告及び計算に要する費用は、成年被後見人の財産の中から支弁する。 4　家庭裁判所は、財産の管理者に対し、その提供した担保の増減、変更又は免除を命ずることができる。 5　財産の管理者の不動産又は船舶の上に抵当権の設定を命ずる審判が効力を生じたときは、裁判所書記官は、その設定の登記を嘱託しなければならない。設定した抵当権の変更又は消滅の登記の嘱託についても、同様とする。 6　民法第六百四十四条、第六百四十六条、第六百四十七条及び第六百五十条の規定は、財産の管理者について準用する。 7　家庭裁判所は、成年被後見人が財産を管理することができるようになったとき、管理すべき財産がなくなったときその他財産の	の報告及び管理の計算を命ずることができる。 ②　（略） ③　前二項の報告及び計算に要する費用は、不在者の財産の中からこれを支弁する。 第三十四条　家庭裁判所は、管理人に対しその供した担保の増減、変更又は免除を命ずることができる。 第三十五条　管理人の不動産又は船舶の上に抵当権の設定を命ずる審判が効力を生じたときは、裁判所書記官は、その設定の登記を嘱託しなければならない。 ②　（略） ③　前二項の規定は、設定した抵当権の変更又は消滅の登記にこれを準用する。 【家事審判法】 第十六条　民法第六百四十四条、第六百四十六条、第六百四十七条及び第六百五十条の規定は、家庭裁判所が選任した財産の管理をする者について、同法第二十七条から第二十九条までの規定は、第十五条の三第一項の規定による財産の管理者について準用する。 【家事審判規則】 第三十七条　本人が自ら財産を管理することができるようになったとき、又はその死亡が分明となり、若しくは失踪の宣告があった

成年被後見人の財産の中から、相当な報酬を与えることができる。

3　家庭裁判所は、家庭裁判所調査官に第一項の規定による調査をさせることができる。

4　民法第六百四十四条、第六百四十六条、第六百四十七条及び第六百五十条の規定は、第一項の規定により財産を管理する者について準用する。

（管理者の改任等）

第百二十五条　家庭裁判所は、いつでも、第三者が成年被後見人に与えた財産の管理に関する処分の審判事件において選任した管理者を改任することができる。

2　家庭裁判所は、第三者が成年被後見人に与えた財産の管理に関

被後見人の財産の中から、相当な報酬を与えることができる。

③　家庭裁判所は、家庭裁判所調査官に第一項に規定する調査をさせることができる。

【家事審判法】

第十六条　民法第六百四十四条、第六百四十六条、第六百四十七条及び第六百五十条の規定は、家庭裁判所が選任した財産の管理をする者について、同法第二十七条から第二十九条までの規定は、第十五条の三第一項の規定による財産の管理者について準用する。

【家事審判規則】

第九十条　第三十二条から第三十七条まで及び第五十二条第二項の規定は、第三者が被後見人に与えた財産の管理者の選任その他の管理に関する処分について、第六十六条の規定は、未成年被後見人の懲戒に関する許可その他の処分について準用する。

第三十二条　家庭裁判所は、いつでも、その選任した管理人（不在者の財産の管理人をいう。以下この節において同じ。）を改任することができる。

②　家庭裁判所が選任した管理人は、その任務を辞しようとするときは、家庭裁判所にその旨を届け出なければならない。

③　前項の届出があった場合には、家庭裁判所は、更に管理人を選任しなければならない。

第三十三条　家庭裁判所は、その選任した管理人に対し財産の状況

家事事件手続法（新法）	家事審判法（旧法）、家事審判規則（旧家審規）及び特別家事審判規則（旧特別家審規）
七　成年後見監督人の解任の申立てを却下する審判　申立人並びに成年被後見人及びその親族 2　審判の告知を受ける者でない者による後見開始の審判に対する即時抗告の期間は、民法第八百四十三条第一項の規定により成年後見人に選任される者が審判の告知を受けた日（二以上あるときは、当該日のうち最も遅い日）から進行する。 （成年後見の事務の監督） 第百二十四条　家庭裁判所は、適当な者に、成年被後見人の財産の状況を調査させ、又は臨時に財産の管理をさせることができる。 2　家庭裁判所は、前項の規定により調査又は管理をした者に対し、	監督人の解任に関する審判事件について準用する。 第八十七条　後見人、後見監督人又は被後見人若しくはその親族は、後見人を解任する審判に対し、即時抗告をすることができる。 ②　（略） 第九十二条　（略） ②　第七十三条から第七十六条まで及び第八十七条の規定は、後見監督人の解任に関する審判事件について準用する。 第八十七条　（略） ②　申立人、後見監督人又は被後見人若しくはその親族は、後見人の解任の申立てを却下する審判に対し、即時抗告をすることができる。 第二十七条　民法第七条に掲げる者及び任意後見契約に関する法律第十条第二項に掲げる者は、後見開始の審判に対し、即時抗告をすることができる。この場合には、即時抗告の期間は、前条第一項の規定による成年後見人に選任される者に対する告知があった日（複数ある場合には、そのうち最も遅い日）から進行する。 【家事審判規則】 第八十八条　家庭裁判所は、適当な者に、後見の事務の調査若しくは被後見人の財産の状況の調査をさせ、又は臨時に財産の管理をさせることができる。 ②　家庭裁判所は、前項の規定により調査又は管理をした者に対し、

二　後見開始の審判の取消しの審判　成年後見人及び成年後見監督人

第二十八条　後見開始の審判を取り消す審判は、成年後見人及び成年後見監督人に告知しなければならない。

②　(略)

(即時抗告)

第二百二十三条　次の各号に掲げる審判に対しては、当該各号に定める者（第一号にあっては、申立人を除く。）は、即時抗告をすることができる。

一　後見開始の審判　民法第七条及び任意後見契約法第十条第二項に規定する者

二　後見開始の申立てを却下する審判　申立人

三　後見開始の審判の取消しの申立てを却下する審判　民法第十条に規定する者

四　成年後見人の解任の審判　成年後見人

五　成年後見人の解任の申立てを却下する審判　申立人、成年後見監督人並びに成年被後見人及びその親族

六　成年後見監督人の解任の審判　成年後見監督人

【家事審判規則】

第二十七条　民法第七条に掲げる者及び任意後見契約に関する法律第十条第二項に掲げる者は、後見開始の審判に対し、即時抗告をすることができる。(略)

②　申立人は、後見開始の審判の申立てを却下する審判に対し、即時抗告をすることができる。

第二十八条　(略)

②　民法第十条に掲げる者は、後見開始の審判の取消しの申立てを却下する審判に対し、即時抗告をすることができる。

第八十七条　後見人、後見監督人又は被後見人若しくはその親族は、後見人を解任する審判に対し、即時抗告をすることができる

②　申立人、後見監督人又は被後見人若しくはその親族は、後見人の解任の申立てを却下する審判に対し、即時抗告をすることができる。

第九十二条　(略)

②　第七十三条から第七十六条まで及び第八十七条の規定は、後見

家事事件手続法（新法）	家事審判法（旧法、家事審判規則（旧家審）及び特別家事審判規則（旧特別家審規）
（申立ての取下げの制限） 第百二十一条　次に掲げる申立てについては、審判がされる前であっても、家庭裁判所の許可を得なければ、取り下げることができない。 一　後見開始の申立て 二　民法第八百四十三条第二項の規定による成年後見人の選任の申立て 三　民法第八百四十五条の規定により選任した者による同法第八百四十三条第三項の規定による成年後見人の選任の申立て **（審判の告知等）** 第百二十二条　後見開始の審判は、成年被後見人となるべき者に通知しなければならない。この場合においては、第七十四条第一項の規定は、適用しない。 2　次の各号に掲げる審判は、第七十四条第一項に規定する者のほか、当該各号に定める者に告知しなければならない。 一　後見開始の審判　民法第八百四十三条第一項の規定により成年後見人に選任される者並びに任意後見契約に関する法律（平成十一年法律第百五十号。以下「任意後見契約法」という。）第十条第三項の規定により終了する任意後見契約に係る任意後見人及び任意後見監督人	べき者の意見を聴かなければならない。 ②　（略） （新設） **〔家事審判規則〕** 第二十六条　（略） ②　後見開始の審判がされたときは、裁判所書記官は、遅滞なく、本人に対し、その旨を通知しなければならない。 第二十六条　後見開始の審判は、民法第八百四十三条第一項の規定により成年後見人に選任される者並びに任意後見契約に関する法律第十条第三項の規定により終了する任意後見契約に係る任意後見人及び任意後見監督人に告知しなければならない。 ②　（略）

三　成年後見人又は成年後見監督人の選任の審判　成年被後見人となるべき者又は成年被後見人 四　成年後見人の解任の審判　成年後見人 五　成年後見監督人の解任の審判　成年後見監督人 ２　家庭裁判所は、次の各号に掲げる審判をする場合には、当該各号に定める者の意見を聴かなければならない。 一　成年後見人の選任の審判　成年後見人となるべき者 二　成年後見監督人の選任の審判　成年後見監督人となるべき者	第八十三条　（略） ②　家庭裁判所は、成年後見人を選任するには、成年被後見人の陳述を聴かなければならない。 第八十六条　第七十三条から第七十六条までの規定は、成年後見人の解任にする審判事件にこれを準用する。 第七十六条　家庭裁判所は、親権又は管理権の喪失を宣告するには、本人の陳述を聴かなければならない。 第九十二条　（略） ②　第七十三条から第七十六条まで及び第八十七条の規定は、後見監督人の解任に関する審判事件について準用する。 第七十六条　家庭裁判所は、親権又は管理権の喪失を宣告するには、本人の陳述を聴かなければならない。 第八十三条　家庭裁判所は、後見人を選任するには、後見人となるべき者の意見を聴かなければならない。 第九十二条　第八十三条第一項、第八十四条、第八十五条及び第八十六条の二の規定は未成年後見監督人に関する審判について、第八十三条、第八十四条及び第八十六条の二の規定は成年後見監督人に関する審判について準用する。 ②　（略） 第八十三条　家庭裁判所は、後見人を選任するには、後見人となる

家事事件手続法（新法）	家事審判法（旧法）、家事審判規則（旧家審）及び特別家事審判規則（旧特別家審規）
判事件（別表第一の十五の項の事項についての審判事件をいう。第百二十五条第一項及び第二項において同じ。）	
（精神の状況に関する鑑定及び意見の聴取） 第百十九条　家庭裁判所は、成年被後見人となるべき者の精神の状況につき鑑定をしなければ、後見開始の審判をすることができない。ただし、明らかにその必要がないと認めるときは、この限りでない。 2　家庭裁判所は、成年被後見人の精神の状況につき医師の意見を聴かなければ、民法第十条の規定による後見開始の審判の取消しの審判をすることができない。ただし、明らかにその必要がないと認めるときは、この限りでない。	【家事審判規則】 第二十四条　家庭裁判所は、後見開始の審判をするには、本人の精神の状況について医師その他適当な者に鑑定をさせなければならない。ただし、明らかにその必要がないと認めるときは、この限りでない。 （新設）
（陳述及び意見の聴取） 第百二十条　家庭裁判所は、次の各号に掲げる審判をする場合には、当該各号に定める者（第一号から第三号までにあっては、申立人を除く。）の陳述を聴かなければならない。ただし、成年被後見人となるべき者及び成年被後見人については、その者の心身の障害によりその者の陳述を聴くことができないときは、この限りでない。 一　後見開始の審判　成年被後見人となるべき者 二　後見開始の取消しの審判（民法第十条の規定による場合に限る。）　成年被後見人及び成年後見人	【家事審判規則】 第二十五条　家庭裁判所は、後見開始の審判をするには、本人の陳述を聴かなければならない。 （新設）

条第一項において準用する民事訴訟法第三十一条の規定にかかわらず、法定代理人によらずに、自ら手続行為をすることができる。その者が被保佐人又は被補助人（手続行為をすることにつきその補助人の同意を得ることを要するものに限る。）であって、保佐人若しくは保佐監督人又は補助人若しくは補助監督人の同意がない場合も、同様とする。

一　後見開始の審判事件

二　後見開始の審判の取消しの審判事件（別表第一の二の項の事項についての審判事件をいう。）

三　成年後見人の選任の審判事件（別表第一の三の項の事項についての審判事件をいう。）

四　成年後見人の解任の審判事件（別表第一の五の項の事項についての審判事件をいう。第百二十七条第一項において同じ。）

五　成年後見監督人の選任の審判事件（別表第一の六の項の事項についての審判事件をいう。）

六　成年後見監督人の解任の審判事件（別表第一の八の項の事項についての審判事件をいう。第百二十七条第五項において同じ。）

七　成年被後見人に関する特別代理人の選任の審判事件（別表第一の十二の項の事項についての審判事件をいう。）

八　成年後見の事務の監督の審判事件（別表第一の十四の項の事項についての審判事件をいう。）

九　第三者が成年被後見人に与えた財産の管理に関する処分の審

家事事件手続法（新法）	家事審判法（旧法）、家事審判規則（旧家審規）及び特別家事審判規則（旧特別家審規）
が効力を生じた場合 二　審判前の保全処分が効力を生じ、又は効力を失った場合 第二章　家事審判事件 第一節　成年後見に関する審判事件 （管轄） 第百十七条　後見開始の審判事件（別表第一の一の項の事項についての審判事件をいう。次項及び次条第一号において同じ。）は、成年被後見人となるべき者の住所地を管轄する家庭裁判所の管轄に属する。 2　成年後見に関する審判事件（別表第一の一の項から十六の項までの事項についての審判事件をいう。次項及び次条第一号において同じ。）は、後見開始の審判をした家庭裁判所（抗告裁判所が後見開始の裁判をした場合にあっては、その第一審裁判所である家庭裁判所）の管轄に属する。ただし、後見開始の審判事件が家庭裁判所に係属しているときは、その家庭裁判所の管轄に属する。 （手続行為能力） 第百十八条　次に掲げる審判事件（第一号、第四号及び第六号の審判事件を本案とする保全処分についての審判事件を含む。）においては、成年被後見人となるべき者及び成年被後見人は、第十七	を管掌する者又は登記所に対し、戸籍の記載又は後見登記等に関する法律に定める登記を嘱託しなければならない。 【家事審判規則】 第二十二条　法第九条第一項甲類第一号に規定する審判事件は、事件本人の住所地の家庭裁判所の管轄とする。 第八十二条　後見に関する審判事件は、特別の定のある場合を除いては、被後見人の住所地の家庭裁判所の管轄とする。 第八十六条　第七十三条から第七十六条までの規定は、後見人の解任に関する審判事件にこれを準用する。 第七十三条　親権又は管理権の喪失の宣告に関する審判事件は、事件本人の住所地の家庭裁判所の管轄とする。 第九十二条（略） （新設） ②　第七十三条から第七十六条まで及び第八十七条の規定は、後見監督人の解任に関する審判事件について準用する。

手続における担保について、同法第十四条、第十五条及び第二十条から第二十四条まで（同法第二十三条第四項を除く。）の規定は審判前の保全処分について、同法第三十三条の規定は審判前の保全処分の取消しの裁判について、同法第三十四条の規定は第百十二条第一項の審判前の保全処分の取消しの審判について準用する。

②〜⑥　（略）

⑦　民事保全法第四条、第十四条、第十五条及び第二十条から第二十四条までの規定は審判前の保全処分について、同法第三十三条及び第三十四条の規定は審判前の保全処分を取り消す審判について準用する。

第五節　戸籍の記載等の嘱託

第百十六条　裁判所書記官は、次に掲げる場合には、最高裁判所規則で定めるところにより、遅滞なく、戸籍事務を管掌する者又は登記所に対し、戸籍の記載又は後見登記等に関する法律（平成十一年法律第百五十二号）に定める登記を嘱託しなければならない。ただし、戸籍の記載又は同法に定める登記の嘱託を要するものとして最高裁判所規則で定めるものに限る。

一　別表第一に掲げる事項についての審判又はこれに代わる裁判

【家事審判規則】

第十五条の三　（略）

②、③　（略）

④　前条第二項及び第三項の規定は前項の疎明について、民事保全法（平成元年法律第九十一号）第四条の規定は前項の担保について準用する。

第十五条の五　民事保全法第三十三条の規定は、第十五条の三第二項の規定による即時抗告に基づき審判前の保全処分を取り消す裁判について準用する。

【家事審判法】

第十五条の二　第九条第一項甲類に掲げる事項についての審判（戸籍の記載又は後見登記等に関する法律（平成十一年法律第百五十二号）に定める登記の嘱託を要するものとして最高裁判所の定めるものに限る。以下この条において同じ。）が効力を生じた場合又は次条第一項の規定による審判（同条第五項の裁判を含む。）が効力を生じ、若しくは効力を失った場合には、裁判所書記官は、最高裁判所の定めるところにより、遅滞なく、戸籍事務

家事事件手続法（新法）	家事審判法（旧法）、家事審判規則（旧家審規）及び特別家事審判規則（旧特別家審規）
（即時抗告等） 第百十三条　前条第一項の審判前の保全処分の取消しの審判の申立人は、申立てを却下する審判（第百十条第一項各号に掲げる保全処分の取消しの申立てを却下する審判を除く。）に対し、即時抗告をすることができる。 2　審判前の保全処分の申立人は、前条第一項の審判前の保全処分の取消しの審判（第百十条第一項各号に掲げる保全処分の取消しの審判を除く。）及び第百十五条において準用する民事保全法第三十三条の規定による原状回復の審判に対し、即時抗告をすることができる。 3　第八十一条の規定は、前二項の規定による即時抗告に伴う執行停止について準用する。 （調書の作成） 第百十四条　裁判所書記官は、審判前の保全処分の手続の期日について、調書を作成しなければならない。ただし、裁判長においてその必要がないと認めるときは、この限りでない。 2　審判前の保全処分の手続については、第四十六条の規定は、適用しない。 （民事保全法の準用） 第百十五条　民事保全法第四条の規定は審判前の保全処分に関する事保全法第三十三条の規定による審判を含む。）について準用する。（後段略）	事保全法第三十三条の規定による審判を含む。）について準用する。（後段略） 【家事審判規則】 第十五条の四　（略） ②　第十五条の二の規定は前項の申立てについて、前条の規定は同項の規定による審判（法第十五条の三第七項において準用する民事保全法第三十三条の規定による審判を含む。）について準用する。この場合において、前条第一項中「審判前の保全処分の申立人」とあるのは「申立人」と、同条第二項中「本案の申立てを認める審判に対し即時抗告をすることができる者」とあるのは「審判前の保全処分の申立人」と読み替えるものとする。 （新設） 【家事審判法】 第十五条の三　（略）

（審判前の保全処分の取消し） 第百十二条　審判前の保全処分が確定した後に、保全処分を求める事由の消滅その他の事情の変更があるときは、本案の家事審判事件（家事審判事件に係る事項について家事調停の申立てがあった場合にあっては、その家事調停事件）が係属する家庭裁判所又は審判前の保全処分をした家庭裁判所は、本案の家事審判の申立てについての審判（申立てを却下する審判を除く。）に対し即時抗告をすることができる者の申立てにより又は職権で、審判前の保全処分の取消しの審判をすることができる。 2　本案の家事審判事件が高等裁判所に係属する場合には、その高等裁判所が、前項の審判前の保全処分の取消しの審判に代わる裁判をする。 3　第百六条並びに第百九条第一項及び第二項の規定は、第一項の審判前の保全処分の取消しの審判及び前項の裁判について準用する。	て準用する。 【家事審判法】 第十五条の三　（略） ②　前項の規定による審判（以下「審判前の保全処分」という。）が確定した後に、その理由が消滅し、その他事情が変更したときは、家庭裁判所は、その審判を取り消すことができる。 ③、④　（略） ⑤　第九条に規定する審判事件が高等裁判所に係属する場合には、当該高等裁判所が、第三項の審判に代わる裁判を行う。 ⑥、⑦　（略） 第十五条の三　（略） ②　（略） ③　前項の規定による審判は、疎明に基づいてする。 ④　前項の審判は、これを受ける者に告知することによってその効力を生ずる。 ⑤〜⑦　（略） 【家事審判規則】 第十五条の四　（略） ②　第十五条の二の規定は前項の申立てについて、前条の規定は同項の規定による審判（法第十五条の三第七項において準用する民

家事事件手続法（新法）	家事審判法（旧法）、家事審判規則（旧家審規）及び特別家事審判規則（旧特別家審規）
合を含む。）、第百七十四条第一項（第二百四十二条第三項において準用する場合を含む。）、第百七十五条第三項及び第二百十五条第一項の規定による職務代行者の選任の保全処分 2　本案の家事審判の申立てについての審判（申立てを却下する審判を除く。）に対し即時抗告をすることができる者は、審判前の保全処分（前項各号に掲げる保全処分を命ずる審判を除く。）に対し、即時抗告をすることができる。 （即時抗告に伴う執行停止） 第百十一条　前条第二項の規定により即時抗告の原因となる場合において、原審判の取消しの原因となることが明らかな事情及び原審判の執行により償うことができない損害を生ずるおそれがあることについて疎明があったときは、抗告裁判所は、申立てにより、担保を立てさせて、若しくは担保を立てさせないで原審判の執行の停止を命じ、又は担保を立てさせて既にした執行処分の取消しを命ずることができる。審判前の保全処分の事件の記録が家庭裁判所に存する間は、家庭裁判所も、これらの処分を命ずることができる。 2　第二百六条第二項及び第三項の規定は、前項の申立てについて準用する。	十六条第一項において準用する場合を含む。）の規定により職務代行者を選任する保全処分の申立て ②　本案の審判の申立てを認める審判に対し即時抗告をすることができる者は、審判前の保全処分（前項各号に規定する保全処分を除く。）に対し、即時抗告をすることができる。 ③、④　（略） 【家事審判規則】 第十五条の三　（略） ②　（略） ③　前項の規定により即時抗告が提起された場合において、原審判の取消しの原因となることが明らかな事情及び原審判の執行により回復の困難な損害が生ずべきことについて疎明があったときは、高等裁判所は、申立てにより、即時抗告についての裁判が効力を生ずるまでの間、担保を立てさせて、若しくは担保を立てさせないで原審判の執行の停止を命じ、又は担保を立てさせて既にした執行処分の取消しを命ずることを条件として、事件の記録が家庭裁判所に存する間は、これらの処分を命ずることができる。 ④　前条第二項及び第三項の規定は前項の疎明について、民事保全法（平成元年法律第九十一号）第四条の規定は前項の担保について

定は、適用しない。	力を生ずる。
3 審判前の保全処分の執行及び効力は、民事保全法（平成元年法律第九十一号）その他の仮差押え及び仮処分の執行及び効力に関する法令の規定に従う。この場合において、同法第四十五条中「仮に差し押さえるべき物又は係争物の所在地を管轄する地方裁判所」とあるのは、「本案の家事審判事件（家事審判事件に係る事項について家事調停の申立てがあった場合にあっては、その家事調停事件）が係属している家庭裁判所（当該家事審判事件が高等裁判所に係属しているときは、原裁判所）」とする。	⑤ （略） ⑥ 審判前の保全処分（前項の裁判を含む。次項において同じ。）の執行及び効力は、民事保全法（平成元年法律第九十一号）その他の仮差押え及び仮処分の執行及び効力に関する法令の規定に従う。この場合において、同法第四十五条中「仮に差し押さえるべき物又は係争物の所在地を管轄する地方裁判所」とあるのは、「本案の審判事件（その審判事件が係属している家庭裁判所（その審判事件が高等裁判所に係属しているときは、原裁判所）」とする。 ⑦ （略）
【即時抗告】 第百十条　審判前の保全処分（第百五条第二項の審判に代わる裁判を除く。次項において同じ。）の申立人は、申立てを却下する審判に対し、即時抗告をすることができる。ただし、次に掲げる保全処分の申立てを却下する審判については、この限りでない。 一　第百二十六条第一項（第百三十四条第一項及び第百四十三条第一項において準用する場合を含む。）、第百五十八条第一項（第二百四十二条第三項において準用する場合を含む。）及び第二百条第一項の規定による財産の管理者の選任又は財産の管理等に関する指示の保全処分 二　第百二十七条第一項（第百三十五条、第百四十四条、第百八十一条及び第二百二十五条第一項において準用する場合を含む。）、第百六十六条第一項（同条第五項において準用する場	【家事審判規則】 第十五条の三　審判前の保全処分の申立人は、申立て（次に掲げる申立てを除く。）を却下する審判に対し、即時抗告をすることができる。 一　第二十三条第一項（第百六条第一項（第四十七条及び第四十八条第三項において準用する場合を含む。）、第三十条第一項及び第三十条の八第一項の規定による保全処分の申立て 二　第六十四条の五第一項（第六十四条の十二において準用する場合を含む。）及び第七十四条第一項（第七十七条、第七十二条、第八十六条、第九十二条第二項、第九十三条第三項及び第百二

家事事件手続法（新法）	家事審判法（旧法）、家事審判規則（旧家審規）及び特別家事審判規則（旧特別家審規）
きる。 4　審判前の保全処分の申立ては、審判前の保全処分があった後であっても、その全部又は一部を取り下げることができる。 （陳述の聴取） 第百七条　審判前の保全処分のうち仮の地位を定める仮処分を命ずるものは、審判を受ける者となるべき者の陳述を聴かなければ、することができない。ただし、その陳述を聴く手続を経ることにより保全処分の目的を達することができない事情があるときは、この限りでない。 （記録の閲覧等） 第百八条　家庭裁判所（第百五条第二項の場合にあっては、高等裁判所）は、第四十七条第三項の規定にかかわらず、審判前の保全処分の事件について、当事者から同条第一項又は第二項の規定による許可の申立てがあった場合には、審判前の保全処分の事件における審判を受ける者となるべき者に対し、当該事件が係属したことを通知し、又は審判前の保全処分を告知するまでは、相当と認めるときに限り、これを許可することができる。 （審判） 第百九条　審判前の保全処分は、疎明に基づいてする。 2　審判前の保全処分については、第七十四条第二項ただし書の規	（新設） （新設） （新設） 【家事審判法】 第十五条の三　（略） ②　（略） ③　前二項の規定による審判は、疎明に基づいてする。 ④　前項の審判は、これを受ける者に告知することによってその効

2　前項の規定による申立てについての裁判に対しては、不服を申し立てることができない。 3　第九十五条第二項及び第三項の規定は、第一項の規定により担保を立てる場合における供託及び担保について準用する。 　　　第四節　審判前の保全処分 　（審判前の保全処分） 第百五条　本案の家事審判事件（家事審判事件に係る事項について家事調停の申立てがあった場合にあっては、その家事調停事件）が係属する家庭裁判所は、この法律の定めるところにより、仮差押え、仮処分、財産の管理者の選任その他の必要な保全処分を命ずる審判をすることができる。 2　本案の家事審判事件が高等裁判所に係属する場合には、その高等裁判所が、前項の審判に代わる裁判をする。 　（審判前の保全処分の申立て等） 第百六条　審判前の保全処分（前条第一項の審判及び同条第二項の審判に代わる裁判をいう。以下同じ。）の申立ては、その趣旨及び保全処分を求める事由を明らかにしてしなければならない。 2　審判前の保全処分の申立人は、保全処分を求める事由を疎明しなければならない。 3　家庭裁判所（前条第二項の場合にあっては、高等裁判所）は、審判前の保全処分の申立てがあった場合において、必要があると認めるときは、職権で、事実の調査及び証拠調べをすることが	【家事審判法】 第十五条の三　第九条の審判の申立てがあった場合においては、家庭裁判所は、最高裁判所の定めるところにより、仮差押え、仮処分、財産の管理者の選任その他の必要な保全処分を命ずることができる。 ②〜④　（略） ⑤　第九条に規定する審判事件が高等裁判所に係属する場合には、当該高等裁判所が、第三項の審判に代わる裁判を行う。 ⑥、⑦　（略） 【家事審判規則】 第十五条の二　審判前の保全処分の申立てをするときは、求める保全処分及び当該保全処分を求める事由を明らかにしなければならない。 ②　前項の申立てをした者は、第七条第一項の規定にかかわらず、保全処分を求める事由を疎明しなければならない。 ③　家庭裁判所は、必要があると認めるときは、職権で、事実の調査及び証拠調べをすることができる。

家事事件手続法（新法）	家事審判法（旧法）、家事審判規則（旧家審規）及び特別家事審判規則（旧特別家審規）
2 再審の手続には、その性質に反しない限り、各審級における手続に関する規定を準用する。 3 民事訴訟法第四編の規定（同法第三百四十一条及び第三百四十九条の規定を除く。）は、第一項の再審の申立て及びこれに関する手続について準用する。この場合において、同法第三百四十八条第一項中「不服申立ての限度で、本案の審理及び裁判をする」とあるのは、「本案の審理及び裁判をする」と読み替えるものとする。 4 前項において準用する民事訴訟法第三百四十六条第一項の再審開始の決定に対する即時抗告は、執行停止の効力を有する。 5 第三項において準用する民事訴訟法第三百四十八条第二項の規定により審判その他の裁判に対する再審の申立てを棄却する決定に対しては、当該審判その他の裁判に対し即時抗告をすることができる者に限り、即時抗告をすることができる。 （執行停止の裁判） 第百四条　裁判所は、前条第一項の再審の申立てがあった場合において、不服の理由として主張した事情が法律上理由があるとみえ、事実上の点につき疎明があり、かつ、執行により償うことができない損害が生ずるおそれがあることにつき疎明があったときは、申立てにより、担保を立てさせて、若しくは立てさせないで強制執行の一時の停止を命じ、又は担保を立てさせて既にした執行処分の取消しを命ずることができる。	（新設）

（即時抗告期間等）

第百一条　審判以外の裁判に対する即時抗告は、一週間の不変期間内にしなければならない。ただし、その期間前に提起した即時抗告の効力を妨げない。

2　前項の即時抗告は、特別の定めがある場合を除き、執行停止の効力を有しない。ただし、抗告裁判所又は原裁判所は、申立てにより、担保を立てさせて、若しくは立てさせないで、即時抗告についての裁判があるまで、原裁判の執行の停止その他必要な処分を命ずることができる。

3　第九十五条第二項及び第三項の規定は、前項ただし書の規定により担保を立てる場合における供託及び担保について準用する。

（審判に対する不服申立ての規定の準用）

第百二条　前款の規定（第八十五条第一項、第八十六条第一項及び第八十八条及び第八十九条（これらの規定を第九十六条第一項及び第九十八条第一項において準用する場合を含む。）の規定を除く。）は、裁判所、裁判官又は裁判長がした審判以外の裁判に対する不服申立てについて準用する。

第三節　再審

（再審）

第百三条　確定した審判その他の裁判（事件を完結するものに限る。）に対しては、再審の申立てをすることができる。

2　第五項において同じ。）に対しては、再審の申立てをすることができる。

第十四条　審判に対しては、最高裁判所の定めるところにより、即時抗告のみをすることができる。その期間は、これを二週間とする。

（新設）

（新設）

（新設）

（新設）

（新設）

家事事件手続法（新法）	家事審判法（旧法）、家事審判規則（旧家審規）及び特別家事審判規則（旧特別家審規）
第三百二十六条の規定は前条第二項の規定による許可があった場合について準用する。この場合において、同法第三百十八条第四項後段中「第三百二十条」とあるのは「家事事件手続法第九十七条第五項」と、同法第三百二十二条中「前二条」とあるのは「家事事件手続法第九十七条第五項の規定及び同法第九十八条第二項において準用する第三百二十一条第一項の規定及び第三百二十二条第一項」と、同法第三百二十五条第一項前段及び第二項中「この場合」とあるのは「家事事件手続法第九十七条第二項」と、同条第三項後段中「裁判をする場合」とあるのは「第三百十二条第一項又は第二項」と、同条第四項中「前項」とあるのは「差戻し又は移送を受けた裁判所」と読み替えるものとする。 第二款　審判以外の裁判に対する不服申立て （不服申立ての対象） 第九十九条　審判以外の裁判に対しては、特別の定めがある場合に限り、即時抗告をすることができる。 （受命裁判官又は受託裁判官の裁判に対する異議） 第百条　受命裁判官又は受託裁判官の裁判に対して不服がある当事者は、家事審判事件が係属している裁判所に異議の申立てをすることができる。ただし、その裁判が家庭裁判所の裁判であるとした場合に即時抗告をすることができるものであるときに限る。 2　前項の異議の申立てについての裁判に対しては、即時抗告をす	【家事審判法】 第十四条　審判に対しては、最高裁判所の定めるところにより、即時抗告のみをすることができる。その期間は、これを二週間とする。 （新設）

6 許可抗告が係属する抗告裁判所は、裁判に影響を及ぼすことが明らかな法令の違反があるときは、原決定を破棄することができる。

(即時抗告等の規定及び民事訴訟法の準用)

第九十八条　第八十六条第二項、第八十七条(第四項及び第五項を除く。)、第八十八条、第八十九条、第九十一条第一項、第九十三条及び第九十五条の規定は、許可抗告及びその抗告審に関する手続について準用する。この場合において、第八十六条第二項、第八十七条第一項、第二項第二号及び第三項、第八十八条第一項並びに第八十九条第二項中「即時抗告」とあり、並びに第九十五条第一項本文中「特別抗告」とあるのは「第九十七条第二項の申立て」と、第八十七条第一項、第二項及び第六項、第八十八条並びに第九十三条第二項中「抗告状」とあるのは「第九十七条第二項の規定による許可の申立書」と、第九十一条第一項並びに第九十三条第一項前段、第二項及び第三項中「即時抗告」とあり、並びに第九十五条第一項ただし書中「特別抗告」とあるのは「許可抗告」と読み替えるものとする。

2　民事訴訟法第三百十五条及び第三百三十六条第二項の規定は前条第二項の申立てについて、同法第三百十八条第三項の規定は前条第二項の規定による許可をする場合について、同法第三百十九条第四項後段、第三百二十一条第一項、第三百二十二条、第三百二十五条第一項前段、第二項、第三項後段及び第四項並びに

(新設)

家事事件手続法（新法）	家事審判法（旧法）、家事審判規則（旧家審規）及び特別家事審判規則（旧特別家審規）
判所」と読み替えるものとする。 第三目　許可抗告 （許可抗告をすることができる裁判等） 第九十七条　高等裁判所の家事審判事件についての決定（次項の申立てについての決定を除く。）に対しては、第九十四条第一項の規定による場合のほか、その高等裁判所が次項の規定により許可したときに限り、最高裁判所に特に抗告をすることができる。ただし、その決定が家庭裁判所の審判に特別即時抗告をすることができるものであるときに限る。 2　前項の高等裁判所は、同項の決定について、最高裁判所の判例（これがない場合にあっては、大審院又は上告裁判所若しくは抗告裁判所である高等裁判所の判例）と相反する判断がある場合その他の法令の解釈に関する重要な事項を含むと認められる場合には、申立てにより、抗告を許可しなければならない。 3　前項の申立てにおいては、第九十四条第一項に規定する事由を理由とすることはできない。 4　第二項の規定による許可があった場合には、第一項の抗告（以下この条及び次条第一項において「許可抗告」という。）があったものとみなす。 5　許可抗告が係属する抗告裁判所は、第二項の規定による許可の申立書又は同項の申立てに係る理由書に記載された許可抗告の理由についてのみ調査をする。	（新設）

(即時抗告の規定及び民事訴訟法の準用)

第九十六条　第八十六条第二項、第八十七条から第八十九条まで、第九十一条第一項及び第九十三条の規定は、特別抗告及びその抗告審に関する手続について準用する。この場合において、第八十七条第六項中「及び第五項」とあるのは、「から第六項まで」と読み替えるものとする。

2　民事訴訟法第三百十四条第二項、第三百十五条、第三百十六条（第一項第一号を除く。）、第三百二十一条第一項、第三百二十二条、第三百二十五条前段、第二項、第三項後段及び第四項、第三百二十六条並びに第三百三十六条第二項の規定は、特別抗告及びその抗告審に関する手続について準用する。この場合において、同法第三百十四条第二項中「前条において準用する第二百八十八条及び第二百八十九条第二項」とあるのは「家事事件手続法第九十六条第一項において読み替えて準用する同法第八十七条第六項」と、同法第三百十六条第二項中「対しては」と、同法第三百二十二条中「前二条」とあるのは「家事事件手続法第九十六条第二項において準用する第三百二十一条の規定及び同法第九十六条第二項の規定及び同法第九十四条第二項において準用する同法第三百二十五条第一項前段及び第二項」と、同法第三百二十五条第一項又は第二項」と、同法第三百二十五条後段中「この場合」とあるのは「差戻し又は移送を受けた裁判所が裁判をする場合」と、同条第四項中「前項」とあるのは「差戻し又は移送を受けた裁

(新設)

家事事件手続法(新法)	家事審判法(旧法)、家事審判規則(旧家審規)及び特別家事審判規則(旧特別家審規)
第二百九十一条」と読み替えるものとする。 　　　第二目　特別抗告 （特別抗告をすることができる裁判等） 第九十四条　家庭裁判所の審判で不服を申し立てることができないもの及び高等裁判所の家事審判事件についての決定に対しては、その裁判に憲法の解釈の誤りがあることその他憲法の違反があることを理由とするときに、最高裁判所に特に抗告をすることができる。 ２　前項の抗告（以下「特別抗告」という。）が係属する抗告裁判所は、抗告状又は抗告理由書に記載された特別抗告の理由についてのみ調査をする。 （原裁判の執行停止） 第九十五条　特別抗告は、執行停止の効力を有しない。ただし、前条第二項の抗告裁判所又は原裁判所は、申立てにより、担保を立てさせて、又は立てさせないで、特別抗告についての裁判があるまで、原裁判の執行の停止その他必要な処分を命ずることができる。 ２　前項ただし書の規定により担保を立てる場合において、供託をするには、担保を立てるべきことを命じた裁判所の所在地を管轄する家庭裁判所の管轄区域内の供託所にしなければならない。 ３　民事訴訟法第七十六条、第七十七条、第七十九条及び第八十条の規定は、前項の担保について準用する。	（新設） （新設）

七条第四項、第七十四条第二項ただし書、第四項及び第五項、第七十六条第一項ただし書、第七十七条第三項から第五項まで、第七十八条第四項、第八十一条第三項並びに第八十三条の規定を除く。)、第四節の規定(第百五条第二項、第百十条、第百十一条及び第百十三条の規定を除く。)及び次章の規定(家庭裁判所の管轄及び即時抗告に関する規定を除く。)を準用する。この場合において、第七十八条第一項第二号中「即時抗告をすることができる審判」とあるのは、「家庭裁判所の審判であるとした場合に即時抗告をすることができる審判に代わる裁判」と読み替えるものとする。

2　抗告裁判所は、第八十八条第一項の規定による抗告状の写しの送付及びこれに代わる即時抗告があったことの通知をすることを要しないときは、前項において準用する第七十一条の規定による審理の終結の手続を経ることなく、即時抗告を却下し、又は棄却することができる。

3　民事訴訟法第二百八十三条、第二百八十四条、第二百九十二条、第二百九十八条第一項、第二百九十九条第一項、第三百二条、第三百三条及び第三百五条から第三百八条までの規定は、審判に対する即時抗告及びその抗告審に関する手続について準用する。この場合において、同法第二百九十二条第二項中「第二百六十一条第三項、第二百六十二条第一項及び第二百六十三条」とあるのは「家事事件手続法第八十二条第五項及び第八十三条」と、同法第三百三条第五項中「第百八十九条」とあるのは「家事事件手続法

家事事件手続法（新法）	家事審判法（旧法）、家事審判規則（旧家審規）及び特別家事審判規則（旧特別家審規）
2　抗告裁判所は、即時抗告を理由があると認める場合には、家事審判事件について自ら審判に代わる裁判をしなければならない。ただし、第九十三条又は第三百八条第一項の規定において準用する民事訴訟法第三百七条の規定により事件を第一審裁判所に差し戻すときは、この限りでない。 （原審の管轄違いの場合の取扱い） 第九十二条　抗告裁判所は、家事審判事件（別表第二に掲げる事項についての審判事件を除く。）の全部又は一部が原裁判所の管轄に属しないと認める場合には、原審判を取り消さなければならない。ただし、原審における審理の経過、事件の性質、抗告の理由等に照らして原審判を取り消さないことを相当とする特別の事情があると認めるときは、この限りでない。 2　抗告裁判所は、家事審判事件が管轄違いであることを理由として原審判を取り消すときは、その事件を管轄権を有する家庭裁判所に移送しなければならない。 （家事審判の手続の規定及び民事訴訟法の準用等） 第九十三条　審判に対する即時抗告及びその抗告審に関する手続については、特別の定めがある場合を除き、前節第一款から第八款までの規定（第四十条、第四十一条第四項、第四十二条第六項、第四十三条第二項、第四十四条第二項、第四十七条第八項から第十項まで、第四十八条、第四十九条第六項、第六十六条、第六	第十九条　高等裁判所は、即時抗告が理由があるものと認めるときは、審判を取り消して、事件を家庭裁判所に差し戻さなければならない。 ②　高等裁判所は、相当であると認めるときは、前項の規定にかかわらず、審判を取り消して、みずから事件につき審判に代わる裁判をすることができる （新設） 【家事審判規則】 第十八条　即時抗告については、その性質に反しない限り、審判に関する規定を準用する。

い。ただし、抗告審における手続の円滑な進行を妨げるおそれがあると認められる場合には、即時抗告があったことを通知することをもって、抗告状の写しの送付に代えることができる。

2　裁判長は、前項の規定による抗告状の写しの送付又はこれに代わる通知の費用の予納を相当の期間を定めて抗告人に命じた場合において、その予納がないときは、命令で、抗告状を却下しなければならない。

（陳述の聴取）
第八十九条　抗告裁判所は、原審における当事者及びその他の審判を受ける者（抗告人を除く。）の陳述を聴かなければ、原審判を取り消すことができない。

2　別表第二に掲げる事項についての審判事件においては、抗告裁判所は、即時抗告が不適法であるとき又は即時抗告に理由がないことが明らかなときを除き、原審における当事者（抗告人を除く。）の陳述を聴かなければならない。

（原裁判所による更正）
第九十条　原裁判所は、審判に対する即時抗告を理由があると認めるときは、その審判を更正しなければならない。ただし、別表第二に掲げる事項についての審判については、更正することができない。

（抗告裁判所による裁判）
第九十一条　抗告裁判所は、即時抗告について決定で裁判をする。

（新設）

（新設）

（新設）

【家事審判規則】

家事事件手続法（新法）	家事審判法（旧法）、家事審判規則（旧家審規）及び特別家事審判規則（旧特別家審規）
該日のうち最も遅い日）から、それぞれ進行する。 （即時抗告の提起の方式等） 第八十七条　即時抗告は、抗告状を原裁判所に提出してしなければならない。 2　抗告状には、次に掲げる事項を記載しなければならない。 一　当事者及び法定代理人 二　原審判の表示及びその審判に対して即時抗告をする旨 3　即時抗告が不適法でその不備を補正することができないことが明らかであるときは、原裁判所は、これを却下しなければならない。 4　前項の規定による審判に対しては、即時抗告をすることができる。 5　前項の即時抗告は、一週間の不変期間内にしなければならない。ただし、その期間前に提起した即時抗告の効力を妨げない。 6　第四十九条第四項及び第五項の規定は、抗告状が第二項の規定に違反する場合及び民事訴訟費用等に関する法律の規定に従い即時抗告の提起の手数料を納付しない場合について準用する。 （抗告状の写しの送付等） 第八十八条　審判に対する即時抗告があった場合には、抗告裁判所は、即時抗告が不適法であるとき又は即時抗告に理由がないことが明らかなときを除き、原審における当事者及び利害関係参加人（抗告人を除く。）に対し、抗告状の写しを送付しなければならな	（新設） （新設）

審判に代わる裁判」と、第七十八条第一項第二号中「即時抗告をすることができる審判」とあるのは「家庭裁判所の審判であるとした場合に即時抗告をすることができる審判に代わる裁判」とする。 2　第四十条及び第四十八条の規定は、高等裁判所が第一審として家事審判の手続を行う場合については、適用しない。 　　　第二節　不服申立て 　　　　第一款　即時抗告 　　　　　第一目　審判に対する不服申立て （即時抗告をすることができる審判） 第八十五条　審判に対しては、特別の定めがある場合に限り、即時抗告をすることができる。 2　手続費用の負担の裁判に対しては、独立して即時抗告をすることができない。 （即時抗告期間） 第八十六条　審判に対する即時抗告は、特別の定めがある場合を除き、二週間の不変期間内にしなければならない。ただし、その期間前に提起した即時抗告の効力を妨げない。 2　即時抗告の期間は、特別の定めがある場合を除き、即時抗告をする者が、審判の告知を受ける者である場合にあってはその者が審判の告知を受けた日から、審判の告知を受ける者でない場合にあっては申立人が審判の告知を受けた日（二以上あるときは、当	【家事審判法】 第十四条　審判に対しては、最高裁判所の定めるところにより、即時抗告のみをすることができる。（後段略） （新設） 【家事審判法】 第十四条　審判に対しては、最高裁判所の定めるところにより、即時抗告のみをすることができる。その期間は、これを二週間とする。 【家事審判規則】 第十七条　即時抗告の期間は、即時抗告をすることができる者が、審判の告知を受けたときは告知を受けた日から、告知を受けないときは事件の申立人が告知を受けた日から進行する。但し、特別

家事事件手続法（新法）	家事審判法（旧法）、家事審判規則（旧家審規）及び特別家事審判規則（旧特別家審規）
退席をしたときは、家庭裁判所は、申立ての取下げがあったものとみなすことができる。 　　　　第九款　高等裁判所が第一審として行う手続 第八十四条　高等裁判所が第一審として家事審判の手続を行う場合におけるこの節の規定の適用については、同節の規定（第五十八条、第五十九条第一項から第三項まで、第六十一条第一項及び第二項並びに第六十五条の規定を除く。）中「家庭裁判所」とあるのは「高等裁判所」と、第三十九条、第四十七条第六項、第四十九条第三項、第五十六条第二項、第六十五条、第七十二条、第七十三条、第七十四条第一項から第三項まで（第二項ただし書を除く。）、第七十五条、第七十七条第一項、第七十八条（第一項第二号及び第四項を除く。）、第七十九条、第八十条第一項、第八十一条第一項並びに第八十二条第一項及び第二項中「審判」とあるのは「審判に代わる裁判」と、第四十二条第二項中「審判の結果」とあるのは「審判に代わる裁判の結果」と、第五十九条第一項から第三項まで、第六十一条第一項及び第六十五条中「家庭裁判所は」とあるのは「高等裁判所は」と、第七十八条第三項中「家庭裁判所に」とあるのは「高等裁判所に」と、第七十六条中「審判書」とあるのは「裁判書」と、第七十八条中「審判は」とあるのは、同項ただし書中「審判に代わる裁判は」と、同項ただし書中「即時抗告をすることができない審判」とあるのは「家庭裁判所の審判であるとした場合に即時抗告をすることができない審判」とする。	（新設）

る場合の取下げを要する場合を含む。）の規定により申立ての取下げについて相手方の同意を要する場合においては、家庭裁判所は、相手方に対し、申立ての取下げがあったことを通知しなければならない。ただし、申立ての取下げが家事審判の手続の期日において口頭でされた場合において、相手方がその期日に出頭したときは、この限りでない。

4　前項本文の規定による通知を受けた日から二週間以内に相手方が異議を述べないときは、申立ての取下げに同意したものとみなす。同項ただし書の規定による場合において、申立ての取下げがあった日から二週間以内に相手方が異議を述べないときも、同様とする。

5　民事訴訟法第二百六十一条第三項及び第二百六十二条第一項の規定は、家事審判の申立ての取下げについて準用する。この場合において、同法第二百六十一条第三項ただし書中「口頭弁論、弁論準備手続又は和解の期日（以下この章において「口頭弁論等の期日」という。）」とあるのは、「家事審判の手続の期日」と読み替えるものとする。

（家事審判の申立ての取下げの擬制）

第八十三条　家事審判の申立人（第百五十三条（第百九十九条において準用する場合を含む。）の規定により申立ての取下げについて相手方の同意を要する場合にあっては、当事者双方）が、連続して二回、呼出しを受けた家事審判の手続の期日に出頭せず、又は呼出しを受けた家事審判の手続の期日において陳述をしないで

（新設）

家事事件手続法（新法）	家事審判法（旧法）、家事審判規則（旧家審規）及び特別家事審判規則（旧特別家審規）
することができる。 2　中間決定は、裁判書を作成してしなければならない。 （審判以外の裁判） 第八十一条　家庭裁判所は、家事審判の手続においては、審判をする場合を除き、決定で裁判をする。この場合には、第七十三条から第七十九条まで（第七十四条第二項ただし書、第七十六条第一項及び第七十八条第三項を除く。）の規定を準用する。 2　家事審判の手続の指揮に関する裁判は、いつでも取り消すことができる。 3　審判以外の裁判は、判事補が単独ですることができる。 第八款　取下げによる事件の終了 （家事審判の申立ての取下げ） 第八十二条　家事審判の申立ては、特別の定めがある場合を除き、審判があるまで、その全部又は一部を取り下げることができる。 2　別表第二に掲げる事項についての家事審判の申立ては、審判が確定するまで、その全部又は一部を取り下げることができる。ただし、申立ての取下げは、審判がされた後にあっては、相手方の同意を得なければ、その効力を生じない。 3　前項ただし書及び第百五十三条（第百九十九条において準用す	（新設） 【家事審判法】 第五条　（略） ②　前項の規定により合議体の構成員が行うこととされる審判は、判事補が単独ですることができる。 （新設） （新設）

は変更することができる。
一　申立てによってのみ審判をすべき場合において申立てを却下した審判
二　即時抗告をすることができる審判
2　審判が確定した日から五年を経過したときは、家庭裁判所は、前項の規定による取消し又は変更をすることができない。ただし、事情の変更によりその審判を不当と認めるに至ったときは、この限りでない。
3　家庭裁判所は、第一項の規定により審判の取消し又は変更をする場合には、その審判における当事者及びその他の審判を受ける者の陳述を聴かなければならない。
4　第一項の規定による取消し又は変更の審判に対しては、取消し後又は変更後の審判が原審判であるとした場合に即時抗告をすることができる者に限り、即時抗告をすることができる。

(審判に関する民事訴訟法の準用)
第七十九条　民事訴訟法第二百四十七条、第二百五十六条第一項及び第二百五十八条(第二項後段を除く。)の規定は、審判について準用する。この場合において、同法第二百五十六条第一項中「言渡し後」とあるのは、「審判が告知を受ける者に最初に告知された日から」と読み替えるものとする。

(中間決定)
第八十条　家庭裁判所は、審判の前提となる法律関係の争いその他中間の争いについて、裁判をするのに熟したときは、中間決定を

(新設)

(新設)

家事事件手続法（新法）	家事審判法（旧法）、家事審判規則（旧家審規）及び特別家事審判規則（旧特別家審規）
申立書又は調書に主文を記載することをもって、審判書の作成に代えることができる。 2　審判書には、次に掲げる事項を記載しなければならない。 　一　主文 　二　理由の要旨 　三　当事者及び法定代理人 　四　裁判所 （更正決定） 第七十七条　審判に計算違い、誤記その他これらに類する明白な誤りがあるときは、家庭裁判所は、申立てにより又は職権で、いつでも更正決定をすることができる。 2　更正決定は、裁判書を作成してしなければならない。 3　更正決定に対しては、更正後の審判が原審判であるとした場合に即時抗告をすることができる者に限り、即時抗告をすることができる。 4　第一項の申立てを不適法として却下する裁判に対しては、即時抗告をすることができる。 5　審判に対し適法な即時抗告があったときは、前二項の即時抗告は、することができない。 （審判の取消し又は変更） 第七十八条　家庭裁判所は、審判をした後、その審判を不当と認めるときは、次に掲げる審判を除き、職権で、これを取り消し、又	署名押印しなければならない。但し、即時抗告をすることができない審判については、申立書又は調書に審判の主文を記載し、家事審判官がこれに署名押印して、審判書に代えることができる。 ②、③　（略） （新設） （新設）

（審判の告知及び効力の発生等） 第七十四条　審判は、特別の定めがある場合を除き、当事者及び利害関係参加人並びにこれらの者以外の審判を受ける者に対し、相当と認める方法で告知しなければならない。 2　審判（申立てを却下する審判を除く。）は、特別の定めがある場合を除き、審判を受ける者（審判を受ける者が数人あるときは、そのうちの一人）に告知することによってその効力を生ずる。ただし、即時抗告をすることができる審判は、確定しなければその効力を生じない。 3　申立てを却下する審判は、申立人に告知することによってその効力を生ずる。 4　審判は、即時抗告の期間の満了前には確定しないものとする。 5　審判の確定は、前項の期間内にした即時抗告の提起により、遮断される。 （審判の執行力） 第七十五条　金銭の支払、物の引渡し、登記義務の履行その他の給付を命ずる審判は、執行力のある債務名義と同一の効力を有する。 （審判の方式及び審判書） 第七十六条　審判は、審判書を作成してしなければならない。ただし、即時抗告をすることができない審判については、家事審判の	【家事審判法】 第十三条　審判は、これを受ける者に告知することによってその効力を生ずる。但し、即時抗告をすることのできる審判は、確定しなければその効力を生じない。 （新設） （新設） （新設） （新設） 【家事審判法】 第十五条　金銭の支払、物の引渡、登記義務の履行その他の給付を命ずる審判は、執行力ある債務名義と同一の効力を有する。 【家事審判規則】 第十六条　審判をするには、特別の定のある場合を除いては、審判書を作り、主文及び理由の要旨を記載し、家事審判官が、これに

命じた数個の家事審判事件中その一が裁判をするのに熟したときも、同様とする。

家事事件手続法（新法）	家事審判法（旧法）、家事審判規則（旧家審規）及び特別家事審判規則（旧特別家審規）
れるときは、この限りでない。 （事実の調査の通知） 第七十条　家庭裁判所は、別表第二に掲げる事項についての家事審判の手続において、事実の調査をしたときは、特に必要がないと認める場合を除き、その旨を当事者及び利害関係参加人に通知しなければならない。 （審理の終結） 第七十一条　家庭裁判所は、別表第二に掲げる事項についての家事審判の手続においては、申立てが不適法であるとき又は申立てに理由がないことが明らかなときを除き、相当の猶予期間を置いて、審理を終結する日を定めなければならない。ただし、当事者双方が立ち会うことができる家事審判の手続の期日においては、直ちに審理を終結する旨を宣言することができる。 （審判日） 第七十二条　家庭裁判所は、前条の規定により審理を終結したときは、審判をする日を定めなければならない。 　　　第七款　審判等 （審判） 第七十三条　家庭裁判所は、家事審判事件が裁判をするのに熟したときは、審判をする。 ２　家庭裁判所は、家事審判事件の一部が裁判をするのに熟したときは、その一部について審判をすることができる。手続の併合を	（新設） （新設） （新設） （新設）

家事審判の申立てがあったことを通知することをもって、家事審判の申立書の写しの送付に代えることができる。

2　第四十九条第四項から第六項までの規定は、前項の規定による家事審判の申立書の写しの送付又はこれに代わる通知をすることができない場合について準用する。

3　裁判長は、第一項の規定による家事審判の申立書の写しの送付又はこれに代わる通知の費用の予納を相当の期間を定めて申立人に命じた場合において、その予納がないときは、命令で、家事審判の申立書を却下しなければならない。

4　前項の命令に対しては、即時抗告をすることができる。

（陳述の聴取）
第六十八条　家庭裁判所は、別表第二に掲げる事項についての家事審判の手続においては、申立てが不適法であるとき又は申立てに理由がないことが明らかなときを除き、当事者の陳述を聴かなければならない。

2　前項の規定による陳述の聴取は、当事者の申出があるときは、審問の期日においてしなければならない。

（審問の期日）
第六十九条　別表第二に掲げる事項についての家事審判の手続においては、家庭裁判所が審問の期日を開いて当事者の陳述を聴くことにより事実の調査をするときは、他の当事者は、当該期日に立ち会うことができる。ただし、当該他の当事者が当該期日に立ち会うことにより事実の調査に支障を生ずるおそれがあると認めら

（新設）

（新設）

家事事件手続法（新法）	家事審判法（旧法）、家事審判規則（旧家規）及び特別家事審判規則（旧特別家審規）
第五款　家事審判の手続における子の意思の把握等 第六十五条　家庭裁判所は、親子、親権又は未成年後見に関する家事審判その他未成年者（未成年被後見人を含む。以下この条において同じ。）がその結果により影響を受ける家事審判の手続においては、子の陳述の聴取、家庭裁判所調査官による調査その他の適切な方法により、子の意思を把握するように努め、審判をするに当たり、子の年齢及び発達の程度に応じて、その意思を考慮しなければならない。 第六款　家事調停をすることができる事項についての家事審判の手続の特則 （合意管轄） 第六十六条　別表第二に掲げる事項についての審判事件は、この法律の他の規定により定める家庭裁判所のほか、当事者が合意で定める家庭裁判所の管轄に属する。 2　民事訴訟法第十一条第二項及び第三項の規定は、前項の合意について準用する。 （家事審判の申立書の写しの送付等） 第六十七条　別表第二に掲げる事項についての家事審判の申立てがあった場合には、家庭裁判所は、申立てが不適法であるとき又は申立てに理由がないことが明らかなときを除き、家事審判の申立書の写しを相手方に送付しなければならない。ただし、家事審判の手続の円滑な進行を妨げるおそれがあると認められるときは、	（新設） （新設） （新設）

げる目的で検証の目的を滅失させ、その他これを使用することができないようにしたとき。

4　当事者が次の各号のいずれかに該当するときは、家庭裁判所は、十万円以下の過料に処する。

　一　正当な理由なく第一項において準用する民事訴訟法第二百二十九条第二項（同法第二百三十一条において準用する場合を含む。）において準用する同法第二百二十三条第一項の規定による提出の命令に従わないとき。

　二　対照の用に供することを妨げる目的で対照の用に供すべき筆跡又は印影を備える文書その他の物件を滅失させ、その他これを使用することができないようにしたとき。

　三　第一項において準用する民事訴訟法第二百二十九条第三項（同法第二百三十一条において準用する場合を含む。）の規定による決定に正当な理由なく従わないとき、又は当該決定に係る対照の用に供すべき文字を書体を変えて筆記したとき。

5　家庭裁判所は、当事者本人を尋問する場合には、その当事者に対し、家事審判の手続の期日に出頭することを命ずることができる。

6　民事訴訟法第百九十二条から第百九十四条までの規定は前項の規定により出頭を命じられた当事者が正当な理由なく出頭しない場合について、同法第二百九条第一項及び第二項の規定は出頭した当事者が正当な理由なく宣誓又は陳述を拒んだ場合について準用する。

（新設）

（新設）

（新設）

家事事件手続法（新法）	家事審判法（旧法）、家事審判規則（旧家審規）及び特別家事審判規則（旧特別家審規）
第六十四条　家事審判の手続における証拠調べについては、民事訴訟法第二編第四章第一節から第六節までの規定（同法第百七十九条、第百八十二条、第百八十七条から第百八十九条まで、第二百七条第二項、第二百八条、第二百二十四条（同法第二百二十九条第二項及び第二百三十二条第一項において準用する場合を含む。）及び第二百二十九条第四項の規定を除く。）を準用する。 2　前項において準用する民事訴訟法の規定による即時抗告は、執行停止の効力を有する。 3　当事者が次の各号のいずれかに該当するときは、家庭裁判所は、二十万円以下の過料に処する。 一　第一項において準用する民事訴訟法第二百二十三条第一項（同法第二百三十一条において準用する場合を含む。）の規定による提出の命令に従わないとき、又は正当な理由なく第一項において準用する同法第二百三十二条第一項において準用する同法第二百二十三条第一項の規定による提示の命令に従わないとき。 二　書証を妨げる目的で第一項において準用する民事訴訟法第二百二十条（同法第二百三十一条において準用する場合を含む。）の規定により提出の義務がある文書（同法第二百三十一条に規定する文書に準ずる物件を含む。）を滅失させ、その他これを使用することができないようにしたとき、又は検証を妨げる目的で第一項において準用する民事訴訟法第二百三十二条第一項において準用する同法第二百二十三条第一項の規定により提示の義務がある文書（同法第二百三十一条に規定する文書に準ずる物件を含む。）を使用することができないようにしたとき。 （新設）	第七条　（略） ②～⑤　（略） ⑥　証拠調については、民事訴訟の例による。

の調査を嘱託することができる。

② 家庭裁判所は、他の家庭裁判所又は簡易裁判所に事実の調査又は証拠調を嘱託することができる。

2 前項の規定による嘱託により職務を行う受託裁判官は、他の家庭裁判所又は簡易裁判所において事実の調査を行うことを相当と認めるときは、更に事実の調査の嘱託をすることができる。

3 家庭裁判所は、相当と認めるときは、受命裁判官に事実の調査をさせることができる。

③ 家庭裁判所は、相当と認めるときは、合議体の構成員に命じて事実の調査をさせることができる。

4 前三項の規定により受託裁判官又は受命裁判官が事実の調査をする場合には、家庭裁判所及び裁判長の職務は、その裁判官が行う。

④ （略）

⑤ 合議体の構成員が事実の調査をする場合には、家庭裁判所及び裁判長の職務は、その家事審判官が行う。

⑥ （略）

（調査の嘱託等）

【家事審判規則】

第六十二条 家庭裁判所は、必要な調査を官庁、公署その他適当と認める者に嘱託し、又は銀行、信託会社、関係人の使用者その他の者に対し関係人の預金、信託財産、収入その他の事項に関して必要な報告を求めることができる。

第八条 家庭裁判所は、必要な調査を官庁、公署その他適当であると認める者に嘱託し、又は銀行、信託会社、関係人の雇主その他の者に対し関係人の預金、信託財産、収入その他の事項に関して必要な報告を求めることができる。

（事実の調査の通知）

（新設）

第六十三条 家庭裁判所は、事実の調査をした場合において、その結果が当事者による家事審判の手続の追行に重要な変更を生じ得るものと認めるときは、これを当事者及び利害関係参加人に通知しなければならない。

（証拠調べ）

【家事審判規則】

家事事件手続法（新法）	家事審判法（旧法）、家事審判規則（旧家審規）及び特別家事審判規則（旧特別家審規）
2　家庭裁判所は、必要があると認めるときは、前項の規定により立ち会わせた家庭裁判所調査官に意見を述べさせることができる。 3　家庭裁判所は、家事審判事件の処理に関し、事件の関係人の家庭環境その他の環境の調整を行うために必要があると認めるときは、家庭裁判所調査官に社会福祉機関との連絡その他の措置をとらせることができる。 4　急迫の事情があるときは、裁判長が、前項の措置をとらせることができる。 （裁判所技官による診断等） 第六十条　家庭裁判所は、必要があると認めるときは、医師である裁判所技官に事件の関係人の心身の状況について診断をさせることができる。 2　第五十八条第一項及び第二項から第四項までの規定は前項の診断について、前条第一項及び第二項の規定は裁判所技官の期日への立会い及び意見の陳述について準用する。 （事実の調査の嘱託等） 第六十一条　家庭裁判所は、他の家庭裁判所又は簡易裁判所に事実	②　家庭裁判所は、必要があると認めるときは、前項の規定により出席した家庭裁判所調査官に意見を述べさせることができる。 第七条の五　家庭裁判所は、事件の処理に関し、事件の関係人の家庭その他の環境を調整するため必要があると認めるときは、家庭裁判所調査官に社会福祉機関との連絡その他の措置をとらせることができる。 第七条の二　第七条の二第二項の規定は、前項の措置について準用する。 ②　急迫の事情があるときは、裁判長が、前項に規定する事実の調査をさせることができる。 ③、④　（略） 【家事審判規則】 第七条の六　家庭裁判所は、必要があると認めるときは、医師たる裁判所技官に事件の関係人の心身の状況について診断をさせることができる。 ②　第七条の二第二項から第四項までの規定は、前項の診断について準用する。 【家事審判規則】 第七条　（略） 第七条の七　第七条の四の規定は、医師たる裁判所技官に準用す

第百五十五条の規定を準用する。 **第四款　事実の調査及び証拠調べ** **（事実の調査及び証拠調べ等）** 第五十六条　家庭裁判所は、職権で事実の調査をし、かつ、申立てにより又は職権で、必要と認める証拠調べをしなければならない。 ２　当事者は、適切かつ迅速な審理及び審判の実現のため、事実の調査及び証拠調べに協力するものとする。 **（疎明）** 第五十七条　疎明は、即時に取り調べることができる資料によってしなければならない。 **（家庭裁判所調査官による事実の調査）** 第五十八条　家庭裁判所は、家庭裁判所調査官に事実の調査をさせることができる。 ２　急迫の事情があるときは、裁判長が、家庭裁判所調査官に事実の調査をさせることができる。 ３　家庭裁判所調査官は、事実の調査の結果を書面又は口頭で家庭裁判所に報告するものとする。 ４　家庭裁判所調査官は、前項の規定による報告に意見を付することができる。 **（家庭裁判所調査官の期日への立会い等）** 第五十九条　家庭裁判所は、必要があると認めるときは、家事審判の手続の期日に家庭裁判所調査官を立ち会わせることができる。	**【家事審判規則】** 第七条　家庭裁判所は、職権で、事実の調査及び必要があると認める証拠調べをしなければならない。 ②〜⑥　（略） （新設） （新設） **【家事審判規則】** 第七条の二　家庭裁判所は、家庭裁判所調査官に事実の調査をさせることができる。 ②　急迫の事情があるときは、裁判長が、前項に規定する事実の調査をさせることができる。 ③　家庭裁判所調査官は、調査の結果を書面又は口頭で家庭裁判所に報告するものとする。 ④　前項の規定による報告には、意見をつけることができる。 **【家事審判規則】** 第七条の四　家庭裁判所は、必要があると認めるときは、審判又は調停の期日に家庭裁判所調査官を出席させることができる。

家事事件手続法（新法）	家事審判法（旧法）、家事審判規則（旧家審規）及び特別家事審判規則（旧特別家審規）
第五十三条　家庭裁判所は、受命裁判官に家事審判の手続の期日における手続を行わせることができる。ただし、事実の調査及び証拠調べについては、第六十一条第三項の規定又は第六十四条第一項において準用する民事訴訟法第二編第四章第一節から第六節までの規定により受命裁判官が事実の調査又は証拠調べをすることができる場合に限る。 2　前項の場合においては、家庭裁判所及び裁判長の職務は、その裁判官が行う。	第五条　家庭裁判所は、最高裁判所の定めるところにより、合議体の構成員に命じて終局審判以外の審判を行わせることができる。 ②　（略）
（音声の送受信による通話の方法による手続） 第五十四条　家庭裁判所は、当事者が遠隔の地に居住しているときその他相当と認めるときは、当事者の意見を聴いて、最高裁判所規則で定めるところにより、家庭裁判所及び当事者双方が音声の送受信により同時に通話をすることができる方法によって、家事審判の手続の期日における手続（証拠調べを除く。）を行うことができる。 2　家事審判の手続の期日に出頭しないで前項の手続に関与した者は、その期日に出頭したものとみなす。	（新設）
（通訳人の立会い等その他の措置） 第五十五条　家事審判の手続の期日における通訳人の立会いその他通訳人の立会いに準ずる措置については民事訴訟法第百五十四条の規定を、家事審判事件の手続関係を明瞭にするために必要な陳述をすることができない当事者、利害関係参加人、代理人及び補佐人に対する措置については同法	（新設）

4 申立ての趣旨又は理由の変更により家事審判の手続が著しく遅滞することとなるときは、家庭裁判所は、その変更を許さない旨の裁判をすることができる。 第三款　家事審判の手続の期日 (事件の関係人の呼出し) 第五十一条　家庭裁判所は、家事審判の手続の期日に事件の関係人を呼び出すことができる。 2　呼出しを受けた事件の関係人は、家事審判の手続の期日に出頭しなければならない。ただし、やむを得ない事由があるときは、代理人を出頭させることができる。 3　前項の事件の関係人が正当な理由なく出頭しないときは、家庭裁判所は、五万円以下の過料に処する。 (裁判長の手続指揮権) 第五十二条　家事審判の手続の期日においては、裁判長が手続を指揮する。 2　裁判長は、発言を許し、又はその命令に従わない者の発言を禁止することができる。 3　当事者が家事審判の手続の期日における裁判長の指揮に関する命令に対し異議を述べたときは、家庭裁判所は、その異議について裁判をする。 (受命裁判官による手続)	【家事審判規則】 第五条　事件の関係人は、自身出頭しなければならない。但し、やむを得ない事由があるときは、代理人を出頭させ、又は補佐人とともに出頭することができる。 ②、③　(略) 【家事審判法】 第二十七条　家庭裁判所又は調停委員会の呼出を受けた事件の関係人が正当な事由がなく出頭しないときは、家庭裁判所は、これを五万円以下の過料に処する。 【家事審判規則】 第四条の四　審判の期日における手続は、裁判長が指揮する。 (新設) (新設) 【家事審判法】

家事事件手続法（新法）	家事審判法（旧法）、家事審判規則（旧家審規）及び特別家事審判規則（旧特別家審規）
二　申立ての趣旨及び理由 3　申立人は、二以上の事項について審判を求める場合において、これらの事項についての家事審判の手続が同種であり、これらの事項が同一の事実上及び法律上の原因に基づくときは、一の申立てにより求めることができる。 4　家事審判の申立書が第二項の規定に違反する場合には、裁判長は、相当の期間を定め、その期間内に不備を補正すべきことを命じなければならない。民事訴訟費用等に関する法律（昭和四十六年法律第四十号）の規定に従い家事審判の申立ての手数料を納付しない場合も、同様とする。 5　前項の場合において、申立人が不備を補正しないときは、裁判長は、命令で、家事審判の申立書を却下しなければならない。 6　前項の命令に対しては、即時抗告をすることができる。 （申立ての変更） 第五十条　申立人は、申立ての基礎に変更がない限り、申立ての趣旨又は理由を変更することができる。ただし、第七十一条（第百八十八条第四項において準用する場合を含む。）の規定により審理を終結した後は、この限りでない。 2　申立ての趣旨又は理由の変更は、家事審判の手続の期日においてする場合を除き、書面でしなければならない。 3　家庭裁判所は、申立ての趣旨又は理由の変更が不適法であるときは、その変更を許さない旨の裁判をしなければならない。	（新設） （新設） （新設） （新設） （新設）

新法	旧法
7　家事審判事件の記録の閲覧、謄写及び複製の請求は、家事審判事件の記録の保存又は裁判所の執務に支障があるときは、することができない。 8　第三項の申立てを却下した裁判に対しては、即時抗告をすることができる。 9　前項の規定による即時抗告が家事審判の手続を不当に遅滞させることを目的としてされたものであると認められるときは、原裁判所は、その即時抗告を却下しなければならない。 10　前項の規定による裁判に対しては、即時抗告をすることができる。 （検察官に対する通知） 第四十八条　裁判所その他の官庁、検察官又は吏員は、その職務上検察官の申立てにより審判をすべき場合が生じたことを知ったときは、管轄権を有する家庭裁判所に対応する検察庁の検察官にその旨を通知しなければならない。 第二款　家事審判の申立て （申立ての方式等） 第四十九条　家事審判の申立ては、申立書（以下「家事審判の申立書」という。）を家庭裁判所に提出してしなければならない。 2　家事審判の申立書には、次に掲げる事項を記載しなければならない。 一　当事者及び法定代理人	（新設） （新設） （新設） （新設） （新設） 【家事審判規則】 第二条　申立その他の申述は、書面又は口頭でこれをすることができる。 ②　（略） 第二条　申立をするには、その趣旨及び事件の実情を明らかにし、証拠書類がある場合には、同時に、その原本又は謄本を差し出さなければならない。

家事事件手続法（新法）	家事審判法（旧法）、家事審判規則（旧家審規）及び特別家事審判規則（旧特別家審規）
む。）に関しては、適用しない。この場合において、当事者又は利害関係を疎明した第三者は、家庭裁判所の許可を得て、これらの物の複製を請求することができる。 3　家庭裁判所は、当事者から前二項の規定による許可の申立てがあったときは、これを許可しなければならない。 4　家庭裁判所は、事件の関係人である未成年者の利益を害するおそれ、当事者若しくは第三者の私生活若しくは業務の平穏を害するおそれ又は当事者若しくは第三者の私生活若しくは業務上の重大な秘密が明らかにされることにより、その者が社会生活を営むのに著しい支障を生じ、若しくはその者の名誉を著しく害するおそれがあると認められるときは、前項の規定にかかわらず、同項の申立てを許可しないことができる。事件の性質、審理の状況、記録の内容等に照らして当該当事者に同項の申立てを許可することを不適当とする特別の事情があると認められるときも、同項の申立てを許可しないことができる。 5　家庭裁判所は、利害関係を疎明した第三者から第一項又は第二項の規定による許可の申立てがあった場合において、相当と認めるときは、これを許可することができる。 6　審判書その他の裁判書の正本、謄本若しくは抄本又は家事審判事件に関する事項の証明書については、当事者は、第一項の規定にかかわらず、家庭裁判所の許可を得ないで、裁判所書記官に対し、その交付を請求することができる。審判を受ける者が当該審判があった後に請求する場合も、同様とする。	②　当事者又は事件本人が、審判書若しくは調停において成立した合意を記載し、若しくは第百三十八条若しくは第百三十八条の二の規定により事件が終了した旨を記載した調書の正本、謄本若しくは抄本又は事件に関する証明書の交付を求めたときは、前項の規定にかかわらず、裁判所書記官が、これを交付することができる。

より手続を続行する資格のある者がないときは、当該家事審判の申立てをすることができる者に、その手続を受け継ぐことができる。

2　家庭裁判所は、前項の場合において、必要があると認めるときは、職権で、当該家事審判の申立てをすることができる者に、その手続を受け継がせることができる。

3　第一項の規定による受継の申立て及び前項の規定による受継の裁判は、第一項の事由が生じた日から一月以内にしなければならない。

（調書の作成等）

第四十六条　裁判所書記官は、家事審判の手続の期日について、調書を作成しなければならない。ただし、証拠調べの期日以外の期日については、裁判長においてその必要がないと認めるときは、その経過の要領を記録上明らかにすることをもって、これに代えることができる。

（記録の閲覧等）

第四十七条　当事者又は利害関係を疎明した第三者は、家庭裁判所の許可を得て、裁判所書記官に対し、家事審判事件の記録の閲覧若しくは謄写、その正本、謄本若しくは抄本の交付又は家事審判事件に関する事項の証明書の交付（第二百八十九条第六項において「記録の閲覧等」という。）を請求することができる。

2　前項の規定は、家事審判事件の記録中の録音テープ又はビデオテープ（これらに準ずる方法により一定の事項を記録した物を含

格のある者は、手続の受継を申し立てることができる。

②　家庭裁判所は、前項の場合において必要があると認めるときは、その申立てをする資格のある者に手続を受継させることができる。

（新設）

【家事審判規則】

第十条　裁判所書記官は、家事審判の手続について、調書を作らなければならない。ただし、裁判長（調停事件においては家事審判官）においてその必要がないと認めるときは、この限りでない。

【家事審判規則】

第十二条　家庭裁判所は、事件の関係人の申立により、これを相当であると認めるときは、記録の閲覧を許可し、又は裁判所書記官をして記録の正本、謄本、抄本若しくは事件に関する証明書を交付させることができる。

家事事件手続法（新法）	家事審判法（旧法）、家事審判規則（旧家審規）及び特別家事審判規則（旧特別家審規）
利害関係参加人が不服申立て又は異議の申立てに関するこの法律の他の規定によりすることができる場合に限る。	
（手続からの排除） 第四十三条　家庭裁判所は、当事者となる資格を有しない者及び当事者である資格を喪失した者を家事審判の手続から排除することができる。 2　前項の規定による排除の裁判に対しては、即時抗告をすることができる。	（新設）
（法令により手続を続行すべき者による受継） 第四十四条　当事者が死亡、資格の喪失その他の事由によって家事審判の手続を続行することができない場合には、法令により手続を続行する資格のある者は、その手続を受け継がなければならない。 2　法令により手続を続行する資格のある者が前項の規定による受継の申立てをした場合において、その申立てを却下する裁判がされたときは、当該裁判に対し、即時抗告をすることができる。 3　第一項の場合には、家庭裁判所は、他の当事者の申立てにより又は職権で、法令により手続を続行する資格のある者に家事審判の手続を受け継がせることができる。	【家事審判規則】 第十五条　申立人が死亡、資格の喪失その他の事由によつて家事審判の申立てをする資格を続行することができない場合には、法令によりその申立をする資格のある者は、手続の受継を申し立てることができる。 ②　家庭裁判所は、前項の場合において必要があると認めるときは、その申立てをする資格のある者に手続を受継させることができる。
（他の申立権者による受継） 第四十五条　家事審判の申立人が死亡、資格の喪失その他の事由によってその手続を続行することができない場合において、法令によってその手続を続行することができる	【家事審判規則】 第十五条　申立人が死亡、資格の喪失その他の事由によつてその申立をする資格を続行することができない場合には、法令によりその申立をする資

家事事件手続法（新）	家事審判法（旧）
は、家庭裁判所の許可を得て、家事審判の手続に参加することができる。 3　家庭裁判所は、相当と認めるときは、職権で、審判を受ける者となるべき者及び前項に規定する者を、家事審判の手続に参加させることができる。 4　前条第三項の規定は、第一項の規定による参加の申出及び第二項の規定による参加の許可の申立てについて準用する。 5　家庭裁判所は、第一項又は第二項の規定により家事審判の手続に参加しようとする者が未成年者である場合において、その者の年齢及び発達の程度その他一切の事情を考慮してその者が当該家事審判の手続に参加することがその者の利益を害すると認めるときは、第一項の規定による参加の申出又は第二項の規定による参加の許可の申立てを却下しなければならない。 6　第一項の規定による参加の申出を却下する裁判（前項の規定により第一項の規定による参加の申出を却下する裁判を含む。）に対しては、即時抗告をすることができる。 7　第一項から第三項までの規定により家事審判の手続に参加した者（以下「利害関係参加人」という。）は、当事者がすることができる手続行為（家事審判の申立ての取下げ及び変更並びに裁判に対する不服申立て及び裁判所書記官の処分に対する異議の申立てを除く。）をすることができる。ただし、裁判に対する不服申立て及び裁判所書記官の処分に対する異議の申立てについては、	【家事審判法】 第十二条　家庭裁判所は、相当と認めるときは、審判の結果について利害関係を有する者を審判手続に参加させることができる。 （新設） （新設） （新設）

家事事件手続法（新法）	家事審判法（旧法）、家事審判規則（旧家審規）及び特別家事審判規則（旧特別家審規）
事件ごとに家庭裁判所が指定する。 6　前項の規定により選任される者の資格、員数その他同項の規定による選任に関し必要な事項は、最高裁判所規則で定める。 7　参与員には、最高裁判所規則で定める額の旅費、日当及び宿泊料を支給する。 （当事者参加） 第四十一条　当事者となる資格を有する者は、当事者として家事審判の手続に参加することができる。 2　家庭裁判所は、相当と認めるときは、当事者となる資格を有する者（審判を受ける者となるべき者に限る。）を、当事者として家事審判の手続に参加させることができる。 3　第一項の規定による参加の申出及び前項の申立てには、参加の趣旨及び理由を記載した書面でしなければならない。 4　第一項の規定による参加の申出を却下する裁判に対しては、即時抗告をすることができる。 （利害関係参加） 第四十二条　審判を受ける者となるべき者は、家事審判の手続に参加することができる。 2　審判を受ける者となるべき者以外の者であって、審判の結果により直接の影響を受けるもの又は当事者となる資格を有するもの	庭裁判所が各事件についてこれを指定する。 ③　前項の規定により選任される者の資格、員数その他同項の選任に関し必要な事項は、最高裁判所がこれを定める。 第十条の二　参与員には、最高裁判所の定める旅費、日当及び宿泊料を支給する。 【家事審判法】 第十二条　家庭裁判所は、相当と認めるときは、審判の結果について利害関係を有する者を審判手続に参加させることができる。 【家事審判規則】 第十四条　審判の結果について利害関係を有する者は、家庭裁判所の許可を受けて、審判手続に参加することができる。 【家事審判法】 （新設） （新設） 【家事審判規則】 第十四条　審判の結果について利害関係を有する者は、家庭裁判所の許可を受けて、審判手続に参加することができる。

第二編　家事審判に関する手続 **第一章　総則** **第一節　家事審判の手続** **第一款　通則** （審判事項） 第三十九条　家庭裁判所は、この編に定めるところにより、別表第一及び別表第二に掲げる事項並びに同編に定める事項について、審判をする。 （参与員） 第四十条　家庭裁判所は、参与員の意見を聴いて、審判をする。ただし、家庭裁判所が相当と認めるときは、その意見を聴かないで、審判をすることができる。 2　家庭裁判所は、参与員を家事審判の手続の期日に立ち会わせることができる。 3　参与員は、家庭裁判所の許可を得て、第一項の意見を述べるために、申立人が提出した資料の内容について、申立人から説明を聴くことができる。ただし、別表第二に掲げる事項についての審判事件においては、この限りでない。 4　参与員の員数は、各事件について一人以上とする。 5　参与員は、毎年あらかじめ家庭裁判所の選任した者の中から、	【家事審判法】 第九条　家庭裁判所は、次に掲げる事項について審判を行う。 ②　（略） ②　家庭裁判所は、この法律に定めるものの外、他の法律において特に家庭裁判所の権限に属させた事項についても、審判を行う権限を有する。 【家事審判法】 第三条　審判は、特別の定がある場合を除いては、家事審判官が、参与員を立ち合わせ、又はその意見を聴いて、これを行う。但し、家庭裁判所が、相当と認めるときは、家事審判官だけで審判を行うことができる。 ②、③　（略） （新設） 第十条　参与員の員数は、各事件について一人以上とする。 ②　参与員は、家庭裁判所が毎年前もつて選任する者の中から、家

立て等に係る書類の送達又は送付も、同様とする。

家事事件手続法（新法）	家事審判法（旧法）、家事審判規則（旧家審規）及び特別家事審判規則（旧特別家審規）
（送達及び手続の中止） 第三十六条　送達及び家事事件の手続の中止については、民事訴訟法第一編第五章第四節及び第百三十条から第百三十二条まで（同条第一項を除く。）の規定を準用する。この場合において、同法第百三十三条中「その訴訟の目的である請求又は防御の方法」とあるのは、「裁判又は調停を求める事項」と読み替えるものとする。 （裁判所書記官の処分に対する異議） 第三十七条　裁判所書記官の処分に対する異議の申立てについては、その裁判所書記官の所属する裁判所が裁判をする。 2　前項の裁判に対しては、即時抗告をすることができる。 第八章　電子情報処理組織による申立て等 第三十八条　家事事件の手続における申立てその他の申述（次項において「申立て等」という。）については、民事訴訟法第百三十二条の十第一項から第五項までの規定（支払督促に関する部分を除く。）を準用する。 2　前項において準用する民事訴訟法第百三十二条の十第一項本文の規定によりされた申立て等に係るこの法律の他の家事事件の記録の閲覧若しくは謄写又はその正本、謄本若しくは抄本の交付は、同条第五項の書面をもってするものとする。当該申	（新設） （新設） （新設）

	【家事審判規則】
2 民事訴訟法第八十二条第二項及び第八十三条から第八十六条までの規定は、手続上の救助について準用する。この場合において、同法第八十四条中「第八十二条第一項本文」とあるのは、「家事事件手続法第三十二条第一項本文」と読み替えるものとする。 　　　第七章　家事事件の審理等 （手続の非公開） 第三十三条　家事事件の手続は、公開しない。ただし、裁判所は、相当と認める者の傍聴を許すことができる。 （期日及び期間） 第三十四条　家事事件の手続の期日は、職権で、裁判長が指定する。 2　家事事件の手続の期日は、やむを得ない場合に限り、日曜日その他の一般の休日に指定することができる。 3　家事事件の手続の期日の変更は、顕著な事由がある場合に限り、することができる。 4　民事訴訟法第九十四条から第九十七条までの規定は、家事事件の手続の期日及び期間について準用する。 （手続の併合等） 第三十五条　裁判所は、家事事件の手続を併合し、又は分離することができる。 2　裁判所は、前項の規定による裁判を取り消すことができる。 3　裁判所は、当事者を異にする家事事件について手続の併合を命	第六条　家庭裁判所の審判及び調停の手続は、これを公開しない。ただし、家庭裁判所は、相当と認める者の傍聴を許すことができる。 （新設） （新設）

家事事件手続法（新法）	家事審判法（旧法）、家事審判規則（旧家審規）及び特別家事審判規則（旧特別家事審規）
「和解の費用又は訴訟費用」とあるのは「家事事件手続法（平成二十三年法律第五十二号）第二十九条第三項の調停費用又は同条第四項の訴訟費用」と、同法第七十三条第一項「裁判及び和解」とあるのは「裁判及び調停の成立」と、「補助参加」とあるのは「家事事件手続法第四十一条第一項の規定による参加の申出の取下げ又は補助参加についての異議の取下げ」と、同条第二項中「第六十一条から第六十六条まで及び」とあるのは「家事事件手続法第三十一条第一項において準用する」と読み替えるものとする。 2　前項において準用する民事訴訟法第六十九条第三項の規定による即時抗告並びに同法第七十一条第四項（前項において準用する場合を含む。）、第七十三条第二項及び第七十四条第二項の異議の申立てについての裁判に対する即時抗告は、執行停止の効力を有する。 第二節　手続上の救助 第三十二条　家事事件の手続の準備及び追行に必要な費用を支払う資力がない者又はその支払により生活に著しい支障を生ずる者に対しては、裁判所は、申立てにより、手続上の救助の裁判をすることができる。ただし、救助を求める者が不当な目的で家事審判又は家事調停の申立てその他の手続行為をしていることが明らかなときは、この限りでない。	（新設）

て、その負担の裁判をしなければならない。事件の差戻し又は移送を受けた裁判所がその事件を完結する裁判をする場合も、同様とする。

3 調停が成立した場合において、調停費用（審判手続を経ている場合にあっては、審判費用を含む。）の負担について特別の定めをしなかったときは、その費用は、各自が負担する。

4 第二百四十四条の規定により調停を行うことができる事件についての訴訟が係属する裁判所が第二百五十七条第二項又は第二百七十四条第一項の規定により事件を調停に付した場合において、調停が成立し、その訴訟についての訴訟費用の負担について特別の定めをしなかったときは、その費用は、各自が負担する。

【手続費用の立替え】
第三十条 事実の調査、証拠調べ、呼出し、告知その他の家事事件の手続に必要な行為に要する費用は、国庫において立て替えることができる。

②、③ （略）

【手続費用に関する民事訴訟法の準用等】
第三十一条 民事訴訟法第六十九条から第七十四条までの規定（裁判所書記官の処分に対する異議の申立てについての決定に対する即時抗告に関する部分を除く。）は、手続費用の負担について準用する。この場合において、同法第七十二条中「当事者が裁判所において和解をした場合」とあるのは「調停が成立した場合」と、

【家事審判規則】
第十一条 事実の調査、証拠調、呼出、告知その他必要な処分の費用は、国庫においてこれを立て替える。但し、家庭裁判所は、費用を要する行為につき当事者にその費用を予納させることができる。

（新設）

家事事件手続法（新法）	家事審判法（旧法）、家事審判規則（旧家審規）及び特別家事審判規則（旧特別家審規）
費用」という。）及び家事調停に関する手続の費用（以下「調停費用」という。）をいう。以下同じ。）は、各自の負担とする。 2　裁判所は、事情により、前項の規定によれば当事者及び利害関係参加人（第四十二条第七項に規定する利害関係参加人をいう。第一号において同じ。）がそれぞれ負担すべき手続費用の全部又は一部を、その負担すべき者以外の者であって次に掲げるものに負担させることができる。 一　当事者又は利害関係参加人 二　前号に掲げる者以外の審判を受ける者となるべき者 三　前号に掲げる者に準ずる者であって、その裁判により直接に利益を受けるもの 3　前二項の規定によれば検察官が負担すべき手続費用は、国庫の負担とする。 （**手続費用の負担の裁判等**） 第二十九条　裁判所は、事件を完結する裁判において、職権で、その審級における審判費用（調停手続を経ている場合にあっては、調停費用を含む。）の全部について、その負担の裁判をしなければならない。ただし、事情により、事件の一部又は中間の争いに関する裁判において、その費用についての負担の裁判をすることができる。 2　上級の裁判所が本案の裁判を変更する場合には、手続の総費用（調停手続を経ている場合にあっては、調停費用を含む。）につい	（新設）

4　前三項の規定は、法令により裁判上の行為をすることができる代理人の権限を妨げない。	
（手続代理人の代理権の消滅の通知） 第二十五条　手続代理人の代理権の消滅は、家事審判事件（別表第二に掲げる事項についてのものに限る。）及び家事調停事件においては本人又は代理人から他方の当事者に、その他の家事事件においては本人又は代理人から裁判所に通知しなければ、その効力を生じない。	（新設）
（手続代理人及びその代理権に関する民事訴訟法の準用） 第二十六条　民事訴訟法第三十四条（第三項を除く。）及び第五十六条から第五十八条まで（同条第三項を除く。）の規定は、手続代理人及びその代理権について準用する。	（新設）
（補佐人） 第二十七条　家事事件の手続における補佐人については、民事訴訟法第六十条の規定を準用する。	【家事審判規則】 第五条　事件の関係人は、自身出頭しなければならない。但し、やむを得ない事由があるときは、代理人を出頭させ、又は補佐人とともに出頭することができる。 ②　弁護士でない者が前項の代理人又は補佐人となるには、家庭裁判所の許可を受けなければならない。 ③　家庭裁判所は、何時でも、前項の許可を取り消すことができる。
第六章　手続費用 　第一節　手続費用の負担 （手続費用の負担） 第二十八条　手続費用（家事審判に関する手続の費用（以下「審判	（新設）

家事事件手続法（新法）	家事審判法（旧法）、家事審判規則（旧家審規）及び特別家事審判規則（旧特別家審規）
（手続代理人の代理権の範囲） 第二十四条　手続代理人は、委任を受けた事件について、参加、強制執行及び保全処分に関する行為をし、かつ、弁済を受領することができる。 2　手続代理人は、次に掲げる事項については、特別の委任を受けなければならない。ただし、家事調停の申立てその他家事調停の手続の追行について委任を受けている場合において、第二号に掲げる手続行為をするときは、この限りでない。 　一　家事審判又は家事調停の申立ての取下げ 　二　第二百六十八条第一項若しくは第二百七十七条第一項若しくは第二百七十条第一項に規定する調停条項案の受諾又は第二百八十六条第八項の共同の申出 　三　審判に対する即時抗告、第九十四条第一項（第二百八十八条において準用する場合を含む。）の抗告、第九十七条第二項（第二百八十八条において準用する場合を含む。）の申立て又は第二百七十九条第一項若しくは第二百八十六条第一項の異議 　四　前号の抗告（即時抗告を含む。）、申立て又は異議の取下げ 　五　代理人の選任 3　手続代理人の代理権は、制限することができない。ただし、弁護士でない手続代理人の代理権については、この限りでない。	（新設）

し手続行為につき行為能力の制限を受けた者が支払うべき報酬の額は、裁判所が相当と認める額とする。

（法人の代表者等への準用） 第二十一条　法人の代表者及び法人でない社団又は財団で当事者能力を有するものの代表者又は管理人については、この法律中法定代理及び法定代理人に関する規定を準用する。 第五章　手続代理人及び補佐人 （手続代理人の資格） 第二十二条　法令により裁判上の行為をすることができる代理人のほか、弁護士でなければ手続代理人となることができない。ただし、家庭裁判所においては、その許可を得て、弁護士でない者を手続代理人とすることができる。 ２　前項ただし書の許可は、いつでも取り消すことができる。 （裁判長による手続代理人の選任等） 第二十三条　手続行為につき行為能力の制限を受けた者が前項の申立てをしない場合において、裁判長は、弁護士を手続代理人に選任すべき旨を命じ、又は職権で弁護士を手続代理人に選任することができる。 ２　手続行為につき行為能力の制限を受けた者が第百十八条（この法律の他の規定において準用する場合を含む。）又は第二百五十二条第一項の規定により手続行為をしようとする場合において、必要があると認めるときは、裁判長は、申立てにより、弁護士を手続代理人に選任することができる。 ３　前二項の規定により裁判長が手続代理人に選任した弁護士に対	（新設） 【家事審判規則】 第五条　事件の関係人は、自身出頭しなければならない。但し、やむを得ない事由があるときは、代理人を出頭させ、又は補佐人とともに出頭することができる。 ②　弁護士でない者が前項の代理人又は補佐人となるには、家庭裁判所の許可を受けなければならない。 ③　家庭裁判所は、何時でも、前項の許可を取り消すことができる。 （新設）

家事事件手続法（新法）	家事審判法（旧法）、家事審判規則（旧家審規）及び特別家事審判規則（旧特別家審規）
（特別代理人） 第十九条　裁判長は、未成年者又は成年被後見人について、法定代理人がない場合又は法定代理人が代理権を行うことができない場合において、家事事件の手続が遅滞することにより損害が生ずるおそれがあるときは、利害関係人の申立てにより又は職権で、特別代理人を選任することができる。 2　特別代理人の選任の裁判は、疎明に基づいてする。 3　裁判所は、いつでも特別代理人を改任することができる。 4　特別代理人が手続行為をするには、後見人と同一の授権がなければならない。 5　第一項の申立てを却下する裁判に対しては、即時抗告をすることができる。	（新設）
（法定代理権の消滅の通知） 第二十条　別表第二に掲げる事項についての審判事件においては、法定代理権の消滅は、本人又は代理人から他方の当事者に通知しなければ、その効力を生じない。家事調停事件においても、同様とする。	（新設）

ても、同様とする。

3 被保佐人、被補助人又は後見人その他の法定代理人が次に掲げる手続行為をするには、特別の授権がなければならない。ただし、家事調停の申立てその他家事調停の手続の追行について同意その他の授権を得ている場合において、第二号に掲げる手続行為をするときは、この限りでない。

一 家事審判又は家事調停の申立ての取下げ

二 第二百六十八条第一項若しくは第二百七十七条第一項第一号の合意、第二百七十条第一項に規定する調停条項案の受諾又は第二百八十六条第八項の共同の申出

三 審判に対する即時抗告、第九十四条第一項（第二百八十八条において準用する場合を含む。）の抗告若しくは第九十七条第二項（第二百八十八条において準用する場合を含む。）の申立ての取下げ又は第二百七十九条第一項若しくは第二百八十六条第一項の異議の取下げ

（未成年者及び成年被後見人の法定代理人）

第十八条 親権を行う者又は後見人は、第百十八条（この法律の他の規定において準用する場合を含む。）又は第二百五十二条第一項の規定により未成年者又は成年被後見人が法定代理人によらずに自ら手続行為をすることができる場合であっても、未成年者又は成年被後見人を代理して手続行為をすることができる。ただし、家事審判及び家事調停の申立てについては、民法（明治二十九年法律第八十九号）その他の法令の規定により親権を行う者又は後見人が

（新設）

家事事件手続法（新法）	家事審判法（旧法）、家事審判規則（旧家審規）及び特別家事審判規則（旧特別家審規）
第十条並びに第十二条第二項、第八項及び第九項の規定（忌避に関する部分を除く。）を準用する。 2　家庭裁判所調査官又は家事調停委員について除斥の申立てがあったときは、その家庭裁判所調査官又は家事調停委員は、その申立てについての裁判が確定するまでその申立てがあった家事事件に関与することができない。 3　家庭裁判所調査官又は家事調停委員の除斥についての裁判は、家庭裁判所調査官又は家事調停委員の所属する裁判所がする。 　　第四章　当事者能力及び手続行為能力 （当事者能力及び手続行為能力の原則等） 第十七条　当事者能力、家事事件の手続における手続上の行為（以下「手続行為」という。）をすることができる能力（以下この項において「手続行為能力」という。）、手続行為能力を欠く者の法定代理及び手続行為をするのに必要な授権については、民事訴訟法第二十八条、第二十九条、第三十一条、第三十三条並びに第三十四条第一項及び第二項の規定を準用する。 2　被保佐人、被補助人（手続行為をすることにつきその補助人の同意を得ることを要するものに限る。次項において同じ。）又は後見人その他の法定代理人が他の者がした家事審判又は家事調停の申立て又は抗告について手続行為をするには、保佐人若しくは保佐監督人、補助人若しくは補助監督人又は後見監督人の同意その他の授権を要しない。職権により手続が開始された場合についても、	（新設）

びに第十二条第二項、第八項及び第九項の規定を準用する。

2　参与員について除斥又は忌避の申立てがあったときは、その参与員は、その申立てについての裁判が確定するまでは、第十二条第五項各号に掲げる家事事件に関与することができない。ただし、第十二条第五項各号に掲げる事由があるとして忌避の申立てを却下する裁判があったときは、この限りでない。

3　参与員の除斥又は忌避についての裁判は、参与員の所属する家庭裁判所がする。ただし、前項ただし書の裁判は、受命裁判官（受命裁判官の手続に立ち会う参与員が忌避の申立てを受けたときに限る。）又は家事事件を取り扱う家庭裁判所の一人の裁判官がすることができる。

（家事調停官の除斥及び忌避）

第十五条　家事調停官の除斥及び忌避については、第十条、第十一条並びに第十二条第二項から第四項まで、第八項及び第九項の規定を準用する。

2　第十二条第五項各号に掲げる事由があるとして忌避の申立てを却下する裁判があったときは、前項において準用する同条第四項本文の規定にかかわらず、家事事件の手続は停止しない。

3　家事調停官の除斥又は忌避についての裁判は、家事調停官の所属する家庭裁判所がする。ただし、前項の裁判は、忌避された家事調停官がすることができる。

（家庭裁判所調査官及び家事調停委員の除斥）

第十六条　家庭裁判所調査官及び家事調停委員の除斥については、

法律第百九号）の規定で、裁判官に関するものは、家事審判官及び参与員に、裁判所書記官に関するものは、家庭裁判所の裁判所書記官にこれを準用する。

【家事審判法】

第二十六条の三　（略）

②、③　（略）

④　裁判所職員の除斥及び忌避に関する民事訴訟法の規定で裁判官に関するものは、家事調停官について準用する。

⑤　（略）

（新設）

家事事件手続法（新法）	家事審判法（旧法、家事審判規則（旧家審規）及び特別家事審判規則（旧特別家審規）
7　第五項の裁判をした場合には、第四項本文の規定にかかわらず、家事事件の手続は停止しない。 8　除斥又は忌避を理由があるとする裁判に対しては、不服を申し立てることができない。 9　除斥又は忌避の申立てを却下する裁判に対しては、即時抗告をすることができる。 （裁判所書記官の除斥及び忌避） 第十三条　裁判所書記官の除斥及び忌避については、第十条、第十一条並びに前条第三項、第五項、第八項及び第九項の規定を準用する。 2　裁判所書記官について除斥又は忌避の申立てがあったときは、その裁判所書記官は、その申立てについての裁判が確定するまでその申立てに関与する家事事件に関与することができない。ただし、前項において準用する前条第五項各号に掲げる事由があるとして忌避の申立てを却下する裁判があったときは、この限りでない。 3　裁判所書記官の除斥又は忌避についての裁判は、裁判所書記官の所属する裁判所がする。ただし、前項ただし書の裁判は、受命裁判官等（受命裁判官又は受託裁判官をいう。）の手続に立ち会う裁判所書記官が忌避の申立てを受けたときに限る。）がすることができる。 （参与員の除斥及び忌避） 第十四条　参与員の除斥及び忌避については、第十条、第十一条並びに	【家事審判法】 第四条　裁判所職員の除斥及び忌避に関する民事訴訟法（平成八年法律第百九号）の規定で、裁判官に関するものは、家事審判官及び参与員に、裁判所書記官に関するものは、家庭裁判所の裁判所書記官にこれを準用する。 【家事審判法】 第四条　裁判所職員の除斥及び忌避に関する民事訴訟法（平成八年

（除斥又は忌避の裁判及び手続の停止）

第十二条 合議体の構成員である裁判官及び家庭裁判所の一人の裁判官の除斥又は忌避についてはその裁判官の所属する裁判所が、受託裁判官として職務を行う簡易裁判所の裁判官の除斥又は忌避についてはその裁判官の所在地を管轄する地方裁判所が、裁判をする。

2　家庭裁判所及び地方裁判所における前項の裁判は、合議体でする。

3　裁判官は、その除斥又は忌避についての裁判に関与することができない。

4　除斥又は忌避の申立てがあったときは、その申立てについての裁判が確定するまで家事事件の手続を停止しなければならない。ただし、急速を要する行為については、この限りでない。

5　次に掲げる事由があるとして忌避の申立てをするときは、第三項の規定は、適用しない。

一　家事事件の手続を遅滞させる目的のみでされたことが明らかなとき。

二　前条第二項の規定に違反するとき。

三　最高裁判所規則で定める手続に違反するとき。

6　前項の裁判は、第一項及び第二項の規定にかかわらず、忌避された受命裁判官等（受命裁判官、受託裁判官、調停委員会を組織する裁判官又は家事事件を取り扱う家庭裁判所の一人の裁判官をいう。次条第三項ただし書において同じ。）がすることができる。

【家事審判法】

第四条　裁判所職員の除斥及び忌避に関する民事訴訟法（平成八年法律第百九号）の規定で、裁判官に関するものは、家事審判官及び参与員に、裁判所書記官に関するものは、家庭裁判所の裁判所書記官にこれを準用する。

家事事件手続法（新法）	家事審判法（旧法）、家事審判規則（旧家審規）及び特別家事審判規則（旧特別家審規）
二　裁判官が当事者又はその他の審判を受ける者となるべき者の四親等内の血族、三親等内の姻族若しくは同居の親族であるとき、又はあったとき。 三　裁判官が当事者又はその他の審判を受ける者となるべき者の後見人、後見監督人、保佐人、保佐監督人、補助人又は補助監督人であるとき。 四　裁判官が事件について証人若しくは鑑定人となったとき、又は審問を受けることとなったとき。 五　裁判官が事件について当事者若しくはその他の審判を受ける者となるべき者の代理人若しくは補佐人であるとき、又はあったとき。 六　裁判官が事件について仲裁判断に関与し、又は不服を申し立てられた前審の裁判に関与したとき。 2　前項に規定する除斥の原因があるときは、裁判所は、申立てにより又は職権で、除斥の裁判をする。 （裁判官の忌避） 第十一条　裁判官について裁判又は調停の公正を妨げる事情があるときは、当事者は、その裁判官を忌避することができる。 2　当事者は、裁判官の面前において事件について陳述をしたときは、その裁判官を忌避することができない。ただし、忌避の原因があることを知らなかったとき、又は忌避の原因がその後に生じたときは、この限りでない。	〔家事審判法〕 第四条　裁判所職員の除斥及び忌避に関する民事訴訟法（平成八年法律第百九号）の規定で、裁判官に関するものは、家事審判官及び参与員に、裁判所書記官に関するものは、家庭裁判所の裁判所書記官にこれを準用する。

は一部を当該各号に定める家庭裁判所に移送することができる。 一　家事事件の手続が遅滞することを避けるため必要があると認めるときその他相当と認めるとき　第五条の規定により管轄権を有しないこととされた家庭裁判所 二　事件を処理するために特に必要があると認めるとき　前号の家庭裁判所以外の家庭裁判所 3　前二項の規定による裁判及び第一項の裁判に対しては、即時抗告をすることができる。 4　前項の規定による移送の裁判に対する即時抗告は、執行停止の効力を有する。 5　民事訴訟法（平成八年法律第百九号）第二十二条の規定は、家事事件の移送の裁判について準用する。 　　第三章　裁判所職員の除斥及び忌避 （裁判官の除斥） 第十条　裁判官は、次に掲げる場合には、その職務の執行から除斥される。ただし、第六号に掲げる場合にあっては、他の裁判所の嘱託により受託裁判官としてその職務を行うことを妨げない。 一　裁判官又はその配偶者若しくは配偶者であった者が、事件の当事者若しくはその他の審判を受ける者となるべき者（審判の申立てを却下する審判を受ける者を含く。以下同じ。）であるとき、又は事件について これらの者と共同権利者、共同義務者若しくは償還義務者の関係にあるとき。	これを他の家庭裁判所に移送することができる。 第四条の二　前条の規定による移送の審判に対しては、当事者は、即時抗告をすることができる。 （新設） （新設） 【家事審判法】 第四条　裁判所職員の除斥及び忌避に関する民事訴訟法（平成八年法律第百九号）の規定で、裁判官に関するものは、家事審判官及び参与員に、裁判所書記官に関するものは、家庭裁判所の裁判所書記官にこれを準用する。

家事事件手続法（新法）	家事審判法（旧法）、家事審判規則（旧家審規）及び特別家事審判規則（旧特別家審規）
きは、関係のある裁判所に共通する直近上級の裁判所は、申立てにより又は職権で、管轄裁判所を定める。 3　前二項の規定により管轄裁判所を定める裁判に対しては、不服を申し立てることができない。 （管轄権を有する家庭裁判所の特例） 第七条　この法律の他の規定により家事事件の管轄が定まらないときは、その家事事件は、審判又は調停を求める事項に係る財産の所在地又は最高裁判所規則で定める地を管轄する家庭裁判所の管轄に属する。 （管轄の標準時） 第八条　裁判所の管轄は、家事審判若しくは家事調停の申立てがあった時又は裁判所が職権で家事事件の手続を開始した時を標準として定める。 （移送等） 第九条　裁判所は、家事事件の全部又は一部がその管轄に属しないと認めるときは、申立てにより又は職権で、これを管轄裁判所に移送する。ただし、家庭裁判所は、事件を処理するために特に必要があると認めるときは、職権で、家事事件の全部又は一部を管轄権を有する家庭裁判所以外の家庭裁判所に移送し、又は自ら処理することができる。 2　家庭裁判所は、家事事件がその管轄に属する場合においても、次の各号に掲げる事由があるときは、職権で、家事事件の全部又	（新設） （新設） （新設） 【家事審判規則】 第四条　家庭裁判所は、その管轄に属しない事件について申立を受けた場合には、これを管轄家庭裁判所に移送しなければならない。但し、事件を処理するために特に必要があると認めるときは、これを他の家庭裁判所に移送することができる。 ②　家庭裁判所は、その管轄に属する事件について申立を受けた場合においても、事件を処理するために適当であると認めるときは、

（裁判所及び当事者の責務） 第二条　裁判所は、家事事件の手続が公正かつ迅速に行われるよう努め、当事者は、信義に従い誠実に家事事件の手続を追行しなければならない。 （最高裁判所規則） 第三条　この法律に定めるもののほか、家事事件の手続に関し必要な事項は、最高裁判所規則で定める。 第二章　管轄 （管轄が住所地により定まる場合の管轄権を有する家庭裁判所） 第四条　家事事件は、管轄が人の住所地により定まる場合において、日本国内に住所がないとき又は住所が知れないときはその居所地を管轄する家庭裁判所の管轄に属し、日本国内に居所がないとき又は居所が知れないときはその最後の住所地を管轄する家庭裁判所の管轄に属する。 （優先管轄） 第五条　この法律の他の規定により二以上の家庭裁判所が管轄権を有するときは、家事事件は、先に申立てを受け、又は職権で手続を開始した家庭裁判所が管轄する。 （管轄裁判所の指定） 第六条　管轄裁判所が法律上又は事実上裁判権を行うことができないときは、その裁判所の直近上級の裁判所は、申立てにより又は職権で、管轄裁判所を定める。 2　裁判所の管轄区域が明確でないため管轄裁判所が定まらないと	（新設） 〔家事審判法〕 第八条　この法律に定めるものの外、審判又は調停に関し必要な事項は、最高裁判所がこれを定める。 （新設） （新設） （新設）

家事事件手続法（新法）	家事審判法（旧法）、家事審判規則（旧家審規）及び特別家事審判規則（旧特別家審規）
第二節　家事調停の申立て等（第二百五十五条―第二百五十七条） 第三節　家事調停の手続（第二百五十八条―第二百六十七条） 第四節　調停の成立（第二百六十八条―第二百七十条） 第五節　調停の成立によらない事件の終了（第二百七十一条―第二百七十三条） 第六節　付調停等（第二百七十四条―第二百七十六条） 第二章　合意に相当する審判（第二百七十七条―第二百八十三条） 第三章　調停に代わる審判（第二百八十四条―第二百八十七条） 第四章　不服申立て等（第二百八十八条） 第五編　履行の確保（第二百八十九条・第二百九十条） 第五編　罰則（第二百九十一条―第二百九十三条） 附則 第一編　総則 第一章　通則 （趣旨） 第一条　家事審判及び家事調停に関する事件（以下「家事事件」という。）の手続については、他の法令に定めるもののほか、この法律の定めるところによる。	（新設）

第十七節　遺言に関する審判事件（第二百九条―第二百十五条）

第十八節　遺留分に関する審判事件（第二百十六条）

第十九節　任意後見契約法に規定する審判事件（第二百十七条―第二百二十五条）

第二十節　戸籍法に規定する審判事件（第二百二十六条―第二百三十一条）

第二十一節　性同一性障害者の性別の取扱いの特例に関する法律に規定する審判事件（第二百三十二条）

第二十二節　厚生年金保険法等に規定する審判事件（第二百三十三条）

第二十三節　児童福祉法に規定する審判事件（第二百三十四条―第二百三十九条）

第二十四節　生活保護法等に規定する審判事件（第二百四十条）

第二十五節　精神保健及び精神障害者福祉に関する法律に規定する審判事件（第二百四十一条）

第二十六節　破産法に規定する審判事件（第二百四十二条）

第二十七節　中小企業における経営の承継の円滑化に関する法律に規定する審判事件（第二百四十三条）

第三編　家事調停に関する手続

第一章　総則

第一節　通則（第二百四十四条―第二百五十四条）

家事事件手続法（新法）	家事審判法（旧法）、家事審判規則（旧家審規）及び特別家事審判規則（旧特別家審規）
第五款　離縁等の場合における祭具等の所有権の承継者の指定の審判事件（第百六十三条） 第六款　特別養子縁組に関する審判事件（第百六十四条―第百六十六条） 第八節　親権に関する審判事件（第百六十七条―第百七十五条） 第九節　未成年後見に関する審判事件（第百七十六条―第百八十一条） 第十節　扶養に関する審判事件（第百八十二条―第百八十七条） 第十一節　推定相続人の廃除に関する審判事件（第百八十八条・第百八十九条） 第十二節　相続の場合における祭具等の所有権の承継者の指定の審判事件（第百九十条） 第十三節　遺産の分割に関する審判事件（第百九十一条―第二百条） 第十四節　相続の承認及び放棄に関する審判事件（第二百一条） 第十五節　財産分離に関する審判事件（第二百二条） 第十六節　相続人の不存在に関する審判事件（第二百三条―第二百八条）	

第五節　戸籍の記載等の嘱託（第百十六条）

第二章　家事審判事件

第一節　成年後見に関する審判事件（第百十七条—第百二十七条）

第二節　保佐に関する審判事件（第百二十八条—第百三十五条）

第三節　補助に関する審判事件（第百三十六条—第百四十四条）

第四節　不在者の財産の管理に関する処分の審判事件（第百四十五条—第百四十七条）

第五節　失踪の宣告に関する審判事件

　第一款　失踪の宣告の審判事件（第百四十八条）

　第二款　失踪の宣告の取消しの審判事件（第百四十九条）

第六節　婚姻等に関する審判事件（第百五十条—第百五十八条）

第七節　親子に関する審判事件

　第一款　嫡出否認の訴えの特別代理人の選任の審判事件（第百五十九条）

　第二款　子の氏の変更についての許可の審判事件（第百六十条）

　第三款　養子縁組をするについての許可の審判事件（第百六十一条）

　第四款　死後離縁をするについての許可の審判事件（第百

家事事件手続法（新法）	家事審判法（旧法）、家事審判規則（旧家審規）及び特別家事審判規則（旧特別家審規）
第三款　家事審判の手続の期日（第五十一条―第五十五条） 第四款　事実の調査及び証拠調べ（第五十六条―第六十四条） 第五款　家事審判の手続における子の意思の把握等（第六十五条） 第六款　家事調停をすることができる事項についての家事審判の手続の特則（第六十六条―第七十二条） 第七款　審判等（第七十三条―第八十一条） 第八款　取下げによる事件の終了（第八十二条・第八十三条） 第九款　高等裁判所が第一審として行う手続（第八十四条） 第二節　不服申立て 　第一款　審判に対する不服申立て 　　第一目　即時抗告（第八十五条―第九十三条） 　　第二目　特別抗告（第九十四条―第九十六条） 　　第三目　許可抗告（第九十七条・第九十八条） 　第二款　審判以外の裁判に対する不服申立て（第九十九条―第百二条） 　第三款　再審（第百三条・第百四条） 第四節　審判前の保全処分（第百五条―第百十五条）	

資料　家事事件手続法新旧対照表

家事事件手続法（新法）	家事審判法（旧法）、家事審判規則（旧家審規）及び特別家事審判規則（旧特別家審規）
家事事件手続法 目次 第一編　総則 　第一章　通則（第一条―第三条） 　第二章　管轄（第四条―第九条） 　第三章　裁判所職員の除斥及び忌避（第十条―第十六条） 　第四章　当事者能力及び手続行為能力（第十七条―第二十一条） 　第五章　手続代理人及び補佐人（第二十二条―第二十七条） 　第六章　手続費用 　　第一節　手続費用の負担（第二十八条―第三十一条） 　　第二節　手続上の救助（第三十二条） 　第七章　家事事件の審理等（第三十三条―第三十七条） 　第八章　電子情報処理組織による申立て等（第三十八条） 　第二編　家事審判に関する手続 　第一章　総則 　　第一節　家事審判の手続 　　　第一款　通則（第三十九条―第四十八条） 　　　第二款　家事審判の申立て（第四十九条・第五十条）	

十五		請求すべき按分割合に関する処分
		厚生年金保険法（昭和二十九年法律第百十五号）第七十八条の二第二項、国家公務員共済組合法（昭和三十三年法律第百二十八号）第九十三条の五第二項（私立学校教職員共済法（昭和二十八年法律第二百四十五号）第二十五条において準用する場合を含む。）及び地方公務員等共済組合法（昭和三十七年法律第百五十二号）第百五条第二項
生活保護法等	十六	扶養義務者の負担すべき費用額の確定
		生活保護法第七十七条第二項（ハンセン病問題の解決の促進に関する法律（平成二十年法律第八十二号）第二十一条第二項において準用する場合を含む。）

七	養子の離縁後に親権者となるべき者の指定	民法第八百十一条第四項
八	親権者の指定又は変更	民法第八百十九条第五項及び第六項（これらの規定を同法第七百四十九条において準用する場合を含む。）
扶養		
九	扶養の順位の決定及びその決定の変更又は取消し	民法第八百七十八条及び第八百八十条
十	扶養の程度又は方法についての決定及びその決定の変更又は取消し	民法第八百七十九条及び第八百八十条
相続		
十一	相続の場合における祭具等の所有権の承継者の指定	民法第八百九十七条第二項
遺産の分割		
十二	遺産の分割	民法第九百七条第二項
十三	遺産の分割の禁止	民法第九百七条第三項
十四	寄与分を定める処分	民法第九百四条の二第二項
厚生年金保険法等		

別表第二（第二十条、第二十五条、第三十九条、第四十条、第六十六条―第七十一条、第八十二条、第八十九条、第九十条、第九十二条、第百五十条、第百六十三条、第百六十七条、第百六十八条、第百八十二条、第百九十条、第百九十一条、第二百三十三条、第二百四十条、第二百四十五条、第二百五十二条、第二百六十八条、第二百七十二条、第二百八十六条、第二百八十七条、附則第五条関係）

項		事項	根拠となる法律の規定
婚姻等	一	夫婦間の協力扶助に関する処分	民法第七百五十二条
	二	婚姻費用の分担に関する処分	民法第七百六十条
	三	子の監護に関する処分	民法第七百六十六条第二項及び第三項（これらの規定を同法第七百四十九条、第七百七十一条及び第七百八十八条において準用する場合を含む。）
	四	財産の分与に関する処分	民法第七百六十八条第二項（同法第七百四十九条及び第七百七十一条において準用する場合を含む。）
	五	離婚等の場合における祭具等の所有権の承継者の指定	民法第七百六十九条第二項（同法第七百四十九条、第七百五十一条第二項及び第七百七十一条において準用する場合を含む。）
親子	六	離縁等の場合における祭具等の所有権の承継者の指定	民法第八百八条第二項及び第八百十七条において準用する同法第七百六十九条第二項
親権			

法律	項番	事項	根拠条文
精神保健及び精神障害者福祉に関する法律	百三十	保護者の順位の変更及び保護者の選任	精神保健及び精神障害者福祉に関する法律第二十条第二項ただし書及び同項第四号
破産法	百三十一	破産手続が開始された場合における夫婦財産契約による財産の管理者の変更等	破産法（平成十六年法律第七十五号）第六十一条第一項において準用する民法第七百五十八条第二項及び第三項
	百三十二	親権を行う者につき破産手続が開始された場合における管理権喪失	破産法第六十一条第一項において準用する民法第八百三十五条
	百三十三	破産手続における相続の放棄の承認についての申述の受理	破産法第二百三十八条第二項（同法第二百四十三条において準用する場合を含む。）
中小企業における経営の承継の円滑化に関する法律	百三十四	遺留分の算定に係る合意についての許可	中小企業における経営の承継の円滑化に関する法律第八条第一項

資料　家事事件手続法別表

百二十	任意後見人の解任	任意後見契約法第八条
百二十一	任意後見契約の解除についての許可	任意後見契約法第九条第二項
戸籍法		
百二十二	氏又は名の変更についての許可	戸籍法第百七条第一項（同条第四項において準用する場合を含む。）及び第百七条の二
百二十三	就籍許可	戸籍法第百十条第一項
百二十四	戸籍の訂正についての許可	戸籍法第百十三条及び第百十四条
百二十五	戸籍事件についての市町村長の処分に対する不服	戸籍法第百二十一条（同法第四条において準用する場合を含む。）
性同一性障害者の性別の取扱いの特例に関する法律		
百二十六	性別の取扱いの変更	性同一性障害者の性別の取扱いの特例に関する法律（平成十五年法律第百十一号）第三条第一項
児童福祉法		
百二十七	都道府県の措置についての承認	児童福祉法第二十八条第一項第一号及び第二号ただし書
百二十八	都道府県の措置の期間の更新についての承認	児童福祉法第二十八条第二項ただし書
生活保護法等		
百二十九	施設への入所等についての許可	生活保護法（昭和二十五年法律第百四十四号）第三十条第三項

遺留分	百九	遺留分を算定する場合における鑑定人の選任	民法第千二十九条第二項
遺留分	百十	遺留分の放棄についての許可	民法第千四十三条第一項
任意後見契約法	百十一	任意後見契約の効力を発生させるための任意後見監督人の選任	任意後見契約法第四条第一項
任意後見契約法	百十二	任意後見人が欠けた場合における任意後見監督人の選任	任意後見契約法第四条第四項
任意後見契約法	百十三	任意後見監督人を更に選任する場合における任意後見監督人の選任	任意後見契約法第四条第五項
任意後見契約法	百十四	後見開始の審判等の取消し	任意後見契約法第四条第二項
任意後見契約法	百十五	任意後見監督人の職務に関する処分	任意後見契約法第七条第三項
任意後見契約法	百十六	任意後見監督人の辞任についての許可	任意後見契約法第七条第四項において準用する民法第八百四十四条
任意後見契約法	百十七	任意後見監督人の解任	任意後見契約法第七条第四項において準用する民法第八百四十六条
任意後見契約法	百十八	任意後見人の権限の行使についての定め及びその取消し	任意後見契約法第七条第四項において準用する民法第八百五十九条の二第一項及び第二項
任意後見契約法	百十九	任意後見監督人に対する報酬の付与	任意後見契約法第七条第四項において準用する民法第八百六十二条

項番	分類	事項	条文
九十七		財産分離の請求後の相続財産の管理に関する処分	民法第九百四十三条（同法第九百五十条第二項において準用する場合を含む。）
九十八		財産分離の場合における鑑定人の選任	民法第九百四十七条第三項及び第九百五十条第二項において準用する同法第九百三十条第二項及び第九百三十二条ただし書
九十九	相続人の不存在	相続人の不存在の場合における相続財産の管理に関する処分	民法第九百五十二条、第九百五十三条及び第九百五十八条
百		相続人の不存在の場合における鑑定人の選任	民法第九百五十七条第二項において準用する同法第九百三十条第二項
百一		特別縁故者に対する相続財産の分与	民法第九百五十八条の三第一項
百二	遺言	遺言の確認	民法第九百七十六条第四項及び第九百七十九条第三項
百三		遺言書の検認	民法第千四条第一項
百四		遺言執行者の選任	民法第千十条
百五		遺言執行者に対する報酬の付与	民法第千十八条第一項
百六		遺言執行者の解任	民法第千十九条第一項
百七		遺言執行者の辞任についての許可	民法第千十九条第二項
百八		負担付遺贈に係る遺言の取消し	民法第千二十七条

相続の承認及び放棄	八十六	推定相続人の廃除	民法第八百九十二条及び第八百九十三条
	八十七	推定相続人の廃除の取消し	民法第八百九十四条
	八十八	推定相続人の廃除の審判又はその取消しの審判の確定前の遺産の管理に関する処分	民法第八百九十五条
	八十九	相続の承認又は放棄をすべき期間の伸長	民法第九百十五条第一項ただし書
	九十	相続財産の保存又は管理に関する処分	民法第九百十八条第二項及び第三項（これらの規定を同法第九百二十六条第二項（同法第九百三十六条第三項において準用する場合を含む。）及び第九百四十条第二項において準用する場合を含む。）
	九十一	限定承認又は相続の放棄の取消しの申述の受理	民法第九百十九条第四項
	九十二	限定承認の申述の受理	民法第九百二十四条
	九十三	限定承認の場合における鑑定人の選任	民法第九百三十条第二項及び第九百三十二条ただし書
	九十四	限定承認を受理した場合における相続財産の管理人の選任	民法第九百三十六条第一項
	九十五	相続の放棄の申述の受理	民法第九百三十八条
財産分離	九十六	財産分離	民法第九百四十一条第一項及び第九百五十条第一項

	七十五	未成年後見人の辞任についての許可	民法第八百五十二条において準用する同法第八百四十四条
	七十六	未成年後見監督人の解任	民法第八百五十二条において準用する同法第八百四十六条
	七十七	未成年後見に関する財産目録の作成の期間の伸長	民法第八百五十三条第一項ただし書（同法第八百五十六条及び第八百六十七条第二項において準用する場合を含む。）
	七十八	未成年後見人又は未成年後見監督人の権限の行使についての定め及びその取消し	民法第八百五十七条の二第二項から第四項まで（これらの規定を同法第八百六十七条第二項において準用する場合を含む。）
	七十九	未成年被後見人に関する特別代理人の選任	民法第八百六十条において準用する同法第八百二十六条
	八十	未成年後見人又は未成年後見監督人に対する報酬の付与	民法第八百六十二条（同法第八百五十二条及び第八百六十七条第二項において準用する場合を含む。）
	八十一	未成年後見の事務の監督	民法第八百六十三条（同法第八百六十七条第二項において準用する場合を含む。）
	八十二	第三者が未成年被後見人に与えた財産の管理に関する処分	民法第八百六十九条において準用する同法第八百三十条第二項から第四項まで
	八十三	未成年後見に関する管理の計算の期間の伸長	民法第八百七十条ただし書
扶養	八十四	扶養義務の設定	民法第八百七十七条第二項
	八十五	扶養義務の設定の取消し	民法第八百七十七条第三項
推定相続人の廃除			

六十一	養子縁組をするについての許可		民法第七百九十四条及び第七百九十八条
六十二	死後離縁をするについての許可		民法第八百十一条第六項
六十三	特別養子縁組の成立		民法第八百十七条の二
六十四	特別養子縁組の離縁		民法第八百十七条の十第一項
親権			
六十五	子に関する特別代理人の選任		民法第八百二十六条
六十六	第三者が子に与えた財産の管理に関する処分		民法第八百三十条第二項から第四項まで
六十七	親権喪失、親権停止又は管理権喪失		民法第八百三十四条から第八百三十五条まで
六十八	親権喪失、親権停止又は管理権喪失の審判の取消し		民法第八百三十六条
六十九	親権又は管理権を辞し、又は回復するについての許可		民法第八百三十七条
未成年後見			
七十	養子の離縁後に未成年後見人となるべき者の選任		民法第八百十一条第五項
七十一	未成年後見人の選任		民法第八百四十条第一項及び第二項
七十二	未成年後見人の辞任についての許可		民法第八百四十四条
七十三	未成年後見人の解任		民法第八百四十六条
七十四	未成年後見監督人の選任		民法第八百四十九条

資料　家事事件手続法別表

五十一	補助人に対する代理権の付与	民法第八百七十六条の九第一項
五十二	補助人に対する代理権の付与の審判の取消し	民法第八百七十六条の九第二項において準用する同法第八百七十六条の四第三項
五十三	補助の事務の監督	民法第八百六十三条
五十四	補助に関する管理の計算の期間の伸長	民法第八百七十六条の十第一項において準用する同法第八百七十六条の十第二項において準用する同法第八百七十条ただし書
不在者の財産の管理		
五十五	不在者の財産の管理に関する処分	民法第二十五条から第二十九条まで
失踪の宣告		
五十六	失踪の宣告	民法第三十条
五十七	失踪の宣告の取消し	民法第三十二条第一項
婚姻等		
五十八	夫婦財産契約による財産の管理者の変更等	民法第七百五十八条第二項及び第三項
親子		
五十九	嫡出否認の訴えの特別代理人の選任	民法第七百七十五条
六十	子の氏の変更についての許可	民法第七百九十一条第一項及び第三項

資料　家事事件手続法別表

項番	事項	根拠条文
四十一	補助人の選任	民法第八百七十六条の七第一項並びに同条第二項において準用する同法第八百四十三条第二項及び第三項
四十二	補助人の辞任についての許可	民法第八百七十六条の七第二項において準用する同法第八百四十四条
四十三	補助人の解任	民法第八百七十六条の七第二項において準用する同法第八百四十六条
四十四	臨時補助人の選任	民法第八百七十六条の七第三項
四十五	補助監督人の選任	民法第八百七十六条の八第一項
四十六	補助監督人の辞任についての許可	民法第八百七十六条の八第二項において準用する同法第八百四十四条
四十七	補助監督人の解任	民法第八百七十六条の八第二項において準用する同法第八百四十六条
四十八	補助人又は補助監督人の権限の行使についての定め及びその取消し	民法第八百七十六条の八第二項において準用する同法第八百五十九条の二第一項及び第二項
四十九	被補助人の居住用不動産の処分についての許可	民法第八百七十六条の八第二項において準用する同法第八百五十九条の三
五十	補助人又は補助監督人に対する報酬の付与	民法第八百七十六条の十第一項において準用する同法第八百六十二条

三十	被保佐人の居住用不動産の処分についての許可	民法第八百七十六条の五第二項及び第八百七十六条の五第二項において準用する同法第八百五十九条の三
三十一	保佐人又は保佐監督人に対する報酬の付与	民法第八百七十六条の三第二項及び第八百七十六条の五第二項において準用する同法第八百六十二条
三十二	保佐人に対する代理権の付与	民法第八百七十六条の四第一項
三十三	保佐人に対する代理権の付与の審判の取消し	民法第八百七十六条の四第三項
三十四	保佐の事務の監督	民法第八百七十六条の五第二項において準用する同法第八百六十三条
三十五	保佐に関する管理の計算の期間の伸長	民法第八百七十六条の五第三項において準用する同法第八百七十条ただし書
補助		
三十六	補助開始	民法第十五条第一項
三十七	補助開始	民法第十七条第一項
三十八	補助人の同意に代わる許可	民法第十七条第三項
三十九	補助開始の審判の取消し	民法第十八条第一項及び第三項並びに第十九条第一項（同条第二項において準用する場合を含む。）
四十	補助人の同意を得なければならない行為の定めの審判の取消し	民法第十八条第二項

二十	保佐開始の審判の取消し	民法第十四条第一項及び第十九条第一項（同条第二項において準用する場合を含む。）
二十一	保佐人の同意を得なければならない行為の定めの審判の取消し	民法第十四条第二項
二十二	保佐人の選任	民法第八百七十六条の二第一項並びに同条第二項において準用する同法第八百四十三条第二項及び第三項
二十三	保佐人の辞任についての許可	民法第八百七十六条の二第二項において準用する同法第八百四十四条
二十四	保佐人の解任	民法第八百七十六条の二第二項において準用する同法第八百四十六条
二十五	臨時保佐人の選任	民法第八百七十六条の二第三項
二十六	保佐監督人の選任	民法第八百七十六条の三第一項
二十七	保佐監督人の辞任についての許可	民法第八百七十六条の三第二項において準用する同法第八百四十四条
二十八	保佐監督人の解任	民法第八百七十六条の三第二項において準用する同法第八百四十六条
二十九	保佐人又は保佐監督人の権限の行使についての定め及びその取消し	民法第八百七十六条の五第二項及び第八百七十六条の三第二項において準用する同法第八百五十九条の二第一項及び第二項

九	成年後見に関する財産の目録の作成の期間の伸長	民法第八百五十三条第一項ただし書（同法第八百五十六条において準用する場合を含む。）
十	成年後見人又は成年後見監督人の権限の行使についての定め及びその取消し	民法第八百五十九条の二第一項及び第二項（これらの規定を同法第八百五十二条において準用する場合を含む。）
十一	成年被後見人の居住用不動産の処分についての許可	民法第八百五十九条の三（同法第八百五十二条において準用する場合を含む。）
十二	成年被後見人に関する特別代理人の選任	民法第八百六十条において準用する同法第八百二十六条
十三	成年被後見人又は成年後見監督人に対する報酬の付与	民法第八百六十二条（同法第八百五十二条において準用する場合を含む。）
十四	成年後見の事務の監督	民法第八百六十三条
十五	第三者が成年被後見人に与えた財産の管理に関する処分	民法第八百六十九条において準用する同法第八百三十条第二項から第四項まで
十六	成年後見に関する管理の計算の期間の伸長	民法第八百七十条ただし書
保佐		
十七	保佐開始	民法第十一条
十八	保佐人の同意を得なければならない行為の定め	民法第十三条第二項
十九	保佐人の同意に代わる許可	民法第十三条第三項

資料　家事事件手続法別表

別表第一（第三十九条、第百十六条ー第百十八条、第百二十八条、第百二十九条、第百三十六条、第百三十七条、第百四十五条、第百四十八条、第百五十条ー第百五十九条ー第百六十二条、第百六十四条、第百六十五条、第百六十七条、第百六十八条、第百七十六条、第百七十七条、第百八十二条、第百八十八条、第百八十九条、第二百一条ー第二百三条、第二百九条、第二百十六条、第二百十七条、第二百二十五条ー第二百二十七条、第二百三十二条、第二百三十四条、第二百四十条ー第二百四十四条関係）

項		事項	根拠となる法律の規定
成年後見	一	後見開始	民法第七条
	二	後見開始の審判の取消し	民法第十条及び同法第十九条第二項において準用する同条第一項
	三	成年後見人の選任	民法第八百四十三条第一項から第三項まで
	四	成年後見人の辞任についての許可	民法第八百四十四条
	五	成年後見人の解任	民法第八百四十六条
	六	成年後見監督人の選任	民法第八百四十九条
	七	成年後見監督人の辞任についての許可	民法第八百五十二条において準用する同法第八百四十四条
	八	成年後見監督人の解任	民法第八百五十二条において準用する同法第八百四十六条

●事項索引

◆ あ行

異議の申立て … 45, 46, 142, 241, 244, 245, 246
意見の聴取 ……………………… 20, 116, 222
意見の聴取の嘱託 ………………… 230, 233
遺言執行者の解任 …………………… 132, 211
遺言執行者の選任 ………………………… 211
遺言書の検認 ………………………… 141, 211
遺言に関する審判事件 …………………… 211
遺言の確認 ………………………………… 141
遺産の換価処分 …………………………… 204
遺産の換価を命ずる審判 ………………… 131
遺産の管理に関する処分の審判事件 …… 18
遺産の分割 …………… 23, 37, 50, 73, 90, 91, 96,
 138, 141, 172, 204, 229
遺産の分割の禁止（の審判）………… 24, 86
遺産分割の禁止の審判の取消しまたは変
 更 …………………………………………… 128
医師の意見の聴取 …………………… 180, 183
医師の診断 ………………………………… 11
移送 ……… 1, 11, 20, 24, 40, 62, 63, 125, 129, 145,
 165, 166, 176, 226
 ――の申立権 …………………………… 62, 63
遺留分減殺 ………………………………… 45
遺留分に関する審判事件 ………………… 213
遺留分の放棄についての許可 …………… 213
氏または名の変更についての許可 … 87, 217
応訴管轄 …………………………………… 62
乙類事件（審判）（事項）………………… 22, 51
親子関係不存在確認 ……………………… 45
親子に関する審判事件 …………………… 192

◆ か行

各自負担の原則 …………………………… 78
確定 ………………………………… 133, 139
 ――の遮断 …………………………………… 158
家事審判官 ………………………………… 15

家事審判事件の終了 ……………………… 139
家事審判に関する事件 ……………… 1, 2, 13
家事審判に関する手続 …………………… 41
家事審判の手続への移行 ………………… 142
家事審判の申立て
 ……………… 13, 81, 106, 142, 143, 153, 170
家事調停委員
 ………… 6, 19, 64, 65, 66, 67, 227, 241, 244
家事調停官 ………………… 6, 64, 133, 239
家事調停事件の終了
 ………… 21, 139, 142, 143, 234, 235, 236, 242
家事調停に関する事件 ……………… 1, 2, 13
家事調停に関する手続
 ……………………… 23, 41, 42, 43, 171, 225
家事調停の不成立 ………………………… 49
家事調停の申立て …… 13, 24, 45, 46, 81, 106,
 129, 142, 143, 170, 171, 172, 191, 197, 201, 204,
 231, 241, 245
家庭裁判所調査官 …… 11, 19, 32, 33, 57, 64, 65,
 66, 67, 76, 88, 102, 120, 130, 155, 177, 226,
 230, 233, 247, 256
仮の地位を定める仮処分 ………………… 174
過料 …………… 41, 61, 118, 131, 226, 249, 250
簡易却下 …………………………………… 60
簡易却下制度 ……………………………… 66
管轄 ……… 7, 11, 12, 22, 25, 40, 42, 179, 182, 184,
 186, 188, 190, 192, 196, 198, 200, 206, 209,
 220, 223, 237, 253
管轄裁判所の指定 …………………… 63, 129
換価を命ずる裁判 ………………………… 21
関係人 ………………………… 28, 78, 102, 130
完結する裁判 ……………………………… 166
監護費用の分担 …………………………… 191
間接強制 …………………………………… 249
管理権喪失 ……………………… 33, 116, 197
管理権喪失の審判の取消し ……………… 136
管理者の改任 …………… 86, 128, 180, 197, 198

554　事項索引

管理人の改任 …………………………… 186
期間 …………………………………………… 85
危急時遺言の確認 …………………… 211
期日 …… 16, 20, 39, 56, 85, 99, 100, 112, 129, 130, 141, 154, 174, 191, 228, 242, 243
期日の指定 …………………………… 125, 135
規則事項 ……………………………………… 11
規定する審判事件 ……………………… 214
忌避 …… 1, 24, 66, 67, 68, 129, 133, 166, 176, 256
義務履行の命令 ………………… 24, 105, 129, 131
給付命令 …………………………………… 191
旧法主義 …………………………………… 253
強制参加 ………………… 32, 34, 54, 90, 94, 110, 130
共同の申出 ……………………………… 246
許可抗告 ………………… 1, 40, 147, 161, 176, 258
記録の閲覧 …… 14, 26, 28, 41, 50, 55, 67, 83, 91, 101, 102, 103, 104, 105, 115, 116, 120, 130, 174, 175, 176, 226, 247, 248
金銭の寄託 ………………………… 248, 256
経過措置 …………………………………… 253
経過の要領 …………………………… 99, 174
形式的意味の当事者 ………………… 13, 28
原裁判所による審判の更正
　…………………………… 55, 122, 146, 152, 164
検察官に対する通知 ………………… 21
限定承認の申述の受理 ……………… 206
限定承認の場合における鑑定人の選任
　…………………………………………… 206
限定承認または相続の放棄の申述を却下
　する審判 ……………………………… 208
合意管轄 … 62, 119, 190, 196, 200, 204, 218, 220
合意に相当する審判 …… 1, 13, 21, 22, 24, 42, 43, 45, 47, 104, 126, 129, 142, 229, 233, 235, 240, 241, 242
合議体 ……………………………………… 239
後見開始 ……………… 90, 92, 98, 107, 132, 139, 141
　——の審判 ………… 18, 20, 21, 43, 103, 179
　——の審判の取消し …………………… 136
後見命令 ………………………… 20, 21, 181
公告期間 …………………………………… 188
抗告許可の申立て ………… 133, 161, 163, 164

抗告許可の申立書の写し …………… 161
　——の送付 …………………………… 162
抗告許可の申立書の却下 …………… 164
抗告状の写しの送付
　………………… 27, 40, 146, 149, 150, 157, 159, 177
抗告状の却下 …………………………… 158
抗告理由書 ……………………………… 159
公示送達 ………………… 176, 235, 245, 246
更正決定 ………… 24, 123, 126, 131, 152, 176
厚生年金保険法等に規定する審判事件
　…………………………………………… 218
高等裁判所における家事調停 …… 37, 239
公布の日 …………………………… 251, 259
甲類事件（審判）（事項） ………… 22, 51, 255
告知 ………………… 14, 20, 21, 175, 207, 245
戸籍の訂正についての許可 ………… 21, 217
戸籍法に規定する審判事件 ………… 217
子の監護者の指定 ……………………… 171
子の監護に関する処分
　……………………… 36, 172, 190, 191, 236
子の氏の変更 …………………… 139, 192
子の代弁者 ………………………………… 77
子の引渡し ………………… 107, 171, 249
婚姻等に関する審判事件 ………… 23, 190
婚姻費用の分担 ………………………… 172
　——に関する処分 ……………… 170, 190
　——の審判 …………………………… 139
婚姻予約の不当破棄 …………………… 45
婚姻予約の履行 ………………………… 46

◆ さ行

再抗告 ……………………………………… 258
最高裁判所規則 ……… 11, 66, 99, 159, 207, 251
財産の管理者の選任 …………………… 128
財産の分与に関する処分
　………………… 141, 171, 172, 190, 191, 218
財産分離に関する審判事件 ………… 209
財産分離の請求後の相続財産の管理に関
　する処分 ……………………………… 209
財産分離の場合における鑑定人の選任
　…………………………………………… 209

事項索引　555

再審 ………… 1, 40, 41, 43, 128, 131, 137, 147, 166, 168, 169, 178, 258
再審開始の決定 …………………………… 167
再審事由 …………………………………… 167
再審の申立て ………………………… 167, 168
裁定合議（制） ………………………… 6, 15
再度の考案 …………………………… 159, 164
裁判書（審判書）の作成
　………………… 101, 123, 126, 138, 160, 165, 207
裁判所技官 ………………………………… 177
　――による診断 ………………………… 233
裁判所書記官
　…… 57, 68, 79, 130, 133, 134, 226, 233, 257, 258
　――の処分 ……………………………… 94
裁判長による手続代理人の選任
　…………………… 30, 32, 34, 38, 40, 74, 129, 176
裁判の告知 …………………………… 158, 163
裁判の取消しまたは変更 ………………… 169
裁判を受ける者 ……………………… 159, 161
差戻し原則 …………………………… 146, 155
参加 ……………… 1, 36, 41, 79, 81, 89, 225, 253
参加の許否の裁判 ………………………… 125
参加（の）制度 ……………………… 26, 29
参与員 ………………… 19, 64, 87, 122, 133, 134
事件係属の通知 ……… 31, 110, 111, 217, 238
事件の関係人の呼出し ………………… 225
事件の実情 ………………………………… 231
事件を完結する裁判 ………………… 79, 134
施行日 ………………………… 8, 251, 253, 259
死後離縁をするについての許可 …… 21, 193
事実の調査 …… 11, 21, 49, 50, 54, 57, 60, 82, 112, 114, 115, 116, 118, 121, 173, 177, 225, 226, 233
　――の嘱託 ………………………… 130, 177
　――の通知 …… 26, 107, 109, 115, 120, 190, 196, 200, 202, 204, 218, 220
事情の変更 ………………………………… 137
施設への入所等についての許可（生活保護法） ……………………………… 36, 220
自庁処理 ………………………… 62, 226, 237
執行停止 ………… 1, 131, 144, 167, 168, 176, 177
実質的意味の当事者 ……………………… 28

失踪の宣告（の審判） ……… 42, 139, 188, 189
失踪の宣告の取消し ……………………… 136
　――の審判 ……………………………… 189
児童福祉法に規定する審判事件 …… 36, 219
社会福祉機関との連絡 ……………… 11, 247
釈明（（義務）権）の行使 …………… 113
就籍許可の申立て ………………………… 217
受継 …………………… 41, 130, 139, 176, 225
趣旨規定 …………………………………… 58
受託裁判官 …………………………… 16, 68
出頭命令 ………………………… 61, 118, 250
受命裁判官 ……………………… 16, 55, 112, 239
準再審 ……………………………………… 166
証拠調べ …… 1, 16, 28, 54, 56, 60, 79, 81, 82, 100, 112, 114, 115, 116, 117, 118, 130, 131, 173, 176, 177, 225, 226, 228, 250
証人尋問 ……………………………… 14, 118
職務執行停止の保全処分 ………………… 197
職務執行の停止または職務代行者の選任
　（の保全処分） ……………… 181, 183, 185, 199
除斥（制度）
　………… 24, 64, 65, 68, 129, 133, 166, 176, 256
職権探知（主義）
　…… 50, 54, 60, 81, 113, 114, 115, 116, 117, 119, 173
処分権主義 ………………………………… 148
書面照会 …………………………… 33, 120
書面照会書 ………………………………… 175
親権者の指定または変更の審判 …… 19, 36, 76, 94, 102, 107, 172, 196, 197, 236, 242
親権喪失（の審判）
　………… 19, 33, 36, 42, 76, 94, 116, 196, 197
親権喪失の審判の取消し ………………… 136
親権停止（の審判） …………… 8, 33, 116, 196
親権停止の審判の取消し ………………… 136
親権に関する審判事件 …………… 196, 197
親権または管理権を回復するについての
　許可の審判 …………………………… 33
親権または管理権を辞するについての許
　可の審判 …………………………………… 33
親権を行う者につき破産手続が開始され
　た場合における管理権喪失 ………… 223

事項索引

真実擬制 …………………………………… 118
申述の受理の審判 ……………………… 207
親族間の貸金返還請求 ………………… 45
審判 ……… 16, 17, 24, 25, 106, 107, 110, 123, 124,
　　　128, 133, 139, 144, 152, 156, 167, 173, 245, 247
審判以外の裁判 …… 17, 21, 40, 42, 55, 123, 124,
　　　128, 129, 133, 135, 138, 144, 145, 146, 150, 152,
　　　156, 157, 159, 160, 165, 177, 178, 204, 250
審判以外の裁判の告知 ……………… 125
審判以外の裁判の取消しまたは変更 … 135
審判書（の作成）→裁判書（審判書）(の
　作成)
審判手続への移行
　……… 13, 44, 45, 47, 49, 170, 171, 172, 237, 238
審判に代わる裁判 ………… 1, 17, 126, 139, 155
審判により直接に利益を受ける者 ……… 78
審判の確定 ……………………………… 144
審判の結果により直接の影響を受ける者
　……………………… 19, 28, 30, 31, 93, 110
審判の告知 …… 11, 12, 21, 28, 29, 30, 42, 71, 95,
　　　110, 124, 132, 181, 182, 183, 184, 185, 188, 189,
　　　194, 195, 197, 199, 211, 216, 219, 220, 221, 245
審判の取消しまたは変更
　…………………………… 27, 30, 54, 128, 152
審判の申立て ……………………………… 41
審判（をする）日 …… 26, 121, 122, 190, 196,
　　　200, 202, 204, 218, 220
審判前の保全処分 ……… 1, 6, 11, 24, 41, 42, 86,
　　　99, 103, 128, 141, 170, 171, 172, 173, 174, 175,
　　　177, 181, 183, 185, 191, 194, 195, 197, 199, 201,
　　　204, 212, 216, 257, 259
審判または審判以外の裁判の取消しま
　たは変更 ……………………… 134, 135, 137
審判（裁判）を受ける者 …… 18, 20, 28, 29,
　　　30, 64, 110, 124, 132, 137, 146, 149
審判を受ける者となるべき者 …… 18, 20, 30,
　　　64, 78, 90, 93, 110, 111, 150, 156, 175
新法の制定の経緯 …………………… 1, 3
審問 … 16, 19, 20, 27, 28, 31, 33, 64, 84, 110, 114,
　　　120, 174, 218
審問の期日 …………………………… 197, 202

審問の期日への立会い …… 27, 115, 120, 190,
　　　196, 200, 202, 204, 218, 220
審問の立会権 …………………………… 107
審理の終結 … 26, 95, 115, 121, 131, 135, 190, 196,
　　　200, 202, 204, 218, 220
推定相続人の廃除 …………… 17, 53, 116, 202
推定相続人の廃除（の審判の）取消し
　……………………………… 17, 53, 116, 202
推定相続人の廃除に関する審判事件
　…………………………………… 202, 203
推定相続人の廃除の審判またはその取消
　しの審判の確定前の遺産の管理に関す
　る処分 ………………………………… 203
生活保護法等に規定する審判事件 …… 220
請求すべき按分割合に関する処分 …… 218
精神保健及び精神障害者福祉に関する法
　律に規定する審判事件 ……………… 222
成年後見開始の審判 …………………… 21
成年後見監督人の解任（の審判）…… 181
成年後見監督人の選任（の審判）…… 107
成年後見に関する審判事件 … 22, 63, 87, 179
成年後見人の解任（の審判）…… 19, 93, 181
成年後見人の選任（の審判）…… 19, 43, 78
整備法 ……………………………… 255, 256
選定当事者（の制度）………………… 73
専門委員（制度）……………………… 88
相続財産の管理人の選任 …………… 210
相続人の不存在に関する審判事件 …… 210
相続人の不存在の場合における鑑定人の
　選任 …………………………………… 210
相続の承認および放棄に関する審判事件
　…………………………………………… 206
相続の承認または放棄をすべき期間の伸
　長 ……………………………………… 207
即時抗告 …… 1, 11, 12, 14, 17, 21, 28, 29, 31, 40,
　　　62, 63, 105, 124, 126, 135, 136, 138, 144, 149,
　　　150, 153, 155, 158, 163, 167, 168, 169, 177, 178,
　　　180, 182, 184, 191, 192, 197, 198, 201, 204, 207,
　　　208, 209, 213, 215, 219, 221, 222, 223
即時抗告（の）期間
　……………… 55, 124, 133, 145, 181, 183, 185, 197

即時抗告権 …………………………… 224
即時抗告権者 …… 11, 30, 42, 110, 197, 198, 204,
　　　　　　　　　205, 207, 208, 209
即時抗告の取下げ ………………… 153, 154
疎明 ………………………………………… 173

◆ た行

第三者が未成年被後見人に与えた財産の
　管理に関する処分 ……………………… 199
題名 …………………………………………… 2
代用審判 …………………………………… 126
代理 …………………………………… 25, 40
立会権 …………………………………… 114, 115
他の申立権者が受継することができる事
　件 …………………………………………… 96
他の申立権者による受継 …… 54, 96, 97, 98
担保の取消し ……………………………… 176
嫡出否認 …………………………………… 45
嫡出否認の訴えの特別代理人の選任 … 192
中間決定 ………………… 24, 123, 126, 131, 138
調査嘱託 …………………………………… 57
調書決定 ………………………………… 160, 165
調書の作成 …………………… 41, 99, 100, 174
調書判決 …………………………………… 127
調停委員会
　…………… 57, 66, 225, 226, 233, 234, 239, 241, 244
調停機関 …………………………………… 239
調停事件の終了 …………………………… 54
調停条項案の書面による受諾
　………………………………… 37, 229, 242, 243
調停前置主義 …………………………… 45, 46
調停調書 …………………………………… 234
調停に代わる審判 …… 1, 21, 24, 37, 42, 43, 44,
　　　　45, 46, 47, 48, 126, 129, 142, 229, 230, 233,
　　　　　　　　　234, 235, 244, 245, 246
調停の（不）成立
　……………… 44, 47, 48, 143, 167, 176, 237, 242
調停の申立て ………………………… 21, 46
調停前の処分 ………………… 131, 226, 248, 250
調停を行うことができる事件 ………… 22
調停をしない場合 ……………………… 225, 234

直接主義 …………………………………… 112
陳述の聴取 …… 7, 14, 18, 19, 27, 28, 29, 30, 31,
　　32, 33, 34, 35, 36, 40, 42, 95, 110, 115, 120, 122,
　　　137, 146, 149, 150, 151, 157, 159, 160, 161, 162,
　　　165, 174, 177, 180, 181, 182, 184, 193, 194, 196,
　　　　　　　197, 198, 211, 214, 218
通常抗告 …………………………………… 144
――の廃止 ………………………………… 55
通知 …………………………………… 14, 20, 21
通訳人 ……………………………… 37, 38, 39
手続からの排除 …………… 91, 92, 130, 225
手続行為 …………………… 14, 70, 71, 74, 76
手続行為能力 …… 15, 22, 42, 69, 70, 71, 74, 75,
　　　77, 179, 182, 184, 188, 189, 190, 192, 193, 194,
　　　196, 198, 202, 206, 214, 216, 217, 219, 220
手続行為をするのに必要な授権 ……… 70
手続指揮に関する裁判 ………………… 135
手続上の救助 …………… 37, 75, 80, 81, 82, 129, 176
手続代理（人） ………… 15, 40, 73, 74, 75, 76, 253
手続代理権の（不）消滅 ………… 21, 75, 122
手続代理人の許可 ……………………… 225
手続の記録化 …………………… 26, 99, 174
手続の指揮に関する裁判 ………… 121, 122
手続の中止 ……………………………… 44, 130
手続の中断 ……………………………… 95
手続の停止 …………………………… 66, 68, 133
手続の非公開 ………………… 11, 55, 83, 117
手続の併合 …………………… 20, 90, 129, 225
手続費用（の負担） ……………………… 74
手続費用額の確定処分
　……………………………… 79, 124, 129, 145, 258
手続費用の（国庫）立替え …… 54, 79, 82
手続費用の負担 ………………………… 14
手続費用の負担の額の確定 ……… 257, 258
手続費用の負担の裁判
　…………………………… 74, 78, 79, 124, 167, 176, 178
手続費用の予納 …………………… 79, 82
手続法上の調停裁判所 ………………… 225
電話会議システム・テレビ会議システム
　… 16, 20, 37, 38, 55, 56, 225, 228, 229, 242, 243
当事者参加（人） …………… 13, 20, 89, 91, 130

当事者による更正 …………………… 75
当事者能力 …………………………… 69, 70
当事者の死亡 ………………… 95, 96, 97, 98, 236
当事者本人尋問 ………………… 14, 117, 118
当然承継 ……………………………… 96
特別縁故者に対する財産分与 …………… 19
特別抗告 …… 1, 40, 133, 147, 156, 157, 158, 176, 258
特別代理人 ………………………… 72, 129, 176
特別の委任 …………………………… 75
特別の授権 …………………………… 71
特別養子縁組の成立（の審判）
 ………………………… 18, 103, 116, 193, 194
特別養子縁組の離縁 …………………… 194
特別養子縁組の離縁の審判 …………… 36
都道府県の措置についての承認の審判
 …………………………………………… 219
都道府県の措置の期間の更新についての
 承認の審判 ………………………… 219
取下げの擬制 ……………………………… 153

◆ な行

名の変更 ……………………………… 87
任意後見監督 ……………………… 214
任意後見監督人が欠けた場合における任
 意後見監督人の選任 ………………… 215
任意後見監督人の解任 ………………… 215
任意後見監督人の選任 ………………… 216
任意後見監督人を更に選任する場合にお
 ける任意後見監督人の選任 …………… 215
任意後見契約に関する法律 …………… 214
任意後見契約の効力を発生させるための
 任意後見監督人の選任 ………………… 214
任意後見人の解任 ……………………… 215
任意的手続担当 ………………………… 73
認知 …………………………………… 45
認知の無効・取消し …………………… 45

◆ は行

破産管財人 ………………… 205, 223, 224
破産手続が開始された場合の夫婦財産契
 約による財産の管理者の変更等 ‥ 52, 223

破産手続における相続の放棄の承認につ
 いての申述 ………………………… 223
破産法に規定する審判事件 …………… 223
罰則 …………………………………… 247
判事補の権限 ……………………… 123, 124
必要的陳述聴取 …… 11, 12, 28, 36, 123, 150, 174,
 190, 196, 200, 204, 218, 220
秘密性 ………………………………… 55
秘密の漏えい ………………………… 41
不意打ち防止 ……………… 27, 109, 113, 116, 148
夫婦間の協力扶助に関する処分
 ………………………………… 172, 190, 191
夫婦財産契約による財産の管理者の変更
 等 …………………………… 52, 190, 223
不在者の財産の管理に関する処分（の取
 消し） …………………………… 186, 187
附則 …………………………………… 251
負担付遺贈に係る遺言の取消し ……… 211
負担付遺贈に係る遺言を取り消す審判
 …………………………………………… 212
付調停 …………… 20, 44, 49, 79, 80, 131, 139
不貞に基づく慰謝料 …………………… 45
不服申立て … 7, 11, 25, 30, 40, 41, 94, 105, 110,
 144, 147, 152, 167, 177, 253
扶養義務者の負担すべき費用額の確定
 …………………………………………… 220
扶養義務者の負担すべき費用負担額の確
 定についての審判 ………………… 221
扶養義務の設定（または）（の取消し）
 …………………………… 52, 200, 201
扶養義務の設定の審判事件 ……… 200, 220
扶養義務の設定の取消しの審判 ……… 200
扶養に関する審判事件 ………………… 200
扶養の順位の決定（およびその決定の変
 更または取消し） ………… 136, 172, 200, 201
扶養の程度または方法についての決定
 （およびその決定の変更または取消し）
 …………………………… 91, 136, 172, 200, 201
不利益変更禁止の原則 ………………… 148
文書提出命令 ………… 61, 118, 145, 178, 226
併合管轄 …………………………… 62, 108

別席調停……………………………………229
別表第1に掲げる事項についての審判
　（事件）……1, 14, 16, 17, 18, 22, 24, 41, 44, 47,
　　51, 53, 56, 86, 107, 110, 128, 190, 200, 202, 220
別表第2に掲げる事項についての審判
　（調停）（事件）……1, 14, 16, 17, 18, 20, 22, 24,
　　31, 42, 43, 44, 45, 47, 51, 62, 63, 75, 86, 87, 95,
　　107, 110, 111, 115, 119, 128, 134, 140, 141, 146,
　　149, 153, 159, 165, 190, 191, 196, 200, 202, 204,
　　218, 220, 230, 234, 237, 244
弁護士代理の原則………………………………74
弁護士の付添い………………………………130
編別構成……………………………………7, 41
弁論主義………………………………………113
傍聴の許可……………………………………225
法定代理（権）（人）
　　　　15, 32, 40, 69, 70, 71, 106, 122, 126
法定代理権の消滅…………………………21, 72
法的観点指摘義務……………………………113
法律事項……………………………………11, 63
法律名→題名
法令により裁判上の行為をすることがで
　きる代理人………………………………74, 75
法令により手続を続行すべき者による受
　継………………………………………95, 96
法令により手続を続行する資格のある者
　………………………………………95, 96, 97
保護者の順位の変更の審判……………………222
保護者の選任………………………………201
保護者の選任の審判……………………………222
保佐開始…………………………………182, 183
保佐開始の審判……………………………182
保佐監督人の解任の審判……………………183
補佐人の許可…………………………………225
保佐に関する審判事件…………………………182
保佐人の解任の審判……………………………183
保佐命令…………………………………183
補助開始…………………………………184
補助開始の審判……………………………184
補助監督人の解任………………………………185
補助に関する審判事件…………………………184

補助人の解任…………………………………185
補正命令………………70, 75, 108, 130, 158, 164
本質的調停行為………………………………225
本人出頭主義……………………………………54

◆ ま行

未成年後見監督人の解任……………………199
未成年後見監督人の選任………………………36
未成年後見監督人の選任の審判………………33
未成年後見に関する審判事件………………198
未成年後見人の解任…………………………198, 199
未成年後見人の選任……………………………36, 198
未成年後見人の選任の審判………………28, 33
面会交流………………………………191, 249
申立て……………………………………20
申立書却下の制度………………………………60
申立書却下命令……………………………24, 164
申立書（の写し）の送付…110, 119, 120, 190,
　　196, 200, 202, 204, 218, 220, 232, 237, 238
申立書の却下…………108, 130, 207, 232
申立手数料……………………………………258
申立人負担の原則………………………………78
申立ての趣旨…………………45, 106, 107, 108
申立ての趣旨及び理由……………………231
申立ての取下げ
　　………21, 42, 94, 139, 140, 141, 191, 204, 215
申立ての取下げ（家事調停）……………143
申立ての取下げ（審判）……153, 173, 177, 180,
　　183, 185, 191, 198, 204, 211, 214
申立ての取下げ（調停）……142, 235, 241, 245
申立ての取下げの擬制………………61, 143
申立ての取下げの制限…………………………54
申立ての併合………………107, 108, 207, 232
申立ての変更………16, 108, 130, 207, 225, 232
申立ての理由……………………………106, 108
申出………………………………………20
目的規定…………………………………58

◆ や行

養子縁組をするについての許可………193
養子縁組をするについての許可の審判

560 事項索引

　　　　……………………………………36
養子の離縁後に親権者となるべき者の指
　定……………………………………196

◆　ら行

離縁………………45, 48, 229, 236, 240, 246
離縁等の場合における祭具等の所有権の
　承継者の指定………………………193
利害関係参加（人）……13, 14, 20, 27, 30, 31,
　　76, 78, 89, 93, 94, 102, 113, 115, 124, 130, 132,
　　146, 150, 156, 157, 159, 161, 164, 176, 207, 258
利害関係人…………………………32, 110
履行確保………………………………6
履行勧告………………………………1
履行状況の調査………………105, 247, 248
履行の確保（の制度）
　………………13, 17, 41, 86, 101, 105, 129, 247
履行の勧告……………………105, 247, 248
履行命令………………………1, 249, 250
離婚……………45, 48, 229, 236, 238, 240, 246
離婚等の場合における祭具等の所有権の
　承継者の指定………………………190

561

●条文索引

◆ 家事事件手続法

1条………………………………………… 1, 13
2条………………………………………… 60, 118
3条………………………………………… 11, 251
4条………………………………………… 40
6条………………………………………… 63, 129, 176
9条… 20, 24, 40, 62, 63, 129, 145, 166, 176, 226
10条……………………… 18, 19, 24, 64, 129, 176
11条………………………………………… 129, 176
12条……………… 21, 24, 60, 64, 66, 68, 129, 133, 166
13条………………… 54, 60, 64, 68, 129, 134
14条………………………………… 64, 129, 134
15条………………………………… 64, 129, 133
16条………………………………………… 64, 129
17条……………………………… 15, 40, 69, 70, 71
18条……………………………………… 32, 70, 72
19条………………………………………… 72, 129, 176
20条……………………………………… 21, 43, 72, 122
22条………………………………………… 73, 74, 129
23条…………… 30, 32, 34, 38, 40, 74, 76, 94, 129, 176
24条…………………………………………… 40, 75
25条……………………………………… 21, 75, 122
26条…………………………………………… 75
28条………………………………………… 14, 18, 78
29条……………………………… 22, 74, 78, 79, 80
30条………………………………………… 54, 79, 82
31条……………… 79, 124, 129, 145, 167, 176, 257, 258
32条…………………… 37, 75, 79, 81, 82, 129, 176
33条……………………………… 55, 83, 84, 117
34条……………………………… 85, 125, 129, 135
35条………………………………………… 20, 90, 129
36条……………………………………… 130, 176, 246
37条…………………………………………… 130
39条……………………………… 17, 24, 86, 128, 173
40条……………………………… 19, 43, 87, 122
41条…… 13, 18, 20, 26, 29, 54, 79, 81, 89, 90, 130,
132, 176
42条…… 13, 14, 19, 20, 26, 29, 30, 31, 32, 34, 36,
54, 79, 81, 89, 93, 94, 110, 130, 132, 150, 156,
157, 161, 176
43条………………………………………… 91, 130
44条……………………………… 41, 96, 130, 176
45条……………………… 41, 54, 96, 97, 98, 130, 176
46条…………………… 16, 26, 55, 99, 112, 174
47条…… 14, 18, 26, 55, 60, 101, 102, 103, 105, 130,
175, 176, 247
48条…………………………………………… 21
49条…… 24, 60, 106, 107, 108, 130, 158, 164, 206,
207, 236
50条……………………………… 16, 108, 130, 177, 207
51条……………………………… 54, 61, 125, 130, 230, 250
53条……………………………………… 55, 112, 239
54条……………………… 16, 20, 37, 55, 56, 228, 242
55条……………………………… 14, 37, 38, 39, 130
56条…… 54, 60, 79, 81, 114, 115, 116, 117, 118, 130,
173, 176, 177
58条……………………………………… 130, 177
59条…………………………………………… 130
60条…………………………………………… 177
61条……………………………… 55, 112, 130, 177, 233
62条…………………………………………… 177
63条……………………………… 14, 21, 26, 109, 115, 116
64条…… 14, 55, 56, 61, 83, 95, 114, 117, 118, 131,
145, 226, 228, 250
65条………………………………………… 33, 34, 35
66条
 …… 42, 62, 63, 119, 190, 196, 200, 204, 218, 220
67条…… 21, 42, 111, 120, 190, 196, 200, 202, 204,
218, 220, 238
68条…… 14, 19, 20, 27, 42, 95, 107, 115, 120, 190,
196, 200, 204, 218, 220
69条……… 14, 16, 19, 27, 42, 115, 120, 190, 196,
200, 202, 204, 218, 220

70条……21, 26, 42, 107, 115, 121, 190, 196, 200, 202, 204, 218, 220
71条……26, 42, 95, 115, 121, 131, 135, 190, 196, 200, 202, 204, 218, 220
72条……26, 42, 121, 190, 196, 200, 202, 204, 218, 220
73条……24, 47
74条……14, 18, 20, 21, 29, 30, 42, 95, 110, 124, 125, 132, 133, 144, 158, 163, 211, 219
76条……123, 126, 138, 160, 165, 207
77条……24, 123, 126, 131, 176
78条……14, 17, 18, 24, 27, 30, 54, 123, 124, 128, 133, 134, 135, 136, 137, 152, 166, 169
80条……24, 123, 126, 131, 138
81条……17, 21, 24, 41, 42, 122, 123, 124, 125, 126, 133, 134, 135, 137, 138, 152, 166, 169, 177, 250
82条……21, 43, 134, 140, 141, 153, 174, 177, 191, 204
83条……61, 143, 153, 154
84条……42, 126
85条……40, 55
86条……21, 40, 42, 124, 145, 158, 163, 180, 181, 183, 185, 197
87条……40, 86, 128, 146, 158, 159, 163, 164
88条……14, 21, 27, 40, 124, 146, 149, 150, 157, 159, 161, 162, 164, 177
89条……14, 18, 19, 27, 30, 40, 43, 122, 124, 146, 149, 150, 157, 159, 160, 162, 165, 177
90条……40, 43, 55, 122, 146, 152, 159, 164
91条……17, 40, 146, 155
92条……40, 122, 129
93条……17, 40, 42, 126, 130, 153, 154, 156, 157, 160, 161, 165
94条……40, 133, 156, 159
95条……40, 131, 176
96条……30, 40, 130, 156, 157, 158, 159, 160
97条……40, 133, 161, 164, 165
98条……30, 40, 130, 161, 162, 163, 164, 165, 176
99条……40, 138, 177, 250
100条……40, 250
101条……40, 55, 124, 131, 145, 167, 177, 250

102条……40, 42, 124, 133, 146, 152, 156, 157, 158, 159, 160, 161, 162, 163, 164, 165, 177, 250
103条……131, 134, 137, 166, 167, 168, 169, 178
104条……131, 166, 168
105条……1, 17, 170, 173
106条……141, 173, 174
107条……174
108条……21, 101, 103, 175
109条……173
110条……42
111条……177
112条……42, 86, 128, 175
113条……42, 177
114条……99, 174
117条……23, 40, 63, 179
118条……30, 32, 34, 36, 69, 74, 76, 180, 182, 184, 188, 189, 191, 192, 193, 194, 196, 198, 202, 206, 214, 217, 219, 220
119条……19, 180, 183
120条……19, 29, 30, 180
121条……54, 141, 180, 183, 185, 198
122条……20, 21, 132
123条……180
125条……86, 128, 180, 197, 199
126条……20, 21, 86, 128, 173, 181, 257
127条……21, 86, 128, 173, 181, 183, 185, 199, 216
128条……40, 182
129条……182
130条……182
131条……182
132条……183
133条……54, 141, 183
134条……86, 128, 183
135条……86, 128, 183
136条……184
137条……184
139条……184
140条……184
141条……185
142条……54, 141, 185
143条……86, 128, 185

144 条	86, 128, 185	188 条	19, 27, 31, 111, 116, 202
145 条	186	189 条	18, 86, 128, 203
146 条	86, 128, 186	194 条	21, 86, 125, 128, 131, 204
147 条	86, 128, 187	197 条	24, 86, 128, 259
148 条	188, 189	198 条	204
149 条	189	199 条	141, 204
150 条	190, 218, 223	200 条	86, 128, 172, 204
151 条	32, 34, 191	201 条	86, 128, 206, 207, 208
152 条	34, 36, 190	202 条	86, 128, 209
153 条	141, 191, 204	203 条	210
154 条	191	205 条	20
156 条	191	207 条	21
157 条	21, 36, 86, 128, 172, 191	208 条	86, 128
158 条	86, 128	210 条	211
159 条	192	212 条	141, 211
160 条	192, 193	213 条	132, 212
161 条	36, 193	215 条	86, 128, 212
162 条	21, 31, 193	216 条	213
163 条	193	217 条	214
164 条	19, 27, 31, 111, 116, 194	218 条	214
165 条	27, 31, 36, 111, 194, 195	220 条	214
166 条	21, 86, 128, 194, 195	221 条	54, 141, 215
167 条	196	223 条	215
168 条	32, 34, 36, 196	225 条	86, 128, 216
169 条	19, 27, 31, 33, 34, 36, 111, 116, 197	227 条	217
170 条	197	228 条	21, 217
172 条	42, 197	233 条	218
173 条	86, 128, 197	235 条	219
174 条	35, 86, 128, 197	236 条	36
175 条	36, 86, 128, 172, 197	237 条	219
176 条	198	239 条	86, 128
177 条	198	240 条	36, 220, 221
178 条	33, 36, 198	241 条	222
179 条	198	242 条	86, 128, 223, 224
180 条	54, 86, 128, 141, 198, 199	244 条	24, 44, 47, 128
181 条	86, 128, 199	245 条	23, 62
182 条	200, 220	246 条	22
183 条	108, 201	247 条	112, 239
184 条	200	248 条	226, 239
186 条	201	252 条	69, 74, 76, 240
187 条	86, 128, 172, 201	253 条	99

条文索引 563

254条 ……… 50, 55, 101, 104, 105, 130, 226, 234
255条 ……… 24, 60, 129, 130, 231, 232, 236
256条 ……………… 21, 24, 232, 236, 238
257条 ……………… 22, 45, 46, 47, 48, 80, 256
258条 … 24, 32, 33, 34, 37, 38, 39, 41, 43, 49, 55,
56, 60, 61, 89, 90, 91, 93, 94, 96, 97, 112, 114,
115, 116, 117, 118, 125, 126, 128, 130, 131, 132,
133, 134, 226, 228, 233, 239, 242
260条 ………………………………… 225
261条 ……………………… 57, 226, 233
262条 ………………………………… 233
263条 …………………………… 230, 233
264条 ……………………… 19, 227, 233
266条 ……………………… 131, 226, 250
267条 ……………………… 57, 227, 233
268条 ……………… 37, 47, 48, 229, 234
269条 ……………………………… 24, 131
270条 ………………………… 37, 229, 243
271条 ……………………… 143, 226, 235
272条 …… 21, 44, 47, 49, 54, 143, 170, 234, 237,
238, 242
273条 ………………………………… 142, 235
274条 … 20, 22, 37, 44, 47, 49, 80, 112, 131, 239
275条 ………………………………… 44, 234
277条 ……… 19, 24, 45, 47, 129, 229, 240, 243
278条 ………………………………… 142, 241
279条 ……………………… 241, 242, 246
280条 ……………………… 21, 45, 129, 235, 241
281条 ……………………………… 45, 47, 235
282条 ………………………………… 242
284条 … 19, 24, 37, 44, 47, 48, 129, 230, 244, 245
285条 ………………………………… 142, 245
286条
……… 21, 45, 46, 47, 129, 143, 235, 244, 245, 246
287条 ……………………… 45, 46, 47, 48, 235, 244
288条 ……………… 133, 134, 156, 158, 161, 166
289条 ……………………… 101, 105, 130, 131, 247, 248
290条 ……………… 24, 101, 105, 129, 131, 249, 250
291条 ……………………………… 251
附則1条 …………………………………… 8
附則2条 ………………………………… 253

別表1 …… 1, 8, 14, 16, 17, 18, 22, 23, 24, 41, 44,
47, 51, 52, 53, 56, 86, 107, 110, 128, 136, 190,
198, 200, 202, 220, 258, 259
別表2 …… 1, 8, 14, 16, 17, 18, 20, 22, 23, 24, 31,
42, 43, 44, 45, 47, 51, 62, 63, 75, 86, 87, 91, 95,
107, 110, 115, 119, 128, 134, 136, 140, 141, 146,
149, 153, 159, 165, 190, 191, 196, 200, 202, 204,
218, 220, 230, 234, 237, 244, 259

◆ 家事審判法

1条 ……………………………………… 58
2条 ……………………………………… 15
3条 ……………………………………… 87
4条 ……………………………………… 64
7条 ………………… 10, 78, 79, 106, 135, 145, 231
9条 ………………………… 8, 22, 244, 255
13条 ……………………………………… 18, 132
14条 ……………………………………… 145
15条の3 …………………………… 174, 257
15条の6 ………………………………… 249
15条の7 ………………………………… 248
18条 ……………………………………… 256
19条 ……………………………………… 80
21条の2 ………………………………… 229
23条 ……………………………… 240, 241, 245
24条 ……………………………………… 230, 244
26条 ……………………………………… 237
27条 ……………………………………… 250
28条 ……………………………………… 250

◆ 旧家事審判規則

2条 ……………………………………… 231
3条 ……………………………………… 106, 231
5条 ……………………………………… 230
6条 ……………………………………… 83
7条の5 ………………………………… 247
8条 ……………………………………… 247
10条 ……………………………………… 100
11条 ……………………………………… 79
12条 ……………………………… 26, 101, 104
15条 ……………………………………… 97, 98

18条	146
19条	146, 155
22条	179
26条	21
29条	182
30条の7	184
31条	186
37条	186
38条	188
40条	188
52条	192
62条	192
73条	179, 197
74条	181, 183, 185, 199, 216
77条	197
82条	179
86条	179, 181, 199
87条	180, 215
92条	179
93条	182, 183, 184, 185
94条	200
97条	201
99条	206, 209, 210
111条	207, 208, 223
113条	207
114条	206
115条	207, 223
117条	209
136条の2	227
136条の3	230
137条の2	57
139条	241, 246

◆ 旧特別家事審判規則

3条	214
3条の9	215, 216
3条の10	215
17条の2	12
17条の3	12
17条の4	12
17条の5	12

17条の6	218
20条の5	220
20条の6	221
22条	222
24条	223
26条	223
30条	223

◆ 整備法

3条	7, 255
4条	253
102条	257
110条	258
129条	256
141条	256

◆ 民法

7条	90
13条	70
17条	70
30条	188, 189
120条	206
151条	234
728条	240
758条	52, 190
766条	191
768条	191
791条	193
822条	8
834条	36
834条の2	8
840条	8
846条	216
857条の2	8, 198
864条	70
876条の4	70
876条の9	70
877条	52, 200
892条	53, 202
894条	53, 202
941条	209

950条 …………………………… 209
976条 …………………………… 211
979条 …………………………… 211
1004条 ………………………… 211
1010条 ………………………… 211
1019条 ………………………… 211
1027条 ………………………… 211

◆ 民法等の一部を改正する法律

2条 ……………………………… 9
附則1条 ………………………… 8

◆ 民事訴訟法

23条 ……………………… 64, 256
25条 ……………………………… 256
27条 ………………………………… 68
28条 …………………………… 69, 70
29条 ………………………………… 69
30条 ………………………………… 73
31条 ………………………………… 69
33条 …………………………… 69, 70
34条 ……………………… 69, 70, 75
38条 ……………………………… 107
54条 ………………………………… 74
55条 ………………………………… 75
56条 ………………………………… 75
57条 ………………………………… 75
58条 ………………………………… 75
71条 …………… 79, 124, 129, 257, 258
72条 …………………… 79, 257, 258
73条 ……… 79, 80, 124, 129, 167, 176, 257, 258
74条 ………………………………… 79
79条 ……………………………… 176
82条 …………………………… 79, 81
83条 ………………………………… 75
93条 ………………………………… 85
110条 …………………………… 176
124条 ……………………………… 95
131条 …………………………… 130
149条 …………………………… 113
154条 ……………………… 37, 38, 39

155条 …………………………… 130
170条 …………………………… 16, 56
179条 …………………………… 117
182条 …………………………… 117
187条 …………………………… 117
192条 ……………………… 131, 250
204条 ………………………… 56, 228
207条 …………………………… 118
208条 …………………………… 118
209条 …………………………… 131
210条 ………………………… 56, 228
215条の3 ……………………… 56, 228
224条 …………………………… 118
229条 …………………………… 118
232条 …………………………… 118
246条 …………………………… 148
254条 …………………………… 127
261条 …………………………… 153
262条 ……………………… 140, 153
263条 …………………………… 154
265条 …………………………… 246
292条 ……………………… 153, 154
304条 …………………………… 148
314条 …………………………… 158
315条 ……………………… 159, 164
316条 …………………………… 159
322条 ……………………… 159, 165
325条 ……………………… 159, 165
332条 …………………………… 145
334条 ……………………… 144, 167
336条 ……………………… 158, 163
338条 …………………………… 167
339条 …………………………… 166
340条 …………………………… 167
342条 …………………… 137, 167, 169
345条 …………………………… 131
346条 ……………………… 131, 167
347条 …………………………… 167
348条 ……………………… 167, 168

◆ その他

行政事件訴訟法 24 条 …………… 116
刑事訴訟法 24 条 ……………… 66
後見登記等に関する法律 4 条 …… 257
　——4 条（改正前）…………… 259
　——5 条 ………………………… 257
　——5 条（改正前）…………… 259
　——7 条 ………………………… 257
　——10 条 ……………………… 257
戸籍法 113 条 …………………… 217
　——122 条（改正前）………… 255
裁判所法 7 条 …………………… 126
　——60 条 ……………………… 57
　——61 条の 2 ………… 67, 155, 256
　——74 条 ……………………… 39
児童の権利に関する条約 12 条 … 34
児童福祉法 28 条 ………………… 1
　——28 条（改正前）………… 255
人事訴訟法 2 条 ………… 45, 47, 240
　——6 条 ……………………… 256
　——13 条 ……………………… 74
　——20 条 ……………………… 116
　——34 条の 2 ………………… 256
　——37 条 ……………………… 246
　——40 条 ……………………… 256
　——44 条 ……………………… 246
新非訟法 28 条 …………………… 78
　——33 条 ……………………… 88
　——37 条 ……………………… 98
　——附則 ………………… 8, 251
旧非訟法 9 条 …………… 106, 231
　——19 条 ……………… 135, 136
　——21 条 ……………………… 145
　——27 条 ………………… 78, 79
　——28 条 ……………………… 78
精神保健及び精神障害者福祉に関する法律 20 条 ……………………… 200
　——22 条 ……………………… 222
　——41 条 ……………………… 222
性同一性障害者の性別の取扱いの特例に関する法律 3 条 ……………… 1, 12
地方公務員等共済組合法 105 条（改正前）………………………… 255
任意後見契約に関する法律 4 条 … 214, 216
　——7 条 ……………………… 216
破産法 61 条 ……………………… 52
民事訴訟規則 50 条の 2 ……… 160, 165
民事訴訟費用等に関する法律 2 条 … 74
　——5 条 ………………………… 257
　——11 条 ………………… 79, 82
　——12 条 ………………… 79, 82
　——13 条の 2 ………………… 257
　——別表第 1 …………… 258, 259
　——別表第 1（改正前）……… 259
民事執行法 22 条 ……………… 258
民事保全規則 7 条 ……………… 175
　——8 条 ……………………… 175
民事保全法 5 条 ………… 103, 175
　——23 条 ……………………… 174

一問一答　家事事件手続法

2012年2月15日	初版第1刷発行
2012年4月10日	初版第2刷発行
2012年8月15日	初版第3刷発行
2013年1月30日	初版第4刷発行

編著者　金　子　　修

発行者　大　林　　譲

発行所　株式会社　商　事　法　務
〒103-0025　東京都中央区日本橋茅場町3-9-10
TEL 03-5614-5643・FAX 03-3664-8844〔営業部〕
TEL 03-5614-5649〔書籍出版部〕
http://www.shojihomu.co.jp/

落丁・乱丁本はお取り替えいたします。　　印刷/ヨシダ印刷㈱
Printed in Japan
© 2012 Osamu Kaneko
Shojihomu Co., Ltd.
ISBN978-4-7857-1946-3
＊定価はカバーに表示してあります。